[제3판]

문학의 이해

문학과문학교육연구소

삼 지 원

〈제3판 서문〉

문학의 새로움을 찾아서

새로움은 놀라움과 더불어 다가온다. 아이가 새로 태어나는 것, 사랑하는 사람이 생긴 것, 내가 대학에 입학한 것, 그런 새로움은 놀랍다. 놀랍기 때문에 다시 쳐다본다. 다시 보는 눈길에 감동이 물결진다.

때로는 낡은 것이 새롭게 보이기도 한다. 낡은 것이 새롭게 보이려면, 낡은 속에 새로움이 지속되거나 낡은 것을 보는 사람의 눈이 새로워져야 한다. 사물을 새로운 눈으로 볼 수 있도록 마련해 나가는 삶은 새로움의 연속이다. 우리는 그러한 삶을 의미있는 삶이라고 한다.

좋은 문학은 새로운 문학이다. 모든 새로운 문학이 좋은 문학은 아니겠지만, 새로움은 좋은 문학이 되기 위한 필수 요건이다. 시의 그리스어 어원은 만든다는 동사 poiein에 있다. 여기서 poiesis라는 단어가 나온다. 둘 다 창조한다는 뜻이다. 시는 근원적으로 새로워야 한다. 그런데 시법이 있어서 그 준칙을 지키면서 새로움을 추구하자면 어려움이 더한다. 소설은 아예 어원이 새롭다는 뜻이다. 영어에서 소설을 뜻하는 novel의 어원은 새롭다는 뜻의 라틴어 novus에 있다. 새로운 이야기가 소설이다. 최초에 소설은 뉴스를 보는 것 같은 새로움이 있었다. 획기적인 문학, 문학사에 기록될 만한 문학은 새로운 문학이다. 감수성, 논리, 기법, 이념 어느 측면에서든지 새로운 문학이 가치를 지닌다.

문학의 새로움은 그 의미가 이중적이다. 새로운 작가가 새로운 작품을 썼을 때 그 작품은 새롭다. 작품을 대하는 사람이 달라지면 작품은 새롭게 다가올 수 있다. 또 작품을 가공하고 소통하는 매체가 달라지면 문학은 새로운 면모를 띤다. 소설로 읽던 것은 영화로 본다든지 애니메이션으로 볼 때 그 작품은 새로운 면모를 드러낸다.

<문학의 이해>가 초판이 나온 이후 10년 가까운 시간이 흘렀다. 이 책을 이용하는 독자들이 애정을 기울여 준 덕이다. 10년이 지난 책이 새로우려면, 뭔가 달라져야 한다. 이번 판에서는 눈부시게 발전하는 매체의 변화가 문학의 의의를 어떻게 달라지게 하는가 하는 점을 고려했다. 문학과 매체를 다룬 글을 한 편 추가하기로 하였다. 이는 문학의 매체 변화에 주목함으로써 문학을 이해하는 시야를 넓히고자, 새롭게 하고자 하는 의도이다.

문학이 새로워지기 위한 최우선 과제는 독자의 문학적 감수성과 인식이 성장하는 것이다. 전문가를 포함한 문학의 독자는 문학의 의미를 생산하는 생산자이다. 그리고 문학작품을 생산할 수 있는 잠재적 작가가 독자 가운데 포함되어 있다. 그런 의미에서 독자는 작가이기도 하다. 문학을 읽고 즐기고 연구하며 문학을 생산할 수 있는 잠재적 작가가 문학을 향유(享有)하는 독자이다.

이 책을 읽고 공부하는 것은 문학에 새로움을 추가하는 과정이다. 변화를 거듭하는 문학에 대응하는 독자 역시 부단히 새로워져야 한다. 문학적 감수성, 문학에 대한 이해의 폭, 문학의 궁극적 가치에 대한 판단 등이 새로워져야 한다. 이 과정에서 문학을 다루는 선생님들 또한 새로워져야 한다. 새로운 이론을 연마해야 하고, 새로운 작품을 접하면서 감수성을 새롭게 해야 한다. 그 과정에서 새로운 존재로 거듭나는 것이 문학을 향유하는 바른 길이다.

낡은 문학을 새롭게 하는 것이 독자의 새로운 안목이듯이 무감동한 인생을 새롭게 하는 것은 문학, 새로운 문학이다. 독자 여러분이 문학과 더불어 새롭게 거듭나기를 빈다.

2006년 12월, 새해 '꽃돼지'를 기다리며
필자를 대신하여 禹漢鎔 씀

〈제2판 서문〉

문학, 그 푸른 생명의 나무를

이 책을 읽는 여러분들은 아마도 20대 전반의 젊은이들로 짐작된다. 젊음은, 민태원이 장려한 문체로 "청춘! 이는 듣기만 하여도 가슴이 설레는 말이다."고 찬양에 찬양을 거듭했듯이 무작정 칭송과 상찬의 대상이 된다. 젊음은 분명 축복이고 인류사 진전의 원동력이다. 그러나 청춘이 그렇게 가슴설레기만 하는 것은 아니다. 내 존재의 근원이 무엇인지 생각하느라고 밤잠을 설치기도 하고, 열정에 휩싸여 일을 하다가 현명치 못한 판단으로 후회와 좌절의 늪에 빠져 허우적거리기도 한다. 희망과 절망이 교차하는 동안 청춘은 열병이라는 생각이 들기도 한다. 그리고 시간이 흘러 고요를 되찾은 어느 순간 "삶은 갈수록 쓸쓸하고/사랑은 한갖 괴로울 뿐"이라는 깨달음이 문득 엄습하기도 한다. 그렇게 나이를 먹는 것이 인생이다.

인생이 영원할 수 없다는 깨달음과 더불어, 그동안 맹목적으로 추구하던 일들의 의미를 되묻게 된다. 내가 공부를 하는 것, 학문을 추구한다는 것이 무슨 의미가 있는가? 내가 사랑하는 사람은 어찌 저다지 건강하고 아름다운가? 건강한 신체에 비하면 생각은 왜 저렇게 짧고, 그 눈부신 피부 속에는 어찌하여 천박한 식욕으로 가득차 있는가? 도대체 삶이란 무엇인가? 나는 어떻게 살아야 하는가 하는 번민어린 시간을 보내는 동안, 우리는 유치환의 <생명의 서>를 생각하게 된다.

나의 지식이 독한 회의(懷疑)를 구하지 못하고
내 또한 삶의 애증(愛憎)을 다 짐지지 못하고
병든 나무처럼 생명이 부대낄 때

그러할 때, 시인은 "저 머나먼 아라비아의 사막으로 가자"고 했는데 나는 어떻게 해야 하는가? 아라비아 사막의 열렬한 고독 가운데 옷자락을 나부끼고 홀로 설 수 없는 것이 나의 현실이 아닌가? 현실의 질곡에 얽매여 주저하면서 망설임이 동반된 그 반추의 순간 우리는 우리 자신을 향한 물음을 진지하게 제기해 보는 희한한 경험을 하게 된다.

자신을 향한 진지한 물음은 끝이 없을 정도로 꼬리에 꼬리를 물고 이어진다. 나는 누구인가? 어떻게 사는 것이 올바른 삶인가? 우리 역사는 어디로 흘러 가는가? 인간과 자연의 관계는 무엇인가? 죽은 다음 영혼의 세계는 따로 있는가? 그런 생각은 인류의 장래로까지 이어지기도 하고, 또 문득, 내일 제출해야 하는 과제를 어떻게 처리해야 하는가, 엠티는 가야 하나 말아야 하나, 모자라는 용돈은 어떻게 하나 하는 등의 일상적 질문으로 급선회를 하기도 한다. 이러한 물음들 속에 인간이 살아간다는 깨달음을 제공하는 것이 문학이다. 나도 그런 물음을 제기할 수 있다는 것, 남들도 그러한 물음으로 부대끼고 있다는 것, 그 가운데 내가 있어 남과 더불어 살아간다는 것을 스스로 확인하는 순간, 나의 존재는 남과 더불어 살아가는 존재라는 인식이 밝아오고, 지상에서 살아가는 삶의 충일감으로 가득하게 된다.

그럴 때, 우리는 자신의 깨달음을, 간단하게나마 이야기하고 싶어지고 글로 쓰고 싶은 충동을 억누르지 못하게 된다. 문학은 그러한 표현 욕구에서 출발한다. 그리하여 자신이 생각한 물음이나 글로 쓴 것을 남에게 전달하려고 한다. 이 소통의 욕구는 남과는 공통감각을 형성한다. 남이 쓴 글은 물론이고 자신이 쓴 글도 스스로 돌아보아 잘되고 못됨을 판단해 본다. 기막힌 이야기에 공감하고 좋은 글을 칭찬하며, 시원찮은 글은 더 잘 쓰라고 부추기는 행위는 비평적으로 문학을 수용하는 것이다. 이러한 순환과정 속에서 이루어지는 문학의 생산과 유통과 수용을 '문학현상'이라고 한다. 이 책은 우리들이 문학현상 가운데 자리잡을 수 있도록 마련한 것이다.

문학현상을 이루는 요소가 무엇이고, 이들은 서로 어떤 관계에 있는가, 독자들에게 문학이 주는 효과는 무엇인가 하고 따지는 짓은 '문학개론'에서 주로 하던 일이다. 그러나 생각해 보면 “나의 지식이 독한 회의를 구하지 못하여” 절망하는 판에 문학에 대한 지식을 또 쌓아 간다는 것이 무슨 의미가 있을 것인가, 한마디로 내 생애에 보탬이 되지 않는 문학을 붙들고 청춘을 낭비하는 것은 아닌가 하는 독한 회의가 일기도 할 것이다. 그러나 우리와 더불어 문학이 있는 한, 우리가 문학현상 가운데 자리잡고 있는 한, 그런 판단은 아직 이르다.

여기서 우리는 ‘파우스트’의 방황과 그가 도달한 곳이 어디인지를 생각해 보는 여유를 가지고 문학에 다가갈 필요가 있다. 인간 세상에서 추구할 수 있는 모든 것을 추구해 본 끝에 절망한 파우스트가, 악마 메피스토펠레스에게 영혼을 팔기로 하고 혈서를 써서 약속을 하는 행동은 장엄한 드라마의 한 장면이다. 파우스트는 자신을 인도하던 위대한 영(靈)은 자신을 물리치고, 자연도 그의 앞에서는 스스로 문을 닫았으며, 마침내 사색의 실오리마저 토막토막 끊어져 “모든 지식 앞에, 나 구토질한 지 오래라.”하면서 지식에 대한 혐오감을 토로한다. 그리하여 “시간의 급류, 사건의 추이 속으로, 우리 다같이 뛰어들자! 거기에 고통과 환락이, 성취와 불만이 서로, 가능한 교차를 다하리니, 오직 쉬지 않고 활동하는 것이 대장부니라.”하고 외친다. 오직 쉬지 않고 활동하는 인간이라야 한다는 깨달음은 메피스토펠레스의 입으로 “모든 이론은 회색이요, 푸른 것은 오직 생명의 황금나무로다.”라고 변형된 형태로 토설하게 한다. 파우스트에게 있어서 생명의 황금나무는 자유이다. 그가 그 유명한 “멈추어라! 너, 진실로 아름답도다!”하는 그 ‘순간’ 자유를 획득한다는 것은 인간의 존재조건을 초월한다는 의미를 가진다. 파우스트가 메피스토펠레스에게 피로 서약을 하고 얻은 지식과 활동을 통해 성취한 최후 결론은 “자유란 생활처럼 매일 이것을 싸워 얻는 자만이, 비로소 이것을 누릴 권리가 있는 것이다.”하는 한 줄의 아포리즘이다. 물리적으로, 정신적으로, 관념상으로 우리를 옭아매고 있는 존재조건을 뛰어넘어 초월적인 세계를 만듦으로써 우리들 삶의 공간을 확장하는 일, 그것이 자유를 위한 투쟁이고, 그 투쟁의 상상적 형상화가 문학이다.

자유를 위한 투쟁인 문학에 우리가 몸담고 있는 한, 그 실행을 향한 발걸음 또한 당당해야 한다. 이 책을 통하여, 문학을 개념적으로 이해할 것이 아니라 작품과 대면하고 실제로 문학적인 글을 써 보도록 권유하는 이유가 여기 있다. 문학을 회색빛 이론의 차원에 방치할 것이 아니라 푸른 생명의 나무로 길러 나가야 할 것이 아닌가. 그러기 위해서는 문학을 우리들 삶의 영역으로 이끌어들여야 한다. 이 책을 다뤄 주는 우리 선생님들과 더불어.

문학, 그 푸른 생명의 나무가 자라기 위해서는 이 책을 다루는 원정(園丁) 선생님들의 공감과 격려가 있어야 한다. 물론 젊은 여러분들이 스스로 자라는 나무이기를 바라는 마음이지만, 젊은 나무들에 물을 대주고 곁가지를 잘라주며, 서로 의지할 수 있도록 기대어 주는 선생님들의 노고를 잊지 말아야 한다. 그분들은 이 책에서 이끌어 쓴 것보다 한결 문학적인 경험이 많고, 이 책의 설명을 훨씬 능가하는 지혜를 지닌 현자들이다. 여러분들은 그분들과 더불어 문학현상은 숲에서 울창해지는 나무들이다.

문학과 더불어 자유를 얻고, 문학과 더불어 생명의 황금빛 나무로 성장하는 여러분이 되길 바란다. 그리고 찬란한 빛을 발하는 숲이 되길 염원하는 것이 이 책의 제2판을 내는 필자들의 소망이다.

1998년 4월, 목련꽃 그늘 아래서
필자를 대표하여, 우한용 씀

〈초판 서문〉

문학으로 들어가는 문에서

인간은 밥과 꿈으로 살아간다. 밥은 쌀을 씻어 물을 붓고 불로 끓여야 하는 구체적인 물질의 세계에 속한다. 꿈은 기억과 소망으로 이루어지는 정신세계이다. 그러나 밥을 먹고 꿈을 꾸는 인간 자신은 육신을 지니고 있다. 인간의 육신 가운데서 밥과 꿈은 맞물리고 또 다른 세계를 형성한다. 육신 안에서 밥과 꿈을 섞어 주고 발효시키는 것이 언어이다. 그런 의미에서 언어가 중간세계라고 한 훔볼트의 지적은 매우 타당하다. 문학은 인간이 언어를 가지고 구성하는 매우 독특한 세계이다. 그렇기 때문에 문학으로 들어가는 첫번째 문이 언어라고 할 수 있는 것이다.

인간은 제한된 시간과 제한된 공간 속에서 살아간다. 흔히 인간의 일생을 수목이나 꽃으로 비유하는 것처럼, 태어나서 자라고 꽃피고 열매를 맺고 시드는 시간의 흐름에서 벗어날 수 없는 것이 인간의 시간적 조건이다. 과거는 회복할 수 없는 절대의 세계이고, 미래는 개인의 의지로 통어할 수 없는 불확실한 세계이다. 그렇다고 현재만이 확실하고 의미있는 것이라고 한다면 자칫 찰나적인 삶으로 기울어지기 십상이다. 현재의 의미가 언어로 매개될 때라야 시간적인 한계를 극복할 수 있는 것이다. 문학을 인류의 기억이라 규정하는 이유도 여기에 있다.

인간의 삶은 공간적으로도 제한되어 있다. 교통기관의 발달이나 통신기술의 발달이 공간적으로 제한된 인간의 삶을 확장한 면이 있는 것이 사실이고, 이제 인간이 인터넷을 이용한 사이버 공간 속에서 활동한다고 하더라도, 공간이 제한되어 있음은 물론이다. 그런데 문학은 인간의 제한된 공간을 확대하고 재생해 준다. 문학이 구체적인 감각차원의 공간을 재생해 준다는 것은 삶의 실감을 복원한다는 의미이기도 하다. 그러한 점에서 시간과 공간은 문학에 들어가는 확실한 문이다.

인간의 역사는 어쩌면 인간 자신의 부단한 확장으로 이어져 왔다. 이는 도구를 사용할 줄 아는 인간, 호모 파버(homo faber)의 영광이기도 하다. 인간의 확장은 이론과 기술을 교합하고, 엘리어트의 〈황무지〉에서처럼 '기억과 욕망을 뒤섞고', 색과 음의 세계를 혼융하는 것이다. 문학과 음악, 문학과 영화 등은 서로 성장을 도와주는 일종의 공생관계를 유지해 왔다. 이러한 공생관계는 텍스트 차원에서는 면밀한 분석을 요하는 것이지만, 실천의 국면에서는 매우 자연스럽게 수행된다. 영화는 기본적으로 서사양식의 하나이다. 그것이 이야기를 담고 있다는 점에서 그러하다. 그러나 한 편의 영화에는 이야기는 영상이 되고, 거기에 음악이 곁들여진다. 이른바 종합예술인 것이다. 이처럼, 문학으로 들어가는 문은 이웃 동네의 문과 맞닿아 있다는 점이 특징적이다.

인간 삶의 무게에 비한다면 문학이 그 자체로는 별스런 것이 아닐 수도 있다. 그러나 달리 생각해 보면, 삶의 의의니 무게니 하는 것이 언어로 정리된 것이 아니라면 논의조차 불가능한 것이다. 다른 예술에 비해 문학이 더 높은 가치를 부여 받는 것은 언어로 인한 문학의 이념적 특성 때문이다. 문학은 언어를 통해 역사와 철학을 감당하는 장치이다. 인류의 기억, 삶의 궤적이라는 점에서 역사는 과거이다. 인간은 어떤 존재인가, 어떻게 사는 것이 바람직한 삶인가 하는 문제를 주로 다루는 철학은 미래적이다. 그러나 문학은 인간 삶의 역사와 철학을, 즉 과거와 미래를 동시에 다룰 수 있는 강력한 역량을 지닌 예술이다. 이러한 역량을 문학의 이념적 속성이라 하는 것이다. 그런데 문학에서 이념적 속성이 지나치게 강하면 추상성으로 빠질 우려가 있고, 너무 약하면 힘을 얻지 못한다. 이처럼 문학은 예술이기는 하지만 원론적인 측면에서 제약이 심한 예술이다. 그러나 문학의 이념성이 문학에 접근하는 여러 문 가운데 확실한 문이라는 점은 변할 수 없는 진실이다. 문학의 힘은 이념적인 힘에 많은 부분을 기대고 있기 때문이다.

문학으로 들어가는 문은 서서히 열리는 시간의 문이다. 한 순간에 섬광처럼 번쩍하고 열리는 것이 아니라, 아주 느리게 천천히 익어가는 과일처럼 체험을 요구하는 것이다. 여러 가지 제약이 있기는 하지만, 문학이 예술이기 때문에 체험으로 받아들여야 하는 것이다. 물론 체험과 이론이 분리될 수 없다. 이 둘은 서로를 북돋아 주는 것이 사실이다. 그러나 이론으로 체험을 재구성할 수는 없다. 시를 읽더라도 천천히 상상하며 읽어야 하고, 반복하여 읽어서 시의 리듬이 생의 체험으로 정착되어야 한다. 소설의 경우도 마찬가지이다. 전체를 읽고 다시 부분을 음미하고, 부분과 부분을 연관지어 생각하는 가운데 문학적 감각은 진정한 체험으로 화한다. 따라서 이 책에서 예를 들고 있는 작품을 먼저 착실히 읽을 필요가 있다.

이 책은 대학에서 교양 차원의 문학을 공부하는 이들을 위해 만든 것이다. 학기 단위로 진행되는 강의라는 대학의 제도를 염두에 두었다. 그리고 이 책을 이용하는 이들이 시간계획을 적절히 할 수 있도록 체재를 잡았고 스스로 주체적인 방법으로 문학에 접근할 수 있도록 연습문제를 달아 두었다. 적절히 활용하여 문학을 향한 문을 열어 가는 데에 도움이 되길 바란다.

작은 책을 하나 만드는 데에도 많은 사람의 땀이 배어들어가야 한다는 사실을 확인하는 것을 그 자체가 삶의 의미를 음미하게 한다. 이 책의 경우도 마찬가지이다. 원고를 마련하기 위해 필자들은 밤늦게까지 수많은 책을 떠들어 보았고, 모색의 시간도 길었다. 원고 상태에서 읽고 교정하는 일을 하든지 색인을 뽑는 일은 서울대 사대 문학교육연구실의 젊은이들이 헌신적인 노력으로 도맡아 해주었다. 유홍렬, 이형빈, 황희종, 박여미 학생들의 땀과 정성이 책갈피에 배어있음을 기억한다.

문학의 변화를 민감하게 포착하고 새로운 체제의 책이 필요하다는 의견을 주신 삼지원의 고덕환 사장님과 편집에 애쓰신 이신정 주간께도 감사의 말씀을 전한다.

1997년 새봄

편 자 씀

차 례

제 1 부 文學과 讀書

제 2 부 文學과 社會

제 3 부 文學과 言語

제4부 文學과 다른 藝術

제 5 부 文學과 文化

제 6 부 文學의 흐름과 理解의 方向

제 1 부

文學과 讀書

제 1 장
문학을 읽는 이유

朴 寅 基*

Ⅰ. 인문 정신의 본질과 문학 읽기

문학은 인류가 유지해 온 여러 정신활동영역 중에서 가장 오랜 연원과 역사를 지닌다. 인간의 정신을 다루는 인문학 분야에는 문학과 더불어 철학, 역사학, 심리학 등이 있지만 문학만큼 구체적이고도 광범위하게 개인과 사회에 작용하는 것은 없다. 그리하여 문학은 인간의 정신적 삶을 가꾸고 길러나가는 분야의 기본 토대로서의 역할을 해 왔다. 인류의 모든 정신적 역사의 밑바탕에는 아주 두터운 문학의 적층이 놓여 있었음을 알아야 한다.

동서양의 문화사 기술에서 문학의 요소를 제거한다면 그것은 불구의 형태를 면할 수 없다. 한 예로 중세 신분제사회와 神 중심의 세계관을 깨트리고 인본주의적 세계관을 구축하게 하는 토양형성에 세르반테스(Miguel de Cervantes Saavedra : 1547～1616)의 〈돈키호테〉 나 보카치오(Giovanni Boccaccio : 1313～1375)의 〈데카메론〉 등이 어떻게 놓이는지를 살펴보라. 그리고 이들 작품의 출현에 보이지 아니하는 기제로 작용했음직한 해당 지역의 숱한 개별 문학이나 구비문학의 모습들을 상상해 보라. 곧 이러한 문학의 적층적 작용이 인간역사나 인간사상의 형성과 변전에 중요한 역할을 하고 있음을 알 수 있을 것이다.

---

* 경인교육대학교 교수. 주요 저서로 《문학교육과정의 구조와 이론》, 《문학교육론》, 《국어교육학개론》, 《고등학교 문학》, 《문학교육과정론》 등이 있다.

또 다른 예를 보자. 우리 근대문학에서 계몽의지를 담아내는 많은 문학작품들-그것이 어떤 이념적 배경을 가진 것이든지-을 통해 '근대성'과 관련한 한국 사회의 어떤 지향과 변전을 하나의 그림으로 발견해 낼 수 있다. 이 역시 이인직의 〈혈의 누〉, 이광수의 〈무정〉, 심훈의 〈상록수〉, 이기영의 〈고향〉 등과 같은 문학작품들의 적층에서 발견되는 시대정신 내지는 정신사적 흐름의 모습이다. 이렇듯 문학은 인간 정신세계에 가장 먼저 불을 지피는 공간이며, 동시에 인간세계를 가장 나중까지 정신의 불로 조명하는 공간이다.

그런가 하면 문학은 인간사회에 태어난 한 개체가 성장해 가는 과정에서도 지적·정의적 발달을 돕는다. 한 사람의 생애에 있어서 문학 읽기는 그 사람의 정신발달의 국면국면마다 개입하여 가치있는 작용을 한다. 최소한의 기본적인 생존욕구와 생존조건을 확보하려는 데서 실용적 의사소통의 언어가 출발하는 것이라면, 최소한의 자아인식(표현)과 최소한의 세계 발견으로 나아가는 자리에 주체화되고 상징화된 언어, 즉 문학의 언어가 등장한다. 문학은 이미 여기에서부터 작용하는 것이다.

또한 문학은 유년기 때부터 세계 인식의 창으로 작용한다. 유년기부터 세계를 질서화하고 인식하는 과정이 왜 '이야기'의 형식을 통해서 보편화되는지를 생각해 보면 우리는 문학적 형상화의 매력과 이점을 설명할 수 있을 것이다. 더 자라서 성장기의 정신적 긴장과 현실 세계와의 충돌 경험을 할 때, 우리는 많은 成長小說들에서 위로받고 새로운 지평을 도움받는다. 이는 '교사이기를 사양하는 교사'의 역할을 문학이 수행하고 있음을 문학 읽기의 구체적 경험이 증명하는 장면이라고 할 수 있다.

거대한 현실주의 텍스트 또는 도스토에프스키 류의 작품 등에서, 한 개인으로 하여금 세계와의 단절감을 느끼지 않고 세계와 하나가 되어 있음을 느끼게 하여주는 총체성으로서의 세계 인식을 경험하면서 우리의 정신 또한 청장년의 성숙을 경험한다. 이는 사회적 현실 속에서 주체로서 '나'를 일으켜 세우고 나아가는 일과 같은 것이다. 그리하여 삶의 실천으로서 문학의 자장이 만들어지게 된다. 그런 과정을 거쳐서 마침내 인생의 경륜을 다스림직한 원숙기쯤에서 신화나 서사시의 세계를 온전히 발견하게 되는 것이다. 즉, 신화세계가 가지는 조화된 총체성의 질서를 제대로 음미하게 되는 것은, 개인에게는 생애 전체를 조감할 수 있게 되는 경지에서 가능한 것이다. 그와 동시에 문학을 통해서 우리가 선대로부터 이어받고 후대에게 넘겨줄 문화의 유산 같은 것이 형성되는 것이다. 그리하여 이른바 삶과 인생의 지혜로서의 문학에 위상 변이가 생기기도 한다. 요컨대 문학은 전생애적으로 우리가 만나야 하는 가치있는 경험 그 자체이다. 그리고 개체 차원에서 충실하게 경험된 문학의 발효 에너지는 사회와 역사 차원으로 그 가치를 전이시켜 간다.

그러나 막상 문학 자신은 이러저러한 효용을 명시적 표정으로 강조하지는 아니한다. 인문학의 중심 역할을 해내는 공적을 먼저 내세운다든지, 개인의 정신적 성장을 유익하게 돕는 증거를 구체적으로 보증한다든지 하는 것을 그 자신이 직접 드러내지는 아니하는 것이다. 문학의 효용성을 문학 읽기 이전에 너무 강조하는 것은 어쩌면 반문학적인 것인지도 모른다. 이는 일찍이 칸트(Immanuel Kant : 1724~1804)가 문학예술의 가치효용을 지나치게 목적적으로 접근하는 것을 경계했던, 이른바 '無目的的 合目的說'의 원리에 부합되는 것이라고 할 수 있다. 그럴 수밖에 없는 것이 문학은 형상화된 언어의 방식으로 자신의 존재를 알리고 자신의 메시지를 내포하여 전하기 때문이다. 여기서 '나타낸다'라고 하지 않고 '내포한다'는 말을 쓴 것은 의도적 이유에서이다. 왜냐하면 문학이란 형상화된 텍스트의 존재를 그 본질로 하는 것이며, 이렇게 언어미학적 형상화로 이루어진 문학 텍스트의 의미전달 방식은 기본적으로 '내포한다'의 방식에 의존하기 때문이다. 그리고 이러한 것들로부터 문학의 소통이 불확정성의 생성과 메꾸기로 변주되고, 그것이 '울림'의 의미수용 방식으로 나아간다는 점 등을 고려한 것이다.

예술적으로 형상화된 구조로 문학 텍스트는 존재한다. '형상화된 구조'로 된 문학은 독자에게는 '감동의 구조'로 수용될 것을 요청한다. 감동의 구조가 가지는 실체는 어떤 것인가. 그것은 明澄하고 線條的인 논리의 체계가 아니라, 다소 불확정적이지만 상상력으로 환기되는 '울림'의 구조이다. 그리고 그 울림 속에는 세계를 발견하고 해석하는 感應의 힘이 작용한다. 이 울림의 힘이 문학의 가장 중심된 전달력인 것이다. 문학은 인간 발달의 토대이고, 인문 정신 발달의 거름이며, 시대정신의 생성동굴이다. 문학은 인간개체 발달과 인류계통 발달을 모두 넘나드는 강한 정신적 울림의 磁場이다.

Ⅱ. 자아와 세계가 교호(交互) 작용하는 구조

문학 읽기는 독서 주체인 '자아'와 텍스트로서의 '세계'가 서로 상호작용하는 매우 독특한 '경험공간'이다. 이는 문학의 내적 양식 자체가 그러하다는 데서 연역된 것인지도 모른다. 모든 문학 텍스트는 그 내부에 텍스트 내적 자아와 세계의 교섭을 다룬다. 그리고 그것을 읽어내는 구조 또한, 비록 층위는 다르지만, 자아와 세계의 교섭을 추구하는 것이다.

우선 문학 읽기의 정신적 공간은 세계를 우리의 자아 내부로 투사하는 공간이다. 한 편의 시를 마주하여 읽을 때, 우리는 자아를 중심축으로 하여 세계를 받아들이고 해석한다. 문학에서 세계의 수용과 해석은 사회과학의 담론이 세계를 탐구하는 방식과는 다르다. 인문적 인식의 원초적 장면이란 시 읽기의 장면에서 압축된다고 할 수 있는데, 시 읽기에서는 독서 주체의 정서와 감응에 따라 대상과 세계가 자유롭게 변주될 수 있는 공간을 가지기 때문이다. 그러나 사회과학이 세계를 인식하는 방식은 개인의 감응에 따른 해석의 자유로운 변주를 인정하지 아니한다.

문학을 읽는 주체의 정서와 감응이란 결국 그 주체가 살아 가는 삶의 여러 조건과 형질들에서 마련되는 것이다. 각자의 삶의 조건과 형질을 중시한다는 것은 무엇이겠는가. 그것은 인간존재의 모순과 한계에 대한 따뜻한 이해와 사랑을 중시한다는 것이며, 우리 삶의 동기적 기제에 대한 인간학적 성찰을 의미하는 것이라 할 수 있다. 이는 문학의 존재론적 의의를 말하는 것이기도 하다. '자아'를 중심축에 놓고 세계를 變容하는 시의 세계가 바로 이 범주의 중심을 점한다. 물론 문학의 일차적 세계는 형상화된 언어로 이루어진 기호의 세계라는 점을 놓쳐서는 아니될 것이다. 그러나 그 문학적 기호의 실체는 삶이며, 그 삶의 중심에 인간이 놓여 있는 것이다. 결국 문학 읽기는 개인의 세계와의 조절 및 동화인 것이다.

요컨대 세계 해석에서 우리의 주관적 감수성을 고유하게 인정해 주는 공간이 바로 시의 세계요, 문학 읽기의 공간인 것이다. 동시에 그러한 삶의 조건에 따라 세계를 변용하는 문학 읽기가 다른 여러 독자에 의해서도 共鳴의 폭을 넓혀 갈 때, 그 작품은 이른바 시대적 사회적 울림을 확보하는 것이 된다. 이러한 일련의 과정에서 문학은 문학 나름의 논리와 문법을 가지게 되는 것이다.

李陸史의 시 〈曠野〉를 읽으면서 독자가 찾아내는 시의 의미는 독자 개개인의 정서와 감응에 따라 무수히 많은 변주를 일으킬 수 있다.

까마득한 날에
하늘이 처음 열리고
어디 닭 우는 소리 들렸으랴.

모든 山脈들이
바다를 戀慕해 휘달릴 때에도
차마 이 곳을 犯하던 못하였으리라.

끊임없는 光陰을
부지런한 季節이 피어선 지고
큰 강물이 비로소 길을 열었다.

지금 눈 내리고
梅花 香氣 홀로 아득하니
내 여기 가난한 노래의 씨를 뿌려라.

다시 千古의 뒤에

白馬 타고 오는 超人이 있어
이 曠野에서 목 놓아 부르게 하리라.

— 이육사, 〈광야〉

이 시를 읽으면서 각각 자신의 체험에 따라, 서로 다른 '광야'의 모습을 그려볼 것이다. 그리고 여기 나오는 '초인'의 의미가 무엇인가 하는 점도 사람마다 다를 것이다. 그러나 이 시의 작자가 이육사라는 것을 아는 독자들은 이 시가 서정시이면서도 이른바 정신시에 해당한다는 시의 상징적 의미를 생각하게 될 것이다. 이 작품이 서정시라는 언어적 형상물로서의 어떤 질서와 미적 구조의 힘을 독자에게 발휘하는 한편, 모든 독자는 예술형식으로서의 문학이 지니는 본질로부터 즐거운 구속을 경험하도록 되어 있는 것이다. 이는 이 작품의 독자 사회가 이미 구축해 놓은 여러 의미 층위들이 개별 독자의 독서행위 속에 하나의 문화로서 (또는 지적 유산으로서) 개입해 오는 것으로서 나타난다. 문학 읽기가 자유로운 상상력의 변주를 허용하면서도 단순한 자의적 정신작용에 머물지 아니하는 까닭이 바로 여기에 있다.

다음으로, 문학 읽기는 세계를 향하여 우리의 자아를 조절하고 동화해 나가는 공간이다. 인간의 삶과 운명이 현실적으로 영위되는 '세계'에 대해서 우리의 자아는 본질적으로 대립하기 마련이다. 삶의 총체성을 인식한다는 문학 읽기의 본질적 요소야말로 자아를 세계의 질서 (혹은 혼돈) 속으로 나아가게 하는 것이라 할 수 있다. 그리하여 우리는 자아의 존재와 의식을 문학 읽기의 공간 속에서 반성적으로 사유하게 된다.

문학이 표상하는 세계는 우리 삶의 총체적 모습을, 혹은 유토피아적으로 혹은 문제적으로 드러내는 것이다. 꿈꾸는 과정 속에서 현실의 질곡을 다시 음미하며, 현실의 문제를 들추어내는 데서 '꿈'에 대한 지향을 놓치지 아니하려는 세계가 바로 문학의 세계인 것이다. 서사시로 표상되는 고전의 세계가 총체성이 확보된 세계를 그린 것이라면, 근대 이후 서사 문학들의 본질이 총체성이 상실된 세계의 문제들을 성찰하게 하는 것이라는 루카치

(György Lukács : 1885~1971) 등의 문학이론들이 이를 극명하게 설명해 준다. 즉, 우리는 문학 읽기를 통해서 우리들 삶의 질서와 혼돈을 발견하고 각성하며, 그 속에서 우리들 주체를 바로 인식하려는 실천의 장으로까지 나아가게 되는 것이다. 그러한 실천의 구체적 모습이 바로 우리의 자아를 조절하고 동화하는 것이라 할 수 있다. 이는 단순한 심리학적 발달 내지는 적응의 개념을 넘어서서, 실천적 인식의 개념에 해당하는 것이다. 문학 읽기는 이처럼 자아와 세계의 부단한 교호작용을 통해 우리의 정신을 발달시키고, 그것을 바탕으로 우리들 자아가 삶의 주체의 자리에 놓이도록 해 준다.

Ⅲ. 감정이입과 비평적 거리두기의 상승 과정

문학 읽기의 과정은 단순히 정보를 획득하기 위해서 읽는 일반적 읽기와는 과정상 큰 차이를 보인다. 앞에서 우리는 그것을 거시적 관점에서 설명하면서 '세계와의 조절 동화'로 이야기한 바 있다. 그리고 그것은 곧 자아를 실천적 자리로 나아가게 하는 인식적 작업에 해당함을 밝혔다. 여기서는 문학 읽기의 구조를, 독서가 이루어지고, 의미를 획득해 나가는 과정의 측면에서 설명해 보기로 한다.

문학 읽기의 과정은 심리적 과정이면서, 점차적으로는 사회적 과정으로 확산된다. 이 심리적 과정이 사회적 과정으로 전이되면서 문학 읽기는 보다 큰 의미의 울림으로 확장, 공명되는 것이다. 심리적 과정이란 한 개인 내면의 차원에서 문학 텍스트가 의미를 생성·확정해 나가는 과정을 말하는 것이라면, 사회적 과정은 그런 의미들이 독자사회에 의해서 적층·공유되면서 어떤 사회적 의미나 가치를 발생시켜 나가는 과정이라 할 수 있다. 물론 문학 읽기 과정에서 심리적 요인과 사회적 맥락을 칼로 두부 자르듯이 확연하게 분리하는 것이 가능하냐에 대해서 논란이 있을 수 있다. 개인의 문학 읽기의 심리적 과정 속에서도 사회적 요인이 개입해 올 수 있으며, 어떤 문학 텍스트가 사회적 의미를 발생시켜 나감에 있어서 어떤 특정인의 개인적 독후감이 큰 영향을 미칠 수도 있다. 이제 이러한 문학 읽기의 과정을 보다 미시적인 관점에서 살펴보기로 하자.

문학 읽기는 일단 독자가 문학 텍스트의 세계에 몰입함으로써 텍스트의 의미를 탐색하는 것으로 그 첫걸음을 시작한다. 독자가 문학 텍스트 세계에 몰입한다는 것은 어떤 심리적 상황을 말하는가. 그것은 일차적으로는 텍스트 세계를 느끼고 반응하는 感應의 과정에서 비롯된다. 그러나 그냥 단순한 감응에서 그치면 본격적 몰입의 경지에 들어갔다고 할 수는 없다. 독자의 자아가 분열되어, 텍스트 바깥에 존재하는 현실적 자아와 텍스트 세계에 이입된 자아가 생겨나야 하는 것이다. 이 분열된 자아들 사이에 텍스트를 기반으로 서로 어떤 대화가 이루어질 때, 우리는 몰입했다고 말할 수 있게 된다. 感情移入(empathy)이란 용어는 원래 심리학의 용어이었다. 그러나 문예학에서 이 용어가 원용되기 시작하면서 문학 텍스트에 작용하는 독자의 심리적 과정을 설명하는 중요한 개념이 되었다. 우리가 문학작품을 텍스트 차원에서 읽고 반응한다고 했을 때, 그 심리적 과정의 시발은 모두 감정이입을 전제로 하는 것이 될 수밖에 없다. 그러니까 감정이입은 문학 텍스트를 이해하고, 그 세계를 인식하고, 해석하는 일련의 감상과정의 필요조건이 되는 셈이다.

문학 읽기에서 감정이입은 여러 층위를 가진다. 텍스트 내의 어떤 대상에 대해서 독자가 유사한 감정을 순간적으로 공유하는 것에서부터, 텍스트의 전체구조에 대해서 독자 자신의 삶과 경험을 의미있게 비추어 보고, 그 의미의 울림을 정의적으로 동화하는 수준에 이르기까지 매우 다양할 수 있다. 독자의 자아가 텍스트 내적 세계에 이입되는 것을 문학의 의미 작용에서 중시하는 관점은 受容美學 등의 이론에서 두드러진다. 문학 텍스트의 의미는 확정된 그 무엇이 아니며, 독자의 문학 읽기는 텍스트의 불확정적인 면을 찾아내어 그것을 메우는 작업으로 설명되기도 한다. 요컨대 문학 읽기의 심리적 과정은 '이입'으로부터 비롯한다. 따라서 문학 읽기의 주체인 독자의 능동적인 읽기가 강조된다.

그러면 문학 읽기의 궁극적 과정을 어떠한 과정으로 파악하는 것이 바람직한가. 문학 읽기의 궁극적 과정은 이입된 텍스트 내의 세계에서 텍스트 바깥에 있는 현실적 자아로 냉정하게 회귀하는 과정이라 할 수 있다. 그 회귀는 단순히 문학 읽기를 끝내는 것을 의미하는 것이 아니다. 텍스트 내의 세계에 몰입하여 그것을 충분히 경험한 뒤에 우리는 그 경험을 반추한다. 이러한 반추는 물론 텍스트 바깥에 있는 자아의 현실에 되비추어 봄으로써 가능해 지는 것이다. 텍스트 바깥에 있는 자아의 '현실'이란 무엇이겠는가. 그것은 독자가 존재하는 구체적 삶의 조건이기도 하고, 독자의 경험 속에 저장된 인식의 실체이기도 하다. 그 속에는 일상적 삶의 현실도 있고, 이미 메타적으로 형성된 인식체계나 이데올로기도 있다. 따라서 이처럼 현실의 자아로 회귀하는 과정에서는 텍스트의 세계를 비판적으로 조응하는 과정이 필연적으로 따르게 된다. 모든 문학 읽기가 궁극적으로 반성적 사고(reflective thinking)의 과정을 수반하는 까닭이 여기에 있다. 이러한 일련의 문학 읽기 과정을 두고 우리는 '비평적 거리두기'라 부르기도 한다.

이쯤에서 우리는 성숙하고 생산적인 문학 읽기를 위해 기존의 비평 텍스트가 지니는 중요성을 자못 의미있게 발견할 수 있을 것이다. 비평적 거리두기에서, 우리는 기존의 비평 텍스트를 우리의 문학독서를 질적으로 돕는 것으로서 활용하는 이점을 발견할 수 있기 때문이다. 비평 텍스트란 범박하게 말하면 전문적이고도 성숙한 독자의 밀도 있는 독후감의 일종이기 때문에, 초보의 독자에게는 문학경험 해석의 내용과 방법에서 유용한 조력자의 역할을 할 수 있는 것이다. 이 과정에서, 우리는 우리가 문학 텍스트에 처음 들어갈 때 겪었던 감정이입의 본질적 의미가 무엇인지를 발견하게 된다. 그리고 그 이입으로 인해 발휘되었던 '感動'이라는 것이 어떤 것인지를 해석할 수 있게 되고, 나아가서는 그것의 가치를 설명할 수 있게 된다. 문학이 본질적으로 이데올로기적 상관물이라는 점을 이해하고 경험한다는 것은 문학 읽기의 차원을 결정하는 매우 중요한 경험이다. 문학 읽기가 단순한 감응으로만 그치고 만다면 그것은 매우 미숙한 읽기이다. 해석의 숲에서 그냥 함몰되어 '주체'의 자리로 나아가지 못한다면 그 역시 미완의 독서이다. 세계인식의 한 가닥 올을 거머쥐는 데까지 나아가야 할 것이다. 즉, '감응→해석→인식'의 과정이 순환적으로 상승하는 구조를 온전하게 맛보는 데에 이르러서야 비로소 문학 읽기의 완결된 모습이 드러난다고 할 수 있겠다. 이는 기본적으로 감정이입과 비평적 거리두기의 상승과정을 통해서 마련되는 것이다.

Ⅳ. 새로운 세계를 꿈꾸는 상상력의 공간

문학 읽기는 상상력이 지배하는 공간이다. 그렇기 때문에 문학을 읽는 사람은 단순히 정보를 얻기 위해서 글을 읽는 사람과는 질적으로 다른 정신적 경험을 가진다. 문학은 그 자체가 想像力의 산물로 형상화된 것이면서, 그것을 읽는 행위에도 그에 못지 않은 상상력을 요구한다. 그래서 우리는 문학을 읽는 행위를 '미적 경험'이라고도 하고, '초월적 思惟'라고도 하며, '감동적 발견'이라고 부르기도 한다. 이는 모두 상상력의 작용을 전제로 하는 개념들이다. '있는 것'에서 '있지 아니하는 것' 또는 '있어야 할 것'을 추구하는 자유로운 정신의 활동이 문학의 생산과 수용 양면에 모두 작용하는 것이다.

상상력이 인간 정신작용의 고차원적 작용임을 문학은 보여 준다. 상상력은 범박하게는 '꿈꿀 수 있는 힘'을 뜻한다. 정교한 정의로는 세계를 재구성하는 정신적 능력으로 설명되기도 한다. '재구성한다는 것'은 '있는 것'을 지양하고 다시 다른 차원으로 고양되려는 의지에 다름 아니다. 여기에는 인간의 존재와 상황에 대한 폭넓은 성찰과 감동이 전제되어 있는 것이다. 그런데 문학은 바로 그 '성찰과 감동'을 제공함으로써 우리에게 상상력의 날개로 비상할 것을 요청한다. 세계를 재구성하려는 의지로 인해서 우리는 우리의 삶에 그때그때 어떤 역동성을 스스로 창출해 가는 것이다.

문학에서 발현되는 상상력은 인간과 사물에 대한 긍정적 사랑을 토대로 하는 일종의 자유정신이다. 문학에서 상상력은 인간을 현실적 존재(세계)로부터 초월적 존재(세계)를 경험하게 해 주는 것이다. 이렇게 보면 문학 읽기에서 상상력은 곧 자유정신과 동의어로 쓰일 수 있음을 알 수 있을 것이다. 문학이 보여주는 우화적 알레고리의 세계는 현실의 질곡을 반성적으로 초월하는 언어의 세계이다. 언어가 자유롭다고 할 수 있겠지만 궁극적으로는 문학의 정신이 자유로운 것이다. 염상섭의 〈만세전〉이 보여주는 상상력은 시대의 암울함을 묘지의 공간으로 추락시켜 경험하게 하는 상상력의 한 단서를 제공한다.

> 다시 돌쳐 들어오며 보니, 찻간에서 무슨 대수색을 하는지 승객들은 아직도 아니 들여보내고, 결박을 지은 여자는 업은 아이가 깨어서 보채니까 일어서서 서성거린다.
>
> '젖이나 먹이라고 좀 풀어줄 일이지.'
>
> 하는 생각을 하니 곁에 시퍼렇게 얼어서 앉은 순사가 불쌍하다가도 밉살맞다. 목책 안으로 들어오며 건너다보니까 차장실 속에 있던 두 청년과 헌병도 여전히 이야기를 하고 섰다. 나는 까닭없이 처량한 생각이 가슴에 복받쳐 오르면서 한편으로는 무시무시한 공기에 몸이 떨린다.
>
> 젊은 사람들의 얼굴까지 시든 배추잎 같고 주눅이 들어서 멀거니 앉았거나, 그렇지 않으면 빌붙는 듯한 천한 웃음이나 '헤에'하고 싱겁게 웃는 그 표정을 보면 가엾기도 하고, 분이 치밀어 올라와서 소리라도 버럭 질렀으면 시원할 것 같다.
>
> '이게 산다는 꼴인가? 모두 뒈져버려라!'
>
> 찻간 안으로 들어오며 나는 혼자 속으로 외쳤다.
>
> '무덤이다! 구더기가 끓는 무덤이다!'
>
> 나는 모자를 벗어서 앉았던 자리 위에 던지고 난로 앞으로 가서 몸을 녹이며 섰었다. 난로는 꽤 달았다. 뱀의 혀 같은 빨간 불길이 난로 문 틈으로 날름날름 내다보인다. 찻간 안의 공기는 담배연기와 석탄재의 먼지로 흐릿하면서도 쌀쌀하다. 우중충한 남포불은 웅크리고 자는 사람들의 머리 위를 지키는 것 같으나 묵직하고도 고요한 압력으로

지그시 내리누르는 것 같다. 나는 한번 휘 둘러보며, '공동묘지다! 공동묘지 속에서 살면서 죽어서 공동묘지에 갈까봐 애가 말라하는 갸륵한 백성들이다!'

하고 혼자 코웃음을 쳤다.

'공동묘지 속에서 사니까 죽어서나 시원스런 데 가서 파묻히겠다는 것인가? 그러나 하여간에 구더기가 득시글시글하는 무덤 속이다. 모두가 구더기다. 너도 구더기, 나도 구더기다. 그 속에서도 진화론적 모든 조건은 한 초 동안도 거르지 않고 진행되겠지! 생존경쟁이 있고 자연도태가 있고 네가 잘났느니 내가 잘났느니 하고 으르렁댈 것이다. 그러나 조만간 구더기의 낱낱이 해체가 되어서 원소가 되고 흙이 되어서 내 입으로 들어가고 네 코로 들어갔다가, 네나 내나 거꾸러지면 미구에 또 구더기가 되어서 원소가 되거나 흙이 될 것이다. 에잇! 뒈져라! 움도 싹도 없이 스러져 버려라! 망할 대로 망해 버려라! 사태가 나든지 망해 버리든지 양단간에 끝장이 나고 보면 그중에서 혹은 조금이라도 쓸모있는 나은 놈이 생길지도 모를 것이다…….'

— 염상섭, 〈만세전〉에서

그와 동시에 〈만세전〉은 그 시대가 꿈꾸는 이상향의 지향이 어떤 것이어야 하는지를 독자에게 꿈꾸게 한다. 그것은 동경 유학생 일본인 여성 정자가 자신을 사모하는 마음을 담아 편지를 보내자, 이인화가 그에 대한 거절의 답장을 보내는 데에 드러나 있다.

…… 소학교 선생님이 '사벨'(환도)을 차고 교단에 오르는 나라가 있는 것을 보셨읍니까? 나는 그런 나라의 백성이외다. 고민하고 오뇌하는 사람을 존경하시고 편을 들어주신다는 그 말씀은 반갑고 고맙기 짝이 없읍니다. 그러나 스스로 내성(內省)하는 고민이요 오뇌가 아니라, 발길과 채찍 밑에 부대끼면서도 숨이 죽어 엎디어 있는 거세된 존재에게도 존경과 동정을 느끼시나요? 하도 못생겼으면 가엾다가도 화가 나고 미운증이 나는 법입넨다. 혹은 연민의 정이 있을지 모르나, 연민은 아무 것도 구하는 길은 못 됩니다.

…… 이제 구주(歐洲)의 천지는 그 참혹한 살육의 피비린내가 걷히

고 휴전조약이 성립되었다 하지 않습니까. 부질없는 총칼을 거두고 제법 인류의 신생(新生)을 생각하려는 것 같습니다. 그러나 이 땅의 소학교 교원의 허리에서 그 장난감칼을 떼어놓을 날은 언제일지? 숨이 막힙니다……

우리 문학의 도(徒)는 자유롭고 진실된 생활을 찾아가고, 이것을 세우는 것이 그 본령인가 합니다. 우리의 교유, 우리의 우정이 이것으로 맺어지지 않는다면 거짓말입니다. 이 나라 백성의, 그리고 당신의 동포의, 진실된 생활을 찾아나가는 자각과 발분을 위하여 싸우는 신념 없이는 우리의 우정도 헛소리입니다……

— 염상섭, 〈만세전〉에서

이렇게, 천국과 지옥의 수직적 상승(또는 하강)을 모두 맛보게 하는 힘을 문학은 상상력의 기제로써 우리에게 보여 준다. 또한, 수많은 주인공들의 다양한 세계관이 多聲的 울림으로 변주되어 나오는 도스토에프스키(Fedor Mikhailovitch Dostoevskij : 1821～1881)의 〈카라마조프가의 형제〉를 읽으면서 우리는 문학이 빚어내는 상상력이 작가의 단순한 기술이 아니라, 문학 자체를 역동화시키는 본질적 힘이란 것을 체감할 수 있다.

상상력이란 인간정신이 무한히 확장될 수 있는 可能態의 영역이다. 동시에, 상상력이 추구하고자 하는 정신의 궁극적 내용은 우리의 삶과 의식을 최대로 高揚하는 어떤 유토피아적 경지의 세계이다. 그런 면에서 상상력의 究竟은 理念態의 영역이기도 하다. 바로 그런 이유로 문학은 탐구의 구경을 이념태로 추구하는 철학과도 흔연히 만나며, 역사와도 조우하게 되며, 항상 음악·미술 등 다른 예술영역과의 交感域을 구하게 된다.

문학이 상상력에 의해 추구하고자 하는 '새로운 세계'는 반드시 낭만과 환상의 유토피아를 의미하는 것은 아니다. 이 때의 '새로운 세계'란 달리 말하면 '각성된 세계'를 의미하는 것이 더 적절할지 모르겠다. 문학은 우리가 무각성하면서 지나치는 일상의 삶을 의미 있는 각성의 차원에서 발견하게 한다. 다시 말해서 우리에게 너무 익숙하게 반복되고 상투화되어서, 의미가 상실된 '자동화된 일상'을 불러 일깨우려 한다. 우리의 자동화된 일상을 낯설게 보게 함으로써, 그리하여 마침내 우리의 현실을 새롭게 재구성하여 '의미'를 발견하게 하는 것이다. 이렇게 보면 1920년을 전후하여 러시아 형식주의자들이 문학의 형상화 기제를 미학적으로 설명하기 위해 동원했던 '낯설게하기'는 형식적 장치의 수준을 넘어서는 것이라 할 수 있다. 즉, 존재하는 현실로부터 '새로운 세계를 사유하게 하는' 문학의 보편적 힘을 설명하는 문학의 보편적 원리에 가까운 것이다.

동시에 새로운 세계를 추구하는 문학의 상상력 공간은 '현실'을 지양하려는 인간의 정신적 노력이 얼마나 고매하고 인간적인 것인지를 보여 준다. 무릇 모든 인문적 가치는 이러한 노력의 범주를 넘어서지 아니한다. 문학은 그것을 구체적으로 보여 준다. 존재의 불완전함에 대한 고뇌도, 삶의 부조리에 대한 깨달음도, 총체성 상실과 인간 소외에 대한 현실주의적 비판도, 산업화 사회 이후의 물신주의적 공황에 대한 극복도, 민족현실에 대한 여러 가지 대안도 모두 '새로운 세계'를 상상력으로 다가가는 문학 읽기의 공간에서 만난다.

Ⅴ. 문학 읽기의 의의

한 세대 전만 하더라도 일반 대중들에게 문학 읽기의 의의를 설명하는 일은 비교적 자명했다. 왜 문학이 가치있느냐고 물으면, 문학이기 때문에 가치있다는 답으로 설명이 가능했기 때문이다. 그리고 이 동어반복적인 명제에 대해서 사람들은 달리 이의를 제기하지 않았다. 문학이 오랜 연원을 가진 인류의 정신활동 범주로서, 문화적 상부구조의 한 축을 담당하고 있음을 문학 자신이 명료하게 보여주었기 때문이었다. 또한 문학이 비교적 순정하게 자신의 울타리를 보여 줄 수 있었기 때문이었다. 그러나 문학에 대한 이러한 절대주의적 인식은 시대와 사회의 환경이 달라짐에 따라 자연히 도전을 받게 되었다.

어떤 학문 또는 예술 분야 그 자체를 객관적 실체로 보고, 그것의 내적 속성으로 이미 가지고 있는 가치, 이른바 '내재적 가치'를 인정하던 시절에는 탐구주체 또는 인식주체로서의 인간은 주변에 놓이는 경향이 있었다. 이는 학문적 엄숙주의 내지는 고답주의의 전통이 보여주는 모습이라 할 수 있다. 문학의 경우 개별 독자의 자리는 주변으로 밀려나고, 텍스트 또는 텍스트의 전통이 중요하게 생각되었다. 어찌보면 문학이 정신문화를 이끌어 가는 중심의 자리에 놓일수록 그것에 부여되는 '이성적 권위'는 더 강해지는 것일 수도 있다. 그러나 그것은 사회 전체의 문화적 정보산출이 미미하고, 그것의 소통과 상호작용이 극히 제한되어 있었던 시절에 문학이 가지는 위상이었다.

최근, 문학 읽기의 의의를 소홀히 하는 듯한 경향이 우리 주변을 스며들고 있다. 대중매체의 발달로 경박한 소비문화와 오락지향적 여가문화가 대량 유통되면서 본격문학의 생산과 수용 자체가 그러한 문화의 영향을 받는 모습이다. 그리하여 정보화 사회에서 실용적 정보수요에 파묻혀 문학 자체가 그런 정보와 구분되지 아니하는 모습을 보이기도 하고, 실제로 매우 기능적이고 소비적인 요구에 부응하는 문학생산 현상이 우리의 문화환경으로 다가오고 있다. 그러나 그냥 정보로서 존재하는 문학만 가지고는 별 작용을 할 수 없다. 수많은 정보들 속에서 선택되는 정보로 존재하는 문학이 되어야만 하게 된 것이다. 가치에 대한 상대주의적 인식은 엄청난 양의 정보산출 및 유통이 이루어지는 곳에서는 피할 수 없는 사태가 되고 말았다. 오로지 소비사회의 수용에 부응하는(on demand) 문학현상이 보이기도 한다. 문학 본연의 고양된 가치를 인정하면서도 그것이 우리의 손에 닿을 수 없는 계기적 구조를, 우리는 현재 우리 삶의 환경으로 하고 있는지도 모른다.

그러나 그럴수록 인문적 가치를 풍요롭게 뿌리내리는 문학의 생산적 작용이 더없이 중요하게 요구된다. 인문정신 전반에 대한 위기가 자주 지적되고 있다는 데서도 문학 읽기의 위기가 늘 함께 제기된다. 실제로 오늘의 우리가 사는 가운데 인간의 정신적 삶이 황폐일로를 가고 있다는 데 대해서도 문학은 그 나름의 반성과 역할을 새롭게 인식해 가고 있다. 그렇기 때문에 문학 읽기의 의의를 논하는 일 자체가 다시 계몽적 의의를 띠게 되는 시대를 맞이할른지도 모른다. 그러면서도 20세기 초엽 쯤에 매우 고전적으로 계몽하던 문학 읽기의 의의들을 다시 확인하면서 새로운 눈으로 재개념화해야 할 것이다. 문학이 현대인에게 가치 있는 정신활동으로 기꺼히 선택될 수 있기 위해서, 우리는 문학 읽기의 의의를 다시 새겨 보아야 한다. 이를테면 '문학 읽기'에 대한 '낯설게하기'가 우리 모두에게 필요하게 된 시점에 이른 것이다.

'문학을 왜 읽어야 하는가?' 이 물음은 우선 문학과 여타의 문화환경적 요소와 관련하여 생각해 보아야 한다. 현 시점에서 문학의 올바른 가치창출과 위상을 생각할 수 있어야 하기 때문이다. 그러면서 문학이 본원적으로 가지고 있는 항존적 가치를 재음미하는 노력이 병행되어야 할 것이다. 문학의 문학다움이 가지는 힘이 진정한 문학의 힘이며, 우리의 정신적 삶에 실제적 작용을 미치는 것 또한 진정한 문학의 힘이기 때문이다.

Ⅵ. 문학 읽기의 지표

문학 읽기는 우리로 하여금 우리의 삶을 한 단계 더 높은 곳에서 성찰하게 한다. '한 단계 더 높은 곳에서 성찰'이란 막연한 고답주의를 말하는 것이 아니다. 모든 문학작품은 '현실'을 언어기호로써 상징하여 반영한다. 다시 말해서 현실에 대한 메타 언어가 곧 소설의 언어요 시의 언어인 것이다. 문학 텍스트를 읽는 행위란 곧 삶에 대한 메타적 성찰을 형상화해 놓은 세계에 들어 가는 것을 의미한다. 문학을 읽는 독자는 그러한 문학 텍스트에 자기 자신의 삶의 텍스트를 부단히 투사하기 때문에 그 또한 성찰적 정신행위를 중첩시킨다. 삶에 대한 메타적 성찰은 미래사회의 인간에게 매우 절실히 요청되는 정신활동이다. 사회의 구조와 인간 삶의 양상이 다기화, 다변인화될수록 그것의 총체성을 파악하는 일은 더욱 어려워진다. 따라서 인간 개체의 소외와 비인간화의 모습을 각성하는 통로로서 문학 읽기의 중요성은 증대되어야 한다.

문학에 대한 충실하고도 밀도 있는 감응력은 이른바 '전인'(全人)의 개념을 형성하는 매우 중요한 요소이다. '전인성'에 대한 요구를 문학만큼 담아낼 수 있는 분야가 없을 것이다. 이러한 문학예술적 감응력은 21세기에는 매우 중요한 정신능력 내지는 사회적 능력으로 인정될 것이다. 20세기가 논리적 이성에 의해 지배된 것이었다면, 21세기는 감성과 도덕성의 요인을 더 중시하는 사회가 될 것으로 예견된다. 이는 종합적 사유(思惟)에 바탕을 둔 창의적 사고력을 강조하는 것과도 상통한다고 할 수 있다. 문학은 삶과 정서와 논리를 종합적으로 사유하게 하는 용광로와도 같은 것이다. 이러한 감응력이라든지 종합적 사유라든지 하는 것은 개인 발달차원의 개념만은 아니다. 문학적 감응력이 높은 사회를 상정해 볼 수도 있다. 문화의 힘이 여러 실용적 수행을 이끌어 나가는 사회가 바로 그러한 사회이다. 이를 위해서도 '문학적 감응력의 사회화'를 꿈꾸어 보아야 할 것이다. 이는 물론 '문학 읽기의 진정한 실천'에서 비롯되는 것이다.

문학 읽기는 궁극적으로 문화적 실천의 주체로서 인간을 형성해 내는 데 있다. 문학 읽기의 중간에 놓이는 知的 過程이 感受와 解釋과 批評과 認識을 거쳐 나가는 과정임을 앞에서 살핀 바 있다. 문학작품을 읽으면서, 우선 느끼고, 자기의 경험과 주관을 대입해 보고, 객관화하여 설명해 보거나 평가해 보고, 마침내 그 세계를 자신의 관점에서 파악하고 인식하는 과정에 이르는 것이다. 그렇다면 문학 읽기는 세계인식의 방식으로서 기능하는 것이다. 전문화 시대 또는 정보화 시대로 일컬어지는 미래사회는 개개의 개체에게는 거대하고도 불가해한 중층구조로 다가오게 된다. 주체의 자리에 나아가야 함에도 개인은 대상화되거나 부수화되어서 몰개성의 구석으로 내몰리기 쉬운 것이다. 문학 읽기는 시대나 문화에 관련된 거대담론들에 참여하는 통로가 되기도 하면서, 문학영역이 아닌 다른 분야의 문화담론들과 유용한 상호작용을 할 것이다. 예를 들면 문학 읽기를 통해, 미래의 지배 이데올로기는 무엇이 될 것이며, 그 이데올로기의 또 다른 질곡을 어떻게 비판할 수 있을 것인지에 접근할 수 있을 것이다. 독자는 이러한 문학 읽기의 흐름에 적극적으로 참여함으로써 복잡다단한 미래사회에서 문화적 실천의 주체로 나아갈 수 있다.

진정한 문학 읽기는 생산적 문화행위를 유도한다. 대중사회의 확장으로 인해 대부분의 대중문화는 소비적 성향을 띠게 되었다. 특히 상업적 자본이 배후에서 작용하는 문화라는 이름의 소비행위들은 사실 반문화의 극치를 이룬다. 이들은 오로지 소비 그 자체가 목적인 양 상업적 유통체제에 편승하며, 일정한 충동성을 그 속성으로 한다. 문학의 소통, 특히 문학의 사회적 유통 자체도 상품적 유통 시스템에 의존하는 상황에 있다. 그런 맥락에서 볼 때, 철저히 물적 소비로서 상업주의 문학이 등장하는 것도 볼 수 있다. 진정한 문학 읽기가 이들과 구분되어야 함은 극히 당연하다.

요컨대 대중지향의 소비문화들은 그것이 정신문화의 한 현상이라기보다는 물적 욕망의 또 다른 변형에 불과하다. 따라서 대중성향의 문화는 '진정성'이 결여된 것이 그 특징이다. 정신문화의 본령에서 비판적 성찰을 동반하는 '문학 읽기'는 '진정성'을 본질로 한다. 그래서 읽기 행위 자체가 생산적 행위임을 보여 준다. 이러한 생산적 행위의 구체적 모습은 이른바 '비판적 지성'의 구현이라 할 수 있을 것인데, 이는 문화적 실천 주체로서의 문학독자라는 개념과 밀접한 연관을 가진다.

〈연구 과제〉

1. 다음은 윤동주의 〈쉽게 씌어진 시〉라는 작품이다. 시인은 시를 통해 자신의 경험과 의지를 어떻게 형상화하고 있는지 말해 보자.

> 窓밖에 밤비가 속살거려
> 六疊房은 남의 나라,
>
> 詩人이란 슬픈 天命인 줄 알면서도
> 한 줄 詩를 적어 볼까,
>
> 땀내와 사랑내 포근히 품긴

보내주신 學費 封套를 받아

大學 노-트를 끼고
늙은 敎授의 강의를 들으러 간다.

생각해 보면 어린 때 동무를
하나, 둘, 죄다 잃어버리고

나는 무얼 바라
나는 다만, 홀로 沈澱하는 것일까?

人生은 살기 어렵다는데
詩가 이렇게 쉽게 쓰여지는 것은
부끄러운 일이다.

六疊房은 남의 나라
窓밖에 밤비가 속살거리는데,

등불을 밝혀 어둠을 조금 내몰고,
時代처럼 올 아침을 기다리는 最後의 나,

나는 나에게 작은 손을 내밀어
눈물과 慰安으로 잡은 最初의 握手.

— 윤동주, 〈쉽게 씌어진 시〉

2. 어떤 문학작품이 재미있다면 그 까닭은 무엇인지 다음 작품을 통해 이야기해 보자.

질마재 상가수의 노랫소리는 답답하면 열두 발 상무를 젓고, 따분하면 어깨에 고깔 쓴 중을 세우고, 또 상여면 상여머리에 뙤약볕 같은 놋쇠 요령을 흔들며, 이승과 저승에 뻗쳤습니다.

그렇지만, 그 소리를 안 하는 어느 아침에 보니까 상가수는 뒷간 똥오줌 항아리에서 똥오줌 거름을 옮겨내고 있었는데요. 왜, 거, 있지 않아, 하늘과 별과 달도 언제나 잘 비치는 우리네 똥오줌 항아리, 비가 오나 눈이 오나 지붕도 앗세 작파해 버린 우리네 그 참 재미있는 똥오줌 항아리, 거길 명경으로 해 망건 밑에 염발질을 열심히 하고 서있었습니다. 망건 밑으로 흘러내린 머리털들을 망건 속으로 보기 좋게 밀어넣어 올리는 쇠뿔 염발질을 점잔하게 하고 있어요.

명경도 이만큼은 특별나고 기름져서 이승 저승에 두루 무성하던 그 노랫소리는 나온 것 아닐까요?

— 서정주, 〈상가수(上歌手)의 소리〉

3. 구체적인 작품의 예를 들어, 현대사회의 문제점, 그 사회를 살아가면서 개인이 겪는 혼돈을 문학은 어떻게 긍정적으로 치유할 수 있는지를 논의해 보자. 아울러 문학의 다양한 기능에 대해 논의해 보자.

제 2 부

文學과 社會

제 2 장
미메시스, 리얼리즘, 문학

조 현 일*

Ⅰ. 문학과 현실

사전을 들춰보면 문학이란 "정서나 사상을 상상의 힘을 빌려 언어·문자로써 표현한 예술 및 그 작품"이라고 되어 있다. 즉, 문학의 표현대상은 정서나 사상이며 표현매체는 언어이고 여기에 사용되는 우리들의 주된 정신능력은 상상이라는 것이니, 사전적 정의만을 고려한다면 문학에서 현실이 문제될 이유가 없다. 더욱이 각박하고 쓸쓸하기만 한 '현실'에서 문학마저 현실적인 어떤 것이 되어야만 한다면 굳이 문학을 읽을 이유도 없을 듯하다. 그러나 참으로 이상하게도 현실과 문학은 밀접한 관계를 갖는 것으로 생각되어 왔다. 오히려 문학에 대한 사전적 정의가 문학의 본질을 전혀 드러내지 못하고 있다고 비판받아 왔으며, 문학에서 유희와 상상의 세계만을 요구하는 것이 낮은 사고의 소산이라고 비판받는다. 왜 그러한가를 이해하기 위해서 우리는 문학에 대한 형식적인 정의나 흔히 갖기 쉬운 판단을 넘어설 필요가 있다. 문학과 현실의 관계는 크게 두 가지 차원에서 문제시될 수 있다.

첫째로 문학이 사회적 상황에 조건지워져 있음을, 역사적임을 문제삼을 수 있다. 이에 반대하여 예술·문학은 외부의 어떤 사회적 상황에도 구속되어서는 안된다는 생각을 내세울 수도 있을 것이다. 그러나 예술의 자율

---

* 서울대학교 박사. 문학 평론가. 주요 논문으로 〈황순원론〉, 〈손창섭론〉, 〈한국 노동소설 연구〉 등이 있다.

성에 대한 의식이나 이에 입각한 '예술을 위한 예술', '모더니즘 문학' 역시 이미 근대화, 사회적 제도의 분화의 산물로서 19세기 중엽 이후에서야 등장하기 시작한 역사적 현상에 불과하다는 점을 고려한다면 이 또한 예술이 사회적 산물이라는 주장에 대한 적절한 반론일 수 없다. 이전의 예술은 제도상으로나 내용상으로나 여타의 것들, 예를 들어 종교와 분리되어 있지 않았던 것이다.

둘째로 문학을 현실의 '모방'(Mimesis), '반영'(Widerspiegelung)으로 간주하는 뿌리깊은 전통을 문제삼을 수 있다. 이 때 '모방', '반영'이 단순히 현실의 겉모양만을 본뜬다는 뜻이 아니라 허상이 아닌 실재, 즉 현실 속의 진리를 드러낸다는 뜻을 지님에 주의해야 한다. '모방'이라는 용어는 그 연원이 플라톤(Platon : B.C. 429~B.C. 347)과 아리스토텔레스(Aristoteles : B.C. 384~B.C. 322)까지 소급되며, 문학이 과연 허상이 아닌 실재, 즉 현실의 진리를 드러내 줄 수 있는가라는 문학의 기능 내지 정의에 대한 보다 본질적인 문제와 연결되어 있다. '모방'과 '반영'에 대해 플라톤과 아리스토텔레스는 《공화국》과 《시학》에서 다음과 같이 언급하고 있다.

> (a) 모방은 진리와는 거리가 매우 거리가 멀다. 그것은 어떠한 것도 단지 그 일부분만 그것도 가상 속에서 취급하기 때문에 모든 것을 나타나는 대로만 만들어 내는 것이다.
>
> (b) 일어나는 것을 단순히 표현하는 것은 작가의 과제가 아니다. 그는 우리에게 내적 개연성 혹은 필연성에 좇아서 가능하고 일어남직한 것을 보여주어야 한다.

생산자를 세 가지 유형, 즉 진정한 실재인 이념의 생산자[神], 이를 모방하여 생산을 하는 물질적 생산자, 그리고 다시 이를 모방하는 예술가로 분류했던 플라톤의 견해 (a)에 따르면 예술은 진리와 거의 관계없는 것이 되고 만다. 그러나 역사가가 단지 실제로 일어난 일을 기술하는 데 반해 예술가는 필연성과 개연성 있는 사건을 보여준다는 아리스토텔레스의 견해

(b)에 따르면 예술은 허상을 넘어 보다 본질적인 것, 진리를 드러내 주는 것이 된다.

예술·문학이 허상을 넘어선 실재, 진리를 드러내준다는 관점은 모두 아리스토텔레스적인 예술관의 뒤를 잇는다고 할 수 있는데, 비록 이를 인정하더라도 과연 무엇이 실재이고 진리인가라는 문제는 여전히 남게 되고 시대에 따라 다양하게 해석될 수 있다. 중세의 종교적 예술에서 그것은 신의 섭리를 의미했으며, 고전주의 시기까지만 하더라도 귀족적인 고귀함과 분리불가능한 것으로 생각되어 왔다. 그리고 그것이 평범한 인간들의 일상적 삶 속에 구현되어 있는 진실이라는 의미를 지니기 시작한 것은 근대의 리얼리즘 문학이 등장하면서부터이다.

Ⅱ. 세부적 충실성, 묘사

근대적 리얼리즘 문학은 19세기 프랑스에서 당대의 격렬한 사회비판, 개혁에 대한 요구와 궤를 같이 하면서 등장하여 유럽전역에 걸쳐 확산되었는데, 거기에는 낭만주의 시대가 끝나고 현실과 과학을 중시하는 시대가 열렸다는 고유한 시대의식이 놓여져 있었다. '현실'은 인과법칙에 의해 지배되는 세계로, 그리고 기적이나 종교적인 초월이 존재할 수 없는 세계로 생각되었고, 이에 기반하여 낭만주의의 특징인 환상적인 것, 동화적인 것, 우화적인 것 그리고 개연성 없는 순수한 우연, 기이한 사건에 대한 거부로서, 즉 낭만주의에 대한 반동으로서 리얼리즘이 등장하였던 것이다. 스탕달(Stendhal : 1783~1842)의 <적과 흑>의 다음 구절은 당대 작가들의 리얼리즘관을 단적으로 보여 준다.

> 아, 선생님, 소설이란 커다란 길 위를 오가는 거울입니다. 이 거울은 어떤 때 하늘의 푸른 빛을 우리에게 비쳐주고, 어떤 때는 길의 진흙수렁을 비쳐줍니다. 그런데 그 거울을 채롱에 지고 다니는 사람을 당

> 신들은 부도덕하다고 비난하지요! 그의 거울이 수렁을 보여주면 당신은 그 거울을 비난하는 겁니다! 차라리 수렁이 있는 큰 길을 비난하고, 또한 물이 썩어 진창이 되도록 방임한 검찰관을 비난하십시오!

위의 인용문에서 '푸른 하늘'과 '진흙 수렁'이 각각 당대 사회현실의 밝은 면과 어두운 면을 의미함은 쉽게 간파될 수 있다. 소설가는 거울을 채롱에 지고 다니면서 '푸른 하늘'과 '진흙 수렁'을 가리지 않고 비추어 주는 것처럼 당대 사회현실을 객관적으로 보여주어야 한다는 것이다. 거울의 비유에서 우리는 리얼리즘을 당대 사회현실에 대한 단순관찰로 이해하고 있는 것이 아닌가라는 의문을 품게 되기도 하지만, 이는 섣부른 판단에 불과할 뿐이며 당대의 리얼리즘은 다음 두 가지 계기가 고유하게 결합되어 있었다. 르네 웰렉은 《비평의 개념》(*Concepts of Criticism*)에서 다음과 같이 말하고 있다.

> 우리는 동시대 사회현실의 객관적 표현이라는 원래의 정의 속에는 교훈주의가 함축되어 있거나 숨겨져 있다는 사실을 인식해야 한다. 이론적으로 현실의 완전히 충실한 재현은 어떤 사회적 의도나 선전도 배제할 것이다. 리얼리즘의 이론적 난점, 그 모순성은 바로 이런 점에 있다. 이것은 우리에게 더 없이 분명할 수도 있다. 그러나 동시대 사회현실 묘사로의 단순한 전환이 인간적 연민, 사회개혁과 비판 그리고 흔히 사회에 대한 거부와 반감이라는 교훈을 내포하고 있다는 것은 명료한 문학사적 사실이다. 묘사와 처방, 진실과 가르침 사이 긴장이 존재하는데, 이것은 논리적으로 해결될 수는 없으나 우리가 언급하고 있는 문학을 특징짓는 긴장이다. (중략) 즉 작가는 있는 그대로의 사회를 묘사해야 한다. 그러나 그는 또한 그렇게 되어야 마땅하거나 그렇게 될 사회를 그려야 한다.

19세기의 리얼리즘은 객관적인 관찰에 입각하여 현실을 충실하게 묘사해야 한다는 생각이 중심에 놓여 있는가 하면, 또한 앞서 언급하였듯이 당대의 귀족적인 사회현실과 낭만주의에 대한 비판, 즉 일정한 가치평가가 개재해 있다. '묘사와 처방', '진실과 가르침', '있는 그대로의 사회를 묘사해야 한다'는 것과 '그렇게 되어야 마땅하거나 그렇게 될 사회를 그려야 한다'는 두 가지 계기, 즉 현실에 대한 충실한 재현과 현실에 대한 비판・가치평가가 불가결하게 결합되어 있었던 것이다. 19세기 이래의 모든 리얼리즘은 이 두 가지 계기 사이에서 진동해 왔다고 해도 과언이 아니다. 전자만을 극단적으로 강조한 예로 졸라(Emile Zola : 1840~1902)의 자연주의를 들 수 있을 것이다. 졸라는《실험소설론》에서 실증과학적 실험과 관찰에 입각한 문학을 정면으로 내세우면서 주관적 평가를 배제한 철저한 현실묘사로 나아간다. 반면 후자를 극단적으로 강조한 예로 즈다노프류의 사회주의 리얼리즘을 들 수 있을 것이다. 즈다노프류의 사회주의 리얼리즘은 당대의 소련사회를 "그렇게 되어야 마땅하거나 그렇게 될 사회로서"의 사회주의 사회로 그릴 것을 요구하고 있다.

리얼리즘을 19세기에 국한시키려는 논자들도 있으나, 그 구체적인 성과야 어떻든 리얼리즘은 19세기 이래, 현재까지 문학의 가장 중요한 흐름을 이루고 있다. 이 일관된 흐름에 대해서 매우 다양한 정의가 있어 왔으나 그 중 가장 자주 언급되는 정의는 1888년 엥겔스(Friedrich Engels : 1820~1895)가 하크니스에게 보낸 편지 속에서 찾아 볼 수 있을 것이다. 엥겔스에 의해 리얼리즘이란 "세부의 충실함 이외에도 전형적 상황에서의 전형적 성격들의 충실한 재현"을 의미한다고 정의된 이래, '세부의 충실함'과 '전형적인 상황에서 전형적 성격들', 즉 '전형성'이 리얼리즘의 핵심적 개념이 되어 왔다. 리얼리즘이 무엇을 의미하는가를 이해하기 위해 우선 '세부의 충실함'이 무엇을 뜻하는가를 염상섭의 소설 〈만세전〉에서 살펴보자.

> 아무도 막지 않고 좌우편으로 눈발이 쳐들어 오는 휑뎅그렁한 속에는 한가운데에 난로랍시고 놓고 그 가에 옹기옹기 사람들이 모여 섰다. '대합실도 없이 이런 벌판에 세워둘 지경이면 어서 찻간으로 들여보낼 일이지!' 나는 이런 생각을 하며 난로 옆을 흘끗 보려니까 결박을 지은 범인이 댓 사람이나 오르르 떨며 나무의자에 걸터앉고, 그 옆에는 순사가 셋이서 지키고 있는 것이 눈에 띄었다. 나는 무심코 외면

을 하였다. 그중에는 머리를 파발을 하고 땟덩이가 된 치마 저고리의 매무시까지 흘러내린 젊은 여편네도 역시 포승을 지어서 앉아 있다. 부끄럽지도 않은지 나를 부러워하는 듯한 눈으로 물끄러미 치어다보다가 고개를 숙인다. 자세히 보니 등 뒤에는 쌕쌕 자는 아이가 매달렸다. 여자의 이런 꼴을 처음 보는 나는 가슴이 선뜩하며 멀거니 얼이 빠져 섰었다. 나는 흉악한 꿈을 꾸며 가위에 눌린 것 같은 어리둥절한 눈으로 한참 바라보다가 발길을 돌쳤다.

정거장 문 밖으로 나서서 눈을 바삭바삭 밟으며 큰길거리로 나가니까 칠 년 전에 일본으로 달아날 제, 오정때 대전에 내려서 점심을 사 먹던 그 집이 어디인지 방면도 알 수 없이 시가가 변하였다. 길 맞은편으로 쭉 늘어선 것은 빈지를 들였으나 모두가 신축한 일본사람 상점이다. 우동을 파는 구루마가 쩔렁쩔렁 흔드는 요령소리만이 괴괴한 거리에 처량하다. 열네다섯쯤에 말도 모르고 단신 일본으로 공부간다는 데에 호기심이 있었던지 친절히 대접을 해주던, 그때의 그 주막집 주인 내외가 그립다.

다시 돌쳐 들어오며 보니, 찻간에 무슨 대수색을 하는지 승객들은 아직도 아니 들여보내고, 결박을 지은 여자는 업은 아이가 깨어서 보채니까 일어서서 서성거린다. '젖이나 먹이라고 좀 풀어줄 일이지.' 하는 생각을 하니 곁에 시퍼렇게 얼어서 앉은 순사가 불쌍하다가도 밉살맞다. 목책 안으로 들어오며 건너다보니까 차장실 속에 있던 두 청년과 헌병도 여전히 이야기를 하고 섰다. 나는 까닭없이 처량한 생각이 가슴에 복받쳐 오르면서 한편으로는 무시무시한 공기에 몸이 떨린다. 젊은 사람들의 얼굴까지 시들은 배추잎 같고 주눅이 들어서 멀거니 앉았거나, 그렇지 않으면 빌붙는 듯한 천한 웃음이나 '헤에' 하고 싱겁게 웃는 그 표정을 보면 가엾기도 하고, 분이 치밀어 올라와서 소리라도 버럭 질렀으면 시원할 것 같다.

'이게 산다는 꼴인가? 모두 뒈져버려라!' 찻간 안으로 들어오며 나는 혼자 속으로 외쳤다. '무덤이다! 구더기가 끓는 무덤이다!'

인용된 부분은 서울로 향하던 일본 유학생 이인화가 대전 역에서 잠시 정차하였을 때 기차에서 내려 주위를 둘러보는 장면으로서 읽는 이로 하여금 1910년대 말 우리 민족의 상태에 대한 연민과 분노가 저절로 일어나게 만든다. 대전역 주변의 인간 군상들과 거리의 모습들, 대합실도 없이 기차를 기다리는 사람들, 포승줄에 묶여 있는 죄수들, 특히 젖먹이를 업고 있는 여죄수, 일본 사람의 상점들로 변해버린 대전 거리, 헌병 곁에서 헤헤거리는 젊은이들로 이어지는 상세한 묘사가 바로 '세부의 충실함'이라 할 수 있는데, 이것이 당시의 상황을 역사적 사실로서 가르쳐 주거나 지식으로 다가오게 만드는 것이 아니라 생생하게 느낄 수 있도록 만든다.

〈만세전〉의 대전역 장면은 당대 소설들에서 거의 찾아보기 힘들 정도의 뛰어난 묘사력, 관찰력을 보여주고 있다. 그러나 여기서 한가지 주의할 점은 이 뛰어난 묘사·관찰이 서술자의 주관적 평가가 배제된 단순한 관찰로만 이루지지 않았다는 점이다. 모든 훌륭한 세부의 충실함, 뛰어난 묘사에는 임화의 〈세태소설론〉에 따르면 "지저분한 실로 너무나 지저분한 현실을 일일이 소설 가운데 끄집어내다가 公衆 앞에 톡톡한 망신을 시켜주려는 꼬챙이 같은 악의"와 "자기를 약하게 만든 세계에 대한 한 개의 보복심리", 즉 현실에 대한 강한 비판의식이 깃들어 있다. 〈만세전〉의 대전역 장면도 예외는 아니다. 염상섭이 대전역 주변을 단순히 세밀하게 관찰·묘사하려고만 했다면 더욱 다양한 사물, 사람들에게 초점을 맞추어 훨씬 더 상세한 묘사로 나아갔을 것이며, 기차에서 내렸을 때 주로 죄수들의 모습에 초점을 맞춘다든가, "오르르 떨며", "가슴이 선뜩하며 멀거니 얼이 빠져", "요령소리만이 괴괴한 거리에 처량하다" 등 그들의 비참함을 표현하는 데 주력하였을 리 없다. 관찰의 배면에는 '이게 산다는 꼴인가? 모두 뒈져버려라!… 무덤이다! 구더기가 끓는 무덤이다!'라는 강한 현실비판 의식이 자리잡고 있었던 것이고, 이러한 의식이 하나의 눈이 되어 현실에 대한 관찰·묘사가 이루어지고 있는 것이다.

서사장르인 소설이 이상과 같은 관찰과 묘사를 통해 현실의 세부를 표현하는 데 반해, 서장장르인 시는 주로 현실의 모습들을 상징적, 암시적으로 표현한다. 1930년대 농촌 현실을 그린 이용악의 〈낡은 집〉을 보기로 하자.

날로 밤으로
왕거미 줄치기에 분주한 집
마을서 흉집이라고 꺼리는 낡은 집
이집에 살았다는 백성들은 대대손손에 물려줄
은동곳도 산호관자도 갖지 못했니라

재를 넘어 무곡을 다니던 당나귀
항구로 가는 콩실이에 늙은 둥글소
모두 없어진 지 오랜
외양간엔 아직 초라한 내음새 그윽하다만
털보네 간 곳은 아모도 모른다.

찻길이 뇌이기 전
노루 멧돼지 쪽제비 이런 것들이
앞뒤 산을 마음 놓고 뛰어다니던 시절
털보의 세째 아들은
나의 싸리말 동무는
이 집 안방 짓두광주리 옆에서
첫울음을 울었다고 한다

"털보네 또 아들을 봤다우
송아지래두 불었으면 팔아나 먹지"
마을 아낙네들은 무심코
차그운 이야기를 가을 냇물에 실어보냈다는
그날밤
저릎등이 시름시름 타들어가고
소주에 취한 털보의 눈도 일층 붉더란다.

갓주지 이야기와
무서운 전설 가운데서 가난 속에서
나의 동무는 늘 마음 졸이며 자랐다
당나귀 몰고 간 애비 돌아오지 않는 밤
노랑고양이 울어 울어
종시 잠 이루지 못하는 밤이면

어미 분주히 일하는 방앗간 한구석에서
나의 동무는
도토리의 꿈을 키웠다

그가 아홉 살 되던 해
사냥개 꿩을 쫓아 다니는 겨울
이 집에 살던 일곱 식솔이
어데론지 사라지고 이튿날 아침
북쪽을 향한 발자옥만 눈 우에 떨고 있었다

더러는 오랑캐령 쪽으로 갔으리라고
더러는 아라사로 갔으리라고
이웃 늙은이들은 모두 무서운 곳을 짚었다

지금은 아무도 살지 않는 집
마을서 흉집이라고 꺼리는 낡은 집
제철마다 먹음직한 열매
탐스럽게 열던 살구
살구나무도 글거리만 남았길래
꽃피는 철이 와도 가도 뒤울안에
꿀벌 하나 날아들지 않는다

— 이용악, 〈낡은집〉

통상 삶이 아무리 고달프고 힘겨워도 자식을 두는 일은 희망, 삶의 보람을 의미한다. 그럼에도 이 작품에서 아이의 탄생은 "털보네가 또 아들을 봤다우/송아지래도 불었으면 팔아나 먹지"에서 드러나듯 송아지의 탄생만도 못한 것으로 그려진다. 자식을 낳아도 기쁘지 않은 당대의 힘겨운 삶이 몇 마디의 언어로써 상징적으로 제시되고 있는 것이다. 그리고 털보네 가족은 그나마 고향에서 버티지 못하고 오랑캐령, 혹은 아라사일지도 모르는 "무서운 곳"으로 떠난 것으로 그려지는데, 그 구체적 상황이 표현되지 않고 암시되어 있을 뿐이지만 일제 하 민중의 고통스러운 현실은 오히려 절절하게 다가온다.

징이 울린다 막이 내렸다
오동나무에 전등이 매어달린 가설 무대
구경꾼이 돌아가고 난 텅빈 운동장
우리는 분이 얼룩진 얼굴로
학교 앞 소줏집에 몰려 술을 마신다
답답하고 고달프게 사는 것이 원통하다
꽹과리를 앞장세워 장거리로 나서면
따라붙어 악을 쓰는 건 쪼무래기들뿐
처녀애들은 기름집 담벽에 붙어 서서
철없이 킬킬대는구나
보름달은 밝아 어떤 녀석은
꺽정이처럼 울부짖고 또 어떤 녀석은
서림이처럼 해해대지만 이까짓
산구석에 처박혀 발버둥친들 무엇하랴
비료값도 안 나오는 농사 따위야
아예 여편네에게나 맡겨 두고
쇠전을 거쳐 도수장 앞에 와 돌 때
우리는 점점 신명이 난다
한 다리를 들고 날나리를 불꺼나
고갯짓을 하고 어깨를 흔들꺼나

― 신경림, 〈農舞〉

1970년대 농촌현실을 그린 신경림의 〈농무〉에서도 농촌의 피폐한 현실을 엿볼 수 있다. 60~70년대의 경제개발은 농촌의 희생을 통해 이루어졌고 그만큼 농민들은 힘겨운 삶을 살아갈 수밖에 없었다. 〈농무〉는 "답답하고 고달프게 사는 것이 원통하다", "비료값도 안 나오는 농사 따위야" 등의 서구에서 농민들의 절망적 현실을 표현하고 있다. 나아가 〈농무〉는 〈낡은 집〉과 비교할 때 농민들 특유의 저항적이면서 낙관적인 모습을 표현한다는 점에 특색이 있다. 그들은 절망적 현실에 굴하지 않고 "꺽정이처럼 울부짖"을 줄 알고, 농악에 맞추어 신명을 낼 줄 아는 인간, 그리하여 삶에 대한 긍정과 건강성을 잃지 않은 인간들로 그려지는 것이다.

Ⅲ. 전형, 내포적 총체성

잘된 묘사, 훌륭한 세부의 충실함은 단순한 관찰만으로는 성립될 수 없고 강렬한 현실비판 의식이 개재해 있다. 그럼에도 불구하고 리얼리즘을 이와 같은 세부의 충실함만으로 규정하는 데 주저하면서 그 이상의 것을 요구하게 되는 이유는 무엇인가? 그것은 세부의 충실함에 주관적인 평가가 배제되어 있다는 점을 비판하는 것이라기보다는 비록 세부의 충실함 그 자체가 강한 현실 비판의식에 의해 이루어지고 있고 또 매우 중요한 의의를 갖고 있는 것이라고 할지라도 그것에만 얽매인 채 이 '세부'를 넘어선 '전체'로의 지향, 즉 당대 사회현실 전체를 조망하는 보다 큰 시야를 갖지 않는다면, 지엽성을 벗어나지 못한 채 삶의 단편만을 드러내는 상태에 빠지게 된다는 점과 관련이 있다. 고전 〈오디세이아〉의 한 장면을 떠올려 보자. 시련을 거쳐 시실리 해안에 도착한 오디세우스 일행에 대해 호메로스(Homeros : B.C. 800~B.C. 750)는 "그들은 갈증과 공복을 채우자 다정한 동료들의 죽음을 생각하고 울었다. 눈물을 흘리는 동안 졸음이 조용히 그들을 빠지게 했다."라고 서술한다. 동료의 죽음으로 인해 공복과 수면에 대한 욕구를 잊어버리고 슬퍼하는 것만으로 그렸다거나 동료에 대한 슬픔을 잊고 공복과 수면의 본능에만 빠져버리는 것으로 그렸다면 이는 삶의 단편적인 진리만을 드러낸 것에 불과할 것이다. 그러나 호머는 이 양자를 동시에 포착함으로써 보다 총체적인 진리의 드러냄으로 나아가고 있다(김윤식, 《한국근대문학의 이해》, 일지사, 1973, 55면 참조). 이와 같은 논리를 〈만세전〉의 대전역 장면에 대입해 보면, 비록 그것이 선불리 판단할 수 없는 리얼리즘적 성취를 이루고 있다 할지라도, 그 장면에서 드러나는 현실은 민족의 비참한 현실뿐이고 이인화는 이것밖에 보지못하는 인물로서 이는 당대 현실의 한 측면만을 강조한 묘사, 인물 형상화라고 평가할 수 있을 것이다. 〈만세전〉은 3·1 운동 직전을 배경으로 하는 만큼 독립을 향한 강렬한 열망이 희망차게 진행되는 또 다른 현실도 있을 법한데 이에 대한 포착이 이루어지지 않고 있는 것이다.

리얼리즘이 세부적 충실성을 넘어서는 어떤 것이라고 할 때, 흔히 내세워지는 요건이 '전형적 상황에서 전형적 성격들의 충실한 재현", 즉 엥겔스가 언급했던 전형성이다. 도대체 '전형'이란 무엇인가라는 질문이 제기될 수밖에 없는데, 이에 대한 대답은 그리 간단하지가 않다. 전형이라는 용어의 일상적 용법에서부터 시작해 보자. 일상적인 대화에서 "그는 전형적인 교사야"라는 말을 한다고 할 때, 우리는 '전형적'이란 말을 '교사들이 갖고 있는 대표적·보편적인 특성을 고루 갖추고 있다'는 의미로 사용하고 있는 것이라고 말할 수 있다. 이 때 '대표적'·'보편적'이라는 말은 평균적이라는 말과 혼동되기 쉽지만, 교사 수십 명을 관찰하여 그들이 드러내는 공통된 특성을 도출한 후 평균을 낸다고 해서 대표적인 것·보편적인 것이 제대로 포착될 리 없다. 그것은 비록 관찰대상 중 두세 명의 교사만이 보이는 특성이더라도 여러 현상들의 핵심에 놓여 있는 본질적인 것이어야 한다. 그리고 '본질적인 것'은 인물의 겉모양을 뚫고 치밀한 사고과정을 통해서 얻어낸 '법칙적인 것'이다. 또한 이는 인간의 본질은 성욕이라거나 선량함이라거나 하는 식의 초시대적인 어떤 것이 아니라 역사적·사회적으로 변화하는 것이다. 그러니까 전형적인 것이란 보편적인 것, 본질적인 것, 법칙적인 것, 사회적인 것을 의미한다.

여기서 한 가지 주의할 점은 문학인 이상, 전형적인 것을 그리라는 요구는 한 인물을 보편적·본질적·사회적 차원의 특성만을 드러내는 식으로 그리는 것을 의미하지 않는다는 점이다. 만약 이것들만을 드러낸다면 그 인물은 살과 피는 없고 뼈다귀만 있는 인물, 전혀 생동감이 없는 인물이 되고 말 것이다. 문학인 한 그것은 당연히, 한 인간을 개별자로서의 특성을 동시에 갖춘 사람으로 그리는 것을 의미한다. 엥겔스에 의하면, "각자는 하나의 전형이자 동시에 특정한 개별인간 헤겔이 만년에 표현한 바처럼, '이 사람'"으로 그려져야 하는 것이다. 결국 세부의 충실함에 만족하지 않고 '전형성'을 요구한다는 것은 전체적인 것, 본질적인 것, 사회적인 것, 법칙적인 것을 세부적인 것, 현상적인 것, 개인적인 것, 개별적인 것과의 통일

속에서 드러낼 것을 요구하는 것으로서 이를 지향할 때만 보다 수준 높은 리얼리즘이 달성되는 것으로 평가할 수 있다.

우리 문학사에서 전형성 획득에 성공한 대표적 작품으로 흔히 이기영의 〈고향〉을 드는데, 그 중 11장 〈달밤〉은 〈고향〉의 백미로 일컬어진다. 〈달밤〉을 중심으로 이제까지 고찰한 '전형성', 특히 인물의 전형성에 대해서 구체적으로 생각해 보자. 동경 유학생 김희준은 민중들의 보다 나은 삶을 일구어내겠다는 희망을 안고 귀향하여 청년회와 야학에 열성으로 참여하지만 이내 청년회의 한계를 깨닫는다. 〈달밤〉은 야학이 파한 직후부터 시작한다. 청년회 회원들은 청년회 진흥책의 일환으로 여름 방학 동안 강연회를 열자고 한다. 역시 비용이 문제인데, "별수 없이 신문지국의 후원을 얻고 부족한 것은 회원의 부담으로 할 수밖에 없다"며 각자 입을 모으지만 당대 민중의 대다수를 이루는 소작농이 주축이 되지 못한 청년회 회원의 행동이란 말뿐인 것에 그친다. 민중적 지식인 김희준은 당대 청년회 운동의 한계를 뚜렷이 깨닫고 있다.

> (a) '일찍 가서 자는 것이 상책이지.' 희준이는 빙그레 웃으며 뒷짐을 지고 벽에 기대섰다. 그는 그들이 무슨 일을 하자 할 때는 여출일구로 앞장을 서다가도 책임을 행할 마당에는 서로들 발라맞추는 것이 전례로 되는 것이 괘씸하였다. 이번 일에도 제각기 부담을 하였지만 그 역시 말 뿐일 것이다. 뻔한 노릇이다. 그들은 청년회의 사업을 위한다거나 자기들의 행동을 바로잡기 위함보다는 언제나 유흥기분으로 들뜨고 있었다. 그래 그는 더 말하고 싶지 않았다.
>
> (b) 그것들과 같이 일을 해보겠다는 나 자신부터 같은 위인이 아닐까? 그러다가도 어떤 박자로 열이 올라서 다시 일에 열중할 때는 금시로 그는 어떤 희망에 날뛰여서 낙관을 하게 했다. "그렇다! 그들도 사람이 아닌가! 잘 지도하면 된다!" 마치 그는 숨죽었던 모닥불이 한동안 검은 연기만 토하다가 별안간 불길을 확! 내솟듯이 청년의 왕성한 '열정'이 모든 곤란을 무찌르고 일어났다.

지식인의 본질로서 이성적·합리적 판단력, 보다 나은 세계에 대한 지향을 들 수 있다. (a)에서 보이듯 김희준이 지닌 지식인 특유의 이성적 판단력은 당대의 청년회가 민중을 위한다기보다는 기껏해야 유흥기분에 불과하다는 것을 통찰하게 만들며 민중적 세계에 대한 지향은 유흥적 기분의 청년회를 한껏 비판하게 만듦과 동시에 (b)에서 보이듯 희망을 잃지 않게 만든다.

그러나 지식인은 또한 한없이 고민하는 존재이다. 그들은 지배자도 아니며 그렇다고 지배당하는 민중도 아닌 애매한 존재여서 마음먹기에 따라 이쪽에도 저쪽에도 가담할 수 있기 때문이다. 그들은 쉽게 감상에 빠진다.

> 홀로 가는 희준이는 적적한 들 가운데를 접어들며 마음속에 고독을 느끼었다. 그의 외로운 그림자가 논둑길 밑으로 따라온다. 넓은 들과 같이 마음속에도 공허를 가져왔다. 그는 동무들을 격려하며 일을 보다가도 가끔 이와 같은 적막을 느끼였다. 그런 때는 여러 사람들과 같이 함께 웃고 떠들어도 자기만은 산중에 홀로 있는 사람같이 의식의 간격을 자아낸다. "이까짓 일을 하며 세월을 보내고 있담!" 그는 자기의 생활이 무의미한 것 같았다. 인간이란 이렇게 하치안은 존재인가? 하는 가소로운 생각도 난다. 그는 금시로 허무한 생각이 들어가서 만사가 무심해졌다.
>
> (중략) 그는 김빠진 맥주처럼 맥이 없이 들길을 걸어갔다. '그 사람들이 아마 음전이 집에 가서 먹지!' 그는 즉시 그들을 쫓아가고 싶었다. 음전이가 부엌으로 들어가서 술상을 차리는지도 모른다. 그는 참으로 자기에게 추파를 보냈는가! 그것은 몰라도 그는 볼 적마다 웃는 것이 인사였다.

위에서 야학생 음전이를 놓고 농지거리를 하고, 유희적 기분에 음전이가 있는 술집으로 가는 청년회 회원들에게 "저런 작자들과 무슨 일을 한담!" 하고 비판하던 김희준은 어느새 달밤의 적막한 분위기에 허무함을 느끼고 음전에 대한 야릇한 애욕 속에서 그들을 뒤따르고 싶어한다.

어느 한 면만을 지적하였다면 그것은 지식인에 대한 온전한 형상화라 할 수 없을 것이다. 〈고향〉의 김희준의 모습은 지식인의 보편적·본질적·법칙적·사회적 특성, 즉 지식인 특유의 이중적 속성을, 그것도 애정 없이 결혼한 조혼풍습의 희생자이기에 야릇한 애욕에 쉽게 동요하는 특정한 개별인간, '이 사람' 속에서 그려내고 있다는 점에서 지식인의 일면만을 그리고 있는 〈만세전〉의 이인화의 모습보다 일층 나아간 형상이라 평가할 수 있을 것이다. 이와 같은 전형을 통해 우리는 삶의 총체성에 도달할 수 있는데, 루카치(György Lukács : 1885~1971)는 《예술과 객관적 진리》에서 이를 내포적 총체성이라고 칭한다.

> 예술작품은 그것에 의해 형상화되는 삶의 단편을 객관적으로 규정하는 모든 본질적인 객관적 규정들을, 올바른 관계 속에서 그리고 올바른 비례적 관계 속에서 반영하여야 한다. 그것은 삶의 단편이 자체내적으로 그리고 자체에서부터 추체험될 수 있게, 그것이 삶의 하나의 총체성으로 나타나게, 그 규정들을 반영하여야 한다. (중략) 예술작품의 총체성은 오히려 내포적인 것이다. 그것은, 즉 형상화된 삶의 단편에 대해 결정적인 의미를 객관적으로 지니는 여러 규정들, 즉 전체적 삶의 과정 속에서의 그것의 존재와 운동, 그것의 특질과 위치 등을 결정하는 여러 규정들의 그 자체내적으로 완결되고 마무리된 연관관계이다.

리얼리즘 문학은 삶의 일면만을 드러내는 데 그치지 않고 "삶의 단편을 객관적으로 규정하는 모든 본질적 객관적 규정들을 올바른 비례관계 속에서 반영"함으로써 삶의 총체적인 모습을 드러내야 하는 것으로 이해된다. 그것은 또한 사회과학을 공부해서 얻은 추상적·개념적 파악을 그대로 서술하는 차원이 아니라 특정한 개별인간, '이 사람' 속에서 우러나오는 것, 상황, 사건들이 자기 형성적으로 전개되는 것, 그리하여 작품 자체 내적으로 완결되게 표현하는 것을 의미한다. 이와 같은 내포적 총체성은 모든 리얼리즘 문학의 이상이다.

끝으로, 오상원의 〈황선지대〉와 김승옥의 〈서울, 1964년 겨울〉을 읽고 리얼리즘에 있어서의 세부의 충실함, 전형성, 내포적 총체성에 대해 생각해 보자.

그는 참으로 은근히 올라오는 술기운에 기분이 좋을 대로 좋았었다. 그는 지금의 자기 기분을 그 누구와도 나누고만 싶었다. 그는 좀 더 무언가를 이야기하고 싶었다. 그는 조용히 주위를 둘러보았다. 한쪽에서는 젊은 친구들이 여전히 젊은 계집의 엉덩이를 뚜드리며 노래를 부르고 있었다. 그는 그들이 부러웠다. 그들 속에 끼여들고 싶었다. 그는 그 술잔을 들고 그들 가까이로 갔다. 그러나 그들은 너무도 술이 취해 있기 때문에 그를 거들떠 보지도 않을 뿐만 아니라 그 또한 술 취한 그들과는 도저히 이야기를 나눌 수 있을 것 같지가 않았다.

그는 술잔을 들고 다시 자기 자리로 돌아왔다. 그때 한 사나이가 그의 눈에 띄었다. 그 사나이는 그와는 반대 쪽 복스 한 곁에서 술을 마시고 있었다. 더욱이 혼자였다. 그는 곧 그 쪽으로 다가가서 복스 위에 팔꿉을 얹으며 나란히 기대었다. 사나이가 그에게로 고개를 돌렸다. 그는 눈인사를 보냈다. 사나이는 그냥 무표정하게 받아넘기고 자기 술잔을 기울였다. 중키에 어깨가 떡 벌어진게 퍽 체구가 건장하였다. 이마 위에 파인 굵다란 두 줄기 주름살, 무뚝뚝한 턱, 그 사나이는 치이즈 조각을 하나 입 안에 넣고 우물우물 씹었다. 몹시 무뚝뚝한 편이었으나 청년은 자기도 모르게 이 사나이가 좋아졌다.

마담이 술을 따르자 그 사나이는 청년을 손짓으로 가리켰다.

"잔을 내시지"

마담이 청년에게 말하였다. 청년은 고개를 저었다.

"그냥 마셔 둬요"

마담이 술병을 들고 천천히 타이르듯 말하였다. 청년은 사나이를 다시 한 번 곁눈으로 쳐다보며 씩 웃었다.

그리고 남은 술을 단숨에 마셨다.

"초면에…"

청년은 눈을 껌벅이고 망설였다. 사나이는 잠잠히 시선을 술잔 위에 그대로 떨구고 있다가 힐끗 청년에게 시선을 던졌다. 굵게 빛나는 시선이었다. 믿음직스럽게 부드러우면서도 상대방의 가슴 속을 단숨에 꿰뚫는 듯한 강한 시선이었다.

— 오상원, 〈황선지대〉에서

“자 여기서 이럴 게 아니라 어디 따뜻한 데 가서 정식으로 한 잔씩 하고 헤어집시다. 난 한 바퀴 돌고 여관으로 갑니다. 가끔 이렇게 밤거리를 쏘다니는 밤엔 난 꼭 여관에서 자고 갑니다. 여관엘 찾아든다는 프로가 내게는 최고죠.”

우리는 각가 계산하기 위해서 호주머니에 손을 넣었다. 그때 한 사내가 우리에게 말을 걸어 왔다. 우리 곁에서 술잔을 받아 놓고 연탄불에 손을 쬐고 있던 사내였는데, 술을 마시기 위해서 거기에 들어온 것이 아니라 불을 쬐고 싶어서 잠깐 들렀다는 꼴을 하고 있었다. 제법 깨끗한 코우트를 입고 있었고 머리엔 기름도 얌전하게 발라서 카바이트 등의 불꽃이 너풀댈 때마다 머리 위의 하이 라이트가 이리저리 움직이고 있었다. 그러나 어디선지는 분명하지는 않았지만 가난뱅이 냄새가 나는 서른 대여섯 살짜리 사내였다. 아마 빈약하게 생긴 턱 때문이었을까, 아니면 유난히 새빨간 눈시울 때문이었을까. 그 사내가 나나 안(安) 중의 어느 누구에게라고 할 것 없이 그냥 우리 쪽을 향하여 말을 걸어 온 것이었다.

“미안하지만 제가 함께 가도 괜찮을까요? 제게 돈은 얼마 있습니다만…”이라고 그 사내는 힘없는 음성으로 말했다.

그 힘없는 음성으로 봐서는 꼭 끼어달라는 건 아니라는 것 같았지만 한편으로는 우리와 함께 가고 싶은 생각이 간절하다는 것 같기도 했다. 나와 안은 잠깐 얼굴을 마주 보고 나서,

“아저씨 술값만 있다면…” 이라고 내가 말했다.

“함께 가시죠”라고 안도 내말을 이었다.

“고맙습니다”하고 그 사내는 여전히 힘없는 음성으로 말하면서 우리를 따라왔다.

안은 일이 좀 이상하게 되었다는 얼굴을 하고 있었고, 나 역시 유쾌한 예감이 돌지는 않았다. 술좌석에서 알게 된 사람끼리는 의외로 재미있게 놀게 되는 것을 몇번의 경험으로 알고 있었지만, 대개의 경우 이렇게, 힘없는 목소리로 끼어드는 양반은 없었다.

— 김승옥, 〈서울, 1964년 겨울〉에서

과연 내포적 총체성에 이르고 있는가라는 문제에 대해서는 섣불리 말하기 힘들지만, 똑같이 술집에서의 우연한 만남을 묘사하고 있으면서도 두

장면이 현실 묘사의 초점, 깊이에서 확연한 차이를 보이고 있다는 점만은 확실하다. 〈황선지대〉가 사나이다움, 사나이들만의 세계에 초점을 맞추고 있다면, 〈서울, 1964년 겨울〉은 좋고 나쁨을 떠나 도시적인 인간관계를 표현하는 데 주력하고 있다. 전자에서 인물들을 통해 전후라는 시대적 상황을 떠올리기는 쉬운 일이 아니고 그것은 어디서 많이 본 듯한 장면, 즉 서부영화의 술집 장면같은 것을 연상하게 만든다. 오상원이 영화 장르에 매료되어 있었다는 것은 주지의 사실인 바, 〈황선지대〉의 이 장면은 세부의 충실성이나 전형성을 추구한다기보다는 영화 장면에서 비롯된 상투적 표현에 그치고 있다고 평가할 수 있다. 반면 〈서울, 1964년 겨울〉은 "아저씨 술값만 있다면…"이라는 표현에서 드러나듯 1960년대 우리 사회에서 확산되기 시작한 개인주의와 도시적 만남의 방식, 즉 당대의 리얼리티를 예리하게 포착하고 있다. 또한 30대의 사내에 대한 인물묘사, 즉 "깨끗한 코우트"를 입고 있으면서도 "어디선지는 분명하지는 않았지만 가난뱅이 냄새가 나는"이라든가, "꼭 끼어달라는 것은 아니라는 것 같았지만 한편으로는 우리와 함께 가고 싶은 생각이 간절하다"라는 식의 인물 묘사는 단 몇 마디의 말로써 그 인물의 외면과 내면 모두를 일거에 표현한다. 그 인물묘사는 다양한 세부 사항들 가운데 인물의 본질을 드러내는 세부 사항을 단적으로 포착함으로써 60년대 샐러리맨의 부조화스러운 궁색한 외면은 물론이고, 이러지도 저러지도 못하고 있는 우유부단 상태, 존재론적 위기상태에 빠져 있는 인물의 내면까지 육박해 들어가는 것이다.

〈연구 과제〉

1. 〈낡은 집〉은 1930년대 후반 농촌을 배경으로 하고 있다. 〈낡은 집〉에 나타나 있는 당대 농촌 현실에 대해 말해 보자.

2. 〈낡은 집〉과 〈농무〉는 각 시대의 농민들의 절망적인 현실을 그리면서도 분위기는 서로 차이를 보이고 있다. 작가의 시선과 관련하여 각 작품의

분위기에 어떤 차이가 있는지 말해 보자.

3. 〈황선지대〉의 인용부분은 똑같이 낯선 사람들이 술집에서 만나는 장면을 그리고 있는 〈서울, 1964년 겨울〉의 인용부분에 비할 때 인물의 심리묘사나 장면 묘사에 있어 그리 잘된 작품이 아니라 할 수 있다. '세부의 충실함'이라는 기준을 놓고 〈황선지대〉의 묘사력을 비판해 보자.

4. 〈서울, 1964년 겨울〉의 인용부분에서 나타나는 장면묘사, 인물묘사를 세부의 충실함을 넘어선 전형성이라는 기준을 중심으로 평가해 보자.

〈참고문헌〉

김윤식, 『한국근대문학의 이해』, 일지사, 1973.
임 화, 「사실주의 재인식」, 『문학의 논리』, 서음출판사, 1989.
백낙청, 「리얼리즘에 관하여」, 『민족문학과 세계문학』, 창작과비평사, 1985.
염무웅, 「리얼리즘론」, 『민중시대의 문학』, 창작과비평사, 1991.
Grant, D.(김종운 옮김), 『리얼리즘』, 서울대출판부, 1980
Klem, M.(조만영·정재경 옮김), 『맑스·엥겔스 문학예술론』, 돌베개, 1990.
Kohl, S.(여균동 옮김), 『리얼리즘의 역사와 이론』, 한밭출판사, 1984.
Lukács. G.(문학예술연구회 옮김), 『우리시대의 리얼리즘』, 인간사, 1986.

제 3 장
기억으로서의 문학

김 영 택*

Ⅰ. 잃어버린 시간을 찾아서

> 이제야 너의 마음을 알 것 같다/ 너무 늦었다/ 그렇다고 울지는 않는다/ 이미 잊힌 사람도 있는데/ 울지는 못한다/ 지상의 내 발걸음/ 어둡고 아직 눅은 땅 밟아가듯이/ 늦은 마음/ 홀로 등불을 상처 위에 켜다/ 모두 떠나고 난 뒤면/ 등불마저 사위며/ 내 울음 대신할 것을/ 이제야 너의 마음에 전했다/ 너무 늦었다 캄캄한 산 고갯길에서 홀로

윤후명의 〈홀로 등불을 상처 위에 켜다〉라는 위의 시를 행 구분 없이 읽어가면서 문학이 궁극적으로 의존하는 것이 무엇인가를 생각해 본다. 추억이 없이 이 시는 읽히지 않는다. 시의 구절마다 돌이켜봄의 슬픔과 아름다움이 아로새겨져 있다. 그러나 그 회상의 대상은 결코 기쁨의 순간이 아니다. 그것은 '상처'이다. 그런데 역설적이게도 그 고통스런 과거에 대한 반추이기에 이 시는 아름답다. 상처는 뼈아픈 과거 시간의 흔적이다. 그것은 견디기 어려운 내면의 싸움과 자아의 파괴를 수반한다. 그 폭력적 힘이 클수록 상처의 흔적은 더욱 더 선명하고도 깊게 각인된다. 그렇다면 한 개인에게 상처의 윤곽이 확실하게 남아 있다는 것은 무엇인가. 그것은 되돌아봄의 빈도와 관계되어 있을진대, 그러한 한 개인의 정신작용을 우리는 기

---

* 목원대학교 교수, 문학 평론가.저서에 《문학을 찾아서》, 《한국현대작가작품론》, 《문학사의 지평과 시각》 등 다수가 있다.

억이라 부른다. 우리는 윤후명의 시 한 편을 통해 그 기억이 잉태하는 아름다운 서정의 세계에 빠져든다. 문학을 문학이게 하는 것, 특히 시를 시답게 함이 서정일진대, 우리는 이렇듯 지난 일에 대한 기억의 끈에 잇대어 살아옴을 느낀다.

현대 우리의 삶에 가해지는 불행·허무·불안, 이러한 인생의 질곡들은 과거를 아름답게 돌아보도록 유인한다. 때로는 현재의 안락함이 그것을 가져오기까지 축적되었던 지난 과거 속의 불행의 날들을 떠올리게 하기도 하지만, 그러나 어떤 이유가 되었든지 지난날의 모습은 돌아보는 자를 달콤함 속에 빠져들게 한다. "늘 반추하며 살아 온, 외로움과 그리움의 세상 인식을 여기에 담아 본다"고 시인은 자서(自序)에서 밝히고 있다. 그는 불행한 과거를 기억하면서 더 불행한 현재의 허망한 마음을 보듬고 치유하고자 욕망한다. 그러면서 시인은 과거가 지닌 사건들의 진실이 무엇인지를 자각한다. 이러한 과정을 통해 시인은 삶의 본질에 대한 이해에 보다 근접해간다. 인간의 성숙은 이러한 자기반성과 성찰의 과정 속에서 한 단계씩 이루어지는 게 아니겠는가.

그런 의미에서 기억은 과거의 단순한 돌이킴이 아니다. 기억은 늘 현실의 존재조건과 미래지향성을 담보한다. 기억은 현실인식을 전제한다. 현실은 언제나 과거와의 연속성 위에 존재한다. 현실의 참모습은 언제나 과거 속에 묻혀 있다. 그러하기에 현재의 진정한 존재에 대한 자각은 과거에 대한 기억에 기댈 때 가능한 것이다. 인간이란 이름에 상처를 입힌 것들, 인간성에 거슬리는 온갖 억압과 폭력의 실체들, 기억에 기반한 문학이 인식하는 과거란 항상 이러한 좌절의 국면들이다. 인간의 욕망이 충돌하면서 생성된 부정성을 문학은 기억코자 한다. 그리고 문학은 퇴치해야 할 악을 전형화하고 비판한다. 그것이 지극히 사소한 개인의 체험에 속하는 사안일지라도, 문학은 인간다운 삶을 위하여 그것을 음미한다. 문학은 기억 저편에 있는 망각을 일깨운다. 망각의 늪은 인간에게 거듭된 악을 부추긴다. 인간의 역사에 망각보다 더 무서운 적은 없다. 이때의 망각은 가장 비인간적인 속성을 지닌다. 과거를 기억하는 인간은 미래의 자신이 어디로 가야 할지를 가늠한다. 역사 속에 누적되어 온 상처들은 결코 망각 속에 사라져서는 안 된다. 과거의 불행과 미망을 반복하는 개인이나 집단보다 더 어리석은 존재는 없기 때문이다. 문학의 언어는 본질적으로 기억의 형식을 지닌다. 그러나 문학이 지닌 과거에 대한 반추는 역사의 그것과는 다르다.

Ⅱ. 서사 장르에서의 기억, 혹은 소설의 역사성

"모든 진정한 문학은 역사적 사실 위에 존재한다. 문학기법은 역사적으로 조건지어진다." 딜타이(Wilhelm Dilthey : 1833~1911)의 이러한 명제로부터 문학이 기억으로서의 역사와 어떻게 다른지 살펴보기로 하자. 문학이 근본특성으로 하는 허구적 세계는 인간이 구체적으로 존재하는 현실공간을 매개로 하여 이루어진다. 그것이 현실의 직접적 반영이냐 혹은 뒤틀림이냐는 우리가 살아가는 실존의 공간이 전제된 다음에 생각해 볼 일이다. 실재했던 사실들, 그것을 역사적 사실이라고 바꾸어 말할 때, 과거의 시간이 경험한 그 세계는 더욱 엄숙해지고 절대시된다. 역사는 이렇듯 사소함이나 망각을 벗어나는 엄숙함과 진지함의 대상으로 현존하는 인간에게 다가온다. 바로 현재의 인간들에게 잊혀질 수 없는 사건들로 기억되어 있는 것이 역사다. 개인과 집단, 혹은 시대에 따라 끊임없이 반추되면서 새로운 의미로 되새겨지는 것이 또한, 역사다.

문학은 그러한 역사적 사실을 전제로 한다. 문학이 이루어 가는 공간을 우리는 허구적 세계라 하거니와, 그것은 작가의 상상에 의하여 가공된 세계이다. 가공된 세계는 추상적으로 머물러 있으며, 그것은 관념의 결과물임을 부인할 수 없다. 그러나 상상력의 소산인 문학의 세계는 현실을 매개로 한다. 상상력의 활동과 기능은 아무것도 없는 상태에서는 불가능하다. 상상작용이란 경험된 사실에 기초하여 발흥한다. 문학의 토대는 체험이다. 우리의 체험은 한 인생이 지속되는 동안 끊임없이 반추된다.

가장 원시적인 문명조차도 생의 체험과 기본적이고도 강렬한 형태로 문학이 있음을 보여준다. 이런 형태의 예는 제의·축제·무언극과 겹쳐지는 춤, 부족의 조상제의에 내재되어 있다. 문학은 신화 및 종교적 제의와 결합되고 축제의 화려함이나 유희의 즐거움과도 결합된다. 서사시는 집단의 의식을 고양시키는 거대한 사건의 기록으로 한 민족이나 국가의 신성한 기억의 사건들을 담는다. 기억이야말로 서사물의 핵심적 요소이다.

기억으로서의 문학은 서정양식보다는 서사양식에 더 어울리는 표현이다. 서정은 이미 윤후명의 시에서 보았듯이 기억이 가져오는 감정이지 기억이 담고 있는 구체적인 이야기는 아니다. 서정양식에서 그 기억 속의 이야기는 이미지만 지닐 뿐이지 우리에게 그것의 실체를 설명해 주지는 못한다. 이에 반하여 서사양식은 기억을 진술한다. 실제 서사양식이란 그 기억을 어떻게 풀어 나가느냐는 문제와 관련된 장르이다.

서사양식(이야기)이 기억에 의존하여 이루어진 예술임을 일찍이 간파한 사람은 발터 벤야민(Walter Benjamin : 1892~1940)이다. 그는 〈이야기꾼과 소설가〉에서 이야기체 형식, 즉 서사양식이 경험의 주고받음이라 규정하고 있다. 그에 따르면 아무런 편견 없는 청자에게 가장 중요한 것은 들은 이야기를 다시 재현할 수 있다는 가능성에 대한 자기 자신의 확신이며, 이를 '기억'이라 지칭한다. 그리고 그는 이제 더 이상 온 인류가, 최소한 한 민족 단위공동체가 신성하게 지켜가야 할 경험세계는 존재하지 않는다는 것이다. 서사시의 붕괴는 그러한 경험의 가치하락을 의미하는 바에 다름 아니다. 경험의 가치가 하강곡선을 그으면서, 서사장르는 지배적인 양식에 변화를 가져왔다. 특히, 소설은 근대 이후에 인류의 대표적인 서사양식으로 자리매김해 왔다. 그러나 소설은 이제 영상매체에 그 지위를 넘겨주어야 할 운명에 직면해 있다. 이처럼 시대적 변화에 따른 지배적 서사양식의 변화는 경험의 소통방식의 변화를 의미한다.

본래 이야기는 누군가에 의하여 구연(口演)되면서 전해졌다. 이야기꾼들이 끄집어내는 이야기의 원천은 입에서 입으로 전해지는 경험에서 비롯된 것이다. 그러나 소설이 발흥하면서 입으로 전승되던 이야기는 몰락했다. 소설이 이야기와, 또 보다 좁은 의미에서 서사시적인 것과 구별되는 점은 그것이 근본적으로 책에 의존한다는 것이다. 소설의 본격적인 확산과 보급은 인쇄술의 발전과 더불어 가능했음을 상기해 볼 때 더욱 그러하다.

이야기를 쓰는 사람은 그가 말하는 이야기를 경험으로부터 얻고 있다. 그는 그 내용을 이야기를 듣는 사람의 경험이 되도록 만들어 내는 것이다. 소설을 쓴다는 것은 인간이 경험할 수 있는 특이한 사건들을 인간적인 삶의 극단으로 묘사해 가는 것을 의미한다. 소설은 이러한 풍부한 삶의 묘사를 통해서 풍부한 삶의 체험과 우리 삶의 복잡다단함을 여실히 보여준다. 아울러 그러한 다층위의 삶의 투시를 통하여 인간의 행위와 정신이 지닌 진실한 모습에 접근코자 한다. 요컨대 가장 일차적으로는 이야기가 말이었다가 문자로 전이되어 소통됨이 소설이다.

그러면 이야기의 예술성을 어디서 찾아야 할 것인지가 보다 명확해진다. 이야기가 남아 있기 위해서는 이야기꾼의 기억이 요구된다. 민중예술 속에 면면히 내려온 서사형식은 모두 총기 좋은 이야기꾼의 기억 덕택이었다. 그러나 이러한 구연 방식은 지극히 순간적이다. 그러하기에 이야기는 늘 새로운 이본의 형태로 전승된다. 하나의 이야기는 그것을 구연하는 사람이 살았던 시대적인 상황과 개인적 체험의 영향을 받는다. 벤야민에 따르면, 이 같은 단순한 이야기에 나타나는 예술성이란 단순한 기억이다. 즉, 〈천일야화〉에서처럼 이야기를 엮어 짜는 그물이 만들어지고 이 같은 그물은 기억의 전수에 의존하게 된다. 따라서 이 때 이야기의 예술성이란 이 순간적 기억밖에는 달리 찾기가 어렵다. 이러한 순간적 기억이 지속적 기억의 형태로 바뀐 것이 문자에 의한 서사이다. 오늘날 대표적인 서사장르로 자리한 것이 서사시를 계승한 소설임은 주지의 사실이다. 소설이란 장르는 지극히 개인의 영역에 머무는 사적 체험을 기억으로 간직한다. 이와 더불어 경험의 가치하락은 시대가 지날수록 심화되었다. 자본주의가 선도한 개체화된 인간의 삶은 공동체의 의식과 유대를 가져올 집단적 경험세계가 아닌, 개체화되고 파편화된 주관적 경험세계를 조장하여왔으며, 이는 소설 내용에도 그대로 반영되어왔다. 그리하여 오늘날 소설가는 밀실에 갇혀 있는 사소한 경험의 내용물들을 끌어내서 허구의 세계를 구축한다. 소설이 탄생하는 공간은 신화가 구현한 집단무의식과는 대조된다. 소설가는 세계로부터 자신을 고립시켰다. 그들은 고독하게 자신의 주관성에 의해 타인에게 들려줄 이야기를 직조하게 되었다.

그리하여 소설 속에 그려지는 작중인물들은 세계와 잘 화합하지 못하는 국외자의 모습으로 전형화되기 일쑤였다. 작중인물이야말로 작가의 고통스러운 기억의 산물이다. 작가는 인간의 정체성을 상실한 파편화된 삶 속에서 구체적인 생존의 모습으로, 극단화된 존재들을 소설의 작중인물로 형상화시켰다. 작가는 자신의 경험이 이끄는 세계인식을 바탕으로 시대의 전형이든 미래의 인간형이든 이야기 속의 주제를 고안했다. 그러한 점에서 작가의 기억은 경이로운 이야기를 만들어가는 창조적 기억이라 부를 수 있다.

이미 지나간 시간 속에 박제되어 버린 여러 사건들을 재구성하여 통일성을 부여한 가공의 세계가 소설의 공간이다. 새로운 세계를 희망하는 작가의 상상력은 자신의 기억에 새로운 생명을 불어넣는다. 루카치(Georg Lukács : 1885~1971)는 이러한 작가의 내면이 이끌어가는 정신작용을 창조적 기억이라 규정짓는다. 그리고 그는 오직 소설에서만 대상을 꿰뚫고 변화시키는 창조적 기억이 나타난다고 한정한다. 이렇듯 소설은 망각 속에 묻혀버릴 수도 있는 인간의 가치 있는 경험을 보다 풍요로운 세계로 재구축하는 창조적 기억과 밀접한 예술 양식이다.

Ⅲ. 한국 현대소설에서 작가의 체험과 기억

1. 집단적 경험을 상징하는 기억의 반추

한국의 근현대 소설문학에 있어 작가의 체험과 그에서 비롯된 문학적 상상력은 중요한 위치를 점유한다. 곧 문학작품이 그것을 생산하는 작가의 체험과 기억에 의존함을 우리의 문학은 환기한다. 기억의 형식, 회상의 형식은 현대소설이 지닌 두드러진 특징 중의 하나이자 이에 바탕을 둔 문학사 기술이 가능하리만큼 우리 문학은 작품의 수나 작가의 계보에 있어 지속성을 보여준다.

기억의 화두가 끊임없이 문학 주제와 밀접하게 연관되어 있음은 역사의 격동성과 비극성에 말미암음이다. 일제강점, 6·25전쟁, 4·19혁명, 유신독재, 5·18광주항쟁 등 역사 위에 점철된 일련의 고통스런 사건들은 그 연대기를 살아간 개인에게도 치유될 수 없는 상처로 남거나 결코 지워질 수 없는 과거로 각인된다. 그러므로 이러한 체험의 고통이 문학의 지속적인 주제로 떠오름은 당연한 귀결이었으며, 또한 필요한 일이었다고 할 수 있을 것이다.

해방 이후의 한국문학에서 이러한 경향의 작가로 우리는 먼저 안회남을 생각할 수 있다. 안회남은 해방 직후 〈오욕의 거리〉(1945), 〈탄광〉(1945), 〈쌀〉(1946), 〈철쇄 끊어지다〉(1946), 〈사선을 넘어서〉(1946) 등 수편의 작품들을 통해서 자신의 탄광 징용체험을 회상한다. 작가는 자신의 징용 경유, 탄광에서의 혹독한 노동과 비인간적 모욕, 해방 직후 적지에서의 긴박감과 일본인의 야만성, 귀환과정의 고초 등을 기억을 빌려 거의 있는 그대로 드러낸다. 이러한 그의 소설들에는 작가의 상상력이 개입될 여지를 남겨놓고 있지 않거니와 그는 기자와 같은 목격자의 위치에서 과거의 일들을 보고하고 기록코자 한다. 안회남은 자신이 체험했던 가증스런 기억을 생생하게 전해야 한다는 일종의 의무감에서 구주탄광에 징용되었던 전재민의 이야기를 써내려간 것이다.

안회남의 소설이 체험에 대한 어설픈 형상화 수준에 머물러 있다면 6·25를 경험한 세대들에 의하여 이루어지는 체험의 소설화는 주제나 기법 면에 있어 원숙한 수준으로 끌어올려진다. 김원일은 그 중에서도 단연 돋보이는 작가이다.

김원일은 남북한의 비극적 전쟁과 갈등을 전후로 한 연대기, 그러니까 자신이 철들 무렵 겪었던 사실들을 바탕으로 하여 집요하게 파탄의 역사가 지닌 의미를 현재적 상황에서 음미하고자 한다. 그의 경험은 역사나 민족이라는 거대 담론에 여과된 것이 아닌 개인적 참혹함과 생존에 얽힌 것이었으나, 기억이 일깨우는 고통은 분단된 국토와 민족의 현실을 엄숙하게 질정한다. 〈어둠의 혼〉은 삶이 굶주림과 두려움으로 다가왔던 작가의 기억이 소생된 잘 짜여진 단편이다. 이후 그는 〈노을〉(1978), 〈불의 제전〉(1983), 〈겨울 골짜기〉(1987)에 이르기까지 자신의 원체험으로부터 분단민족의 파탄국면을 그려낸다. 특히 〈노을〉은 그 구조 자체가 지난날의 체험을 종합해 현재의 작가의 실체를 객관화하고자 하는 의도를 지니고 있다는 점에서 중요성을 지닌다. 이 작품은 소시민인 '나'가 29년 전의 '나'와 지금의 '나'의 모습을 '나'가 납득할 수 있을 정도로 객관화·역사화하지 않고서는 지탱할 수 없는 서사적 구조를 지니고 있다. 실상 작가는 이 작품을 통해 자신의 삶을 객관적 의미로 밝히려는 의도에서 이 같은 체험의 회상방법을 사용한 것이다.

> 장편소설 《노을》부터 나는 우리 민족이 겪은 수난의 역사, 즉 분단문제를 내 문학 속의 큰 줄기로 끌어들였다. 우리 가족사의 한 부분이기도 한 해방과 육이오 전후사를 쓰기 시작하면서 내 글이 어느 정도 객관적인 힘을 얻지 않았나 싶다
>
> — 김원일, 〈사랑하는 자는 괴로움을 안다〉에서

위 인용문에서 보여주는 작가의 이 같은 고백은 실상 그가 자신의 기억을 오늘의 우리에게 단순히 들려주는 데 그치지 않고, 그것이 지닌 현실의 적극적 의미를 탐색하는 작업에 다름 아님을 확인시켜 준다. 그러면 앞에서 제시한 관점을 기반으로 하여 그의 소설 〈노을〉을 감상해보자.

> ① 그날 밤이었다. 나는 모처럼 그 악몽에 시달렸다. 근래에 와서 없던 꿈이었다. 그것은 내가 의식적으로 그 시절의 사건을 생각지 않으려 했던 탓이었다. 그런데 느닷없이 그때의 사건이 꿈을 통해 내침해왔던 것이다. 아마도 이틀 앞둔 아버지의 기일(忌日)과 삼촌의 별세소식이 그 기억을 회상시켜 준 모양이었다. 장면은 달랐으나 역시

1948년 여름의 일이었다.

"여보, 당신 또 그런 꿈 꾼 게 아네요?" 아내가 얕은 잠에서 풀려나오며 졸음 섞인 목소리로 물었다.

나는 누운 자리에 엎드려 담배를 피워 물고 있던 참이었다. 몇 시인지 알 수 없으나 짐작컨대 자정은 지난 시간이었다. 방충망을 쳤기 때문에 창문은 열어 놓았으나 바람 한 점 없었다. 방안은 눅눅한 더위와 정적이 가득 채우고 있었다. 하늘에는 반달이라도 걸렸는지 열어 놓은 창으로 뿌연 빛살이 밀려 들어와 머리맡을 조금 밝혀 주고 있었다. 아내가 누비이불을 당겨 덮으며 내 쪽으로 돌아누웠다.

"내려가서도 말조심해요. 미군이 철수한다 어쩐다 하는 이 비상 시국에 묵은 얘기라고 취중에 떠들면 큰일나요. 당신 같은 사람은 어디를 가나 늘 말조심을 해야 돼요." 아내는 훈계조로 말했다. 아내도 잠에서 완전히 깨어난 또렷한 목소리였다.

"누가 뭐랬나. 그러나 이미 삼십 년이 다 된 얘기 아냐. 사실 내려간대도 고향엔 이제 아는 사람이 있어야지. 나 같은 놈한테 고향은 무슨 개떡 같은 고향이 있다구. 임자도 쓸데없는 걱정만 하다가 늙겠군."

"왜 아는 사람이 없어요? 우리가 답십리 살 때 당신이 경찰에 불려갔더랬더잖아요. 그 배 누구라는 사람 때문에 말예요. 그 사람이 고향분이라 했잖아요?"

"기억력도 좋군."

"당신 홀몸이라면 또 몰라요. 당신 뒤에 줄줄이 엮인 가족을 위해서 하는 소리지요. 그러니 그 배씨는 만나지 마세요. 나도……." 아내는 뒷말을 끊었다. 아내에게도 말조심이라는 말이 떠올려 주는 괴로운 추억이 있어 그것이 뒷말의 덜미를 물어 버린 모양이었다.

아내의 고향은 황해도 금천군 금천읍이었다. 국민학교 이학년 때 송도삼절로 유명한 박연폭포에 소풍을 갔다 하니 금천읍의 위치가 개성에서 북쪽으로 오십리 남짓했다. 아내는 그곳 뼈대 있는 집안의 외동딸로서 태어나 육이오 때 어머니와 두 오빠와 함께 피난 내려온 삼팔따라지였다. 그래서 해방 뒤 몇 년간은 고향땅의 공산 치하에서 보냈던 것이다. 아내는 그때 갖가지 치욕을 기억하고 있었는데, 그 중 한 가지는 지주의 집안으로서 으레히 겪게 마련인 재산 몰수에 따른 곤욕이었다. 아내는 철부지 열한 살 때에 씻을 수 없는 기억 한 가지를 비밀히 지니고 있었다. 아내가 자기 또래의 동네 아이들 앞에서 자랑스레, 우리 아버지가 이사하려고 번쩍번쩍하는 금덩이를 모은단다, 하고 무심코 뱉은 말이 아버지를 내무서로 잡혀가게 한 결과를 빚었던 것이다. 사실 그때 장인 될 사람은 가족을 이끌고 서울로 내려오기 위하여 암암리에 가산을 처분 중에 있었던 모양이었다. 내가 그 이야기를 들은 것은 결혼 직전이었다. 그때 아내는 사범학교를 나와 시내 국민학교에 교편을 잡고 있었다. 그러면서 꺼지지 않는 향학열을 달래다 못해 스물여섯 살의 늦은 나이에 야간 대학을 다니던 참이었다. 나 역시 대입 검정 시험에 합격하고 지금 회사에 편집 보조원으로 입사한 끝에 갖은 고초를 이기고 편집 정사원으로 발탁되어, 그즈음 스물아홉 살로 야간 대학에 적을 두고 있을 때였다. 우리는 직업인도 대학생도 아닌 어정쩡한 밤공부를 통해 서로 알게 되었고, 그 점이 우리로 하여금 막연하게나마 인생살이에 그 어떤 결정적인 상대가 아닐까로 점찍고 있었다. 아내가 나에게 어릴 적 치명적인 과실을 털어놓은 그 날은 내가 아내에게 내 출신이 백정의 자식임을, 또 아버지의 죽음을 처음 고백한 날이기도 했다. 이미 우리는 결혼이란 절차를 통해 서로가 맺어져야 함을, 그러기 위해 서로가 다 같이 서로를 원하고 있음을 확인한 뒤여서 나의 고백이 아내에게 미안할 수밖에 없었다. 그러나 어쩔 수 없는 일이었다. 나로서는 그 말을 꺼낼 기회가 여러 번 있었으나 내 성격이 소심한 탓도 있었겠지만, 그 말의 후유증이 두려웠던 것이다. 나의 집안 이야기에 아내는 심적으로 큰 타격을 받았음이 분명했다. 아내는 내가 가난한 농사꾼의 자식 정도로 알았던 모양이었다. 그러나 아내는 체념할 수밖에 없었다. 아내는 나의 근면과 검소함과 장래성을 믿고 있었으며 무엇보다 우리는 결혼 적령기였고, 새삼 상대를 바꾸기에 이미 지친 나이기도 했다. 그래서 아내도 나의 고백에 뒤질세라 고향 얘기 끝에 아버지의 임종 경위를 털어 놓았던 것이다. "아버지의 온몸이 피투성이가 되어 의식 불명으로 내무서에서 실려 나왔어요. 그래서 집에다 뉘어놓자 하룻밤을 세우고는 장독(杖毒) 대문에 숨을 거두셨지요. 한번 잠시 깨어나서 하신 소리가, 모두 가라, 이남으로 가라, 이 땅에서는 백 년이 못가 씨족이 마르고 말 테니, 하고 헛소리같이 고함을 지르시더군요. 아버지가 돌아가시고도 우리 가족은 이태를 더 견뎠지요. 참으로 지긋지긋한 세월이었어요. 재산이 풍지박산되니, 알거지가 따로 있나요. 우리는 집마저 빼앗기고 득실이란 소작인 헛간방에서 네 식구가 옥수수죽으로 살았으니깐요. 육이오가 나자 그것이 기회였지요…….” 아내는 맺힌 과거를 쏟으면서 줄곧 울었다. 그 울음 속에서 나는 그 시절 전후 서로의 가족이 당한 불행이 결코 먼 거리가 아님을 알았다. 그리고 서로의 그 고백이 둘을 더욱 다숩게 싸안았다.

“잠이나 잡시다. 내일 하루를 차에서 시달릴 생각을 하니…….” 나는 피우던 담배를 껐다. 잠을 청하려 했으나 쉬 잠이 오지 않았다. 머리맡의 선풍기를 켜고 삼십 분 위에 저절로 멎도록 타임을 조절했다.

“내려가실 때 현구를 데리고 가면 어때요? 방학이 되어도 애들이 친가나 외가나 어디 갈 만한 데가 있어야지요. 여행도 공부라잖아요. 이런 기회에 시골 제 아버지 고향 구경도 시켜 주세요.” 아내가 말했다.

“고향이라도 뭐 자랑할 만한 게 있어야지. 죽은 제 할비가 백정이었담 그 녀석도 기가 푹 죽을 거야.”

“이분, 또 자학하시네. 거기에 할아버지 얘긴 왜 끼어들어요. 돌아가신 삼촌은 어물전을 하잖아요?”

“그래, 어물전을 한다. 그게 어쨌단 말이오?” 꼬치꼬치 따지는 아내의 말에 울컥 화가 솟았다. 그러나 아내는 그런 정도의 내 화쯤에는 이미 만성이 되어 있었다.

“내려가서도 옛날 할아버지 얘기야 현구 앞에서 안 할 수도 있잖아요. 득보다 손해가 많은 얘길 왜 해요.”

“뱀에 물린 놈, 새끼 봐도 놀란다더니, 내 참. 당신은 백정 얘기만 나오면 왜 그렇게 펄쩍 뛰나? 요즘이야 돈 없는 놈이 천민이지, 어디 씨종이 따로 있나.”

“세상 사람들이 어디 아직 그렇게 생각들 해요? 애들도 커가니 제발 그 말일랑 조심해요. 그리고 일본서 나왔다는 그 배씨는 제발 만나지 말고 상경하세요.”

나는 다시 입을 다물었다. 나는 아내에게 눌려 기를 못 펴는 꽁생원은 아니었으나 화제가 백정 쪽으로 돌면 늘 별 할 말이 없었다. 입싸움을 오래 해 봐야 언제나 불리한 쪽이 나였다. 그러나 내가 입을 다무는 것은 아내의 말에 열등의식을 느껴서라기보다 내가 꺼낸 말이

긴 하지만 우선 내 마음부터 그 말이 주는 곤욕을 치르지 않으면 안 되기 때문이었다.

고향을 등진 지 스물아홉 해, 삼촌 댁을 잠시 들른 지도 벌써 다섯 해가 지났다. 그 옛날, 상것내 옆에 아버지가 일하던 도수장이 있었다. 그 상것내를 끼고 섰던 미루나무가 지금도 그대로 있는지 알 수 없었다. 나는 조금 전 꿈속에서 그 미루나무를 다시 만났던 것이다. 꿈속에서 미루나무는 콩넝쿨같이 자라오르고 있었다. 마치 동화 속의 이야기같이 성큼성큼 몸통을 늘려 나가 마침내 높은 가지가 하늘에 구멍을 뚫고 말았다. 하늘에 구멍이 뚫리자 갑자기 회오리바람이 일고, 비가 아닌 피가 그 구멍으로 세차게 쏟아내리기 시작했다. 그 피는 상것내로 모여서 붉은 강물을 이루며 흘러 내려갔다. 미루나무는 밑둥치까지 강풍에 휘둘리며 나뭇잎을 사방으로 흩뿌렸다. 강풍 속에 피의 빗줄기는 끝없이 퍼부어 내렸고, 이윽고 나의 눈물이 베갯가를 적셨다. 나는 꿈속에서도 가위눌린 듯 신음을 쏟아냈던 것이다.

② 노을에 비낀 고향이 차츰 나의 시야에서 빠르게 흘러가기 시작했다. 이제 언제쯤 나는 다시 고향을 찾게 될 것인가. 차창변으로 지나가는 여래리와 그 뒤쪽 선달바우산을 멀거니 내다보며 나는 중얼거렸다. 숙모가 돌아가시면 그때쯤이나 내려오게 될는지, 어쩌면 이제 나는 영원히 고향을 찾지 못할는지도 몰랐다. 나는 고향을 버렸기 때문에 내려올 이유를 구태여 만들 필요도 없었다. 그러나 고향을 떠나 산 스물아홉 해 동안 나는 하루도 고향을 잊어본 적이 없었다. 치모의 말처럼 고향을 잊으려고 노력해 온 만큼 이곳은 나로 하여금 더욱 잊지 못하게 하는 어떤 힘을 지니고 있었다. 그것을 좌익 폭동의 상처라 해도 좋고 굶주림이라 해도 좋다. 그러나 그런 이유를 떠나서라도 고향은 오늘의 나를 있게 한 모태가 된 것만은 사실이었다. 인간은 누구나 두 군데의 고향을 가질 수 없으므로 나는 객지의 햇살과 비와 눈발 속에 떠돌면서도 뿌리만은 항시 고향에 다 내리고 살아왔던 것이다.

산 위에 걸린 쌘구름이 노을빛에 물들어 있었다. 노을은 산과 가까운 쪽일수록 찬란한 금빛을 띠고 차츰 거리가 멀어질수록 보라색 쪽으로 여리어져, 노을을 단순히 붉다고만 볼 수는 없었다. 자세히 보면 그 속에는 여러 가지의 색이 교묘히 섞여 있음에도 불구하고 사람들은 노을을 붉다고만 말한다. 진 노란색, 옅은 푸른색, 회색도 저 속에 섞여 있지 않은가. 그런데도 세상 사람들은 그렇게 무엇인가가 한 가지로 뭉뚱그려 구별지어 버리기를 좋아하는 것일까. 그러자 문득 아버지와 헤어져 봉화산에서 내려왔던 저녁이 생각났다. 장마 뒤끝이라 노을이 유독 아름다웠다. 폭동의 잔재도 완전히 소멸되고 백태도 기수도 죽고 없는 텅 빈 넓은 장터 마당에서 절름발이 미송이만이 홀로 종이비행기를 날리고 있었다. 제대로 걷지를 못하므로 늘상 하늘을 날고 싶은 꿈만 키워 온 병약한 미송이, 그날따라 그가 날려 올리는 종이비행기가 아주 유연하게 포물선을 그리며 노을빛 고운 하늘로 맴돌았다. "갑수야, 저 오늘 있제? 저 노을꺼정 이 비행기가 날아 올라간데이. 나를 태우고 말이다." 미송이가 배시시 웃으며 말했다. 그리고 노을 속에다 힘차게 비행기를 띄워 보냈다. 미송이가 그렇게 나는 희망을 키우는 만큼 그의 눈에 비친 하늘은 분명 어둠을 맞는 핏빛 노을이 아니라 내일 아침을 기다리는, 오색찬란한 무지개빛이리라. 그와 마찬가지로 지금 차창 밖을 내다보고 있는 현구의 눈에 비친 아버지의 고향도 반드시 어둠을 기다리는 그런 상처 깊은 고향이기보다는 내일 아침을 예비하는 다시 오고 싶은 고향일 수도 있으리라.

2. 개인사적 사소한 경험을 통한 자기존재의 추구

한 개인에게 기억이 역사적 거대 서사의 상징성을 지닐 수도 있으나 대개의 경우는 사소하고 주변적이다. 경험의 가치하락에 대한 벤야민의 지적은 단절되고 파편화된 개인, 도시 문명 속에 고립된 개인의 경험세계가 지닌 주관성과 일회성을 인식한 통찰의 결과이다. 포스트모던 문화는 이러한 개인의 파편화된 삶을 가치 있는 주체적 존재방식으로 보고 관례의 파괴적 국면과 독특함을 시대의 전형으로 삼고자 한다. 이제 사람들은 동일한 경험과 정서적 유대를 기대하고 요구하는 것이 아니라, 살아온 내력과 미래 지향점이 각기 다른 개인들의 살아감을 서로 확인하고 인정하려 한다. 역사적 사건들을 다룬 작품들은 그러한 엄청난 사건이 가져온 폭력과 파괴, 이념적 갈등과 화해, 그리고 증오 등을 보다 강한 어조로 드러내고자 하였다. 이에 비하여 그것으로 인한 개인사적 상처나 치유과정, 아니면 개인의 일상적 삶에서 오는 정신적 아픔을 회상의 형식으로 그리는 일련의 작품들을 생각해 볼 수 있다.

그런 점에서 전쟁체험을 그리면서도 다른 분단소설에 비교하여 독특한 위치에 놓이는 작가가 박완서이다. 그의 작품들은 6·25라는 폭력에 의하여 '나'라는 개인이 어떻게 고통받았는가를 일종의 통과의례적 입장에서 회고한다. 〈나목〉(1970), 〈조발기〉(1978), 〈엄마의 말뚝〉(1980) 등의 작품에 나타난 상처는 민족적 의미로 확장된 전쟁의 고통이기보다 개인의 영혼에 가한 상처이다. 그 중 후에 〈목마른 계절〉로 출간된 〈조발기〉는 한국전쟁의 한복판에 위치한 1950년 6월에서 이듬해 5월까지, 한해 동안의 이야기를 달마다 나누어 엮은 작품이다. 이 작품에서 작가는 자신의 기억을 바탕으로 이데올로기의 허상과 전쟁의 비극을 보여주고 있는데, 이 작품은 전쟁 자체에 대한 비판이나 폭로에 있지 않고 오히려 그 전쟁이 끝난 후에도 계속 개인들의 삶에 그늘을 드리우고 악몽처럼 생활을 지배하는 과거의 기억과 감정, 그리고 그것의 공유로 확인되는 운명공동체로서의 자기확인과 치유가능성에 초점을 두고 있다. 〈목마른 계절〉의 일부를 감상해 보자.

> 그렇지만 이 동족간의 전쟁의 잔학상은 그대로 알려져야 한다고 나는 생각해요. 특히 오빠의 죽음을 닮은 숱한 젊음의 개죽음들, 빨갱이라는 손가락질 한 번으로 저 세상으로 간 목숨, 반동이라는 고발로 산채로 파묻힌 죽음, 재판 없는 즉결처분, 혈육간의 총질, 친족간의 고발, 친구간의 배신이 만들어 낸 무더기의 죽음들, 동족간의 이념의 싸움이 아니면 도저히 있을 수 없는 이런 끔찍한 일들은 고스란히 오래 기억돼야 한다고 나는 생각해요…… 오빠의 죽음의 경우 같은 참혹한 기억, 학살의 통계, 어머니의 경우 같은 후유증, 이런 것만이 전쟁을 미리 막아 보려는 노력과 인내의 밑바탕이 될 수 있을 거예요.

작중 주인공 하진의 입을 통해 이야기되고 있는 위 내용은 작가가 왜 자전적 회상형식을 택하게 되었는가의 이유를 밝히고 있는 것에 다름 아니다. 〈엄마의 말뚝〉이라는 작품을 보도록 하자.

> ③ 아직도 빨래를 덜 개켰는지 허공에서 규칙적인 손놀림을 계속하고 있던 어머니의 손이 별안간 나를 향해 두 손바닥을 보이며 방어의 자세를 취했다. 푸른 귀기가 돌던 두 눈이 극단적인 공포로 튀어나올 듯이 확대됐다.
>
> "왜 그래 엄마!"
>
> 나는 덩달아 무서움에 떨며 어머니한테로 달려갔다. 어머니의 팔이 내 목을 감으며 용을 쓰는 바람에 나는 숨이 칵 막혔다. 굉장한 힘이었다. 숨이 막혀 허덕이는 나의 귓전에 어머니는 지옥의 목소리처럼 질린 소리로 속삭였다.
>
> "그놈이 또 왔다. 하느님 맙소사 그놈이 또 왔어."
>
> 어머니는 아직도 한손으론 방어의 태세를 취한 채 문쪽을 보고 있었다. 나는 혹시 내 뒤에 누가 따라 들어왔는가 해서 돌아보았지만 아무도 없었다. 순간 머리끝이 쭈뼛했다. (중략)
>
> "그 놈이 또 왔다. 뭘 하고 있냐? 느이 오래빌 숨겨야지, 어서."
>
> "엄마, 제발 이러시지 좀 마세요. 오빠가 어디 있다고 숨겨요?"
>
> "그럼 느이 오래빌 벌써 잡아갔냐?"
>
> "엄마 제발."
>
> 어머니의 손이 사방을 더듬었다. 그러다가 붕대 감긴 자기의 다리에 손이 닿자 날카롭게 속삭였다.
>
> "가엾은 내 새끼 여기 있었구나. 꼼짝 말라. 다 내가 당할 테니."
>
> 어머니의 떨리는 손이 다리를 감싸는 시늉을 했다. 그때부터 어머니의 다리는 어머니의 아들이었다. 어머니는 온몸으로 그 다리를 엄호하면서 어머니의 적을 노려보았다. 어머니의 적은 저승의 사자가 아니었다.
>
> "군관 동무, 군관 선생님, 우리 집엔 여자들만 산다니까요."
>
> 어머니의 눈의 푸른 기가 애처롭게 흔들리면서 입가에 비굴한 웃음이 감돌았다. 나는 어머니가 환각을 보고 있는 게 무엇이라는 걸 알아차렸다. 가엾은 어머니, 차라리 저승 사자를 보시는 게 나았을 것을…….

한편 이와는 달리 다른 사람은 결코 인식할 수 없는 (인식할 수 없으니 묘사도 할 수 없겠지만), 지극히 개인사적인 기억을 회상하는 형식으로 이루어진 소설을 써낸 작가로 오정희를 들 수 있다. 〈중국인 거리〉(1979), 〈유년의 뜰〉(1980), 〈별사〉(1981) 등 그녀의 주요한 작품 대부분은 유년기에서 당대에 이르는 자신의 삶의 내력에 관한 기억에 의존하고 있다. 그 중 〈중국인 거리〉는 월남한 가족이 6·25를 겪으면서 항구도시(인천)에 뿌리를 내리는 과정을 어린 소녀 '나'의 시점으로 그려 놓은 작품이다. 일곱 번째 아이를 임신한 엄마를 둔 이 소녀가 이러저러한 환경 속에서 초조를 겪기까지의 과정을 그려내고 있는 이 작품은 실상 작가의 유년시절을 회상의 형식을 통해 드러낸다는 점에서 여타의 성장소설의 범주에서 크게 벗어나지 않는다. 그렇다면 이 소설이 지닌 의의는 무엇일까. 다음을 주목해 보자.

> 내게 있어 소설이란 '만들기'보다 자신 속에서 '생겨나는 것'이기를 원하는 탓인지 내가 그 동안 써 온 소설들을 읽어보면, '나, 오정희'를 주어로 내세워 토로하는 어떤 글들보다 더 자신의 모습이, 그 소설을 쓸 때의 심리나 상황, 나아가 살아온 자취가 어쩔 수 없이 확연히 보인다. 이미 어느 글에선가, 아무리 별개의 소재, 인물을 다룬다 할지라도 작가에게 있어서 그가 쓰는 소설은 어차피 자전적인 것이 아닌가 하는 말로 변명한 적이 있다.
>
> — 오정희, 〈나의 소설, 나의 삶〉, 《작가세계》에서

인용문에서 보는 것처럼 오정희에게 있어 글쓰기는 자신이 살아온 자취를 드러내는 방법의 하나이다. 그 방법이 회상의 형식을 띠게 됨은 물론이려니와 그 회상형식 또한 작가가 자기의 체험을 바탕으로 재구성한 창조적 기억에 다름 아니다. 오정희 소설에 있어 특히, 이와 같은 회상형식의 소설이 의미 있게 다가오는 것도 실상 작가 스스로의 삶에 켜켜이 쌓인 기억 속에서 고통과 상실의 시간을 길어내어 독자를 일깨우고, 그러한 환기를 통해 인간실존에 대한 천착과 그것의 공허함을 지속적으로 노정시키고 있는데서 연유한다. 오정희의 〈별사〉를 감상해 보자.

> ④ 소녀 시절, 정옥의 친구들 사이에서 비밀히 유행하던 놀이가 있었다. 민담(民譚)책에나 나옴직한 얘기에서 비롯된 놀이였다. 달 없는 밤, 이마 위에 은장도를 대고 둥근 거울을 보면 미래의 남편으로 필히 맺어질 얼굴이 나타난다고 했다. 두려움과, 천박한 엽기 취미에 대한 경멸도 있었지만 그 나이 또래에서, 미래의 짝을 보고자 하는 호기심과 유혹은 물리치기 어려운 것이었다. 거울에는 물론 아무런 상(像)도 나타나지 않았다.
>
> 그러나 정옥은 꽤 오랫동안 그 놀음을 계속했다. 불을 끈 빈 방에 일어나 앉아 보다 더 어두운 거울 속을 들여다보며 간절히 만나기 원했던 것은 미래의 남편의 얼굴이었다.
>
> 결혼식이 끝나고, 이제 우리는 부부가 되었소, 그가 말했을 때 낯설음은 사라지고 전생(前生)에서부터 걸어오듯 그렇게 익히 알고 있는 얼굴이 다가왔다.
>
> 정옥은 그때까지도 막연히 사로잡혀 있던 실패감에도 불구하고 충실한 수행자로서의 공손과 정절을 맹세하며 그의 손을 잡았다. 네, 정말 그래요. 그리고 비로소 달 없는 밤, 거울 속의 얼굴을 보았다.

이상 언급한 작품 이외에도 개인사적 경험을 통한 자기 존재의 추구가 두드러지게 드러난 소설로 김채원의 〈겨울의 환〉(1989)을 비롯하여 김인숙의 〈무너지는 세월〉(1992), 〈멀리, 끝없는 길 위에〉(1993) 등을 들 수 있다. 이들 작품에도 기억을 통한 작가 자신의 존재론적 탐구가 시도되고 있지만, 그러나 각자의 체험의 다양성만큼이나 그 방법에 있어서는 편차가 드러난다.

김채원의 〈겨울의 환〉의 일부를 감상해 보자.

> 처음 어둠 속에 서 있는 당신을 발견했을 때 저는 당신이 저의 상상의 산물인가 하는 생각마저 들었습니다. 그만큼 당신의 출현은 의외였으면서도 또한 필연이라는 생각이 들었습니다.
>
> 당신은 제게 길을 물었지요.
>
> 당신의 부름에 잠시 멈추는 순간, 길에는 아무도 없고 당신과 저 둘만 있었습니다. 길에 있는 그 많은 사람들이 갑자기 전부 멀어져 간

것입니다. 당신은 물론 저를 알아보지 못했습니다. 저는 당신이 묻고 있는 집, 당신의 옛집을 충분히 잘 가르쳐드릴 수 있었습니다.

당신은 담밖에 서서 그 집을 넘겨다보았습니다. 등나무덩굴이 드리워진 창으로 불빛이 흐를 뿐 집안은 조용하였습니다. 그 집에서인지 다른 어느 집에서인지 간간 텔레비전 소리가 들려오는 듯 했습니다. 저는 조금 떨어진 곳에 서서 당신의 모습을 지켜보았습니다. 그리고 뒤꼭지에 미련을 남긴 채 몸을 돌렸습니다. 이상한 끌림, 이대로 돌아서고 싶지 않은, 한 마디 얘기라도 건네고 싶은 마음을 그대로 이끌고 슈퍼마켓을 향했습니다. 슈퍼마켓에서 면실유와 몇 가지 물건을 사가지고 나오다가 그 골목에서 나서고 있는 당신을 발견할 수 있었습니다. 우리는 자연스레 조금 전 당신이 길을 묻던 그 지점에서 다시 만날 수 있었던 거지요.

다음은 외로움 및 그리움의 절실한 감정을 회상 형식을 통해 묘사하고 있는 신경숙의 〈풍금이 있던 자리〉의 일부이다.

어느 날 그 여자가 제게 책을 읽어 주었어요. 어느 대목이 재미있어서 막 웃고 있는데, 큰오빠가 들어왔어요. 큰오빠는 저를 노려보더니 다시 방문을 꽝 닫고 나가 버렸죠. 저녁에 큰오빠에게 혼날 일을 생각하니 무섭기만 했어요. 그래서 숨은 곳이 불이 안 들어서 쓰지 않고 있던 빈방의 다락이었어요.

그 다락은 경사진 좁은 계단을 몇 개 통과해야 올라갈 수 있게 되어 있었습니다. 저는 그곳에서 저녁밥도 안 먹고 잠이 들어 버렸어요. 다락에서 잠이 든 줄도 모르고 잠청을 하다가 밑으로 굴러떨어져 내렸지요. 제가 쿵, 떨어졌을 때 달려온 이는 그 여자, 그 여자였습니다. 그 여자는 제 엉덩이를 세게 때렸어요.

집을 나가 버린 줄 알았잖니, 이것아!

그 여자는 거의 울 듯 했어요. 저 때문에 말이에요. 제가 집에 있는지 없는지도 모르고 다른 식구들은 다 깊은 잠에 빠져 있었는데, 아버지까지 주무시고 계셨는데, 그 여자는 그때껏 마루에 앉아 있었던 것입니다. 그때, 그 여자는 악마다, 라고 했던 큰오빠의 말이 다 틀린 말이라고 생각했습니다.

> 그 여자에게서 느껴지던 어질머리가 그 다음으로 다 사라, 사라졌어요. 그런데 그 여자는 그 향내를 다시 풍기면서 그 파란 페인트칠 대문을 빠져나갔습니다. 저는 그 여자가 처음 우리 집 대문을 열고 들어왔을 때 앉아 있었던 그 마루에 앉아서 집을 나가는 그 여자를 바라봤어요. 역시 환한 햇살 속에서요. 눈물이 날 것 같기도 하고, 어서 아버지가 오셨으면 하는 마음이 생기기도 했어요.
>
> 그때 제 눈에 띈 게 칫솔통이었습니다. 그 속엔 그 여자의 노란 칫솔이 그대로 있었어요. 저는 키를 세워 그 칫솔을 꺼냈어요. 그리고 마구 달려갔습니다. 마을을 빠져 나가는 길은 큰길과 소롯한 수리조합 둑길이 있었는데, 그 여자는 수리조합 길로 걸어가고 있더군요.
>
> 저는 정신없이 뛰어 그 여자 뒤에 섰어요. 제가 뛰어오는 소리가 들렸음직도 한데 그 여자는 그저 여민 치마 한끝을 싸쥐고 뒷모습만 보이더군요. 그 여자 뒤에 바짝 서서 그 여자의 치마를 잡아당겼습니다. 그때서야 그 여자는 돌아다봤습니다.
>
> 아, 그때 그 여자의 얼룩진 얼굴이란, 눈물에 분이 밀려나서 그 여자 얼굴은 형편없었어요. 칫솔을 내밀자 그 여자는 웃을락말락했습니다. 그 여자는 내 손에 있는 칫솔을 가져가는 게 아니라, 손을 그대로 꼭 잡았습니다. 그리고선, 제 눈을 깊게 들여다봤어요.
>
> 나……나처럼은……되지 마.
>
> 그 여자는 한숨을 포옥 내쉬었습니다. 그리고선 곧 저를, 저를 떠밀었어요. 어서 가봐, 동생 잠 깨것다아.

부연한다면 소설은 이야기를 전달하는 서사양식의 범주에 속한다. 이야기란 이미 일어난 사건에 대한 회상형식을 취할 수밖에 없다. 그렇다면 그것은 필연적으로 말하는 자의 기억을 통하지 않고는 성립될 수 없음도 확연하게 드러난다. 그런 의미에서 모든 서사양식은 기억의 되새김, 곧 작가의 기억 속에서 창조된 형상물이라 하겠다.

Ⅳ. 되찾은 시간, 기억으로서의 소설

소설은 이야기를 전달하는 서사양식의 범주에 속한다. 한편, 이야기란 이미 일어난 사건에 대한 회상 형식을 취할 수밖에 없다. 그렇다면 그것은 필연적으로 말하는 자의 회상형식을 통하지 않고는 성립될 수 없음도 확연하게 드러난다. 그러나 그 회상형식이 작가 자신이 체험한 기억을 생생하게 전달해야 한다는 의무감에 사로잡혀 어설픈 형상화 수준에 머문다거나 사회와 철저히 절연된 채 자기만의 세계에 안주하여 대상을 신비화해 가는 것만으로는 소설의 본질을 드러낼 수 없음도 자명해진다. 따라서 기억으로서 문학이 삶의 진정성을 드러내기 위해서는 필연적으로 대상에 대한 진지한 성찰과 치밀한 묘사가 선행되어야 할 것임은 물론이다.

서사양식에 있어, 무엇보다 기억으로서의 소설이 중요한 까닭은 그것이 한 개인의 정체성 구현과도 매우 밀접하게 연관되기 때문이다. 알라이다 아스만은 기억과 정체성과의 관련성 문제가 특히, 80년대 이후 매우 현실성 있는 문제로 다루어져 왔음을 지적하면서 개인의 기억은 곧 정체성에 관한 문제로 이어지고, 이는 보다 확장되어 결국 개별자들이 모인 집단의 역사, 곧 공동체의 역사 및 그 정체성과 관련되고 있음을 지적한다. 테레사 로레티스 역시 기억과 관련한 정체성의 개념에 대해 "자신의 역사를 능동적으로 구성하는 것이자 동시에 그러한 자신의 역사를 담론적으로 중재한 정치적 해석"이라고 이야기한다. 또한, 사회학자인 알브박스도 살아있는 인간들을 결속시키는 가장 중요한 결속력의 수단은 공동 기억임을 인식했다.[1)]

우리는 공동으로 체험하고 기억하는 과정을 통해 우리 자신을 정의한다. 이는 동시에 개개인의 기억이 모여 공동 기억을 만들어냄을 의미한다. 소설 속에 반영된 과거체험을 통해, 작중인물들이 반추하는 과거의 궤적을

1) 알라이다 아스만,《기억의 공간》, 변학수·백설자·채연숙 역, 경북대학교출판부, 2003, 77~78면 참조.

따라가면서 우리는 다시금 현재의 삶을 추동하고 잃어버린 시간을 되찾는다. 기억으로서의 소설, 기억으로서의 문학이 존재함이다.

〈연구 과제〉

1. 인용된 글 ①은 김원일의 〈노을〉 제 1장의 일부이며, ②는 제 7장의 끝부분이다. 다음 화두를 중심으로 생각해 보자.

- 이 작품에서 '노을'은 성인이 된 주인공에게 과거의 사건과 그 상처를 확인시켜주는 근원 색채로 작용하고 있다. ①에서 작중인물인 '내'가 현재 꾼 꿈에서 등장한 노을의 이미지 및 상징적 의미에 대해 생각해 보자. 또한, ②에서 아버지와 헤어져 봉화산에서 내려왔던 과거 기억 속의 노을의 이미지 및 상징적 의미에 대해서도 생각해 보자.
- 이 둘은 어떤 상관관계에 놓여 있는가?
- 작중인물 '나'의 기억을 통해 형상화되고 있는 '고향'과 그 속에 위치한 '아버지(백정)'의 의미에 대해 생각해 보고, '나'에게 있어 그것이 지닌 이중적 의미에 대해서도 생각해 보자.
- 그렇다면 여기에서 작중인물의 기억 행위가 그의 삶과 정체성 형성에 미치는 효과는 무엇인지 생각해 보자.
- 나아가 이처럼 기억으로서의 문학이 갖는 의미에 대해서도 생각해 보자.

2. ③은 박완서의 소설 〈엄마의 말뚝〉의 일부분이다. 작중인물인 '나'의 어머니의 정신발작 현상의 원인은 복합적인 것이겠지만, 무엇보다 과거에 대한 잊혀지지 않는 기억에서 비롯된 것이다. 즉, 어머니가 품고 있는 상처는 지금까지 망각되지 않고 그녀의 뇌리 속에서 굳어진 아들의 죽음과 그에 대한 기억에서 비롯된 것으로 볼 수 있다. 이를 통해 기억과 상처의 관계에 대해 생각해보고, 상처를 치유하기 위한 수단으로서의 '망각'과 '기억'의 역할에 대해서도 생각해 보자. 또한, '문인이란 기억에 바탕을 두고 세

상을 보는 것'이라고 할 때, 이 작품의 주제는 무엇이겠는지, 또한 이것은 어디에서 찾아야 할지 생각해 보자.

3. ④는 오정희의 소설 〈별사〉의 일부분이다. 이 작품은 현실적인 측면과 기억(회상)의 측면이 동일한 비중으로 구성되어 작품 해독에 혼란을 일으키고 있다. 작가는 이 같은 서술방식을 통해 무엇을 이야기하고 있으며, 또한, 이는 소설 미학에 어떤 영향을 주고 있는지 생각해 보자.

4. 김채원의 〈겨울의 환〉과 신경숙의 〈풍금이 있던 자리〉에도 작가 특유의 기억에 의한 묘사가 잘 드러나 있다. 작가의 체험 측면에서 두 작품을 비교해 보자. 또한, 〈풍금이 있던 자리〉에서 유년시절 속의 '그 여자'에 대한 기억이 현재의 '나'에게 미치는 영향 및 그것이 함의하는 여성성의 의미에 대해서도 생각해 보자.

〈참고문헌〉

김원일, 『노을』, 문학과지성사, 1999.
김채원 · 오정희 외, 『20세기 한국소설-33』, 창작과비평사, 2005.
박완서, 『목마른 계절』, 세계사, 1994.
______, 『나목』, 세계사, 1995.
______, 『엄마의 말뚝』, 세계사, 2002.
신경숙, 『풍금이 있던 자리』, 문학과지성사, 2003.
안회남, 『불』 을유문화사, 1988.
오정희, 『유년의 뜰』, 문학과지성사, 2001.
______, 『불의 강』, 문학과지성사, 2001.

김윤식, 「작가와의 대화」, 『문학동네』, 1996.
신승엽, 「성찰의 깊이와 기억의 섬세함」, 『창작과비평』, 1993.
우정권, 『한국 근대 고백소설 작품선집』, 역락, 2003.
이재현, 「90년대의 징후와 추억으로서의 글쓰기: 박완서, 송기원, 신경숙의 근작 소설들」, 『문예중앙』, 1994.

정현기, 「기억의 강(江) 양안(兩岸)에 관한 김원일의 명상」, 『소설과 사상』 12호, 1995.
최문규 외, 『기억과 망각: 문학과 문화학의 교차점』, 책세상, 2003.
최인자, 「자아 정체성 구성활동으로서의 자전적 서사 쓰기: 신경숙의 『외딴방』을 중심으로」, 문학과문학교육연구소, 『창작교육, 어떻게 할 것인가』, 푸른사상, 2001.
황종현, 「개인 주체로의 방법적 귀환: 구효서·박상우·신경숙·채영주의 소설에 대한 고찰」, 『문학과 사회』, 1993.
게오르그 루카치, 『소설의 이론』, 반성완 역, 심설당, 1985.
막 오제, 『망각의 형태』, 김수경 역, 동문선, 2003.
발터 벤야민, 『문예비평과 이론』, 이태동 역, 문예출판사, 1987.
알라이다 아스만, 『기억의 공간』, 변학수·백설자·채연숙 역, 경북대학교출판부, 2003.
오카 마리, 『기억 서사』, 김병구 역, 소명출판, 2004.

제4장
문학과 이데올로기

김 상 욱*

Ⅰ. 드라마의 이데올로기

문학은 언어로 되어 있다. 그러나 그 언어는 결코 진공상태에 놓여 있는 언어가 아니다. 언어는 생활 속에 깊이 얽혀 든 채, 수많은 가치평가를 이미 자신 속에 담고 있다. 언어는 단순히 기호와 의미의 결합이 아니라, 그 결합을 바탕으로 자신만의 독특한 이데올로기를 행사한다.

이데올로기가 언어를 통해 어떻게 드러나는가 하는 문제를 살펴보기 위해서는 주말연속극과 같은 대중적인 문화가 많은 도움이 된다. 〈서울의 달〉이라는, 시골에서 상경한 두 친구의 고달픈 서울살이를 그려낸 연속극을 예로 들어보자. 한 친구는 제비족으로 성공을 위해서는 수단과 방법을 가리지 않는 교활한 인물이었으며, 한 친구는 다만 서울에서 결혼할 여자를 찾기만 하면 다시 농촌으로 돌아가려는 우직하고 순박한 청년이었다. 둘의 대화는 이러했다.

> "야, 그만 그 여자랑 결혼하지 그래?"
> "안돼, 그 여자는 술집에 있었잖아."
> "임마, 술집이 어때서 그래?"
> "아니야, 난 여자는 순결해야 된다고 생각해."

---

* 춘천교육대학교 교수. 주요 저서로 《소설교육의 방법연구》, 《시의 길을 여는 새벽별 하나》, 《시의 숲에서 세상을 읽다》 등이 있다.

"순결, 우하하하."

이는 제비족이 순박한 청년에게 그가 짝사랑하는 여자 채시라가 아닌 쬐그마한 오갈 데 없는 김원희와 결혼하고 그만 낙향하라고 권유하는 대목이었다.

이것이 그 장면에서 펼쳐진 대화의 전부였다. 한 사람은 현실주의적인 이데올로기를, 한 사람은 전통적인 이데올로기를 지니고 있는 것은 분명하다. 그 이데올로기는 이 짤막한 대화에도 어김없이 나타난다. 그렇다면 어떻게 나타나는가? 나는 그 질문에 대한 대답을 찾아 내었다. 그들은 서로 같은 언어를 말하면서도 그 언어에 부과하는 가치가 서로 다른 것이다. 그들은 똑같이 '결혼', '술집', '순결'이란 단어를 주고받으며 이야기를 나누고 있다. 그런데 그들이 나누는 이들 단어들은 결코 동일한 단어가 아니며, 심지어 정반대의 가치를 담고 있다. '결혼'에 부과하는 가치는 다르지 않았다. 그러나 '술집'의 경우는 다르다. 한 사람은 '술집이 어때서 그래?'라는 말에서처럼 '술집'이 많은 직업들 가운데 하나일 뿐이라는 의미로 고정시키고 있다. 그러나 다른 사람은 '술집'에 '여자가 가서는 안 될 곳'이라는 의미를 붙여두고 있다. 더욱이 술집은 순결과 대립되는 것이기도 하다. '순결'이란 단어를 두고 벌어지는 투쟁은 이보다 더욱 심각하다. 한 사람은 '순결'에 지고지순한 이데올로기적 가치를 부여하며, 순결을 잃으면 여자로서의 생명은 끝이라고 생각한다. 그러나 우리의 주인공은 결코 그렇게 생각하지 않는다. 그 깔깔거리는 웃음 소리에 실려, 순결은 고무신에 붙은 껌처럼 빨리 떼어내 버려야 할 성가신 딱지쯤으로 간주되고, 그 반대편에 놓인 인물을 마치 천연기념물인 크낙새나 노랑머리 도요새가 홀연히 나타난 것쯤으로 쳐다보고 있다. 이렇게 이데올로기가 언어를 통해 구체화되고 있는 것이다.

그러나 정작 여기에 나타난 언어는 그저 단순히 언어라기보다 사용된 언어라고 규정함이 더욱 적절하다. 석호와 춘섭이 구체적인 상황을 배면에 두고 각자 사용한 언어, 곧 담론이며 이데올로기가 나타나는 것은 오직 이 사용된 언어인 담론 안에서만 가능한 것이었다. 특히나 '산토끼 토끼야'라는 진공상태의 언어는 이데올로기가 없지만, 그 노래를 창작한 사람은 명확하게 '토끼 : 인간과 같이 말하고 생각하는 존재'라는 의미가 부과된 인간주의적인 이데올로기를 드러내고 있었다.

Ⅱ. 대중 문화의 이데올로기

〈서울의 달〉도 일종의 의사문학(pseudo literature)이며, 포괄적인 문학의 범주 안에 있는 한 석호와 춘섭을 통해 서로 다른 이데올로기가 대립, 투쟁하고 있는 것이다. 그러나 안타깝게도 〈서울의 달〉이란 통속적인 텔레비전 드라마는 이 이데올로기적 대립을 첨예하게 보여주지 않는다. 애초 이 대립은 상승하는 현실주의적 이데올로기와 여전히 전통적인 윤리의식을 고수하던 보수주의적 이데올로기의 갈등으로 흥미를 더했으나, 작가 김운경은 이들의 날카로운 대립을 후반부에서는 서서히 둔화시켜 나가고, 마침내는 텔레비전 수상기 앞에 모여 앉은 수많은 대중의 이데올로기에 매끄럽게 순응하고 있었다. 이는 명확하게 현실의 논리를 기만적으로 드러내는 것이 아닐 수 없다. 석호와 같은 인간은 현실 속에서는 결코 반성하지 않으며, 여전히 떵떵거리며 잘 살고 있다. 오히려 순박한 춘섭이 파멸하는 것이 1990년대 자본주의적 탐욕으로 충일한 현실의 올바른 법칙인 것이다. 현실에 등을 돌리는 이러한 드라마의 한계는 드라마가 전적으로 진정한 예술이 아니기 때문이다.

모든 통속적인 문학작품은 탐구하고자 하는 대상에 어떠한 새로운 의미를 덧붙이지 않는다. 기만적인 이데올로기를 다만 강화할 뿐이다. 예컨대 사랑이란 보편적인 향기를 내뿜는 주제를 탐구하는, 그렇기에 가장 전형적인 통속소설로 전락하고 마는 하이틴 로맨스를 살펴보자. 이 소설 나부랭이들은 결코 사랑에 대한 새로운 탐구를 보여주지 않는다. 사랑에 대한 일반적인 대중들이 무의식적으로 공유하고 있는 낭만적인 환상과 동경을 극대화하여 보여 줄 따름이다. 주인공들, 특히 여자들에게 사랑은 삶의 시작이며 종국적인 귀착점으로 의미를 실현해 보이고 있다. 소설의 여주인공들은 사랑을 하기 위해 태어나고, 사랑할 수 있는 육체의 성숙을 맞이하기 위해 나이를 먹으며, 사랑의 갈등 속에서 고통스러워하며 성인이 되고, 안온한 사랑의 결실 안에서 노년을 마감하며 죽어간다. 결국 이 로맨스 소설을 읽으며 독자는 기존의 상투적인 사랑에 대한 이데올로기적 가치를 더욱 강화한 채 종래의 주체로 고스란히 남게 되는 것이다. 더욱이 작품은 이 사랑에 대한 기존의 함축을 효과적으로 전달하기 위해 다양한 문학적 장치를 활용한다. 인물은 지나치게 이상화되어 있다. 남자는 근사한 근육질의 훤칠한 미남이며, 심지어는 제주도만한 섬을 가지고 있는 부호의 아들로 그려진다. 결말은 항상 행복하게 끝난다. 거듭되는 장애는 결실의 감동을 강화하기 위한 장치에 불과하다. 묘사는 사랑의 환희를 충분히 감지할 수 있게 감각적이며, 육체의 접촉이 그 어떤 생의 기쁨을 능가하는 쾌락임을 강변한다. 사건은 삶의 핍진성과 무관하게 종횡무진 두 사람의 조우와 결별, 해후를 가능케 하는 우연으로 점철된다. 대상에 대한 기존의 가치와 전혀 다를 바 없는 가치함축을 동일하게 효과적으로 반복함으로써 기존사회의 이데올로기를 강화하는 역기능을 이 텍스트들은 실현하며, 따라서 명백하게 통속적인 작품인 것이다. 그 결과는 참혹하다. 이들 로맨스 소설에 탐닉하는 어떤 여학생들은 심지어 못생긴 사람도 사랑을 하고 결혼을 할 수 있다는 사실을 결코 믿으려 들지 않을 지경이다.

이 로맨스 소설은 최근 들어 30대의 불륜을 다루는 드라마 〈애인〉에서 고스란히 반복되어 나타난다. 인물의 이상화, 우연성의 극대화, 소도구의 화려함, 감각적 쾌락에의 거역할 수 없는 투항 등등. 다만 다른 것은 결말이 행복하게 끝나는 것이 아니라, 앞서 또 다른 드라마인 〈서울의 달〉이 걸었던 행로와 마찬가지로, 대중들의 이데올로기에 맞추어, 각자가 다시 한때 눈부시게 개화되었던 사랑의 기쁨과 고통을 추스르고, 책임이라는 범속한 가정의 울타리로 무사귀환하는 것이 다를 뿐이다. 그것이 드라마의 서사적 문법인 것이다.

드라마나 통속적인 소설은 대중의 감수성과 상상력이 어디에 잇닿아 있는지를 짐작하면 그 줄거리나 세부의 흐름을 어느 정도 예측할 수 있다. 그러나 진짜 예술로서의 소설이나 시가 대상을 다루는 방식을 앞질러 엿보는 것은 쉬운 일이 아니다. 아니 어쩌면 불가능한지도 모른다. 기껏해야 이야기나 시가 종결되고 나서야 '음, 이럴려구 요런 장치들을 마련했구나.'라고 고시랑거리며, 그 정교함에 혀를 내두를 따름이다. 이러한 통속적인 드라마와 예술적인 작품의 차이가 빚어지는 까닭은 자신의 생산품을 구매해 줄 불특정한 소비자들의 욕구에 맞추고 그 이윤을 셈하며 글을 쓰는 대신, 적어도 시인이나 소설가는 살아있는 정신을 독자로 혹은 내적 대화의 상대자로 설정하고 그와 함께 삶의 진정성을 확장하고, 공유하고자 하기 때문이다.

물론 이들 살아있는 정신으로 깨어있는 독자들이라고 해서 대중과 동떨어진 예외적인 존재는 아니다. 살아있는 정신은 이미 우리의 내부에 기거하고 있기 때문이다. 다만 지극히 평균적인 삶의 일상에 잔뜩 파묻혀 드러나지 않을 따름이다. 그러나 우리는 안다. 우리의 삶, 어느 한 자락은 그 어느 때보다 고양되어 있으며, 충만한 그러나 짧은 섬광이 세계를 환하게 드러내며 가로질러가고 있음을 안다. 첫사랑의 설레임은 대표적인 그 한 자락일 터이다. 그것은 충만하고, 고양된 사람과 사람의 관계가 무엇이며 어떠해야 하는지를 확연하게 우리에게 제시해 준다. 이 밀도 있는 체험 안에서 인간에 대한 우리의 통찰은 비약적으로 진전되며, 우리의 감수성은 스산하게 부는 바람에 몸을 떨구는 곱게 물든 단풍잎 하나에도 전율할 듯 화들짝 반응하기에 이르는 것이다. 텅빈 일상과 충만한 체험, 이 극단적인 거리를 메우고, 연결의 고리를 찾아나가는 일이야말로 작가의 사명이며, 드라마가 아닌 진정한 문학작품들이 상투적인 추정을 거부하는 이유인 것이다.

그러나 진정한 작품이든 상업적 목적이 음험하게 도사리고 있는 상품이든 관계없이 이른바 문학작품들은 사용된 언어로서의 담론이라는 사실은 조금도 다르지 않다. 다만 구매를 자극하고 삶을 보는 시야를 자극하는 담론이 빚어내는 효과, 곧 담론효과의 차이만이 존재할 따름이다.

Ⅲ. 문학과 이데올로기의 관련양상

1. 담론 속의 이데올로기

모든 소설은, 나아가 모든 문학작품은 말이다. 곧 사용된 언어로서의 담론이다. 문학작품을 담론으로 규정하는 순간 우리는 보편적이고 추상화된 언어에서는 찾아보기 어려운 두 가지 새로운 요소를 발견한다. 그것은 곧 사용된 말에는 반드시 언어를 사용하는 상황맥락이 존재한다는 것이며, 이와 함께 말하는 사람의 이데올로기가 유감없이 발휘된다는 것이다.

먼저 상황맥락에 따라 언어의 의미는 달라진다. '선생님을 사랑해요.' '그래, 나도 너를 얼마나 사랑하는데.'라고 주고받는 사제간의 대화 속에서 등장하는 '사랑'이란 말에는 상대방에 대한 지고의 존경과 헌신, 애정이 얽혀있다. 그러나 '당신을 사랑해.'라는 말이 침실 속에서 주고받는 농밀한 남녀의 언어라면, 그 의미는 앞서와 달리 '당신을 안고 싶어.'라는 욕망의 이미지를 최대한 획득한다. 그러나 상황맥락이 의미를 단일하게 규정하는 것만도 아니다. 언어를 사용하는 주체의 관점에 따라 이들 상황에서 실현된 존경과 욕망이라는 전혀 이질적인 의미들이 심지어는 서로 고스란히 뒤바뀔 수도 있기 때문이다.

담론이 갖는 이들 특성 가운데 가장 두드러진 것은 이미 누누이 지적한 대로 담론 안에는 어김없이 하나의 이데올로기가 은폐되어 있다는 사실이다. 물론 여기에서의 담론이란 단편적으로 흩뿌려진 일상적 대화가 아니라, 일정한 주제 안에서 처음과 끝을 구성하고 있는 말들을 의미한다. 모든 언어사용자는 자신의 담론 안에 독특한 자신만의 빛깔과 향기, 자신이 스스로 획득하고 부과하고 있는 그 말에 대한 이미지와 가치를 드러내고 있다. 하지만 그렇다고 해서 이러한 감정과 이미지가 곧 이데올로기인 것은 아니다. 이데올로기란 파편적으로 존재하는 생각이라기보다 체계적으로 구성된 사고와 관념의 체계이기 때문이다. 따라서 쉽게 다른 화제로 옮겨가는 단편적인 대화나 그저 서먹서먹함을 덜기 위한 우스개소리나 안부를 묻는 말들로는 언어사용자의 이데올로기를 확연하게 찾아내기 어렵다. 하지만 예외도 있다. 선명하게 가치선택을 보여주는 툭툭 내던지는 말들도 있기 때문이다. '저 여자, 무슨 옷을 저따위로 입고 다녀!'라는 핀잔에는 여자에 대한 약간의 경멸, 옷차림에 대한 단단한 보수주의적인 편견, 옷이라는 형식과 그 형식을 걸친 한 사람의 인격을 즉자적으로 동일시하는 단순성 등이 분명하게 드러난다.

그러나 주례사나 논문 등 일관된 주제 아래 묶여진 담론에는 어김없이 이데올로기가 스며들어 있다. 언젠가 백기완 선생이 주례를 서는 것을 지켜본 적이 있었다. 두 젊은 부부를 앞에 두고 선생은 결혼의 의미에 대해서 특유의 선동적이고 굵은 목소리로 말하고 있었다. 두 사람의 결합이란 서양식의 옷에서 양쪽을 결합하는 방식대로 단추를 달고 한쪽 옷자락을 찢어서 무리하게 끼워 넣는 식의 결합일 수는 없다고. 진정한 결합이란 우리네 옷처럼 서로 양쪽에 옷고름을 덧붙임으로써 자신이 그 동안 지니지 못했던 것을 새롭게 형성해 내고, 그리고 어느 쪽에도 상처를 입히지 않고 자연스럽게 서로를 이어주는 것이라고. 그러니 누가 누구를 억압해서도 안되며, 종속되어서도 안되며, 서로 평등한 가운데 감추어진 가능성들을 피워내는 것이라고. 그리고는 신랑 신부에게 거듭 이렇게 성숙한 사랑을 할 수 있는 나이가 되도록 길러준 부모와 친지와 동지들에게 큰절을 시켰다. 이 간략한 주례사는 백기완이라는 생동하는 한 인간의 결혼에 관한 명확한 이데올로기를 집약적으로 제시해 주는 것이었다.

논문도 이와 다르지 않다. 헝가리 태생의 마르크스주의 이론가이자 소설에 대한 탐구를 지속해 왔던 루카치(György Lukács : 1885～1971)는 자신의 걸작 《소설의 이론》에서 자본주의 사회와 조응하는 가운데 형성된 소설이 '성숙한 남성의 장르'임을 천명한 바 있다 "내 혼을 입증하기 위해 나는 간다."(I go to prove my soul!)라고 소설의 본질을 밝힌 대로 루카치는 소설이야말로 세계에 팽팽하게 맞선, 책임있는 한 존재의 사활을 건, 존재론적인 투쟁이라고 생각하고 있다. 따라서 그가 소설을 '성숙한 남성의 장르'라고 규정한 이면에는 은연중에 존재론적인 투쟁은 여성에게 부적합하다는 편견을 전제하고 있는 것이다. 그리고 이 편견이야말로 고대 그리스 사회의 민주주의가 보편적인 민주주의가 아닌, 재산권을 가진 시민계급의 남성들만의 민주주의였다는 사실과 연결되어 있다. 루카치는 어떠한 비판 없이 남성중심주의라는 서구 부르주아지들의 이데올로기를 전제하고 있는 것이다. 어쩌면 루카치의 마르크스주의 역시 서구의, 시민계급의, 남성들의 마르크스주의가 아니었을까. 동양은 배제되고, 생산계급은 배제되고, 여성은 배제된 마르크스주의.

2. 문학 속의 이데올로기 양상

세계의 질서를 있는 그대로 설명하는 것이 아니라, 그 질서를 해석하고 변혁함으로써 기존의 낡아빠진 관념을 들쑤셔 놓고자 하는 이러한 담론에 이데올로기가 선명하게 나타난다면, 소설이나 시도 또한 다르지 않을 것이다. 문학작품 역시 우리를 둘러싼 세계의 본질을 밝히고자 하는 기획이며, 세계에 대한 오랜 탐구가 빚어낸 통찰을 담아냄으로써 설득력 있는 설득을 유도한다는 점에서 다르지 않기 때문이다. 직접 시와 소설을 들여다보는 것이 왜 문학작품이 주례사나 논문과 다르지 않은, 이데올로기를 선명하게 드러내는 담론인지를 더욱 잘 알 수 있게 해 줄 것이다. 다음은 이성부의 〈좋은 사람 때문에〉라는 작품이다.

> 초가을 비 맞으며 산에 오르는
> 사람은 그 까닭을 안다
> 몸이 젖어서 안으로 불 붙는 외로움을 만드는

사람은 그 까닭을 안다
후두두둑 나무기둥 스쳐 빗물 쏟아지거나
달아나기를 잊은 다람쥐 한 마리
나를 빼꼼히 쳐다 보거나
하는 일들이 모두
그 좋은 사람 때문이라는 것을 안다
이런 외로움이야말로 자유라는 것을
그 좋은 사람 때문이라는 것을 안다
감기에 걸릴 뻔한 자유가
그 좋은 사람으로부터 온다는 것을
비 맞으며 산에 오르는 사람은 안다

이 시가 담아내고 있는 체험, 이 시가 경험하고 있는 충만한 삶의 자락은 '외로움'이다. 이 외로움에 우리는 우리들 각자의 이미지를 이미 연결시켜 두고 있다. 누구는 '견디기 어려운 것'이라고, 누구는 '편한 만큼 받아들여야 하는 것'이라고 생각할 것이다. 또 누구는 '죽음에 이르는 병'이라고, '인간 존재의 피할 수 없는 조건'이라고, '그저 터무니없이 끔찍한 것'이라고도 할 것이다. 그러나 이성부의 이 시는 이 모든 규정이 일면적이라고 질타한다. 물론 주례사나 논문처럼 큰 목소리가 아니라, 아주 낮은 목소리로. 그러나 단단하게.

이 시의 외로움이 맞닿아 있는 뿌리는 사랑이다. '그 좋은 사람 때문'인 것이다. 이 사랑은 '사랑이 깊으면 외로움도 깊어라'는 양희은의 노래와 동일한 상상력 안에 터를 잡고 있다. 이 외로움이 시적 화자로 하여금 산을 찾아들게 하고, 그곳에서 만나는 가을의 작은 아름다움을 발견하게 하고, 그 발견 안에서 번잡한 일상을 떠난 자들만이 갖는 자유를 만끽하게 한다. 그에게 외로움은, 사랑이 불러일으킨 외로움은, 피폐한 일상의 쳇바퀴 속에서는 느낄 수 없었던 자유라는 새로운 의미를 획득한 채, 그 좋은 사람이 안겨준 기쁨과 연결된 채, 앞서의 모든 규정들과 비껴 선 자리에서 그 미덕을 한껏 뿜어대고 있는 것이다.

그에게 외로움은, 사랑이 불러일으킨 외로움은, 결코 다할 수 없는 사랑의 갈증이 불러일으킨 지독한 외로움은 고통이나 절망 대신 자유, 그리고 작은 아름다움과 직결되고 있는 것이다. 자신에게 고통을 불러일으키는 사랑하는 그대는 역설적으로 기쁨을 안겨주는 존재로 눈부시게 전화해 가는 것이다. 그리고 이 시는 단순히 시적 화자의 정서를 드러내는 것에 그치지 않는다. 의당 우리들이 묶어두고 있는 외로움에 새로운 의미 하나를 달랑 매달아 주고 있는 것이다. 우리는 외로움, 자유, 사랑 등등의 언어들이 결합하여 이루어낸 새로운 자각, 인식, 이데올로기에 감염된 채 시적 화자의 담론에 감응하는 것이다.

그러나 정작 이 한 편의 시, 하나의 담론을 이데올로기라고까지 하기에는 무리가 따른다. 시는 마치 엽서와 같은 작은 크기여서 담아낼 수 있는 세상의 크기 또한 자그마할 수밖에 없다. 그렇다고 해서 깊이와 밀도까지 얕고 흐릿하지는 않다. 그러나 담론으로서의 문학, 이데올로기로서의 문학을 확인하는 데에는 아무래도 소설이 제격이다. 소설이야말로 세계에 대한 명확한 이념의 표출이며, 삶의 단편이 아닌 삶의 방식 전체를 문제삼기 때문이다. 삶이란 무엇이며, 어떠해야 하는지, 또 어떻게 살아야 하는지에 정면으로 맞서지 않는 소설이란 소설이 아니다. 그것은 다만 소설의 의장을 빌리고 있는 다른 그 무엇일 따름이다. 적어도 소설이란 큰 화폭을 가득 메우고 있는 고갱의 그림과 마찬가지로 "우리는 어디에서 와서, 어디로 가고 있으며, 무엇을 하고 있는가?"라는 질문에 응답해야 하는 것이다.

이를 밝히기 위해 굳이 특정한 소설을 언급할 필요는 없다. 그러나 1990년대 들어 가장 주목받는 젊은 작가들 중의 한 사람인 김소진의 〈개흘레꾼〉(《고아떤 뺑덕어멈》, 솔출판사)은 소설 담론의 이데올로기를 분석하기 위해서뿐만 아니라, 지금 여기에서의 문학이 맞닥뜨린 문제의식을 구체화하고 있다는 점에서 소중한 결실이다. 이 작품은 김소진의 소설이 항용 그러하듯 자신의 가족, 그 가운데 아버지의 생애를 집중적으로 탐구한다. 대학에서 어줍잖게나마 학생운동을 하고, 이제는 출판사의 편집일에 매달려 있는 화자에게 아버지는 부끄러운 존재로 몸을 드러낸다.

> 다시 말하자면 나의 아비는 숙명의 종도, 그리고 권력투쟁에서 패배한 남로당이었다고 외칠 만한 위치에 있지도 못했기 때문에 나는 또 다른 가슴앓이를 해야 했던 것이다. 그렇다고 다시 "아비는 군바리였다"거나 "아비는 악덕 자본가였다"라고 외칠 처지는 더욱 아닌 데 나의 절망은 깃들여 있었다.
>
> 그런 의미에서 아버지는 테제도 그렇다고 안티테제도 아니었다. 그저 하릴없이 암내 난 개 목에 낡아빠진 개울을 걸고 다니며 상대 수캐를 고르고 한적한 돌산 같은 데로 올라가 흘레를 붙여주는 일을 보람차게 수행하는 사람일 뿐이었다. 그러니 내가 나가야 할 출구를 아버지가 미리 다 막아놓은 셈이다.
>
> 장명숙의 아버지는 해방공간에서 사회주의 활동을 한 이력이 있는 사람인 모양이었다. 고향에서 여운형의 건준에도 주도적으로 참여했다는 말을 얼핏 들은 적이 있을 정도로 비중 있는 활동을 했다고 한다. 그 바람에 집안이 피질 못하고 우그러들었다는 소리를 술 취한 명숙의 입을 통해 몇 번 들을 때마다 그녀의 아버지는 그녀에게 하나의 테제였다. 그리고 졸업 뒤 결국은 명숙과 결혼까지 한 서클 선배 석주형의 경우는 어떤가. 난 처음에 석주형네 집에 갔을 때 그렇게 잘 사는 집구석에서 왜 운동을 하는지 의아스러워질 정도였다. 그러나 석주형은 아버지가 마련해준 기득권의 토양을 거부하고 나섰다. 형이 머릿속에 그리는 좀더 나은 사회를 위해서 자본가적 잉여가치를 취하는 한 아버지는 극복 대상일 수밖에 없다는 형의 논리 앞에 나는 얼마나 기가 죽었었던가. 그때 석주형에게 아버지란 존재는 안티테제일 수밖에 없었다. 그러나 내게 아버지란 존재는 이도 저도 아닌 개흘레꾼에 불과했다. 그러니 내가 절망하지 않고 어찌 배길 수 있었을까.

위에서 아버지는 다른 동료의 아버지처럼 해방공간에서 사회주의 운동을 한 이력이 있지도 않으며, 그렇다고 해서 기존의 사회체제에서 권력을 획득하고 있는 자본가도 역시 아니다. 지향의 대상도, 극복의 대상도 아닌, 참으로 아무 것도 아닌 아버지는 '그저 하릴없이 암내 난 개 목에 낡아빠진 개줄을 걸고 다니며 상대 수캐를 고르고 한적한 돌산 같은 데로 올라가 흘레를 붙여주는 일을 보람차게 수행하는 사람일 뿐'이다. 그 아버지를 동네 사람들 역시 '그 영감이 만든 개아덜이 한 백오십 마리는 넘겼는데 젠장. 그놈의 개아덜놈들이 밤이면 밤마다 아부지, 아부지 하면서 울어젖히는 소리들이 귀에 쟁쟁하다니깐.'이라고 빈정거리며, 백안시한다.

그러나 소설이 진행되는 동안 이 개흘레꾼인 아버지의 생이 화자뿐만 아니라 마을 사람들이 생각하듯 그저 비루하기만 하지는 않음이 조금씩 드러난다. 그 단초는 먼저 아버지가 결코 아무렇게나 흘레를 붙이지 않는다는 사실이다. 나름대로 궁합이 맞는 흘레만을 성사시킴으로써, 존재하는 것들의 자연스러운 질서를 나름대로 자각하고 승인하고 있는 것이다.

> 아버지는 결코 아무렇게나 흘레를 붙이진 않았다. 이를테면 아버지의 머릿속에는 가근방 개들의 족보가 그려져 있는 모양이었다. 우선 에미와 새끼 간은 물론이고 같은 항렬끼리는 상관시키지 않았다. 사람들은 개판, 개판이라고들 하지만 개들 사이에서도 궁합이 있다는 게 아버지의 믿음이었다. 궁합이 맞지 않으면 좋은 수태가 될 수 없고 좋은 수태가 이뤄지지 않으면 난산이 된다는 거였다. 가령 경상도집 꾀순이가 발정을 한다면 그 상대로는 아버지 머릿속에 당연히 요구르트집 누렁이가 점찍혀 있었다. 쫑의 상대는 당연히 이발소집 꼬맹이였다.

그런 아버지는 어느날 동네에서 가장 크고 험상궂은 세퍼드인 히틀러를 흘레 붙이러 가던 중 잃어버리고 만다. 그 잃어버린 세퍼드는 자연스럽게 30년 전에 거제도 포로수용소에서 겪었던 일화를 환기시킨다. 아버지가 군견 세퍼드에게 성기를 물리는 굴욕에도 불구하고, 자신의 죽음을 각오한 채 동료들의 피땀인 쌈지돈을 지켜낸 적이 있음을 아들인 화자는 아버지의 입을 통해 듣게 된다. 부분적이나마 아버지 삶 역시 거창하지는 않으나 폭력과 광기의 시대를 살아가는 삶의 한 방식, 아니 더욱 정확하게 말하면 진정한 삶의 방식일 수도 있음을 깨닫는 것으로 소설은 끝을 맺고 있다.

이 소설은 1994년에 발표되었다. 적어도 이 소설은 1994년 한국사회라는 특정한 상황에 대한 개입인 것이다. 이념은 등을 부빌 언덕도 없이 소실되어 버렸고, 자본은 더욱 교활한 방식으로 탈바꿈한 채 지배라는 구태의연한 방식 대신 광범위한 동의를 전면적으로 획득한 양 너스레를 떨고 있었던 상황이었다. 물론 이는 지금도 달라지지 않고 있다. 작가 김소진은 이미 무력하게 변질되어 버린 이 이항대립을 넘어서고자 한다. 남로당이나 자본가로 표상되는 테제와 안티테제가 아닌 제3의 대안을 치열하게 모색하고 있는 것이다. 그 결과 그가 제시하는 대안은 희고 강인한 이빨의 세퍼드로 표상되는 폭력적인 삶에 맞서는, 겉으로는 비루하고 옹색하기 짝이 없으나 삶의 진정성에 뿌리를 내리고 있는 아버지의 삶인 것이다. 자연의 질서가 허락하는 범위 안에서 삶을 영위하고, 종족을 번식시키며, 모든 것을 내걸고서라도 사람과 사람의 관계가 소중하다는 사실을 굳건하게 지켜내고 있는 삶이야말로 그 어떤 허풍스럽고 번지레한 삶보다 소중한 삶의 진실임을 강변하고 있는 것이다.

누구에게나 아버지는 있을 터이다. 그리고 누구나 그 아버지를 곁에 두고 있는, 혹은 있었던 존재이기에 아버지란 남들 앞에 버젓이 뽐낼 만한 존재가 결코 아니다. 오히려 모든 아버지는 초라하다. 모든 평범한 삶이 초라하듯. 우리의 아버지는 개흘레꾼은 아닐지라도, 자본가와 같은 안티테제, 활동가와 같은 테제도 역시 아니며, 사흘 걸러 한번씩 만신창이가 되어 들어오는 술주정뱅이거나, 문상을 핑계로 밖으로 내돌기만 하는 바람끼있는 난봉꾼이거나, 자초지종을 들으려고 하지 않고 그저 버럭 화부터 내며 턱없이 가장임을 내세우는 권위주의자거나, 이도저도 아니라면 어머니의 그늘에 숨은 채 세상에 나서길 꺼려하는 선병질적인 소심증환자이거나 하기 십상이다. 이 있으나마나 한 존재인 우리네 아버지들은 그럼에도 불구하고 한결 같이 선량하다. 자신의 이익을 위해 누구를 혹독하게 갈취한 적도 없고, 자신과 다르지 않은 누군가에게 피눈물을 쏟게 한 적도 없다. 그래서 언제나 좁은 공간이나마 발을 쭉 뻗고 자는 안쓰러운 사내일 따름이다.

어쩌면 루시앙 골드만(Lucien Goldmann : 1913~1970)이 소설의 특성을 말하는 자리에서 소설이란 '훼손된 세계 속에서 훼손된 방식으로 삶의 진정성을 찾아 나가는 장르'라고 밝힌 것이 이들 우리네 아버지들의 삶에는 꼭 들어맞는 말일지도 모른다. 골드만의 설명에서 '훼손된 세계'란 진실이 무참하게 짓밟히고 있는 그릇된 세계이다. 그리고 '훼손된 방식'이란 그 훼손된 세계를 잘 살아나가기 위한 기만과 술수가 아니라, 그 세계의 눈길로는 도무지 이해할 수 없을 지경의 엉뚱한 방식으로 순수하게 살아가는 방식이다. 그것이야말로 우리네 아버지의 삶을 가장 단적으로 정식화한 말이 아닐 수 없다. 이들 아버지 역시 그렇게 살면 결국에는 참담하게 낙오하리라는 사실을 앎에도 불구하고, 배운 도둑질이 그저 선량하게 살아가는 것뿐이었기에, 그다지도 훼손된 방식으로 살아왔던 것이다. 하지만 알아야 할 것이다. 그 아들들과 딸들은. 그것이 부르주아 사회의 가장 대표적인 장르인 소설의 본질이듯, 부르주아적 삶의 뒤틀린 방식에 대결하는 유일한 존재의 몸짓이라는 사실을.

Ⅳ. 이데올로기와 리얼리즘 문학

문학이 이데올로기와 깊은 내적 연관을 지니고 있다고 할지라도, 그 이데올로기적 심도는 모든 작품이 한결같지는 않다. 무엇보다 이데올로기를 가장 선명하게 설정하고 있는 예술방법은 리얼리즘이다. 리얼리즘적인 작품이야말로 자신의 이데올로기적 선택을 선명하게 보여주고 있는 것이다. 특히 리얼리즘적인 작품은 이 이데올로기를 고통과 희망을 통해 제시한다.

모든 리얼리즘 문학의 근저에는 고통이 아로새겨져 있다. 고통의 미학이야말로 리얼리즘의 미학적 원리인 것이다. 그리고 당연히 그 고통은 현실로 인해 야기된 고통이다. 현실로 인해 야기된 고통이라는 인과적인 표현은 기실 그릇된 것이다. 현실이야말로 고통 그 자체이기 때문이다. 리얼리즘은 현실을, 고통을 미적 대상으로 선택한다. 이시영의 〈귀가〉라는 시를 보자.

누군가의 구둣발이 지렁이 한마리를 밟고 지나갔다
그 발은 뚜벅뚜벅 걸어가
그들만의 단란한 식탁에서 환히 웃고 있으리라
지렁이 한마리가 포도에서 으깨어진 머리를 들어
간신히 집 쪽을 바라보는 동안

이 시의 미적 대상은 '지렁이 한마리'다. 더 정확히 말하면 '머리가 으깨어진 지렁이 한마리'다. 이 미적 대상은 가상의 허구로부터 이끌어 낸 대상도, 시인의 상상력이 구성해 낸 대상도 아니다. 다만 현실 그 자체를 들추어 낸 것일 따름이다. 그러나 그 현실은 '머리가 으깨어진 지렁이 한마리'에 멈추지 않는다. 그것은 지렁이의 현실일 뿐만 아니라, 우리들 삶의 현실이기도 하다. 시에 등장하는 모든 구체적인 대상은 은밀하게 우리들의 삶과 대응을 이룬다. 시는 지렁이의 현실을 우리들의 현실로 자각해야 한다는 일단의 추상을 요구한다. 물론 그 추상의 과정은 의미를 탐색해 가는 과정이기도 하다. 한번의 구둣발로 머리가 으깨어지는, 으깨어진 머리를 들어 간신히 집 쪽을 바라보는, 이 그로테스크한 형상의 지렁이는 무엇을 의미하는가? '구둣발'이라는 언어의 야수적인 폭력성으로, 우리는 쉽게 억압적인 권력을 연상하며, 그 권력의 횡포에 짓이겨진 억눌린 자들의 고통을 떠올린다. 이 비극적인 대상인 '지렁이 한마리', 아니 권력의 참혹한 횡포에 '단란한 식탁'을 다시금 가질 수 없게 된, 그럼에도 집과 가족과 삶에 대한 갈망으로 '간신히 집 쪽을 바라보는' 모든 억눌린 자들의 현실적 고통과 고통에 아로새겨진 갈망이, 이 시에는 빼곡하게 들어 차 있는 것이다.

그러나 정작 이 한 편의 리얼리즘 시에는 고통만이 담겨 있지는 않다. 이 고통의 근저에는 고통보다 더욱 증폭된 희망이 강렬하게 잠복되어 있다. '누군가의 구둣발'은 더 이상 '지렁이를 밟고 지나가'서는 안 되며, '지렁이 한 마리'조차 '누군가의 구둣발'에도 '으깨어'지지 않아야 한다는 희망, 그리하여 누구나 '그들만의' 식탁이 아닌 우리들의 식탁에 둘러앉아 담소를 즐기며 환히 웃을 수 있어야 한다는 희망이 출렁거리고 있다. 희망이야말로 리얼리즘의 미학적 대상이자 원리인 것이다.

그러나 리얼리즘 시에서 이렇게 드러나는 고통과 희망은 구체적인 원인을 탐색하거나, 구체적인 전망을 노래하지 못한다. 이 시에서 권력의 횡포가 '누군가의 구둣발'로 모호하게 제시된 반면, 소설이라면 그 모호함은 용납되지 않는다. 이 시에서 '단란한 식탁'으로 제시된 희망은 그 단란함의 성격을 풍부하게 드러내지 못하는 반면, 소설이라면 그 빈약함은 결코 용납되지 않는다.

조정래의 장편소설 〈태백산맥〉이 파헤치는 분단의 원인은 갑작스러운 폭력이 아니라 지주와 소작인간의 근본적인 계급적 대립으로까지 진전된다.

> 이 나라는 지금 가장 중대한 문제를 해결하지 않은 채 덮어놓고 있네. 식민지시대 지주들과 결탁해서 권력을 잡은 정부이기 때문이야. 지주치고 친일파고 민족반역자 아닌 자는 일 퍼센트도 안될 걸세. 앞에서 살펴본 바대로, 그들은 일제치하에서 누린 부귀와 지은 죄로 해방과 동시에 마땅히 모든 기득권을 박탈당했어야 했고, 민족 앞에 사죄했어야 했네. 그리고 모든 소작인들은 일제치하에서 겪은 굶주림과 당한 고통의 대가로 마땅히 지주들의 소유를 분배받았어야 하네. 그런데, 미국의 세력이 작용하고, 이승만은 집권야욕으로 민족을 배반하고, 지주계급들은 자기방어를 위해 뭉쳐지고, 서로를 위해 상호작용을 일으켜 오늘에 이르렀네. 내가 크게 우려하는 바는 지주계급들로 이루어진 현정권이 농민이나 반대세력권을 일본놈들 식으로 무작정 공산주의로 몰아가는 것이야.

염상섭의 소설 〈만세전〉에서 드러난 식민지적 현실은 일본의 제국주의적 침탈뿐만 아니라 사람들의 의식에 닻을 내린 식민주의적 타성에까지 비판의 화살을 날리고 있는 것이다.

> 지금 내 주위는 마치 공동묘지 같습니다. 생활력을 잃은 백의(白衣)의 백성과, 백주에 횡행하는 이매망량(魑魅魍魎) 같은 존재가 뒤덮은 이 무덤 속에 들어앉은 나로서 어찌 '꽃의 서울'에 호흡하고 춤추기를

> 바라겠습니까. 눈에 보이는 것, 귀에 들리는 것이 하나나 내 마음을 부드럽게 어루만져주고 용기와 희망을 돋우어주는 것은 없으니, 이러다가는 이 약한 나에게 찾아올 것은 질식밖에 없을 것이외다. 그러나 그것은 장미꽃송이 속에 파묻히어 향기에 도취한 행복한 질식이 아니라, 대기(大氣)에서 절연된 무덤 속에서 화석(化石)되어가는 구더기의 몸부림치는 질식입니다. 우선 이 질식에서 벗어나야 하겠습니다.
>
> …… 소학교 선생님이 '사벨'(환도)을 차고 교단에 오르는 나라가 있는 것을 보셨습니까? 나는 그런 나라의 백성이외다. …… 그러나 이 땅의 소학교 교원의 허리에서 그 장난감칼을 떼어놓을 날은 언제일지? 숨이 막힙니다……

막심 고리끼는 〈어머니〉를 통해 노동자계급의 세상이 어떠해야 하는지 앞질러 제시한다.

> 그녀는 힘차게 건반을 두드렸다. 그러자 커다란 고함소리, 마치 누군가가 충격적인 소식을 듣고 외치는 비명소리와도 같은 소리가 울렸다. 그녀가 가슴으로 건반을 두드렸기에 이렇듯 강렬한 소리가 울려나올 수 있었던 것이다. 두 젊은이의 목소리가 놀란 듯 몸부림을 치다 정신을 잃고 황급히 줄달음을 쳤다. 그리고는 다시 모든 사람들의 귀를 먹게 할 정도로 커다란 분노의 목소리가 터져나왔다. 분명 그 소리는 삶에 대한 불평이 아니라 분노, 바로 그것이었다. 잠시 후엔 누군가 강인하면서도 정다운 사람이 나타나 자신을 설복하기도 하고 호소하기도 하면서 간단한 혁명의 노래를 부르기 시작했다.
>
> 어머니의 가슴은 이 사람들에게 뭔가 좋은 말을 해주고 싶은 욕망으로 가득 채워졌다. 어머니는 음악에 완전히 도취되어 두 남매에게 무엇이든 긴요한 일을 해줄 수 있으리라는 희망에 부풀어 얼핏 잔잔한 웃음을 흘리고 있었다.(중략)
>
> "우리들, 바로 어둡고 비참한 삶을 살아가는 사람들도 모든 걸 느낄 줄 안다우. 단지 그걸 표현하는 데 무진 애를 먹어서 그렇지. (중략) 당신들한테는 그저 내 가슴을 활짝 열어 보이고 싶어. 앞으로도 당신들이 계속해서 선한 마음을 갖고, 또 하는 모든 일이 잘 되기를 내가 얼마나 간절히 빌고 있는지를 보여주기 위해서라도 말이오."

파벨의 어머니는 갇힌 아들을 대신하여 동분서주하던 중 같은 대열에서 만난 여선생의 피아노 연주를 들으며, 지극히 부르주아적인 음악이 어떻게 민중의 영혼에 아름다움을 각인시키는지를 보여준다. 어머니는 즉각적으로 그 음악이 그려내고자 하는 삶의 일렁거림을 날카롭게 간취한다. 가장 복잡한 예술조차도 깨어있는 영혼에게는 쉽게 감흥을 전달하고 마는 것이다. 그리고 이것이야말로, 노동자계급에게 피아노 선율의 아름다움을 건네주는 것이야말로 노동자계급의 혁명이 갖는 진정한 구체적 전망임을 고리끼는 말하고 싶었던 것이다.

이렇게 모든 문학작품은, 나아가 리얼리즘적인 문학작품은 끊임없이 기존의 이데올로기를 혁신하며, 우리들 삶을 새로운 시야로 포착할 수 있는 힘을 건네주고 있는 것이다.

〈연구 과제〉

1. 〈개흘레꾼〉에 나타난 세 가지 유형의 이데올로기 가운데 서술자가 선택하는 이데올로기는 무엇인지 생각해 보고 그 이데올로기의 선택 과정을 정리해 보자.

2. 〈개흘레꾼〉에 제시된 이데올로기를 비판적으로 평가해 보자.

3. '여자', '남자', '동성애' 등의 개념에 부과된 현재의 일반적인 이데올로기와 자신의 이데올로기를 비교해 보자.

4. 일상적인 대화 속에 드러나는 언어의 이데올로기를 탐구해 보자.

〈참고문헌〉

김상욱, 「소설담론의 이데올로기 분석 방법 연구」, 서울대 대학원 박사학위논문, 1995.

김윤식, 『한국근대문학사상연구』, 한길사, 1992.

Bakhtin, M.M./Vološinov, U.N., *Marxism and the Philosophy of*

Language, Seminar Press, 1973, 송기한 역, 『마르크스주의와 언어철학』, 훈겨레, 1988.

Eagleton, T, *Criticism and Ideology*, 1976, 윤희기 역, 『비평과 이데올로기』, 열린책들,

Hauser, A, *Soziologie der Kunst*, 홍석종 역, 『예술과 사회』, 한길사, 1983.

제 3 부

文學과 言語

제 5 장
문학언어의 논리와 아름다움

禹 漢 鎔*

Ⅰ. 문학의 존재조건

문학이 언어로 되어 있다는 설명은 소금이 짜다는 이야기만큼이나 싱거운 말이다. 언어로 되어 있지 않은 문학은 없기 때문이다. 즉, 언어는 문학을 이루는 데에 없어서는 안 될 조건, 즉 문학의 존재조건이라고 할 수 있다. 언어가 있어야만 문학이 이루어질 수 있다는 뜻이다. 그리고 이는 언제 어디서고 예외가 있을 수 없는 조건이다.

문학현상을 설명하면서 작가－작품－독자의 역동적 구조로 되어 있다는 점을 드는데, 이들 사이를 연결해 주는 매개물은 언어이다. 작가는 언어를 가지고 독자와 의사소통을 하고 싶어 한다. 작가가 독자와 의사소통을 하기 위해 만들어 놓은 언어체가 작품인데, 이를 다른 말로는 텍스트라고 한다. 이 텍스트는 순전히 언어로만 되어 있는 것이다. 그래서 우리는 작품(텍스트)만을 문학으로 생각하는 버릇이 있다. 그것이 틀린 생각은 아니다. 시대, 작가, 독자, 관습 등이 문학을 문학으로 움직이게 하지만 이는 언어 차원을 벗어난다. 순연히 언어로만 된 것은 역시 텍스트 차원의 작품이기 때문이다.

아무튼 언어가 없는 문학은 생각할 수 없다. 문학은 언어 안에서 시작되

---

* 서울대학교 교수. 소설가. 주요 저서로 《한국현대소설 구조 연구》, 《채만식 소설 담론의 시학》, 《한국현대소설 담론연구》 등이 있고, 소설집 《불바람》, 《귀무덤》 등이 있다.

고 언어 안에서 끝난다. 작가는 언어를 가지고 작품을 만들고 독자는 그 언어체를 자신의 언어로 읽는다. 읽은 결과를 자기 나름대로 정리해 보고 평가하는 일도 언어를 떠나서는 불가능하다. 평론가들이 자신이 읽은 작품의 가치를 평가하고 남과 더불어 문학의 가치에 대해 논의하는 데도 언어를 이용한다.

작가는 남들이 사용한 언어를 그대로 따라 사용하기도 하고, 자신이 새로 개발한 언어를 가지고 작품을 만들기도 한다. 그리고 이 언어가 잘 되었는가 못 되었는가 하는 점을 따지는 것 또한 언어를 가지고 하는 작업이다. 작가가 개발한 언어는 어느 사회의 언어판을 바꾸어 나가는 역할을 하기도 한다. 이처럼 문학과 언어는 불가분의 관계에 있는 것이 엄연한 사실이다. 문학에 대한 논의의 대부분이 언어에 집중되는 것도 언어가 문학의 본질조건이기 때문이다.

Ⅱ. 언어의 본질과 문학언어

1. 언어의 본질

언어는 문학의 기본조건이다. 그런데 문학의 기본조건이 되는 언어란 무엇인가 하는 점이 문제가 된다. 언어학자들은 언어를 의사소통을 가능하게 하는 음성적 기호의 체계라고 한다. 그리고 언어기호는 恣意性을 띠기 때문에 사물과 직접적인 관계는 없다고 한다. 언어기호를 통해 사람들은 심리내용을 표현하고 사회구성원간에 협력하여 살아갈 수 있다고 한다. 아무튼 언어가 의사소통의 도구인 것만은 틀림없는 사실이다.

의사소통의 도구를 가지고 만든 문학은 의사소통의 또 다른 도구인가 하는 물음을 던질 수 있다. 언어가 의사소통의 도구라면, 그것은 다른 말로 언어가 실용성을 띤다는 것인데, 이는 문학은 예술이라는 명제와 전면 대렵되는 것이 아닌가? 그렇다고 문학을 위한 언어가 따로 있는 것도 아니다. 피아노를 치거나 타자를 치는 데, 혹은 장갑을 끼는 데 필요하기 때문에 손가락이 생겼다고는 할 수 없다. 마찬가지로 시를 쓰고 소설을 짓기 위해 언어가 따로 마련된 것이 아니다. 실용적인 도구인 언어를 가지고 문학을 만든다는 점을 인정하고 들어가야 한다. 언어가 있고 그 이후 문학이 존재하게 된 것이다. 그리고 기호체계인 언어를 조직하여 만든 문학은 기호의 기호라는 특성을 지닌다. 따라서 문학은 다른 예술과 달리 추상적인 속성을 지닌다. 그러나 이러한 속성은 문학의 이념적·실천적 기능을 증대시켜 준다.

그렇다면 다시, 언어가 무엇인가 하는 점을 따져 볼 필요가 있다. 언어를 학문의 대상으로 삼아 연구하는 학자들은 언어의 층위에 따라 음운론, 형태론, 통사론, 의미론 등의 학문을 개발해 내었고, 그 이론에 따라 언어의 규칙을 설명한다. 최근에는 話用論(pragmatics)이라 해서 언어의 실제 사용에 대한 연구가 진행되고 있다. 그러나 규칙이 잘 서지 않는다는 한계를 자주 거론하기도 한다.

문학의 언어는 연구의 자료더미에 묻혀 있는 것이 아니라 사람들이 사용하는 살아 있는 언어라는 데에서 그 진가가 드러난다. 언어가 실상을 드러내기 위해서는 언어를 사용하는 주체가 있어야 한다. 그 주체들은 언어 사용의 규칙을 만들어 놓고 그 규칙에 따라 언어를 통한 소통행위를 벌여 나간다. 언어의 규칙은 우리가 문법이라고 하는 언어 자체의 규칙이 있고, 언어를 사용하는 규칙이 있다. 언어를 사용하는 규칙은 불문율로 되어 있지만 복잡스럽기 짝이 없다. 그리고 그것은 대체로 전제조건의 형태를 띤다. 말하는 사람은 성실하게 말해야 하고, 듣는 사람은 말하는 사람의 말을 진실로 믿어야 하며, 말하는 사람의 질문에는 성실하게 대답할 준비가 되어 있어야 한다. 그래야 대화가 이루어진다. 이를 話用論에서는 '적절조건'이라 한다.

사람들은 이와 같은 말을 이용하여 무슨 일을 하는가. 달리 말하자면 언어의 기능이 무엇인가 하는 질문을 던질 수 있다. 간단히 말하자면 사람들은 언어를 통해 意味를 共有하고, 意見을 調整하며, 理念을 實踐한다. 일상적인 언어상황에서 이루어지는 이러한 일들은 거의 자명한 사실이다. 의미공유는 사물에 이름을 붙이는 것에서부터 어떤 사실에 대해 설명하고 설명을 알아듣는 것 등에 이르기까지 언어의 기본적인 기능이다. 이는 언어의 지시기능처럼 진리치가 확실하다는 특징이 있다. 의견을 조정하는 것은 물건 값을 정하는 데서부터 정치적 협상에 이르기까지 다양한 양상을 보여준다. 각종 협상이라는 것은 결국 언어를 통한 의견의 조정이라 할 수 있다. 이념의 실천은 언어를 통해 좌우명을 제시한다거나 국가의 政體를 선언하는 것 등이 그 예이다. 이처럼 언어는 인간 삶의 본질적 조건을 형성한다.

2. 문학의 언어

언어의 이러한 기능을 문학으로 전이시켜 생각해 보기로 한다. 문학은 일종의 언어적 제안이다. 나는 이러한 사실을 이렇게 보고자 하는데 당신의 생각은 어떻소? 하고 동의를 구하는 것이다. 이는 세상은 이러이러한 모양새로 되었다고 설명한다든지, 나는 이런 주의주장을 가지고 있는 사람이니 따라오라고 명령한다든지 하는 언어사용과는 양상을 달리한다. 작가가 구하는 동의에 대해 공감을 한다든지, 새로운 사실을 알게 된다든지, 잊었던 일에 대한 기억을 되살릴 수 있다든지, 어떤 대상을 막연히만 알고 정확한 이미지를 가지지 못했는데 선명한 이미지로 부각된다든지 하는 것들이 문학언어의 의미공유 양상이다. 다음과 같은 고시조가 있다.

> 바둑이 검동이 청삽사리 중에서 조 노랑 암캐ᄀᆞᆺ치 얄믭고 잣믜오랴.
> 믜온임 오게 되면 ᄭᅩ리를 회회 치며 반겨 ᄂᆡ닫고, 고운임 오게 되면 두발을 벗띄듸고 코쌀을 찡그리며 무르락 나오락 캉캉 즛ᄂᆞᆫ 요 노랑 암캐
> 이틋날 문 밧긔 ᄀᆡ ᄉᆞ옵ᄉᆡ 웨ᄂᆞᆫ 장사 가거드란 찬찬동여 ᄂᆡ야 주리라.

이 작품을 읽고 그래, 개 가운데는 그런 얄미운 짓만 골라서 하는 놈이 있지. 사람도 마찬가지거니, 개가 그렇게 얄밉게 논다고 팔아버리겠다는 심뽀는 또 뭔가? 하기는 자기 서방 말고 딴 남자를 기다리는데 개라는 놈이 그렇게 밉게 군다면 나라도 그렇게 팔아버릴 생각을 할 만해. 이 시조를 읽은 독자가 이런 생각을 한다면 이는 의미공유라고 할 수 있는 것이다.

이장희의 〈통곡〉에서 "해야 웃지 마라/ 달도 뜨지 마라" 하는 대목에 공감할 수 있다면, 인간에게 그러한 처절한 슬픔이 있을 수 있다는 점에 대해 시인과 의미를 공유하는 것이다. 또한 다음 작품들을 보도록 하자.

> 화란춘성하고 만화방창이라. 때 좋다. 벗님네야, 산천경개를 구경을 가세.
>
> 죽장망혜 단표자로 천리 강산을 들어를 가니, 만산홍록들은 일년일도 다시 피어 춘색을 자랑노라 색색이 붉었는데, 창송취죽은 창창울울한데, 기화요초 난만중에 꽃 속에 잠든 나비 자취 없이 날아난다.
>
> 유산앵비는 편편금이요, 화간접무는 분분설이라. 삼춘 가절이 좋을씨고, 도화만발 점점홍이로구나. 어주축수 애삼춘이어든 무릉도원이 예 아니냐. 양류세지 사사록하니 황산곡리 당춘절에 연명오류가 예 아니냐.
>
> 제비는 물을 차고, 기러기 무리져서 거지 중천에 높이 떠서 두 나래 훨씬 펴고, 펄펄펄 백운간에 높이 떠서 천리 강산 머나먼 길을 어이 갈꼬 슬피 운다.
>
> 원산은 첩첩, 태산은 주춤하여, 기암은 층층 장송은 낙락, 에이구부러져 광풍에 홍을 겨워 우줄우줄 춤을 춘다.
>
> 층암 절벽상의 폭포수는 콸콸, 수정렴 드리운 듯, 이 골 물이 주루루룩, 저 골 물이 쏼쏼. 열에 열 골 물이 한데 합수하여 천방져 지방져 소쿠라지고 펑퍼져, 넌출지고 방울져, 저 건너 병풍석으로 으르렁 콸콸 흐르는 물결이 은옥같이 흩어지니, 소부허유 문답하던 기산영수가 예 아니냐.
>
> 주곡제금은 천고절이요, 적다정조는 일년풍이라. 일출낙조가 눈앞에 벌여나 경개무궁 좋을씨고.
>
> 〈유산가〉

> 그러나 이러한 때 — 푸른 하늘과 찬란한 태양이 있고, 황홀한 신록이 모든 산, 모든 언덕을 덮는 이 때, 기쁨의 속삭임이 하늘과 땅, 나무와 나무, 풀잎과 풀잎 사이에 은밀히 수수되고, 그들의 기쁨의 노래가 금시라도 우렁차게 터져 나와, 산과 들을 흔들 듯한 이러한 때를 당하면, 나는 곁에 비록 친한 동무가 있고, 그의 재미있는 이야기가 있다 할지라도, 이러한 자연에 곁눈을 팔지 않을 수 없으며, 그의 기쁨의 노래에 귀를 기울이지 아니할 수 없게 된다.
>
> 이양하, 〈신록예찬〉에서

〈유산가〉에서 봄경치의 아름다움을 느낀다든지, 〈신록예찬〉의 세계와 유사함을 발견하는 것, 저런 것은 저런 방식으로 노래하더라 하는 것을 아는 것도 의미공유에 해당한다. 박경리의 〈토지〉를 읽으면서 한국 근대사가 이렇게 흘러 왔구나 하는 생각을 한다면 이 또한 의미의 공유이다.

세상만사 마음먹기 달렸다는 노래도 있지만, 사실은 그렇지 못하다는 것을 우리는 너무나 잘 안다. 내가 하고 싶은 대로 무슨 일이든지 할 수 있는 것도 아니고, 도무지 세상이 말을 들어 주지 않아 불행의 구렁으로 빠지는 경우도 있다. 그래도 우리는 좀더 나은 세상을 위해 남과 이야기를 나누고, 나 스스로 묻고 대답하는 가운데 의견을 조정해 간다.

백석은 〈女僧〉이라는 시에서 남편과 의견이 조정되지 않아 갈라서고, 딸자식과 마음이 맞지를 않아 머리를 깎고 중이 된 여인의 신산한 삶을 노래하고 있다. 피천득은 〈인연〉이라는 수필에서 한번 만나고 다시 만나지 못하는, 의견의 조정이 안 되는 인연의 안타까움을 이야기하고 있다. 하근찬은 〈受難 二代〉에서 두 대에 걸쳐 역사의 희생물이 된 부자가 험한 세상을 어떻게 살아갈 것인가를 모색하는 과정을 보여주고 있다. 역사의 고비에서 당한 개인의 희생에 대한 분노가 없을 수 없다. 그러나 그것을 현실로 인정하고 삶의 방법을 모색한 것은 결국 의견의 조정이라 할 수 있다. 의견의 조정은 개인의 내부에서 이루어질 수도 있고, 남과 교섭하는 가운데 성사될 수도 있다.

언어를 통해 이념을 실천한다는 이야기는 다소 낯설게 들릴지도 모른다.

쉽게 생각하기로 하자. 우선 이념 혹은 이데올로기라는 말의 위압적 이미지부터 씻어낼 필요가 있다. 이데올로기라는 말의 어원이 그리스어 이데아(ιδεα)에 있다면, 이는 요즈음 사용되는 영어의 아이디어에 그 본뜻이 살아있다. 아이디어는 어떤 생각을 뜻한다. 개인이 가진 체계화된 생각이나 어느 사회나 집단이 움직여 나가는 원칙으로 택하고 있는 다소 체계가 잡힌 생각을 이데올로기라고 한다면, 그 이데올로기를 드러내는 가장 작은 단위를 理念素라 할 수 있다. 이는 바흐찐(Mikhail Mikhailovich Bakhtin : 1895~1975)이 구안하고 크리스테바(Julia Kristeva : 1941~)가 널리 전파한 개념이다. 이른바 이데올로젬(idéologème)이 그것이다. 언어를 통해 자신의 개인적 계층적 이념을 표방하고 그에 따라 행동하는 제반 양상이 모두 이념의 실천이라는 범위에 들어간다.

우리는 흔히 "나 이런 사람이요." 하고 자신의 신조를 행동원칙으로 제시하는 경우를 보게 된다. 불의를 보고 참지 못하는 사람이라든지, 한다면 하는 실천가라든지, 국가와 민족의 위기에는 언제나 목숨을 내놓을 준비가 되어 있다든지 하는 것들이 그 예이다. 물론 말없이 실천하는 사람이 있기는 하지만, 그것을 언어로 표현했을 때 이념의 실천이 되는 것이다. 이는 작품에서 화자의 태도로 나타나는 경우도 있고, 그러한 실천에 대한 작가의 평가로 나타나는 경우도 있다. 소설에서는 작중인물의 말을 통해 이념의 실천양상이 표현되기도 한다.

심훈의 시 〈그날이 오면〉에서는 민족의 해방과 독립이 성취되는 날이 온다면 자신의 등껍질이라도 벗겨 북을 만들어 등에 지고 민족의 해방에 환호하는 그 대열 앞에 서겠다는 태도를 보여준다. 조지훈의 〈지조론〉이란 수필에서는 지조 없는 정치인들을 痛罵함으로써 스스로 지조를 지켜 나가는 선비로서의 이념을 선언하고 있다. 최인훈의 〈광장〉에서 이명준은 남과 북의 양편 이데올로기에 모두 절망하고 중립국을 택하고, 결국은 자살로 귀결되는 이념의 실천을 보여준다. 〈광장〉 가운데 포로석방의 자리에서 유엔군의 회유에도 불구하고 '중립국'을 반복하여 외치는 데서 이념의 언어적 실천이 여실히 드러난다. 언어와 행동의 구분이 무의미해진다. 언어가 곧 행동이기 때문이다. 이러한 이념실천의 양상은 자신의 말로 선언을 하는 경우도 있고, 남이 대신 말해 주는 경우도 있다. 남이 대신 말해 주는 경우는 작품내적인 언어적 형상화를 통해서 독자에게 간접적으로 전달된다.

어느 작품에서 언어의 이러한 기능이 단 하나만 작용하는 경우는 상정할 수 없다. 어떤 기능이 두드러지는가 하는 점은 분별해 볼 수 있을 것이지만 이들은 복합적으로 나타나고 대체적인 방향만 드러나는 것이 실상이다. 언어의 사용은 그 자체가 복합적인 기능의 통합적 발현이라는 점을 늘 염두에 두어야 한다. 이는 문학언어의 특성을 설명하는 제반 국면에서 공통적으로 유념해야 할 사항이기도 하다.

다음은 박두진의 〈도봉〉이라는 시 전문이다.

山새도 날러와
우짖지 않고,

구름도 떠가곤
오지 않는다.

인적 끊인곳,
홀로 앉은
가을 山의 어스름.

호오이 호오이 소리높여
나는 누구도 없이 불러 보나,

울림은 헛되이
빈 골을 되돌아 올 뿐.

山그늘 길게 느리며
붉게 해는 넘어가고

황혼과 함께
이어 별과 밤은 오리니,

生은 오직 갈수록 쓸쓸하고,
사랑은 한갖 괴로울 뿐.

그대 위하여 나는 이제도 이
긴 밤과 슬픔을 갖거니와,

이 밤을 그대는 나도 모르는
어느 마을에서 쉬느뇨.

– 박두진, 〈道峰〉

도봉산이 서울에 있다는 것을 알고, 그 산에 등산이라도 가본 적이 있는 사람이라면 이 시가 단지 도봉산을 묘사하고 있지 않다는 것을 금방 알게 된다. 도봉산에는 '산새도 우짖고 산머리로 구름도 흘러가기' 때문이다. 그러나 일반적으로 가을산이 자아내는 분위기는 인적이 끊기고 어스름을 안고 홀로 돌아앉은 것처럼 그렇게 고적하다는 것을 아는 사람은 이 시의 분위기에 금방 젖어든다. 또 해가 지고 황혼녘을 지나 밤이 되면 별도 뜨리란 것은 아주 자연스런 시간의 흐름이다. 이는 언어의 의미공유 기능이라고 할 수 있는 부면이다. 그렇다고 해서 '生은 오직 갈수록 쓸쓸하고/사랑은 한갖 괴로울 뿐'이라고 할 수 있겠는가 하는 의문이 들기도 할 것이다. 삶은 갈수록 의미를 더해가고 사랑은 충만하게 익어갈 수도 있는 것이 아니겠는가. 그런데 시인은 왜 이렇게 표현했는가. 그러한 점에서는 시인과 약간의 의견조정도 해야 할 것이다. 그러한 과정을 거치다가 '그대 위하여 나는 이제도 이/긴 밤과 슬픔을 갖거니와'하는 데 이르면 헛된 울림이 빈 골을 되돌아올 망정 외로움을 견디는 시인의 심정을 이해하게 된다. 누구나 마음 속에 '그대'를 품고 생을 살아가기 때문에, 그런 삶의 자세를 가치 있는 것으로 긍정하게 된다. 시에서 읽어내는 이러한 긍정의 느낌은 이념의 실천이라 할 수 있다. 문학에서는 그러한 섬세한 느낌도 이념의 의미를 지닌다.

Ⅲ. 문학언어의 분화 양상

1. 문학언어의 속성

문학의 언어가 일상의 언어와 하나도 다르지 않다는 데에는, 쑥돌로 만들었으니 돌부처와 맷돌이 똑같다고 하는 것만큼이나 억지가 들어 있다. 물론 문학의 언어를 지나치게 신비화하는 고정관념에서 벗어나고자 하는 의도가 문학의 언어가 일상의 언어와 얼마나 접근되어 있는가 하는 논지를 전개하도록 한 사정은 이해가 간다. 그러나 편견을 벗어나고자 한 결과가 다시 편견을 만든다면 이는 다시 생각해 보아야 한다.

일단 언어를 운용하는 방식에 문학적인 것이 있다는 점을 인정하고 출발할 필요가 있다. 우리는 어떤 이야기를 들었을 때, 시적인데, 혹은 한 편의 드라마 같은데, 또는 잔잔한 수필처럼 들린다는 이야기를 한다. 이들을 종합하여 말한다면 '문학적!'이라는 표현이 될 것이다. 문학의 범위를 너무 좁게 잡아 문학을 신비화하거나 어느 계층에 한정되는 정신적 산물인 것처럼 취급하는 것은 잘못이다. 그러나 사람들의 머릿속에 형성되어 있는 문학적인 스키마의 존재까지 무시하는 것 또한 잘된 일은 아니다. 평명한 시각으로 돌아가서 문학의 언어가 어떤 속성을 지니는가 살펴보기로 한다.

未堂 서정주의 〈석남꽃〉이라는 수필이 있다. 수필 가운데 필자의 독서체험이 나오는 것은 자연스럽다. 그런데 이 수필은 좀 특이하다. '首揷石南'이라는 한문으로 된 이야기를 번역하여 놓았다. 그리고 그 이야기에 감동한 내용을 글로 적어 놓았다. 그리고 그 감동을 바탕으로 한 편의 시를 써서 제시하고 있다. 한 편의 글에 희곡을 제외한 나머지 장르가 모두 포괄되어 있다. 이 한 편의 글을 읽는 것으로 문학의 언어특징을 거의 다 설명할 수 있을 것이다. 우선 작품을 인용하기로 한다.

머리에 石南꽃을 꽂고
네가 죽으면
머리에 석남 꽃을 꽂고
나도 죽어서

나 죽는 바람에
네가 놀래 깨어나면
너 깨는 서슬에
나도 깨어나서

한 서른 해만 더 살아 볼꺼나
죽어서도 살아서
머리에 석남꽃을 꽂고
서른 해만 더 한번 살아볼꺼나

내 글 써 논 공책을 뒤적거려 보니 '머리에 석남꽃을 꽂고'라 제목한 이 시는 1969년 7월15일 새벽 한 시에 쓴 것으로 되어 있으니, 이건 지금 내가 살고 있는 관악산 밑으로 이사오기 바로 한 해 전 일인데, 그 때의 공덕동 집에도 나무와 풀섶이 꽤나 짙어 모기가 많아서 그 때문에 짧은 여름밤을, 열어 논 창 사이로 날아드는 모기떼와 싸움깨나 하고 앉았다가 쓴 것인 듯하다.

그렇기는 하지만 이것은 내 육체의 꼴이지, 마음만은 그래도 지금이나 마찬가지로 한밤중쯤은 할 수 없이 그 영생(永生)이라는 걸 또 생각해야 견딜 마련이어서 물론 이런 걸 끄적거리고 버티고 있었을 것이다.

영생이란 말이 났으니 말이지만 마치 가을 으시시한 때에 홑옷만 한 벌 입은 푼수도 채 안 되는 내 영생의 자각과 감각 그것에 그래도 그 속팬츠 하나 몫은 너끈히 되게 나를 입힌 건 저 《대동운옥(大同韻玉)》이란 책 속의 것으로 전해져 오는 신라 때의 저 석남꽃이라는 꽃 얘기다. 그래 으시시해 오는 싸늘한 이 가을날에 이런 홑옷, 이런 속팬츠도 혹 아직 못 입은 사람들이 있을까 하여 먼저 그 얘기를 옮기기로 하니 싫지 않거든 잘 목욕하고 이거라도 하나 받아 입으시고 오싹한 신선이라도 하나 되기 바란다.

신라 사람 崔伉의 자는 石南인데, 애인이 있었지만 그의 부모가 금해서 만나지 못하다가 몇 달만에 그만 덜컥, 죽어 버렸다.

그런데 죽은 지 여드레만의 한밤중에 항은 문득 그의 애인 집에 나타나서, 그 여자는 그가 죽은 뒤인 줄도 모르고 좋아 어쩔 줄을 모르며 맞이해 들였다.

항은 그의 머리에 석남꽃을 꽂고 있었는데, 그걸 나누어 그 여자한테 주며,

"내 아버지 어머니가 너하고 같이 살아도 좋다고 해서 왔다."고 했다. 그래 둘이는 항의 집까지 가서, 항은 잠긴 대문을 보고 혼자 먼저 담장을 넘어 들어갔는데 밤이 새어 아침이 되어도 웬일인지 영 다시 나오질 않았다. 아침에 항의 집 하인이 밖에 나왔다가 홀로 서 있는 여자를 보고,

"왜 오셨소?" 하고 물어, 여자가 항과 같이 왔던 이야기를 하니, 하인은,

"그 분 세상 떠난 건 벌서 여드레나 되었는데요. 오늘이 묻을 날입니다. 같이 오시다니 어떻게 그럴 수가 있어요?" 했다.

여자는 항이 나누어 주어 자기의 머리에도 꽂고 있었던 석남꽃 가지를 가리키며,

"그 분도 이걸 머리에 틀림없이 꽂고 있을 것이다."고 했다.

그래, 그런가 안 그런가 어디 보자고 항의 집 식구들이 두루 알고 따지게 되어, 죽은 항이 담긴 널을 열고 들여다보게 되었는데, 아닌게 아니라 항의 시체의 머리에는 석남꽃 가지가 꽂혀 있었고, 옷도 금시 밤 풀섶을 거쳐 온 듯 촉촉히 젖은 그대로였고, 벗겼던 신발도 다시 차려 신고 있었다.

여자는 항이 죽었던 걸 알고 울다가 너무 기가 막혀 잠시 숨이 넘어가게 되었다.

그랬더니 그 기막혀 숨넘어가려는 바람에 항은 깜작 놀라 되살아났다. 그래 또 서른 핸가를 같이 살아 늙다가 갔다.

이것이 《대동운옥》에 담긴 그 이야기의 전부를 내가 재주를 몽땅 다해 번역해 옮긴 것이니, 이걸 저 아돌프 히틀러의 비단팬츠보담야 한결 더 좋은 걸로 간주해서 입건 안 입건 그건 이걸 읽는 쪽의 자유겠

> 지만, 하여간 별 가진 것이 변변치 못한 내게는 이걸 읽은 뒤부턴 이게 몸에 찰싹 달라붙은 대견한 것이 되어 있는 것만은 사실이다.
>
> 그래 나는 이걸 읽은 뒤 십여 년 동안 이야기 속의 그 석남꽃을 찾아 헤매다가 겨우 올봄에야 경상도 영주에서도 여러 날 걸어 들어가야 하는 태백산맥의 어떤 골짜기에서 나온 쬐그만 묘목 한 그루를 내 뜰에 옮기어 심고, 이것이 자라 내 키만큼이나 될 날을 기다리며 신선반(神仙班)의 영생의 마음속 연습을 계속하고 있다. 대동운옥이나 내 1969년 7월 어느 첫 새벽의 시에는 한 30년만 더 살기로 겸손하게 에누리해 놓았지만 사실은 아무래도 영원히 살아야만 원통치 않을 이 석남꽃 이야기의 싱그러운 사랑의 기운을 …….
>
> 서정주, 〈석남꽃〉에서

우리는 한 편의 수필을 읽는 가운데 시 한 편과 이야기(설화) 하나를 함께 읽은 셈이다. 여기는 문학의 언어를 이야기하는 자리인 만큼 이들을 따로 떼어 놓고 살펴보는 것이 편리할 듯하다.

2. 수필의 언어

우선 본문이 수필로 되어 있으니 隨筆의 言語에 대해 생각해 보기로 한다.

수필이 무엇인지 정의하는 데서 출발하는 것은 꽤 어리석은 짓일지도 모른다. 수필의 형식이 규정되어 있지 않을 뿐만 아니라 수필에 고유한 언어란 존재하지 않기 때문이다. 언어의 운용 방식에 따라 살펴보는 것이 가장 안전한 방법일지도 모른다. 이는 문학을 기호론적 실천의 양상으로 설명하는 방식이다. 기호론이라면 논리적인 기호를 사용하여 분석하고 그 결과를 도표로 정리하여 보여주는 골치아픈 작업을 연상할지 모른다. 그러나 그것은 기호론의 어느 한 분야에 국한되는 것이다. 인간이 기호를 가지고 의미소통행위를 하는 데라면 어디든지, 그러한 행동이 있다면 어떤 행동이든지, 그 결과가 나타난다면 어떤 결과든지 기호론적 설명의 대상이 되는 것이다. 언어가 기호의 하나이기 때문에 어떤 언어적 행위도 기호론적 실천의 양상을 띠게 마련이다. 그러면 수필의 기호론으로 들어가 보기로 한다.

누가 어떤 대상에게 어떤 내용의 이야기를 하는가? 그리고 그 대상은 상대방의 이야기를 어떻게 알아듣고 이해하는가? 이러한 질문에서 기호론은 시작된다. 서정주라는 이름을 달고 있는 필자가 독자들에게 이야기를 한다. 남을 시키지 않고 자신이 이야기한다는 점은 같은 이야기이되 서술자를 동원하는 소설과는 다른 점이다. 무엇을 이야기하는가? 자신의 경험을 이야기한다는 점에서 자기 이야기라고 할 수 있고, 이 또한 남의 이야기를 하는 소설과는 썩 다른 점이다. 이야기를 엮어 나가는 데에 특별한 방법이 있는가? 특별한 방법이 없다. 시에서처럼 리듬을 형성해야 한다든지, 행과 연을 구분해야 한다든지, 또는 적절한 비유를 사용한다든지 하는 제약이 없다. 제목으로 보아서는 석남꽃에 대해 이야기한다고 할 수 있는데 그렇지는 않다. 석남꽃을 계기로 하여 사람 살아가는 이야기를 하고 있다. 이는 실용문이나 논설문과는 다른 점이다. 수필이야말로 일상언어와 가장 닮은 언어를 보여준다고 할 수 있다. 그렇다고 수필이 문학이 아닌가 하면 그렇지도 않다. 수필을 문학이 되게 하는 요소가 있다면 그것은 무엇인가? 형상화라고 할 수밖에 없다. 그러나 수필 고유의 형상화 방식이 있는가 하는 데에 대해서는 선명한 답을 하기 어렵다. 수필은 장르적 완결성이 약하기 때문이다. 그렇다면 수필은 자신의 체험을 자신의 언어로 이야기한다는 점이 문학으로서 수필의 언어적 특징이라고 정리할 수 있다.

3. 시의 언어

이 글에는 시가 포함되어 있다. 인용한 작품의 시를 중심으로 詩의 言語 특징을 밝혀 보기로 한다. 위 시를 수필이란 맥락이나 그 뒤에 나오는 이야기와 떼어 놓고 읽어 보면 무슨 말인지 언뜻 그 의미가 들어오지를 않는다. 자세히 살펴보면 네가 죽으면 나도 죽을 것이다. 그런데 죽은 너는 내가 죽는 데 놀라 다시 깨어날 것이다. 네가 깨어나면 나도 깨어날 것이고, 그러면 둘이 한 삼십 년 이승에서 더 살았으면 좋겠다는 뜻이 겨우 파악된다.

그런데 자세한 부분에 가서는 아무래도 석연치 않은 데가 있다. 첫 연은,

"石南꽃을 꽂고/네가 죽으면/머리에 석남 꽃을 꽂고/나도 죽어서"라고 되어 있다. 네가 죽으면 나도 죽을 것이라는 점은 분명한데 석남꽃을 누가 먼저 머리에 꽂은 것인지는 분명치 않다. 네가 죽을 때 석남 꽃을 꽂고 죽은 것인지, 네가 죽으면 내가 머리에 석남 꽃을 꽂는다는 것인지 선명하지 않다. 그러나 이는 삶과 죽음이 하나의 고리에 얽히는 것이어서 앞뒤를 가릴 수 없다든지, 반복을 통해 리듬을 만들기 위한 장치라고 한다면 그 의미가 그다지 중요한 것이 아닐 수도 있다. 이는 시적 언어의 함축성이라고 설명되는 부분이다. 함축성은 모호성과도 통하는 바가 있다. 또한 역설적인 언어가 구사된다는 것이 특징이다. '죽어서도 살아서' 하는 시행이 그것이다. 그리고 살아나기 위해 죽음을 겪어야 한다는 점도 그렇다.

이미 앞에서 설명된 바이지만 시적인 언어는 韻律이 본질적 여건이다. 한국시에는 운율의 확정적인 규칙이 없는 것이 특징이다. 운율은 일정한 길이의 호흡의 반복과 음성적 자질이 일정한 위치에서 반복됨으로써 기대와 기대 충족의 효과를 발하는 형식적 장치이다. 한시의 押韻法이라든지 영시의 라임 같은 것이 율격의 장치이다. 이는 독자의 의식 속에 형태를 잡고 있어야 미적 형식의 의미를 지닐 수 있다. 한국시에서는 자수율 중심으로 리듬이 형성되어 시적인 효과를 가져오지, 압운법은 크게 의미를 띠지 못한다. 운율, 즉 형식을 위해서 의미를 희생할 수 있다는 것이 시적 언어의 특징이다. 그렇기 때문에, '리리 릿자로' 같은 의미 없는 시를 쓸 수도 있는 것이다.

그리고 이 시에서 볼 수 있는 것은 언어를 절제하고 있다는 점이다. 같은 내용인데도 이야기는 20행 단어수나 되는 길이인데, 시는 겨우 12행 35단어로 되어 있다. 거기다가 반복되는 것을 빼면 핵심적인 어휘 수는 한결 줄어든다. 시는 어떤 대상을 설명하는 언어가 아니기 때문이다. 가장 적은 양의 어휘로 가장 큰 폭의 내용을 전달하고자 하는 것이 시이기 때문에 언어의 간결미와 함축성은 살아나는 반면 지시적 기능은 약화된다. 시가 감추면서 드러내는 양식이라는 것은 이러한 때문이다.

제목으로 걸어 놓은 것과 내용이 서로 각각이라는 점도 이 시의 언어특징으로 지적되어야 한다. 제목으로 봐서는 석남꽃 이야기를 할 듯한데, 정작 시에서는 죽고 사는 이야기를 하고 있다. 죽고 사는 이야기인가 하면 그렇지만도 않다. 사랑 이야기를 하기 위해 이렇게 외둘러 가고 있는 것이다. 이처럼 외둘러 이야기하는 방법으로 比喩와 象徵이 잘 동원되는데, 이 시에서는 꽃이 상징성을 띠는 것이라 할 수 있다. 사랑하는 젊은 남녀가 머리에 장식으로 꽂는 꽃의 의미를 한결 넘어서 사랑의 항구불변함이나 절대성을 드러내는 의미를 지니는 것이다. 이승에서 영원한 사랑을 누리고 싶어 하는 인간의 근원적 욕망이 형상화되어 있는 것이다.

시의 언어를 일상언어와 비교해 볼 때 앞에서 설명한 것과 같은 특징이 나타난다는 것이지 그런 특징이 일상언어에는 없다거나 일상어에서 그런 언어를 사용하지 말아야 한다는 뜻은 아니다.

4. 소설의 언어

인용한 작품은 설화를 중요한 구조로 하고 있다. 설화는 소설의 골격에 해당하는 것이므로 넓은 의미의 서사문학 차원과 장르로서의 소설을 고려하여 小說의 言語에 대해 생각해 보기로 하자. 앞의 인용에 나오는 최항과 그의 애인 이야기를 아무 매개 없이 소설로 대치하는 것은 무리이다. 그 이야기는 설화로 분류된다. 소설이라는 말 속에는 근대라는 개념이 전제되어 있다. 근대 이전에는 소설이 없었다. 신라나 고려시대에 설화로 분류되는 이야기 문학은 있었어도 소설은 근세 조선시대에 와서야 나타난다. 그러니까 소설의 언어특징을 드러내고자 할 때 이야기 문학 일반으로서 소설인가 아니면, 서사문학의 근대적 양식으로 규정되는 엄격한 의미의 근대소설에 국한하는가 하는 구분이 전제되지 않으면 논의가 공전될 우려가 있다. 여기서는 인용문이 소설 이전의 이야기 문학이니 이야기 문학일반, 즉 서사문학의 언어특징을 살핀 다음에 근대적 의미의 소설언어의 특징을 검토해 보기로 한다.

이야기가 성립되기 위해서는 이야기감과 그것을 마름질하여 전달하는 이야기하는 사람, 즉 敍述者(narrator)가 있어야 한다. 이는 아주 당연한 말을 되풀이하고 있는 듯한 느낌이 없지 않다. 그러나 그렇지 않다. 앞에서 본 바와 마찬가지로 수필에서는 자신의 이야기를 자신이 들려주고, 시에서는 자신의 감정을 자신의 말로 노래한다. 그런데 최항은 자신의 이야기를 하지 않는다. 누군가 남이 최항의 이야기를 하는 것이다. 남의 이야기를 하는 것이 이야기문학의 언어적 본질 가운데 하나이다.

누가 이야기하는가 하는 점을 고려하는 것은 텍스트의 언어적 실체, 즉 어휘차원의 문제가 아니라 언어를 운용하는 방식인 담론의 차원을 고려한 설명이다. 이는 달리 말하자면 기호론적 관점이라 할 수 있다. 거슬러 올라가면 이야기와 역사가 구분되지 않는다. 영어에서 역사를 history라고 하는데 이는 남을 뜻하는 삼인칭대명사 he와 이야기, 즉 story를 합친 말이라고 설명하는 사람도 있다. 불어에서는 이야기 혹은 이야기감이나 역사를 모두 histoire라고 한다. 이야기가 곧 역사이고 역사가 곧 이야기라는 뜻이 되는데, 역사 이야기를 하자면 史官이 있어야 함은 물론이다. 그리고 사관은 자신의 이야기를 하는 것이 아니라 남의 이야기를 하는 것이다. 이는 소설을 포함한 서사문학 일반의 특성이다.

남의 이야기를 한다는 데서 이야기하는 사람의 면책특권이 주어진다. 여기서 이야기의 虛構性이 보장된다. 서술자인 내가 이야기를 전달하는 것일 따름이지 그 이야기에 대해 책임은 없다. 그렇기 때문에 이야기의 어법은 전달어법이 되는 것이다. 내가 책임질 일이 아니니까, 그렇다더라 하고 자유롭게 이야기할 수 있는 것이다. 죽은 지 여드레 되는 사람이 어떻게 살아날 수가 있느냐, 네가 그런 경험을 했느냐 하는 질문에, 최항이라는 사람이 그랬다고 한다, 그랬다더라고 한다 하면 그만이다. 이것이 전달어법의 힘이다. 이러한 이야기 방식이 발달한 것이 소설이고, 소설이 허구성을 본질로 하는 것은 그러한 이야기를 통해 현실에 얽매인 인간의 구속을 벗어날 수 있게 되기 때문이다. 그리하여 상징의 세계를 현실의 곁에 구축함으로써 현실의 의미를 조회해 보는 참조의 틀을 마련하는 것이다. 이는 상상력의 영역이지만 현실적인 삶의 의미를 캐내는 데에 결정적인 작용을 한다.

또 이야기의 면책특권은 서술자가 이야기 자체에 대해 평가를 할 수 있도록 해 준다는 점이다. 이야기 자체에 대한 평가는 서술의 전지성이라 할 수 있다. 할아버지들이 이야기를 하다가, 다른 사람보다 심술보가 하나 더 있는 마음씨 나쁜 놀부가 하루는… 하는 식으로 인물을 평가하는 것이 좋은 예이다. 그리고 앞의 인용에서 첫 문장을 보면 다음과 같다. "신라 사람 崔伉의 자는 石南인데, 애인이 있었지만 그의 부모가 금해서 만나지 못하다가 몇 달만에 그만 덜컥, 죽어 버렸다." 최항이 부모 때문에 애인을 못 만났다는 내용을 서술하는 데까지는 서술자의 개입이 없다. 그런데 "몇 달만에 그만 덜컥, 죽어 버렸다."는 데에서는 평가가 나타난다. 몇 달만에라는 것은 예상 밖으로 짧은 시간이라는 평가가 들어 있고, 그만 덜컥 죽었으니 그 마음이 어떠했겠는가 하는 평가를 하고 있는 것이다. 또한 "여자는 항이 죽었던 걸 알고 울다가 너무 기가 막혀 잠시 숨이 넘어가게 되었다."는 데서 너무 기가 막히다는 것은 작중인물의 심정을 서술자가 대신 이야기하는 것이다. 이도 일종의 평가이다. 이처럼 서술자의 개입으로 이야기 자체를 전달하면서 이야기에 대한 평가까지를 동시에 수행하는 데에 이야기 문학의 언어는 매력을 지니게 된다.

이야기 문학에는 언어의 모든 양상이 다 동원된다. 위 인용만 보더라도 다양한 언어가 동원된다는 것을 알 수 있다. 글 자체가 서사이기 때문에 서술이 포함된다는 것은 지극히 당연한 일이다. 또한 소설에서 장기로 하는 설명과 묘사가 나타난다. 사건이 이렇게 이렇게 전개되었다는 것은 설명이다. "항의 시체의 머리에는 석남꽃 가지가 꽂혀 있었고, 옷도 금시 밤 풀섶을 거쳐 온 듯 촉촉히 젖은 그대로였고, 벗겼던 신발도 다시 차려 신고 있었다."하는 부분은 묘사적 성격이 강하다. 최항의 애인이 자기가 최항을 만났다는 것을 따지는 과정은 논증이라고 할 수 있다. 또한 서술만이 아니라 對話가 나온다는 점에 유의할 필요가 있다. 이 대화는 서술자가 대신 전달하는 것이기 때문에 평가가 개입되고, 다시 다른 인물에 의해 평가의 대상이 될 수 있다. 아울러 살아 있는 언어, 대화적 속성의 언어가 동원된다는 점은 이야기 문학의 언어적 가능성을 보장해 주는 것이라 할 만하다.

5. 문학과 말과 글

소설을 근대적 개념, 즉 장르 개념으로 파악할 때, 이야기 문학 일반의 경우와 다른 몇 가지 언어특징이 나타난다. 우선 개인의 文體가 부각된다는 점이 지적될 수 있다. 설화에서는 이야기의 원형만 전달되고 구체적인 부분은 그 이야기를 전하는 사람이 적절히 윤색하여 전달하게 마련이다. 그러므로 현장성과 임의성이 짙다. 그러나 소설의 경우는 처음부터 개인이 글로 쓰는 것이기 때문에 개인의 언어의식에 따라 문체를 조정해 나갈 수 있게 된다. 이야기 전달방식이 구술문화에서 문자문화로 전이됨으로써 생기는 득실이 있게 마련인데 이는 발터 옹(Walter Jackson Ong : 1912∼)의 설명이 설득력이 있다. 계층과 개성에 따라 달리 구사하는 언어를 정확하게 옮길 수도 있고, 자신의 언어를 일관성 있게 사용할 수도 있게 된 것이다. 엄격한 의미에서 소설에서 문체를 논할 수 있게 된 것은 근대 이후의 일이다.

이는 이야기를 글로 써서 전달한다는 점과 연계되는 사항인데, 소설에서는 구체성을 지닌 언어가 등장한다는 것이 특징이다. 언어는 시간과 공간의 규제 속에서 운용된다. 어느 시대의 말인가, 어떤 지역, 어떤 사회의 말인가 하는 데에 따라 언어를 운용하는 규칙이 달라지게 마련이다. 이는 거꾸로 말하면 언어는 시대와 사회를 반영한다고 할 수 있다. 다시 말하면 언어는 이데올로기적이라 할 수 있는 것이다. 소설에서는 구체적인 시대와 구체적인 상황에서 활동하는 인간의 이야기를 전달하기 때문에 언어 또한 그러한 구체성을 띠지 않으면 안 된다. 소설에서 치밀한 묘사가 중요한 이유도 여기 있다. 농부는 농부의 말이 있고, 상인은 상인의 말이 있다. 같은 직종에 종사하는 사람이라고 하더라도 서울말과 목포말은 다르다. 이러한 변별성을 보여줄 수 있는 것이 근대소설의 언어특징 가운데 하나이다.

소설의 언어는 이념성을 드러낸다. 이는 작품이 公式言語를 사용한 것인가의 여부와 연관되는 것이다. 바흐찐에 따르면 공식언어와 비공식언어는 그 배경을 이루는 이데올로기 자체가 현격히 다른 것이다. 공식언어가 지배이데올로기의 확대재생산에 봉사하는 것이라면 비공식언어는 새로운 세계관을 모색하는 데에 운용되는 언어이다. 공식언어를 통해서는 보편화되고 공인된 이데올로기만을 전달할 수 있다. 비공식언어를 통해서라야 공식언어에 대한 대항담론(counter discourse)을 만들어 낼 수 있고, 따라서 공식언어에 대한 대응력을 지닐 수 있게 된다. 이는 르네상스시대 라틴어에 대한 속어로서의 로만어가 담당한 기능과 연계지어 설명할 수 있는 점이다. 또한 연암 박지원의 '文體反正'이라는 사건을 통해서도 공식언어와 비공식언어의 기능이 어떠한 것이지를 짐작할 수 있는 점이다. 소설에서는 이 비공식언어를 주요 장비로 사용한다.

문학의 언어가 지니는 특징을 수필, 시, 소설에 걸쳐 기호론적 관점에서 살펴보았다. 거듭 강조해 두거니와 문학만을 위한 언어가 따로 있는 것은 아니다. 일상 언어를 바탕으로 문학이라는 언어활동을 할 뿐이고, 문학 안에서 그 나름의 언어사용규칙을 모색해 나가다보니 독자적인 쓰임이 생겨난 것이고, 그 결과 문학언어가 일상언어와 전혀 다른 속성을 지닌 언어인 것처럼 인식하게 된 것이다.

문제는 일상언어와 문학언어가 얼마나 같고 어떻게 다른가를 따지는 데에 있지 않다. 언어를 통해 문학을 해 간다면, 그리고 그럴 수밖에 없는 일이라면 언어적인 형상화 여부가 문제될 따름이다.

Ⅳ. 언어적 형상화와 가치평가

1. 언어적 형상화의 반복

좋은 소리도 여러 번 들으면 물린다는 이야기가 있다. 하물며 그릇을 깬다든지 무슨 물건을 잃어버렸다든지 하는 사소한 잘못을 저질렀을 때, 늘 하던 소리로 "이놈, 진작부터 너 그럴 줄 알았다."하는 핀잔을 듣는 순간, 좀 심통이 있는 아이라면 구역질을 느끼게 된다. 그 꾸중이 전부터 자주 들던 것이라면 더욱 밸이 틀려 돌아가게 마련이다. 채만식의 〈濁流〉에서 고태수가 '죽어 버리면 그만'이라는 말을 되풀이한다든지 박제호가 말끝마다 '제기할 것'이라는 후렴을 단다든지 하는 것은 듣는 사람에게 구역질을 느끼게 한다. 물론 독자는 그런 언사를 통해 그 인간의 성격을 알아내는 지표가 되기도 하지만.

이 구역질의 원인이 어디 있는가? 생리측면이라든지 정서측면에서 설명하는 방법이 있을 것이다. 또 권위적인 지배이념에 그 원인이 있다고 할 수도 있을 것이다. 그러나 언어측면에서 본다면 불어로 클리셰(cliché)라고 하는 이른바 常套語에 대한 반응이 구역질로 나타나는 것이라 할 수 있다. 상투어는 자동화된 의식의 외현양상이다.

우리들의 의식은 많은 부분 자동화되어 있다. 매사가 당연히 그렇고 의문의 여지가 없다. 행복을 그린다면 "저 푸른 초원 위에 그림 같은 집을 짓고 사랑하는 임과 함께 한 백년……" 그런 식이다. 우리는 일상어의 이러한 자동화를 거쳐 안정감을 획득한다. 그리고 그것은 삶의 리듬이기도 하다. 그렇다고 봄이라면, 언제나, 누구라도, 산에 진달래가 피고 울타리에 개나리가 흐드러지는, 그러한 봄이라면 흥이 날 까닭이 없다. 미인을 丹脣皓齒라거나 花容月態 등 넉자로 대유했을 때 처음에는 그래도 신선한 느낌이 있었을 것이다. 그러나 이도 너무 자주 쓰면 진력이 나는 법이다. 그리하여 어느 단계가 지나면 이른바 사은유(dead metaphor)로 전락하는 것이다. 이러한 사은유에 대해 아무 반성이 없이 늘어놓으면서 그것이 문학이라고 목청을 높이는 작자들에 대해 우리는 구역을 느끼는 것이다.

독자는 작가들에게 신선한 언어를 요구한다. 이때의 신선함이란 전혀 새로운 것만을 뜻하지는 않는다. 같은 대상을 표현하더라도 이전과 다른 언어를 발굴한 경우, 이전에 남들이 보아내지 못한 대상을 보아내는 발상법이 동원된 경우, 전부터 있던 현상인데 새로운 의미를 부여한 경우 등등이 새로운 감각으로 다가온다.

2. 신선한 언어

그다지 새로울 것이 없으면서 신선한 언어로 다가오는 경우가 있다. 다음은 조지훈의 〈마음의 태양〉이라는 시이다.

꽃다이 타오르는 햇살을 향하여
고요히 돌아가는 해바라기처럼
높고 아름다운 하늘을 받들어
그 속에 맑은 넋을 살게 하라.

가시밭길을 넘어 그윽히 웃는 한 송이 꽃은
눈물의 이슬을 받아 핀다 하노니
깊고 거룩한 세상을 우러르기에
삼가 육신의 괴로움도 달게 받으라.

괴로움에 짐짓 웃을 양이면
슬픔도 오히려 아름다운 것이
고난을 사랑하는 이에게만이
마음나라의 圓光은 떠오르노라.

푸른 하늘로 푸른 하늘로
항시 날아오르는 노고지리같이
맑고 아름다운 하늘을 받들어
그 속에 높은 넋을 살게 하라.

위 시는 필자가 다닌 중학교 1학년 교실에 詩畵로 걸려 있었다. 당시 학급 담임 선생님은 국어를 맡고 있었는데, 우리들에게 그 시를 자주 낭송하도록 했고, 공책에 적어 두고 외도록 하였다. 태양을 노래한다든지, 하늘이 아름답다는 것은 그다지 새로울 것이 없다. 그러나 제2연에서 찌잉하는 느낌이 와 닿았다. 그것은 고난과 눈물의 뒤에 영광이 있다는 단순한 믿음의 결과였을지도 모른다. 그러나 그것보다는, '그 속에 맑은 넋을 살게 하라./ 삼가 육신의 괴로움도 달게 받으라./ 그 속에 높은 넋을 살게 하라.' 하는 명령형 어미가 지니는 힘이 아니었나 생각된다.

중학교 일학년 정도의 소년들에게는 이미지 중심의 시보다는 명징한 비유를 통해 주제를 선명히 전달하는 시가 더욱 잘 수용되었던 것 같다. 만일 이런 시를 60대 노년층에게 읽도록 한다면 그렇게 실감이 가지 않을 것이다. 이처럼 언어의 새로움이란 독자들의 문화체험과도 연관된다. 새로운 언어는 언어 자체의 새로움이나 발상의 새로움과 함께 독자의 감수성과도 관계가 되는 것이다. 언어를 통한 이해는 언어사 그 자체로만 이루어지는 것이 아니라 주체와 대상을 동시에 규율하는 문화 혹은 공동의 지식에 영향을 받게 된다. 김수영의 〈공자의 '생활난'〉은 텍스트 연관성이란 점에서 의미있는 작품이다.

꽃이 열매의 上部에 피었을 때
너는 줄넘기 作亂을 한다

나는 發散한 形象을 求하였으나
그것은 作戰같은 것이기에 어려웁다

국수 — 理太利語로는 마카로니라고
먹기 쉬운 것은 나의 叛亂性일까

동무여 이제 나는 바로 보마
事物과 事物의 生理와
事物과 事物의 限度와
事物의 愚昧와 事物의 명석성을

그리고 나는 죽을 것이다

다음은 발상이 이전과 달라 새로운 언어가 창조된 예이다. 정진권의 〈짜장면〉이라는 수필의 한 대목이다.

짜장면은 좀 침침한 작은 중국집에서 먹어야 맛이 난다.
그 방은 퍽 좁아야 하고, 될 수 있는 대로 깨끗하지 못해야 하고,

칸막이에는 콩알만한 구멍들이 몇 개 뚫려 있어야 어울린다.

식탁은 널판으로 아무렇게나 만든 앉은뱅이여야 하고, 그 위엔 담뱃불에 탄 자국들이 검게 또렷하게 무수히 산재해 있어야 정이 간다.

고춧가루 그릇은 약간의 먼지가 끼어 있는 게 좋고, 금이 갔거나 다소 깨어져 있으면 더욱 운치가 있다. 식초병에도 다소 때가 끼어 있어야 가벼운 마음으로 손을 댈 수 있다.

방석도 때에 절어 윤이 날 듯하고, 손으로 잡으면 단번에 적하고 달라붙을 것 같은 것이어야 앉기에 편하다.

짜장면 그릇의 원형이 어떤 것인지에 관해선 알아본 바 없으나, 가장 흔한 것은 희고 납작한 것에 테가 두어 줄 그어져 있는 것인 듯한데, 할 수 있으면 거무스레하고, 거기다 한두 군데 이가 빠져 있으면 좋다.

그리고 그 집 주인은 뚱뚱해야 한다. 머리엔 한 번도 기름을 바른 일이 없고, 인심좋은 얼굴엔 개기름이 번들거리며, 깨끗지 못한 손은 소두방만 하고, 신발은 여름이어도 털신이어야 한다. 나는 그가 검은색의 중국 옷을 입고, 그 옷은 때에 전 것이기를 바라지만, 지금은 그런 옷을 찾기 어려우니 낡은 스웨터로 참아 두자. 어린 나를 귀여워해 주던 내 고향의 짱궤[掌櫃]는 스웨터가 아니었는데…. 하여간 이런 주인에게 돈을 치르고 나오면 언제나 마음이 평안해서 좋다.

이 글을 읽고, 혹시 어떤 사람은 중국집이 너무 누추하고 지저분하다는 느낌을 받을지도 모른다. 그러나 40대 이상이 되는 세대 사람들은 짜장면집에 대한 기억이 여실히 되살아난다는 점 때문에라도 이 글에 호감을 가지지 않을 수 없을 것이다. 이 글의 매력은 宣言的인 어투에 있다. “짜장면은 좀 침침한 작은 중국집에서 먹어야 맛이 난다.”고 단호히 말한 다음에 “그 방은 퍽 좁아야 하고, 될 수 있는 대로 깨끗하지 못해야 하고, 칸막이에는 콩알만한 구멍들이 몇 개 뚫려 있어야 어울린다.”고 선언하는 것이다. 이 선언의 범위에 들어오지 않는 중국집은 이 글에 신입할 자격이 없다. 이런 어투는 단순한 추억담을 늘어놓는 것과는 달리 언어의 신선미를 불러온다. 그리고 허름한 중국집 주인에게 돈을 치르고 나오면 마음이 평안하다는 우호적인 태도는 발상의 전환이 있지 않고는 불가능한 일이다. 이러한 태도가 선언적 어투와 어울려 참신한 언어미를 창출하는 것이다.

앞에서도 강조한 바이지만 이러한 언어의 신선미가 곧바로 작품의 질을 보장하는 것은 아니다. 작품이 전체적으로 지향하는 방향과 맞아 떨어져야 언어의 신선미는 형상화에 기여한다. 개인의 경험을 이야기하는 수필의 경우 도덕적 상상력이 언어의 신선미보다는 작품의 질을 결정하는 본질조건이 된다.

3. 소설언어 형상화의 다양성

소설에서 언어적 형상화의 방식은 실로 다양하다. 배경의 세밀한 묘사, 전형적인 인물의 설정을 위한 언어구사, 인물들의 언어를 대화로 재구성하는 것, 사건의 서술 등이 소설의 언어적 형상화의 면모이다. 그 밖에 작중인물의 의식을 談論을 통해 드러내는 방법도 매우 중요한 소설의 언어적 형상화의 방법 가운데 하나이다. 이를 일일이 다 예로 들 수는 없다. 채만식의 〈탁류〉 가운데 정주사의 몰락과정을 서술한 부분을 보기로 한다.

> 그가[정주사-인용자] 처음 군산으로 올 때만 해도, 집은 내것이겠다 아이들이라야 셋이지만 모두 어리고, 또 그런대로 월급도 받거니와 집을 사고 남은 돈이 이삼백원이나 수중에 있어, 그다지 군졸하게 지내지는 않았었다.
>
> 그러던 것이 한 해 두 해 지나노라니까, 아이들은 자라고 학비까지 해서 용이 더 드는데, 직업을 바꿀 때마다 월급은 줄고, 그러는 동안에 오늘이 어제보다 못한 줄은 모르겠어도, 금년이 작년만 못하고 작년이 재작년만 못한 것은 완구히 눈에 띄어, 살림은 차차 꿀려 들어가기 시작했다. 하다가 마침내 푸달진 월급자리나마 영영 떨어지고 나니, 손에 기름은 말랐는데 식구는 우르르하고, 칠팔 년 월급장사로 다시금 빚밖에 남은 것이 없었다.
>
> 정주사는 두루두루 생각했으나 별수가 없고, 그때는 벌써 은행에 저당들어간 집을 팔아 은행빚을 추린 후에, 나머지 한 삼백원이나를 손에 쥐었다. 이때부터 정주사는 미두를 하기 시작했었다.

> 미두를 시작하고 보니, 바로 맞는 때도 있고 빗맞는 때도 있으나, 바로 맞아 이문을 보는 돈은 먹고 사느라고 없어지고 빗맞을 때에는 살돈이 떨어져 나가곤 하기 때문에 차차로 밑천이 졸아들었다.
>
> 그래서, 제주말(濟州馬)이 제 갈기를 뜯어먹는다는 푼수로, 이태 동안에 정주사의 본전 삼백원은 스실사실 다 밭아버리고 말았다. 그러나 삼백원 밑천을 가지고 이태동안이나 긁아먹고 살아온 것은 헤펐다느니보다도, 오히려 정주사의 담보 작고 큰돈 탐내지 못하는 규모 덕이라 할 것이었었다.

정주사가 미두장의 하바꾼으로 전락하는 과정을 간결하게 서술하고 있는 가운데 그 시대의 경제 형편을 간접적으로 잘 드러내고 있다. 이는 개인의 사사로운 생활과 시대의 흐름이라는 양극적인 측면을 언어를 통해 잘 통합한 예라고 할 수 있다. 소설에서는 개인의 세세한 삶의 세목과 세상 돌아가는 모습이 동시에 포착될 때, 리얼리티에 도달했다고 할 수 있는 것이다. 거기다가 "그러나 삼백원 밑천을 가지고 이태동안이나 긁아먹고 살아온 것은 헤펐다느니보다도, 오히려 정주사의 담보 작고 큰돈 탐내지 못하는 규모 덕이라 할 것이었었다."하는 데서는 작가의 아이러니적 감각이 살아 있음을 보게 된다. 작가 혹은 서술자는 담론을 형성하면서 또다른 시각을 개입시킴으로써 의미의 이중성을 일궈낸다. 이상의 예는 소설에서 언어적 형상화의 아주 작은 예에 불과하다. 그러나 소설이 언어예술인 한은 언어를 떠나서는 형상화를 이야기하기 어렵고, 소설의 미적 가치를 논하는 것은 거의 불가능하다. 언어예술인 문학은 언어가 평가의 대상이면서 동시에 기준이 된다.

Ⅴ. 문학언어에 대한 독자의 몫

문학의 언어에 대한 감수성은 작가만의 것이 아니라 독자의 것이기도 하다. 문학을 연구하는 사람이나 비평하는 이들이 문학작품의 언어에 대해 설명하는 것은 문학을 인지적 대상으로 삼는 것이다. 문학의 언어는 그 언어 안에 작가와 독자가 함께 움직이는 데서 언어의 본질인 대화성이 살아난다. 그리고 글을 읽는 즐거움을 바탕으로 인지적 평가나 비판은 이루어진다.

문학은 독자가 그것을 즐길 수 있을 때라야 개인의 문화체험에 자리를 잡는다. 물론 글을 의무적으로 읽는 경우도 있다. 그럴 때는 고통스러운 독서노동이 되기도 한다. 그러나 글을 읽다 보면 자신이 거기에 빠지는 체험을 하게 되는데, 그러면 그 작품은 일단 성공한 것이라고 할 수 있다. 이렇게 문학을 즐기는 일은 실제로 글을 쓰는 과정에서도 맛볼 수 있는 것이다. 공자는 〈論語〉 옹야편에서 "아는 것이 좋아하느니만 못하고, 좋아하는 것이 즐기는 것만 같지 못하다."(知之者不如好之者 好之者不如樂之者)고 설파한 바 있다. 문학도 아는 데서, 좋아하는 데서 더 나아가 즐길 수 있어야 한다.

문학을 즐기기 위해서는 작가에게만 참신하고 신선한 언어를 요구할 것이 아니다. 독자 편에서도 언어에 대한 감수성이 충분히 살아 있어야 한다. 독자의 요구가 구태의연한 언어로 만족하는 수준의 것이라면, 작가는 새로운 언어를 개발하는 데에 게을러진다. 문화의 속성이 그러하다. 더불어 의미를 만들어 가면서 즐기는 데에 너와 나가 각각일 수 없는 일이다. 고급스런 문화를 창출하는 작가가 저속한 독자를 이끌고 다닌다고 문화수준이 향상되는 것은 결코 아니다. 독자 편에서도 언어에 대한 세심한 감수성을 길러야 한다. 언어적 감수성과 관련하여 다음 시를 읽어 보자.

한 개 돌 속에
하루가 소리없이 저물어가듯이
그렇게 옮기어가는
정연한 움직임 속에서

蕭條한 視野에 들어오는
미루나무의 裸像

모여드는 遠景을 흔들어 줄
바람도 없이

이루어 온 밝은 빛깔과 보람과
모두가 가라앉은 줄기를 더듬어 올라가면

끝가지 아스라히 사라져
하늘이 된다.

— 정한모, 〈滅入〉

그리고 언어의 다양성을 체험하고자 하는 의욕이 살아 있지 않으면 안 된다. 문학에 대한 주체적인 체험이 독자의 문학적 수용을 규제하기 때문이다. 따라서 작가의 언어수준과 독자의 수준은 맞물려 돌아가는 것이라 할 수 있다. 독자의 언어감각은 섬세함으로 평가된다. 언어의 일차적인 의미는 물론이고, 언어의 음상, 비유, 상징 등 문화적인 장치에 익숙해야 하고, 언어 자체를 자세히 들여다볼 줄 알아야 한다.

> 토씨 하나 구두점 하나로 시행이 살기도 하고 결딴나기도 한다. 이러한 세세한 차이에 대한 감각과 지각을 기르는 그대로 우리에겐 막중한 기율훈련이 된다. 문명의 발달은 결국 차이를 가리는 눈금이 더욱 미세해지고 섬세해진다는 것을 뜻한다. 언어를 숭상하고 문학작품을 읽으며 근소하고 미세한 차이를 읽어낸다는 것은 문명되고 교화된 인간자질을 훈련하는 것이며 그만큼 문명의 가치를 내면화하는 것이 된다. 동서의 인문주의가 시를 숭상한 것은 이러한 견지에서도 자연스럽고도 당연한 일이었다. 사람됨의 영광은 언어동물됨에 있는 것이다. 즐거움을 통한 기율훈련이라는 점에서 모든 예술은 향수자에게 하나의 道인 것이다.
>
> — 유종호, 《시란 무엇인가》에서

문학의 도에 이르는 길은 문학의 언어를 통해서만 가능하다. 의미전달과 의사소통의 언어뿐만 아니라 언어의 미세한 규칙에 대한 분별력이 길러져야 하는 것이다. 이를 지나친 언어중심주의 내지는 귀족주의적 문학관이라고 비난할 수 없다. 모든 문화는 질적인 향상을 암묵적으로라도 상정하는 것이다. 이는 인간의 형성이념과 연관되는 것인데, 현재상태에 머물러도 만족할 수 있으니 다른 조건을 내걸지 말라는 식의 문화이념으로는 섬세한 분별력이 길러지지 않는다. 섬세한 분별력은 문화적인 힘이라고 할 수 있는 것이고, 이는 교육을 통해 길러지고 그 힘은 다시 문학으로 환원된다. 이러한 순환과정 속에서 가치를 실현하고 의미를 탐구하게 된다.

〈연구 과제〉

1. 본문에 인용한 〈멸입〉을 언어의 섬세함과 세련성의 측면에서 음미해 보고, 민초들의 투박한 언어가 반영되어 있는 작품을 찾아 대비해 보자. 세련된 언어의 감수성이 이데올로기적으로 왜곡될 수 있는지를 생각해 보자.

2. 본문의 <孔子의 生活難>과 관련하여, 이 시에 나오는 나와 너를 소설의 인물로 바꾸어 본 다음, 둘의 대화를 작성해 보자. 그 글을 바탕으로 시의 언어와 소설의 언어의 차이를 설명해 보자.

3. 수필을 문학의 장르 가운데 원형에 해당하는 것으로 상정하고, 수필의 장르가 세분되는 양상을 살펴보자. 서정적 수필, 서사적 수필, 극적 수필 등으로 구분할 경우 각각 언어상 어떤 특징이 있는지 밝혀 보자.

4. 문학의 언어와 관련하여 어떤 편견들이 있는지 알아보고, 그것이 편견인 이유를 밝혀 보자.

〈참고문헌〉

구인환 외, 『문학교육론』, 삼지원, 1990.
우한용, 『채만식소설담론의 시학』, 개문사, 1993.
우한용, 『한국현대소설구조연구』, 삼지원, 1990.
유종호, 『시란 무엇인가』, 민음사, 1995.

Bakhtin, M.M., *The Dialogic Imagination*, Texas University Press, 1982.
Hernadi, Paul, *Beyond Genre*, Cornell University Press, 1972.
Jakobson, Roman, *Language in Literature*, Belknap Harvard, 1987.
Kristeva, Julia, *Desire in Language*, Basil Blackwell, 1980.
Lodge, David, *The Lanuages of Literature*, R.K.P., 1971.
Uspensky, Boris, *A Poetics of Composition*, 김경수 역, 『소설구성의 시학』, 현대소설사, 1992.
Wheelwright, Philip, *Metaphor and Reality*, Indiana University Press, 1962.

제 6 장
문학언어와 일상언어

김 혜 영*

Ⅰ. 문학언어와 일상언어의 성격

우리는 보편적인 감각을 통해 받아들여진 것들에 언어적인 의미를 부여함으로써 언어와 경험의 긴장 관계를 유지해 나간다. 충만한 기쁨의 경험이건 고통의 경험이건 간에 훗날 우리에게 기억되는 것은 경험 자체가 가진 고유한 느낌이 아니다. 감각은 원초적인 인식의 방식이지만 언어에 의한 개념화 과정 없이는 시간의 흐름을 견뎌내지 못한다. 실제로 우리의 경험을 살펴보면, 당시의 극적인 감정의 결들이 섬세하게 보존되어 있는 경우란 많지 않다는 것을 알 수 있다. 우리가 대상을 인식하는 방식은 감각보다는 그러한 감각에 의미를 부여하는 언어의 의미화 작용에 의한 것이다. 그러나 언어는 각양각색의 경험이 가진 질적인 다양성을 모두 포착해서 표현해 주지는 못한다. 즉, 인간의 경험과 언어 사이에는 언제나 틈이 존재하고 있으며 이 틈의 존재성이야말로 기표와 기의, 언어와 현재 관계의 유동성을 짐작케 하는 부분이다.

흔히 언어를 문학언어와 일상언어로 구분하지만 그러한 구분이 타당한 논리에 근거한 것은 아니다. 문학언어를 문학텍스트의 질료로서의 언어라고 규정한다면 그 언어야말로 일상적 소통 체계 속에서 사용되었던 언어와

* 조선대학교 교수. 주요 논문으로 〈최명익 소설의 글쓰기 방식 연구〉, 〈운명의 인식과 극복 –'움직이는 성'〉 등이 있다.

다른 언어가 아니기 때문이다. 문학언어는 일상언어와 동일한 소통의 맥락에 기반을 두고 있지만 일상적인 언어가 실질적 목적을 위한 매개로서의 성격이 강한 언어라면, 문학언어는 표현을 지향하는 자기 목적성을 가진 언어라고 볼 수 있다. 문학언어는 경험과 언어 사이에 존재하는 틈에 관심을 갖고 그것을 의미화하려는 데에 관심을 두며 일상언어는 의사소통의 합리성을 지향하기 때문에 경험과 언어의 단선적인 관계에 주목하려는 성향이 지배적이다.

일상적인 언어 운용의 맥락에서는 의사소통을 통한 의미 전달의 확실성이 주된 목적이 되기 때문에 기표와 기의의 견고한 결합력이 중요한 역할을 한다. 물론 예쁜 아이를 보고 밉게 생겼다고 말하는 것과 같은 관습적인 언어 운용의 맥락에서 비롯되는 예외가 있기는 하지만 보편적으로 기표와 기의, 언어와 지시 대상의 관계에 게재될 수 있는 모호성이 일상언어에서는 대부분 제거된다. 일상적인 언어는 언어가 체험을 재구성하는 과정이나 그렇게 재구성된 언어로 다시 현실을 판단하는 과정을 단순화하여 잠재적인 오해의 가능성을 최소화하는 데 관심을 둔다.

우리가 체험하는 현실은 언어에 의해 매개된 현실이지만 동시에 언어의 운용을 통해서 현실의 한계를 극복할 수 있다. 곧, 언어는 현실을 재현하는 수단이면서 재현된 현실에 대한 기존의 인식 패러다임을 수정하고 확장해 나가는 계기이기도 한 것이다. 문학언어는 일상적인 언어 운용의 맥락을 견제하고 인식의 지평을 확대하기 위한 언어 운용 방식 중의 하나이다. 경험과 언어가 틈을 내재하고 있는 일시적인 결합태라는 사실에 주목하여 기표와 기의의 결합 조건에서 일탈, 고정 관념화되어 있는 현실의 견고한 교섭 양상을 해체하고 새로운 소통의 상황을 마련하는 방식이 그것이다. 경험적인 현실이 언어에 의해 구속되어 있음을 자각하게 하고 그곳으로부터 주체의 억압이 발생함을 발견하도록 하는 것이다.

문학언어와 일상언어는 그 운용 방식에 있어서 서로 다른 지향점을 가진다. 문학언어가 언어와 현실의 관계를 끊임없이 재구성하려는 것을 목적으로 한다면 일상언어의 목표는 보다 직접적인 의사소통에 관여하는 것이다. 그러나 이 두 언어는 서로의 경계를 넘나들 수 있는 교섭 가능성을 지니고 있기 때문에 투쟁과 긴장의 지평 안에 공존하게 된다. 이 지평 안에서 일상언어와 문학언어는 현실 인식의 폭을 확대하고 삶의 균형성을 확보하는 재조정 작업을 수행한다. 이러한 재조정 작업이야말로 창조적인 언어 운용 능력을 상승시키는 동력이기도 하다. 우선, 일상언어의 문학적 운용 방식의 구체적인 예를 살펴본 다음 그러한 언어 운용 방식의 의의는 무엇인가를 논의해 보고자 한다.

Ⅱ. 일상언어의 문학적 운용 방식

1. 일상담론의 직접 차용

일상적인 담론이 문학테스트 안에 수용되는 현상은 빈번하지는 않지만, 일상언어의 문학적 운용에 적절한 범례를 제시해 준다. 일상적 담론의 직접적인 차용은 일상적 담론의 소통 체계가 가진 효과를 의식한 것이다. 일상적 담론의 효과란 바로 사적인 측면을 드러내는 것에서 비롯되는 친숙함의 유발이다. 차용하는 양식이 대부분 직·간접적인 대화체의 변형이기 때문에 수용자는 텍스트 속의 대화 상대자의 위치로 쉽게 전이될 수 있다. 그러므로 일상적 담론의 직접 차용 방식은 수용자와의 공감대를 형성하는데 영향을 미친다.

문학텍스트가 일상적 담론을 직접 차용하는 방식에는 크게 두 가지가 있다. 하나는 실제의 담론 내용이나 신문 기사, 광고 문안, 포스터 등을 직접 인용하는 경우이며 다른 하나는 편지나 일기, 전화, 담화, 심문 등의 양식을 차용하는 경우이다. 전자는 기법적인 측면에서의 새로움을 제시해 줄 수는 있지만 인용이라는 한계를 벗어나지 못하는 단점을 가진다. 후자의 경우는 양식의 차용이기 때문에 문학의 내적 형식의 확대에 기여하는 바가 크다. 특히 소설의 경우, 편지체나 고백체가 초기 근대 소설의 양식을 심화시키는 데 중요한 역할을 한 것에서 출발하여 담화나 전화 통화, 심문 등으로 다양하게 내적 형식의 확대를 도모해 왔다.

김종수 80년 5월 이후 가출
소식 두절 11월 3일 입대 영장 나왔음
귀가 요 아는 분 연락 바람 누나
829-1551

이광필 광필아 모든 것을 묻지 않겠다
돌아와서 이야기하자
어머니가 위독하시다

조순혜 21세 아버지가
기다리니 집으로 속히 돌아오라
내가 잘못했다

나는 쭈그리고 앉아
똥을 눈다

— 황지우, 〈심인〉

이 시에는 신문 광고의 한 부분이 들어와 있다. 사람을 찾는 광고인데 광고가 이 텍스트 안에 들어옴으로 해서 미묘한 시적 분위기를 연출한다. 황지우는 이러한 수법을 다른 시에서도 사용한 바 있다. 일상적인 담론이 시적인 문맥 속에서 균형성을 확보하려면, 시 전체와의 유기적인 연관을 가져야 한다. 신문에서 사람을 찾는 광고의 핍진성이야말로 한 가족의 사적인 이야기를 우리 사회가 직면하고 있는 보편적인 문제로 확대하는 데 있어 적절한 매재가 된다.

〈심인〉이라는 시가 주는 감동의 근원은 바로 일상성 혹은 통속적인 삶의 부분을 시적인 상황으로 끌고 들어온 것에서 시작된다. 떠남과 남음으로 인한 부재의 상황은 모든 삶의 근원적인 문제이기도 하다. 그들의 가출은 한 가정의 문제이기보다는 사회적인 문제이기 때문이다. 가출한 사람을 되찾기 위한 용서와 화해의 움직임은 견고한 것으로 보이는 가족 관계가 실로 가장 무력한 것에 지나지 않음을 말해 준다. 이들의 절박한 하소연은 쭈그리고 화장실에 앉아 있는 시적 화자에게는 아무런 의미도 없다. 김종수, 이광필, 조순혜의 가출은 이미 용서와 화해로서 회복될 수 있는, 귀향할 수 있는 가출이 아니기 때문이다. 찾는 자의 간절한 바람과는 달리 이들은 이미 되돌아 올 수 없는 자들이며 그 거리는 화장실에 앉아 담담하게 기사를 읽고 있는 시적 화자와의 거리로 암시되고 있다. 이 시는 찾는 자, 떠난 자, 보는 자의 관계를 통해 어떤 것도 화해롭게 만나지 못함을 암시한다. 이러한 신문 광고가 문학적 문맥 안으로 들어와 기능을 할 수 있게 된 것은 이 광고의 내용이 야기하는 리듬감과 내재된 함축이 문학적 표현으로 상승되었기 때문이다.

> 우리 아저씨 말이지요? 아따 저 거시기, 한참 당년에 무엇이냐 그 놈의 것, 사회주의라더냐 막덕이라더냐, 그걸 하다 징역 살고 나와서 폐병으로 시방 앓고 누웠는 우리 오촌 고모부 그 양반…….
>
> 뭐, 말도 마시오. 대체 사람이 어쩌면 글세…… 나 원!
>
> 신세 간데없지요.
>
> 자 십 년 적공, 대학교까지 공부한 것 풀어 먹지도 못했지요. 좋은 청춘 어영부영 다 보냈지요, 신분에는 전과자라는 붉은 도장 찍혔지요. 몸에는 몹쓸 병까지 들었지요.
>
> — 채만식, 〈치숙〉에서

채만식의 〈치숙〉은 현실주의자인 조카의 시각으로 사회주의를 하던 삼촌을 비판하고 있다. 수용자가 주인물인 조카와 같은 공간에 있는 것과 같은 효과를 내기 위해 직접적인 대화의 기법과 사투리까지 차용한다. 대화의 기법은 독자 자신을 적극적인 대화 상대자의 입장으로 끌어들임으로써 일상적인 담론과 같은 효과를 얻는다. 독자는 작품이 끝날 때까지 요설적인 화자에 연루된다. 사회주의에 대해 '그 놈의 것', '막덕이라더냐'라고 명명할 수 있는 것은 구어체이기 때문에 가능한 부분이다. 또한 이 작품은 몇 가지의 시각이 엇갈리면서 중층효과를 얻고 있다. 사회주의자인 삼촌을 비판하면서 그에 비해 자신이 얼마나 잘살고 있는지를 역설하는 화자의 노선, 그런 화자 자신이 비난 받아야 할 대상으로 존재하는 노선, 화자의 발언이 현실적으로 인정할 수 있는 부분을 갖추고 있다는 시각에서 다시 삼촌에 대해 비판적인 관점을 유지하는 노선이 그것이다. 이러한 중층효과가 가능한 것도 믿을 수 없는 화자와 대화체가 맞물려 역설적인 현실 비판 기능을 수행하기 때문이다.

> 전화 바꿨습니다. 어쩐 일이세요? 형님이 전화를 다 주시구. 거는 건 언제나 제 쪽에서였잖아요. 말도 저만 하고 형님은 듣기만 하셨죠. 여북해야 혼자서 마냥 지껄이다가 문득 형님은 시방 수화기를 살짝 문갑 위에 올려 놓고 딴 일을 보고 계실거다 싶은 생각이 들 적이 다 있었겠어요. 그러면 저도 입 다물고 전화기를 귀에다 바싹대고 기다렸죠. 숨도 크게 안 쉬시는 고상한 우리 형님이시니 무슨 소리가 들릴 리 없죠. 형님은 나빠요. 어쩜 그렇게 인기척이라곤 없이 남의 말을 들을 수가 있어요. 연결된 전화통에서 아무 소리도 안들리는 느낌이 어떤 건지 아마 형님은 모르실 거예요. 절벽 같아요. 내가 뛰어 내리지 않으면 누가 떠다밀리가도 할 것 같은 절벽 말예요. 그래요. 형님은 제 수다가 정 듣기 싫으면 이제 그만 두게, 말로 하시지 그러실 분이 아니라는 건 저도 알아요. 마음이 꼬이면 별 생각을 다 하나 봐요. 그렇지만 절벽 같은 적막 끝에 들려오는 소리도 뭐 그렇게 정 붙은 소리는 아니더라구요.
>
> 박완서, 〈나의 가장 나종 지니인 것〉에서

이 작품은 대표적인 일상적 담론인 전화 통화를 문학적 양식으로 수용하고 있다. 전화 양식은 전화 통화가 가장 일상적인 담화의 형태 중 하나라는 것에서 출발하기 때문에 수용자는 전화 통화가 친숙한 담화의 형태임에서 비롯되는 전제들을 무리없이 받아들이게 된다. 전화 통화란 대부분 사소하고 사적이며 그런 이유로 일상적이다. 전화 양식이라는 전제들 속에서 화자의 수다스러움은 오히려 자연스러운 것이 된다. 화자의 수다를 자연스러운 것으로 받아들이게 되면서 우리는 화자의 억압된 상처를 알게 된다. 화자의 수다스러움이야말로 이러한 상처를 견디어 내는 방식 중의 하나이며 상처를 상처 아닌 것으로 바라보게 하는 방식의 하나인 것이다.

전화 통화는 직접 상대방과 마주 앉은 상태의 대화와는 달리 청자의 상태를 직접 알 수 없다. 그렇기 때문에 이 작품에서의 화자는 형님의 침묵 앞에서 절벽같은 막막함을 느끼게 된다. 화자는 아들의 죽음을 겪은 후 자신의 어려운 상황을 극복하기 위한 주문으로 은하계를 떠올린다. 침묵 앞에서 수다, 광대한 은하계 앞에서의 삶의 잡스러움을 인식하는 것은 삶의 무게를 덜어내기 위한 과정이다. 그런 맥락에서 본다면 수다스러움의 삶의 무겁지 않음, 혹은 무거울 수 없음을 확인하는 절차적 의미를 지닌다. 수다스러움, 삶의 사소함, 전화 양식의 연결을 통해 일상 담론 양식화의 한 경향을 구조화할 수 있다.

2. 수사학적 변용

언어적 표현이 무엇인가를 지시함으로써 감정이나 태도에 영향을 미치는 경우를 정서적 감응이라고 한다. 문학언어는 일상적 언어 사용을 적절하게 변형, 정서적 감응을 유발할 수 있는 전략을 구사한다. 고대 가요나 향가 등에서 나타나듯이 언어가 지시 대상에 직접적으로 영향을 미칠 수 있다고 보는 의도적인 발화의 형태에서 정서적 감응의 기원을 찾을 수 있다. 언어가 지시대상에 직접 작용할 수 있다는 언어관이 폄하되고 기능적 언어관이 우세해지면서 오히려 언어와 수용자와의 관계에 주목하는 경향을 띤다. 수용자를 공감의 영역으로 끌어들여 화자의 태도를 이해시키고자 하는, 화자와 수용자 사이의 직접성이 부각된다. 정서적 감응을 위해서는 일상 언어를 수사학적 장치를 통해 변형시켜야 하는데 주로 음의 반복, 리듬, 어순 바꾸기, 비유 등의 방식이 많이 사용된다.

우리 모두 화살이 되어
온몸으로 가자
허공 뚫고
온몸으로 가자
가서는 돌아오지 말자
박혀서
박힌 아픔과 함께 썩어서 돌아오지 말자

우리 모두 숨 끊고 활시위를 떠나자
몇십년 동안 가진 것
몇십년 동안 누린 것
몇십년 동안 쌓은 것
행복이라던가
뭣이라던가
그런 것 다 넝마로 버리고
화살이 되어 온몸으로 가자

고은, 〈화살〉에서

이 시는 '화살이 되어 온몸으로 가자'는 의미를 반복적으로 재현한다. 화살이 되어 온몸으로 가는 비장함은 '가서는 돌아오지 말자'에서 절정을 이룬다. 화살이 되어 온몸으로 가기 위해서는 몇십년 동안 가진 것, 누린 것, 쌓은 것, 예를 들면 행복이나 뭣으로 표현되는 그런 것을 다 넝마로 여겨야 한다. 우리에게 가치 있는 것으로 여겨지는 가진 것, 누린 것, 쌓은 것을 일시에 다 버리고 과녁을 향해 활시위를 떠나는 일이란 쉬운 일이 아니다. 그러기에 시적 화자는 반복적 어법으로 우리의 일상이 넝마에 불과한 것임을 주장한다. 반복적인 의미에 노출된 독자는 시적 어조에 쉽게 굴복당하게 된다. 시인이 노리는 바는 바로 이것이다. 일회적인 말하기보다는 같은 어조의 되풀이를 통해 설득력 있게 독자를 끌어들이고 있으며 바로 이러한 수사적 전략이 독자의 정서적 감응을 이끌어 낸다.

날더러 진달래꽃을 노래하라 하십니까
이 가난한 시인더러 그 적막하고도 가엾은 꽃을
이른 봄 산골짜기에 소문도 없이 피었다가
하루 아침 비바람에 속절없이 떨어지는 그 꽃을
무슨 말로 노래하라 하십니까

노래하기에 너무도 슬픈 사실이외다
백일홍같이 붉게붉게 피지도 못하는 꽃을
국화와같이 오래오래 피지도 못하는 꽃을
모진 비바람 만나 흩어지는 가엾은 꽃을
노래하느니 차라리 붙들고 울 것이외다

박팔양, 〈너무도 슬픈 사실—봄의 선구자 진달래를 노래함〉에서

위의 시도 반복의 효과를 보여주면서 동시에 어순의 도치에 의해 절제된 감정의 상태를 표현하고 있다. 1연을 "날더러 그 적막하고 가엾은 꽃, 소리도 없이 피었다가 하루 아침 비바람에 속절없이 떨어지는 진달래를 노래하라 하십니까?"라고 전후 문맥에 따라 배치했다면 진달래를 노래할 수 없는 시적 화자의 절박함을 드러내지 못했을 것이다. 1연의 1행을 의문의 형식으로 강조하여 제시하면서 오히려 순차적인 문맥보다 독자의 흥미를 유도해 낸다. 2연에 있어서도 마찬가지다. 백일홍같이 붉고 국화같이 오래 피는 꽃이 아닌, 가엾은 꽃을 노래하기에 너무도 슬프기 때문에 진달래를 노래하지 못한다는 것이다. 1연과 같이 도치된 문맥 속에서 독자의 감정을 텍스트의 흐름에 동화시키는 효과를 거둔다.

시는 은유의 양식이라고 할 만큼 비유의 기능은 시에서 본질적이다. 잘 알려진 대로 은유는 A=B라는 형식으로 이루어진다. 과학적 안목으로 본다면 이해하기 어려운 언어의 용법이다. 나무가 사람이 될 수 없으며, 고통과 환희는 서로 다른 정신 영역이기 때문이다. 그러나 은유의 힘은 서로 다른 영역을 차원이 다른 세계로 융합·형성하는 데 있다.

다음은 조지훈의 〈승무〉라는 시이다. '승무'를 추는 과정을 시로 형상화하여 놓은 절창이란 평을 듣는 작품이다.

얇은紗 하이얀 고깔은 고이접어서 나빌레라

파르란이 깎은 머리 薄紗고깔에 감추오고
두볼에 흐르는 빛이 정작으로 고와서 서러워라.

뷘臺에 黃燭불이 말없이 녹는밤에
오동닢 잎새마다 달이 지는데

소매는 길어서 하늘은 넓고
돌아설 듯 날아가며 사뿐이 접어올린 외씨보선이여!

깜안 눈동자 살포시 들어
먼하늘 한 개 별빛에 모도우고

복사꽃 고운뺨에 아롱질 듯 두방울이야
世事에 시달려도 煩惱는 별빛이라

휘어져 감기우고 다시접어 뻗는 손이
깊은 마음속 거룩한 合掌인양하고

이밤사 귀또리도 지새는 三更인데
얇은紗 하이얀 고깔은 고이접어서 나빌레라.

— 조지훈, 〈僧舞〉

첫 시행부터 은유가 동원되었다. 얇은 비단을 정갈하게 고이 접어 만든 고깔은 한 마리의 나비로 존재가 변환되어 있다. 승무를 추는 공간을 밝히고 있는 황초불은 인간적 존재로 변환되어 있다. 그래서 '말없이' 녹는다. '소매는 길어서 하늘은 넓고' 하는 시행 또한 그 바닥에 은유를 깔고 있다. 소매가 단순히 길게 뻗어나간다는 것이 아니라 하늘의 공간을 상상공간에 이끌어들인다. 그런데 이 시에 동원된 은유 가운데 압권은 '세사에 시달려도 번뇌는 별빛이라'하는 것이다. 승무를 추는 과정은 세상살이에 시달리는 범속한 사람이 그 예술의 과정을 통하여 자기정화를 이룩해 낼 수 있다는 점을 형상화한 데서 그 힘이 발휘된다. '번뇌=별빛'의 인식은 은유가 아니고는 도저히 이루어낼 수 없는 경지이다. 현실의 안타까움과 고달픔을 훨

훨 털어버리고, 아니 안으로 삭여 별빛을 빚어내는 은유의 힘이 아니라면 이 시는 춤사위를 묘사한 그저그런 작품이 되고 말았을 것이다.

3. 낯설게 하기

낯설게 하기는 관습화된 일상언어의 사용에서 일탈하여 언어와 사물에 대한 새로운 지각을 확보하려는 장치이다. 러시아 형식주의자 쉬클로프스키는 기존의 언어를 낯설게 하는 것에서 문학언어를 변별하고 있다. 예술가가 저항해야 할 부분은 일상과 습관의 힘이기 때문에, 대상을 습관적 문맥에서 분리시키고 본질적으로 다른 개념들 사이에 위치시킴으로써 상투적 표현과 기계적 반응에 충격을 가한다는 것이다. 낯익은 사물을 마치 처음 보는 것처럼 묘사하는 것이나 학문적인 용어 대신 불경스럽고 세속적인 용어를 사용하는 경우, 의미론적 전환이 일어나게 된다. 이러한 의미론적 전환에서 일탈이 만들어지며 이 일탈을 미학적인 인식의 핵심이라고 본다. 은유 속에 내재하는 의미의 전이나 리듬 등을 통해 일상적인 의사 소통을 방해, 수용자로 하여금 새롭게 현실을 인식할 수 있도록 하는 것이 낯설게 하기의 목적이다. 낯설게 하기는 그 핵심을 언어 자체에 두는 경우와 대상에 두는 경우로 구분할 수 있다.

13인의 兒孩가道路로疾走하오
(길은막다른골목이適當하오)

第1의兒孩가무섭다고그러오.
第2의兒孩가무섭다고그러오.
第3의兒孩가무섭다고그러오.
第4의兒孩가무섭다고그러오.
第5의兒孩가무섭다고그러오.
第6의兒孩가무섭다고그러오.
第7의兒孩가무섭다고그러오.
第8의兒孩가무섭다고그러오.

第9의兒孩가무섭다고그러오.
第10의兒孩가무섭다고그러오.

第11의兒孩가무섭다고그러오.
第12의兒孩가무섭다고그러오.
第13의兒孩가무섭다고그러오.
13人의兒孩는무서운兒孩와무서워하는兒孩와그렇게뿐이모였소.
(다른事情은없는것이차라리나았소)

그中에1人의兒孩가무서운兒孩라도좋소
그中의2人의兒孩가무서운兒孩라도좋소.

그中에2人의兒孩가무서워하는兒孩라도좋소
그中에1人의兒孩가무서워하는兒孩라도좋소

(길은뚫린골목이라도適當하오.)
13人의兒孩가道路로疾走하지아니하여도좋소.

이상, 〈詩第一號〉

이상의 〈시제1호〉는 언어 자체를 낯설게 하는 전략을 사용한다. 우선, 띄어쓰기가 무시되고 무의미한 것처럼 보이는 진술이 반복되며 앞의 진술 내용을 번복하는 등의 전략은 기존의 시관습에서 과감한 일탈을 보인다. 제목에서도 조감과 오감 사이의 의미론적 전환으로 공포스럽고 불안한 분위기를 조성한다. 제1의 아이로부터 제13인의 아이에 이르기까지 무작정 질주하는 모습은 전후의 연결성을 갖지 못하기 때문에 무의미한 반복이 된다. 막다른 골목/뚫린 골목, 무서운 아해/무서워 하는 아해, 질주함/질주하지 않음 사이의 맥락도 인과적인 설명에서 벗어나 있다. 이러한 인과성의 상실을 부각시킴으로써 대립과 등치의 경계를 해체해 버린다. 이 시가 의도하는 바는 결국 문학이 소통될 수 있는 언어로 구성되어 있다는 것을 부정하려는 것이다.

그날 예배는 아주 잼병이었요. 웬일인지 예배 다 끝날 때까지 어머니는 성이 나서 강대만 향하여 앞으로 바라보고 앉았고, 이전 모양으로 가끔 나를 내려다보고 웃는 일도 없었어요. 그리고 아저씨를 보려고 남자석을 바라다보아도 아저씨도 한 번도 바라다보아주지 않고 성이 나서 앉아 있고, 어머니는 나를 보지도 않고 공연히 꽉꽉 잡아 당기지요. 왜 모두들 그렇게 성이 났는지! 나는 그만 으아 하고 한 번 울고 싶었어요. 그러나 바로 멀지 않은 곳에 우리 유치원 선생님이 앉아 있는 고로 울고 싶은 것을 아주 억지로 참았답니다.

주요섭, 〈사랑손님과 어머니〉에서

〈사랑손님과 어머니〉는 대상을 낯설게 기술하기 위해 여섯 살 난 옥희의 시선으로 어머니와 사랑손님의 사랑을 그려내고 있는 작품이다. 이러한 화자 제시가 가져오는 효과는 우리가 쉽게 개념화해 버리는 대상이 그것을 처음 본 사람에게는 어떻게 보일 것인가의 문제, 즉 낯익은 대상을 처음 보았을 때의 지각을 상기시키는 것이다. 아이는 세심하게 사랑손님과 어머니의 일거일동을 관찰하고 있으나 관찰된 상황만을 설명할 수 있을 뿐이지 그것이 무엇을 의미하는가에 대해 알지 못한다. 이 알지 못하는 것에서 대상을 바라보는 새로운 시각을 얻게 된다. 어머니가 교회에 다닌다는 것을 옥희로부터 들은 사랑손님은 어머니를 보기 위해 교회에 나오게 된다. 어머니가 사랑손님이 교회에 나왔다는 것을 알게 되면서 갑자기 성난 사람의 태도로 돌변하는 정황을 아이다운 시각으로 서술한다. 서로 자신의 감정을 숨기기 위해 애쓰는 모습을 성난 사람의 모습으로 볼 수 있는 시각을 가진 사람은 아이들밖엔 없을 것이다. 아이의 눈을 통해 어머니와 사랑 손님의 사랑은 고뇌니 갈등이니 하는 개념화의 틀에서 벗어나 성난 사람의 모습으로서 생생하게 살아나게 된다.

Ⅳ. 일상언어의 문학적 운용의 의의

문학언어가 일상언어에 기반을 두고 있지만 일상언어의 차원과는 다른 지점을 설명하기 위해서 문학언어의 운용 방식을 살펴 보았다. 문학언어가 일상적으로 사용되는 언어를 어떻게 변형시키는가에 대해 크게 세 가지 방식에서 접근이 가능했다. 일상 담화를 직접 차용하는 경우와 수사학적 장치로 일상언어를 변화시키는 경우, 마지막으로는 낯설게 하기를 통해 일상언어나 일상적 지각 방식에서 일탈을 도모하는 방식이 있었다. 문학언어가 일상언어를 변형시키는 이러한 방식의 의의는 언어와 현실의 관계를 재구성하려는 데에서 찾을 수 있다. 그렇다면 언어와 현실의 관계를 재구성하는 것의 의미는 무엇일까.

언어와 현실을 재구성하려는 문학언어는 문학적인 언어 운용 방식을 일상언어로부터 분리, 차별화시키려는 것에 목적이 있는 것이 아니고 삶의 근거가 되는 일상언어를 심화·확장시키는 데 목적이 있다. 흔히 문학적 언어는 자기 목적성을 지니고 있다고 한다. 문학 언어의 자기 목적성은 표현 자체의 지향성으로도 설명된다. 문학언어가 언어 자체를 위해서 사용된다고 하더라도 그것 때문에 실재와의 관련성을 상실하는 것은 아니다. 언어는 역사적 산물이자 현재에도 부단히 재생산되는 것으로 이데올로기적이기 때문이다. 그러므로 문학언어의 실제적인 의미는 표현 자체의 지향성과 지시대상과의 관여성 사이에서 길항하는 언어의 이중적 긴장감에서 찾을 수 있다. 이러한 이중적 긴장감에서 문학언어가 일상언어로부터의 초월을 꿈꾸는, 일상언어와 단절된 언어가 아니라 일상언어로의 귀환을 지향하는 언어임을 알게 된다.

문학언어가 언어와 현실의 관계를 재구성한다는 것의 의미는 바로 여기에 있다. 앞에서 논의한 것처럼 일상언어와 문학언어는 기본적으로 의사소통성에 바탕을 두고 있기 때문에 문학언어가 표현 자체를 지향한다고 하더라도 온전하게 지시 대상과의 관계를 벗어날 수는 없다. 문학언어의 표현 자체의 지향성이야말로 지시대상과의 관계를 재구성하기 위한 성찰적인 작업이다. 해체와 재구성의 절차를 통해 문학언어와 일상언어는 투쟁과 긴장의 장을 형성한다. 이러한 투쟁과 긴장의 장이 구성하는 의미를 문학언어와 일상언어 중 어느 하나에 다른 하나를 동일화시키기 위한 것으로 설명하는 방식에서 벗어날 때, 우리는 문학언어와 일상언어의 실제적 의미를 파악할 수 있다.

〈연구 과제〉

1. 은유 속에 내재하는 의미의 전이나 리듬을 통한 낯설게 하기의 예를 찾아보자.

2. 문학적인 표현이 일상화되어 상투적인 표현이 된 예를 찾아보고 그러한 과정을 밟게 된 원인은 어디에 있는지를 고찰해 보자.

3. 자신의 일기를 문학적으로 양식화할 때 갖추어야 할 조건은 무엇인가를 생각해 보자.

4. 구체적인 작품을 들어 일상언어가 문학언어로 변형된 양상과 그 의의는 무엇인가를 설명해 보자.

〈참고문헌〉

김욱동, 『대화적 상상력』, 문학과지성사, 1991.

Jan Mukarzovsky, 조주관 편역, "시어란 무엇인가?", 『시의 이해와 분석』, 열린책들, 1994.

Jurij Lotman, *Strukture Khudo zhestvennogo teksta*, 유재천 역, 『예술 텍스트의 구조』, 고려원, 1991.

Mikhail M. Bakhtin, *Formal'nyi metod v literaturovedenii*, 이득재 역, 『문예학의 형식적 방법』, 문예출판사, 1992.

Roman Jakobson, 신문수 편역, 『문학 속의 언어학』, 문학과지성사, 1992.

Victor Erlich, *Russian Formalism : History, Doctrine*, 박거용 역, 『러시아 형식주의』, 문학과지성사, 1983.

제 7 장
언어적 조형물로서의 시

최 미 숙*

Ⅰ. 시를 왜 읽는가

현대사회는 각종 대중매체의 눈부신 발달로 독자들이 접할 수 있는 매체의 종류가 다양해졌다. 주로 인쇄물을 통해 지적·정서적 만족을 얻던 시대에서 벗어나 우리는 언제든지 각종 책이나 잡지는 물론이고, TV·비디오·컴퓨터 등을 통해 무궁무진한 정보의 세계와 만날 수 있다. 달리 표현하면 TV나 비디오가 한 편의 시집보다 우리를 더 쉽게 유혹하고, 또 더 쉽게 빠져들게 하는 세계에 우리는 살고 있는 것이다.

이런 상황에 주목하면서 문학의 존재 이유에 대해 의문을 표시하는 경우가 많아지고 있다. 그것은 문학작품을 찾는 독자들의 발길이 예전과 같지 않다는 생각에서, 또 과학자나 과학기술이 차지하고 있는 사회적 중요성에 비추어 작가나 문학작품의 비중이 상대적으로 축소되었다는 생각에서 나온 사고일 것이다.

그러나 문학작품은 TV나 비디오, 컴퓨터 등으로는 채우기 어려운 지적·정신적 가치를 지니고 있다는 점을 간과해서는 안 된다. 특히 언어를 표현 매체로 삼고 있는 문학은 인간의 정신적 욕구를 채우는 데 적절한 형식이다. 문학은 구체적 사물현상에 대한 경험을 총체적으로 표현할 수 있

* 상명대학교 교수. 주요 논문으로 〈한국모더니즘시의 글쓰기방식에 관한 연구〉, 〈시 텍스트의 해석 원리에 관한 연구〉, 〈키치와 문학교육〉 등이 있다.

을 뿐만 아니라 시공에 위치시킬 수 없는 비지각적 경험을 반성적으로 드러낼 수 있다. 실제로 문학이 표현하려는 대상은 감각적, 지각적 대상이기보다는 이러한 정신적 경험들인 경우가 대부분이다.

문학은 언어를 매체로 표현하는 예술의 한 양식이다. 문학에서의 언어사용은 일상언어의 사용과 다른 특성을 지니고 있다. 문학의 언어는 일상의 언어를 그 매체로 사용하고 있기는 하되 일상의 언어를 동일한 방식으로 사용하는 것이 아니라 작가의 면밀한 계획 아래 일상의 언어가 갖고 있는 속성을 확대하거나 창조적으로 변형하면서 표현한다. 특히 시의 경우 그런 특성은 더욱 잘 드러난다.

일상언어의 주된 기능은 대상을 있는 그대로 전달하고자 하는 지시적 기능이다. 즉, 대상이 지니고 있는 정보를 손상시키거나 왜곡시키지 않고 객관적으로 전달하려는 욕구가 강하다. 반면에, 문학 특히 시는 대상에 의해 환기된 정서를 시인의 언어로 재창조하는 과정을 거치면서 표현한다. 따라서 시에서는 정서를 언어로 재창조하는 방식이 중요하다. 여기서 주의할 점은 시가 단순한 언어적 조형만으로 그치지 않는다는 점이다. 그러한 언어적 조형의 방식을 통해 결국 무엇인가를 드러내고자 하기 때문이다. 따라서 시에서의 언어가 이미 정해져 있는 내용을 꾸미기 위한 장식적 의미의 수단이라는 견해는 잘못된 것이다.

이 글에서는 이러한 관점 아래 '언어형식의 의미화', '병치', 그리고 '시행걸침'을 중심으로 '언어적 조형물로서의 시'의 특성에 대하여 살펴보고자 한다.

II. 언어예술로서의 시

1. 언어형식의 의미화

시에서 언어운용 방식은 단순히 의미하는 바를 잘 드러내기 위한 수단이나 혹은 장식적 차원에 그치는 것이 아니라 운용방식 자체가 독특한 의미를 획득한다는 것에 주목할 필요가 있다. 또 언어의 운용방식뿐 아니라 언어기호의 형식 또한 형식 자체에서 그치는 것이 아니라 그것이 끊임없이 의미화되는 특성을 지닌다.

로트만(Jurij Lotman : 1922~1993)에 의하면 언어예술은 언어학적 기호로서 기본적인 속성, 즉 표현의 차원과 내용의 차원 사이의 자의성을 극복하려는 노력과 함께 시작된다. 일상언어에서 기호는 표현의 차원과 내용 차원의 결합이 자의적이지만, 예술언어에서 기호들은 도상적(圖像的)이며 재현적(再現的)이라는 것이다.

여기서 도상(圖像)의 성격이 무엇인지 알아 둘 필요가 있다. 기호학자 퍼스(Charles Sanders Peirce : 1839~1914)는 기호의 세 가지 유형을 제시했는데, 퍼스에 의하면 기호에는 도상[상형적(iconic)인 것], 指標[연상적(indexical)인 것], 象徵[상징적(symbolic)인 것]이 있다. 첫째, '상형적' 기호는 어떤 사물을 찍은 사진과 같이 기호가 그 나타내는 바와 닮은 것이다. 둘째, 기호가 그 대상을 연상시키는 '연상적'인 것이 있는데, 연기와 불, 반점과 홍역이 그 예가 될 수 있다. 예컨대, 우리가 멀리서 연기가 나는 것을 볼 때면, 곧 불이 났을 것이라고 짐작할 수 있는 것이다. 셋째, 소쉬르(Ferdinand de Saussure : 1857~1913)에서처럼 그 시대상과 자의적이거나 관습적으로만 연결된 '상징적'인 기호가 있다.

여기서 도상은 기호에 의하여 어떤 유사성이나 또는 닮음의 '적합성'이 나타나 있고, 수신자에 의해서도 그것이 인정되는 경우이다. 예컨대 도형이나 그림은 그것이 나타내고 있는 것과 닮아 있는 한, 그것에 대해 도상적인 관계를 맺고 있는 것이다. 한국 지도는 한국 영토의 도상이다. 제도판 위에 펼쳐진 설계도는 앞으로 만들어질 어떤 기계, 어떤 구조물의 도상이다. 교회 종탑 위에 높이 달려 있는 십자가는 2천 년 전 골고다산 위에서 예수가 처형당한 십자가 형틀의 도상이다.

이러한 도상적 성격을 띠는 예술 텍스트에서는 언어의 형식적 요소가 끊임없이 의미화되는 현상이 발생한다. 즉, 일상언어에서는 아무런 의미가 없는 어떤 언어 기호의 형식상의 특징이 문학 텍스트에서는 하나의 의미를 띠게 되며, 시 텍스트는 극단적인 경우 일상언어의 모든 형식적 요소를 의미화할 수 있다는 것이다. 이러한 의미에서 루이스(Cecil Day-Lewis : 1904~1972)는 《시의 이해》(*Poetry for You,* 1944)에서 말하기를, 가령 일상어에서 음의 반복은 별다른 의미를 지니지 못하지만 시 텍스트에 등장하는 음의 반복은 일반적으로 추론이나 논의하려는 마음을 잠재우는 대신 추억이나 정서, 상상력 등을 일깨워 준다고 하였다.

넓은 벌 동쪽 끝으로
옛이야기 지줄대는 실개천이 휘돌아 나가고,
얼룩백이 황소가
해설피 금빛 게으른 울음을 우는 곳,

---- 그곳이 참하 꿈엔들 잊힐 리야.

질화로에 재가 식어지면
뷔인 밭에 밤바람 소리 말을 달리고,
엷은 조름에 겨운 늙으신 아버지가
짚벼개를 돋아 고이시는 곳,

---- 그곳이 참하 꿈엔들 잊힐 리야.

흙에서 자란 내 마음
파아란 하늘 빛이 그립어
함부로 쏜 화살을 찾으려
풀섶 이슬에 함추름 휘적시든 곳,

---- 그곳이 참하 꿈엔들 잊힐 리야.

전설바다에 춤추는 밤물결 같은
검은 귀밑머리 날리는 어린 누이와
아무렇지도 않고 예쁠 것도 없는
사철 발 벗은 아내가
따가운 햇살을 등에 지고 이삭 줍던 곳,

---- 그곳이 참하 꿈엔들 잊힐 리야.

하늘에는 성근 별
알 수도 없는 모래성으로 발을 옮기고,
서리 까마귀 우지짖고 지나가는 초라한 지붕,
흐릿한 불빛에 돌아앉아 도란도란거리는 곳,

---- 그곳이 참하 꿈엔들 잊힐 리야.

— 정지용, 〈鄕愁〉 전문

이 시 2연에 '뷔인 밭에 밤바람 소리 말을 달리고'라는 시행이 있다. 겨울밤에 밖에서 들리는 바람소리를, 말이 달린다는 표현을 빌어 표현한 시행이다. 이 시행에 'ㅂ'음이 4번이나 등장하는데, 짧은 시간 내에 자주 반복되면서 속도감을 형성하고 있다. 이러한 'ㅂ'음의 반복은 가을걷이를 하고 비어 있는 밭에서 들리는 차가우면서도 황량한 겨울 바람 소리를 효과적으로 나타내는 역할을 하고 있다. 또 3연에 나타나는 'ㅎ'음의 반복도 주목할 만하다. 3연은 가난하게는 살았지만 꿈을 가지고 동심을 키우던 유년시절의 이상을 표현하고 있다. 당연히 시적 화자는 힘찬 어조로 노래할 수밖에 없는데, 여기에 '흙, 하늘, 함부로, 화살, 함추름, 휘적시던' 등 후두음 'ㅎ'음의 잦은 반복은 상승적인 어감의 형성에 기여하고 있다. 이렇듯 시텍스트에서는 아주 작은 단위인 음의 반복도 그 시의 의미를 효과적으로 형성하는 데 중요한 역할을 한다.

시에서는 이러한 음의 반복뿐만 아니라 시행이 배열되는 방식도 의미화되는 특성을 볼 수 있다.

향단(香丹)아 그넷줄을 밀어라.
머언 바다로
배를 내어밀듯이,
향단아,

이 다소곳이 흔들리는 수양버들나무와
베갯모에 놓이듯 한 풀꽃더미로부터,
자잘한 나비 새끼 꾀꼬리들로부터,
아주 내어밀듯이, 향단아,

산호도 섬도 없는 저 하늘로
나를 밀어올려다오.
채색한 구름같이 나를 밀어올려다오
이 울렁이는 가슴을 밀어올려다오!

서(西)으로 가는 달같이는
나는 아무래도 갈 수가 없다.

바람이 파도를 밀어올리듯이
그렇게 나를 밀어올려다오
향단아.

— 서정주, 〈추천사 – 춘향의 말 1〉 전문

'춘향의 말'이라는 부제를 달고 있는 이 시는 춘향이가 향단에게 그네를 밀어 올려 달라면서 하는 말이 의미의 중심축을 형성하고 있다. 이 시에서 '그네'는 현실적인 괴로움으로부터 벗어나고자 하는 욕망과 그럼에도 불구하고 다시 원래의 자리로 되돌아 올 수밖에 없는 운명적 상황을 의미하는 매개체이다. 여기에서 1연과 2연의 행 배치를 눈여겨 볼 필요가 있다.

1연은 2연에 비해 상대적으로 시행의 길이가 짧다. 그래서 비교적 느린 호흡으로 읽힌다. 1행은 3음보인데 반해 2행과 3행은 각각 2음보이다. 그러나 실제로는 '머언', '내어밀듯이' 등 호흡이 긴 시어로 인해 3음보를 실현할 수 있기 때문에 천천히 읽힌다. 4행도 '향단아'라는 3음절이 한 행을 구성하고 있는데, 앞에서 천천히 읽던 속도가 있기 때문에 역시 천천히 읽힌다. 그런데 2연에서 호흡은 갑자기 빨라지면서 격렬해지고 있다. 특히 자신이 벗어나고픈 지상의 괴로움들을 열거하는 부분에서 시행이 길어지고 빠른 호흡을 유도하고 있는데, 그것은 괴로움의 정도와 그것으로부터 벗어나려는 춘향이의 고조된 갈등을 표현하는 데 효과적으로 사용되고 있다. 짧은 시행으로 이루어진 1연은 천천히 읽히고, 긴 시행으로 이루어진 2연은 빨리 읽히는데, 그것은 낭송의 속도만을 나타내는 것이 아니라 시적 화자의 정서를 한층 효과적으로 드러내는 역할을 하고 있는 것이다. 이렇듯 시에서는 시행의 배치조차도 단지 시각적인 차원에서 그치는 것이 아니라 나름의 독특한 의미를 형성하거나 혹은 어떤 특정한 의미를 더욱 효과적으로 드러내는 역할을 한다.

2. 언어의 병치

시텍스트의 언어운용 방식 중에 대표적인 것으로 병치(倂置)를 들 수 있다. 병치란 유사한 형태의 시행이나 이미지를 병렬시킴으로써 새로운 의미를 창조하는 은유의 한 형태이다. 병치는 형태가 비슷한 언어 표현을 전제로 한다. 아무런 관련이 없어 보이는 두 개 이상의 시행이 시에서 서로 병치됨으로써, 일상적 의미와는 다른 새로운 의미로 전환된다. 독자는 병치되고 있는 시행들을 서로 결합시키면서 그것이 드러내고자 하는 새로운 의미가 무엇인가를 생각하면서 읽어야 한다.

우선 병치되고 있는 의미항들에서 유사성이 드러나는 시를 읽어보자.

저 묘지에서 우는 사람은 누구입니까
저 파괴된 건물에서 나오는 사람은 누구입니까
검은 바다에서 연기처럼 꺼진 것은 무엇입니까
인간의 내부에서 사멸된 것은 무엇입니까
일년이 끝나고 그 다음에 시작되는 것은 무엇입니까
전쟁이 빼앗아간 나의 친우는 어데서 만날 수 있읍니까
슬픔 대신에 나에게 죽음을 주시오.

인간을 대시하여 세상을 風雪로 뒤덮어주시오.
건물과 창백한 묘지 있던 자리에
꽃이 피지 않도록.
하루의 一年의 戰爭의 悽慘한 追憶은
검은 神이여
그것은 당신의 主題일 것입니다

— 박인환, 〈검은 神이여〉 전문

이 시는 '____ 은 누구입니까', '____ 은(는) 무엇입니까'라는 동일한 통사구조를 전제로, '______ 은(는)'에 해당하는 시구들이 병치되어 있다. '_____은(는)'에 해당하는 시구들은 동일한 위치에 병치되어 있기 때문에 등가의 의미를 지니게 된다. 병치되어 있는 시구들은 '묘지에서 우는 사람', '파괴된 건물에서 나오는 사람', '검은 바다에서 연기처럼 꺼진 것', '인간의 내부에서 사멸된 것', '일년이 끝나고 그 다음에 시작되는 것' 등의 표현에서 알 수 있는 것처럼 어떤 공통적인 의미를 지니고 있는 것들이다. 그 공통적인 의미란 '죽음', '파괴', '소멸' 등의 이미지와 관련된다. 이 이미지들을 포함하는 가장 중심적인 것은 '죽음'의 이미지라고 할 수 있으며, 그것은 '검은 神'의 주제인 전쟁으로 인한 것이다.

이렇듯 이 시는 전쟁과 관련된 이미지들을 병치하고 있는데 이런 이미지들을 병치시킴으로써 '죽음'의 의미에 대하여 반복해서 묻고 있다. 반복되고 있는 물음의 형태는 어떤 확답을 듣기 위한 것이라기보다는 독자들을 이 물음 속으로 함께 끌어들임으로써 병치되고 있는 의미들에 대해 같이 고민하게 하려는 의도에서 나온 듯하다. 그 속에서 우리는 전쟁으로 인해 일체의 희망과 믿음이 부서져 버린 인간의 내면과 허망함을 느낄 수 있다. 전쟁은 인간의 가치를 너무도 허망하게 부수어 버리고 폐허로 만들어버리는 것이다.

우리가 이 시에서 각 시행에 공통적으로 전제가 되어 있는 이미지를 추출할 수 있었던 것은 바로 '_____은 누구입니까', 혹은 '______은 무엇입니까'라는 동일한 통사구조를 바탕으로 한 것이었다. 시에서 병치는 그것을 인식하게 해 주는 표지를 항상 갖고 있다. 다음 시도 이러한 특성을 보여 주는 좋은 예이다.

> 李太白이가 술을 마시고야 詩作을 한 理由,
> 모르지?
> 구차한 문밖 선비가 벽장문 옆에다
> 카잘스, 그람, 쉬바이쩌, 에프스타인의 사진을 붙이고 있는 理由,
> 모르지?
> 老年에 든 로버트 그레브스가 戀愛詩를 쓰는 理由,
> 모르지?
> 우리집 食母가 여편네가 외출만 하면
> 나한테 자꾸 웃고만 있는 理由,
> 모르지?
> 그럴때면 바람에 떨어진 빨래를 보고
> 내가 말없이 집어걸기만 하는 理由,
> 모르지?
> 함경도친구와 경상도친구가 外國人처럼 생각돼서
> 술집에서는 반드시 標準語만 쓰는 理由,
> 모르지?
> 五月革命 이전에는 백양을 피우다
> 그후부터는
> 아리랑을 피우고
> 와이샤쓰 윗호주머니에는 한사코 색수건을 꽂아뵈는 理由,
> 모르지?
> 아무리 더워도 베와이샤쓰의 에리를
> 안쪽으로 접어넣지 않는 理由
> 모르지?
> 아무리 혼자 있어도 베와이샤쓰의 에리를
> 안쪽으로 접어넣지 않는 理由
> 모르지?
> 술이 거나해서 아무리 졸려도
> 의젓한 포오즈는

의젓한 포오즈는 취하고 있는 理由
모르지?
모르지?

— 김수영, 〈모르지?〉

이 시 역시 반복과 병치를 동시에 보여주고 있는데, 이것을 알 수 있는 기준은 동일한 통사구조, 즉 '___(해)도 _____理由, / 모르지?'라는 언어의 형식이다. 이 부분은 비교적 의미의 유사성과 연결성이 유지되고 있는데, 자신의 포즈와 허식을 각기 다른 상황으로 반복해서 보여줌으로써 자기 풍자를 하고 있음을 보여준다.

가도 가도 붉은 산이다
가도 가도 고향뿐이다
이따금 솔나무 숲이 있으나
그것은 내 나이 같이 어리구나
가도 가도 붉은 산이다
가도 가도 고향뿐이다

— 오장환, 〈붉은 산〉

이 시에서는 1행과 2행, 그리고 5행과 6행이 동일한 통사구조를 지니고 있다. '가도 가도 ____이다'라는 시행이 4개의 행에 걸쳐 병치되고 있는 것이다. 동일한 통사적 구조를 전제로 1행과 5행의 '붉은 산'이라는 시어 대신에 2행과 6행에서는 '고향'이라는 시어가 표현되었다. 일상언어에서 '붉은 산'과 '고향'은 밀접한 관련을 지닌 어휘가 아니다. 그러나 이 시에서는 '가도 가도 _____이다'라는 동일한 통사 구조 속에서 표현됨으로써 밀접한 관련을 지니게 된다. 이러한 형식상의 특성은 의미와 관련이 된다.

'가도 가도 고향뿐이다'라는 시행은 앞의 시행인 '가도 가도 붉은 산이다'와 연결되어야 제대로 해석이 된다. '고향'은 '붉은 산'과 등가의 의미로, 즉 가도 가도 붉은 산으로 이루어진 고향의 모습을 발견한다는 의미로 해석할 수 있다. 따라서 이 시에서의 '고향'의 의미는 그리움과 안온한 평화로움을 주는 것이 아니라 '붉은 산 투성이의 고향이 주는 황량함'을 전하고 있다.

다음으로 돌연한 병치로 의미상의 혼란을 보이거나 난해성을 띠는 경우를 들 수 있다. 이 경우에 병치되고 있는 시구들 혹은 시행들 사이에는 아무런 유사성을 발견할 수 없는 경우가 많다. 그렇지만 이러한 돌연한 병치는 의미상의 계열성이 전혀 끊어지는 경우에도 전체의 문맥에 일정한 효과를 보여줄 수 있으며, 또 돌연한 병치인 것처럼 보이는 경우에도 그 이면에는 의미상의 계열성이 유지되어 시의 맥락에 기여하기도 한다.

食堂의門깐에方今到達한雌雄같은朋友가헤어진다.
파란잉크가엎질러진角雪糖이三輪車에積荷된다.
名啣을짓밟는軍用長靴.街衢를疾驅하는造花分蓮.

이 상, <建築無限六面角體>에서

3행에 4개의 장면이 병치되어 있다. 병치된 4개의 장면에서 독자는 전혀 유사성을 발견할 수 없다. 이승훈은《이상문학전집 1》에서 다음과 같이 각 장면을 정리한다. 첫 장면은 식당의 문간에 방금 도달한 자웅같은 친구가 헤어지는 장면이다. 둘째는 파란 잉크가 엎질러진 각설탕이 삼륜차에 실리는 장면이다. 셋째는 명함을 짓밟는 군용장화, 그리고 넷째는 거리를 빨리 달리는 인공으로 만든 연꽃, 즉 거리에 인공 연꽃이 흩어져 날리는 장면이다. 아무런 연관성이 없는 이러한 병치는 '폭력적 병치'라 할 수 있다. 이 폭력적 병치 앞에 선 독자는 실로 난감할 수밖에 없다. 그러나 첫 장면에서의 '헤어진다', 둘째 장면에서의 '엎질러진', '積荷된다', 셋째 장면에서 '짓밟는', 넷째 장면에서의 '疾驅하는' 등의 시어에서 우리는 어떤 유사점을 발견할 수 있다. 그것은 헤어지고, 엎질러지고, 실려나가고, 짓밟히는 등의 부정적인 의미를 담고 있으며, 우리는 이 시에 병치된 시구들을 이러한 부정적 의미의 축을 중심으로 읽을 수 있을 것이다.

이상으로 살펴본 '병치'가 때로는 시를 난해하게 하는 것이 사실이다. 그러나 '병치'라는 언어적 조형의 방식은 우리들의 지각을 참신하게 하고, 세계에 대한 일상적이고 관습적이며 자동적인 반응의 감각에 문제제기를 하고, 사물들간의 예기된 진부한 관계를 새롭고 보다 깊은 것으로 사고하게 하는 특성을 지니고 있다.

3. 언어의 시행걸침

'시행걸침'(enjambement)은 주로 시텍스트에서 쓰이는 기법 중의 하나이다. 우리가 일상언어 속에서 상식적으로 사용하고 있는 언어사용의 방식을 거부하고 일탈시킴으로써, 창조적이고도 새로운 의미를 전달하고자 하는 의도를 담고 있다는 점을 주의깊게 보아야 할 것이다.

그립다
말을 할까
하니 그리워

그냥 갈까
그래도
다시 더 한 번……

저 山에도 까마귀 들에 까마귀,
西山에는 해진다고
지저귑니다.

앞 江물, 뒷 江물,
흐르는 물은
어서 따라 오라고 따라 가자고
흘러도 연달아 흐릅디다려.

— 김소월, 〈가는 길〉

이 시에는 쉽게 뗄 수 없는 강한 통사적 연관을 지니고 있는 표현을 단절시켜 두 시행에 걸쳐 표현한 부분이 있다. '그립다'고 말을 할까 생각하니 정말로 그리운 마음이 북받치면서도 한편으론 말하지 말까 하고 망설여지는 마음이 있어, '말을 할까 하니'를 두 시행에 걸쳐 표현하게 된 것이다.

일반적으로 우리 자유시에서 연과 연 사이의 휴지(休止)는 행과 행 사이의 휴지보다 길고, 행과 행 사이의 휴지는 한 행 안의 음보 사이의 휴지보다 길다. 시 텍스트에서는 이러한 휴지의 길이를 통해 의미의 단속과 시의 호흡을 조절한다. 자유시는 일상어의 자연스러운 통사구조에 기대기 때문에 연과 연 사이의 분절, 행과 행 사이의 분절은 대체로 일상적 언어의 통사적 분절과 일치한다. 그런데 통사적 분절과 행 사이의 분절이 일치하지 않을 경우 호흡의 변화가 일어나고 때로 그에 따라 의미의 변화가 수반되는 시적 효과를 발휘하곤 한다.

시행걸침에 따른 단절은 행 구분에 의해 강제로 끊긴 두 어휘 사이에 시간적이고 심리적 거리를 갖게 해준다. 따라서 앞 행의 의미에서 드러난 정서가 상대적으로 오래 지속되는 효과를 갖는다. 이 시에서 '말을 할까'와 '하니' 사이는 일상언어에서는 쉽게 뗄 수 없는 강한 통사적 연관을 가지고 있다. 그러나 시행걸침에 의해 이 사이를 행간 휴지로 강제로 단절시킴으로써 '말을 할까'와 '하니 그리워' 사이에 시간적 거리가 생기고 이 시간적 거리는 '망설임과 머뭇거림'이라는 시적 화자의 태도를 더욱 효과적으로 드러내는 역할을 하고 있다.

또한, 시행걸침이 지니는 통사론적 부자연스러움은 의미의 단절과 연속의 부자연스러움을 가져온다. 그 과정에서 쉽게 선택할 수 없는 이중의 의미를 형성하기도 하는데 그 두 의미 사이에서의 진동은 의미의 확산을 가져오곤 한다. 즉, '말을 할까 하니'로 읽을 수 있는가 하면, '말을 할까 / 하니 그리워', 즉 그립다고 말을 하니 더 그립다는 의미로도 읽을 수 있는 것이다.

꽃이 핀다, 님의 웃음이
떨어지는 곳마다 꽃이 핀다.
그 꽃을 손으로 꺾었더니
꽃도 잎도 다 떨어졌다.

땅에 떨어진 님의 웃음
마음속 길이 간직했더니
그 속에 피어나 꽃이 되어
이 타는 속을 미칠 듯이.

— 주요한, 〈꽃〉

이 시에서도 역시 '시행걸침' 현상을 볼 수 있다. 1행의 '님의 웃음이'와 2행의 '떨어지는 곳마다'는 강한 통사적 연관을 지니고 있는 표현인데 1행과 2행에 걸쳐 표현했다. 이러한 시행걸침은 우선 운율을 맞추기 위한 배려로 보인다. 이 시는 한 행이 3음보로 이루어져 있는데, '님의 웃음이'를 2행에서 표현할 경우, 3음보가 깨어지기 때문이다. 한편, 운율에 대한 배려 외에도 절묘한 이중적인 의미의 형성을 들 수 있다. '꽃이 핀다, 님의 웃음이'의 1행에서 주격 조사 '이'의 동일한 사용 때문에 '꽃'과 '님의 웃음이'가 동일한 자격을 가진 어휘로 인식될 수 있고, 따라서 '꽃이 핀다'는 것은 '님의 웃음이 핀다'는 의미와 연결되는 것으로 읽을 수 있는 것이다. 한편 '님의 웃음이'와 '떨어지는 곳마다 꽃이 핀다'가 연결됨으로써 '님의 웃음이 떨어지는 곳마다 꽃이 핀다'의 의미로도 읽을 수 있어 이중의 의미를 효과적으로 드러내고 있다.

Ⅲ. 어떻게 읽을 것인가

시에서는 일상의 언어에서 말하는 방식과 유사하면서도 다른 방식을 택한다. 동일한 내용을 다루더라도 표현하는 방식이 다르기 때문에 그 효과는 다르게 나타날 수 있다. 다음 시를 보자.

해와 하늘빛이
문둥이는 서러워

보리밭에 달 뜨면
애기 하나 먹고

꽃처럼 붉은 울음을 밤새 울었다.

— 서정주, 〈문둥이〉

이 시의 내용을 일상어로 표현한다고 생각해 보자. 달밤에 보리밭에서 문둥이가 어린 아기를 잡아 먹고 울고 있는 모습을 서술하게 될 것이며, 아무리 완화시켜 표현한다 해도 독자들은 이내 두렵고 공포스러운 감정에 휩싸이게 될 것이다. 그러나 시로 표현할 경우, 그 내용은 그렇게 읽히지 않을 것이다. '밝음'의 세계와 '어둠'의 세계의 대비, '꽃처럼 붉은 울음'이라는 시적 표현 등을 통해 문둥이의 모습은 다른 모습으로 다가오는 것이다. 해와 하늘빛으로 대변되는 '밝음'의 세계에 나서지 못하고 '달'로 대변되는 '어두움'의 세계에 사는 문둥이, 자신의 천형을 고치기 위해 애기를 먹는 끔찍한 행동을 하고, 자신의 그러한 처절한 운명에 울부짖는 문둥이의 모습을 느낄 수 있을 것이다. 그리고 그 속에서 어떤 끔찍함 혹은 혐오스러움을 느끼기보다는 처절한 슬픔 가운데서 오는 심미감을 느낄 수 있을 것이다. 그것을 가능하게 하는 힘이 바로 '시'라는 장르가 가지는 언어적 조형물로서의 특징인 것이다.

이렇듯 언어적인 특성을 창조적으로 활용하여 표현한 것이 시이다. 그렇기 때문에 시를 읽을 때에는 언어적인 특성을 잘 이용하여 읽어야 한다. 한 가지 주의해야 할 점은 일상어와 시어가 완전히 구분되는 것은 아니라는 점이다. 일상어의 성격을 유지하면서도 시어로서의 특성을 살린다는 점에 유의하여 읽어야 한다.

사랑하는 우리 오빠 어저께 그만 그렇게 위하시던 오빠의 거북무늬 질화로가 깨어졌어요
언제나 오빠가 우리들의 〈피오닐〉 조그만 기수라 부르는 영남이가
지구에 해가 비친 하루의 모-든 시간을 담배의 독기 속에다

어린 몸을 잠그고 사온 그 거북무늬 화로가 깨어졌어요

그리하여 지금은 화젓가락만이 불쌍한 영남이하구 저하구처럼
또 우리 사랑하는 오빠를 잃은 남매와 같이 외롭게 벽에 가 나란히 걸렸어요

오빠……
저는요 저는요 잘 알았어요
왜 ---- 그날 오빠가 우리 두 동생을 떠나 그리고 들어가신 그날 밤에
연거푸 말은 궐련을 세 개씩이나 피우시고 계셨는지
저는요 잘 알았어요 오빠
언제나 철없는 제가 오빠가 공장에서 돌아와서 고단한 저녁을 잡수실 때 오빠 몸에서 신문지 냄새가 난다고 하면
오빠는 파란 얼굴에 피곤한 웃음을 웃으시며
……네 몸에선 누에 똥내가 나지 않니 ---- 하시던 세상에 위대하고 용감한 우리 오빠가 왜 그날만
말 한마디 없이 담배 연기로 방 속을 메워버리시는 우리 우리 용감한 오빠의 마음을 저는 잘 알았어요
천정을 향하여 기어올라가던 외줄기 담배 연기 속에서 ---- 오빠의 강철 가슴 속에 박힌 위대한 결정과 성스러운 각오를 저는 분명히 보았어요
그리하여 제가 영남이의 버선 하나도 채 못 기웠을 동안에
문지방을 때리는 쇳소리 마루를 밟는 거칠은 구둣소리와 함께 ---- 가버리지 않으셨어요.

그러면서도 사랑하는 우리 위대한 오빠는 불쌍한 저희 남매의 근심을 담배 연기에 싸두고 가지 않으셨어요
오빠 ---- 그래서 저도 영남이도
오빠와 또 가장 위대한 용감한 오빠 친구들의 이야기가 세상을 뒤집을 때
저는 제사기(製絲機)를 떠나서 백 장에 일전짜리 봉통(封筒)에 손톱을 부러뜨리고
영남이도 담배 냄새 구렁을 내쫓겨 봉통 꽁무니를 뭅니다

지금 ---- 만국지도 같은 누더기 밑에서 코를 고을고 있습니다.

오빠 ---- 그러나 염려는 마세요
저는 용감한 이 나라 청년인 우리 오빠와 핏줄을 같이 한 계집애이고 영남이도 오빠도 늘 칭찬하던 쇠 같은 거북무늬 화로를 사온 오빠의 동생이 아니예요

그리고 참 오빠 아까 그 젊은 나머지 오빠의 친구들이 왔다갔습니다
눈물나는 우리 오빠 동무의 소식을 전해주고 갔어요
사랑스런 용감한 청년들이었습니다
세상에 가장 위대한 청년들이었습니다

화로는 깨어져도 화젓갈은 깃대처럼 남지 않았어요
우리 오빠는 가셨어도 귀여운 〈피오닐〉 영남이가 있고
그리고 모-든 어린 〈피오닐〉의 따뜻한 누이 품 제 가슴이 아직도 더웁습니다

그리고 오빠 ……
저뿐이 사랑하는 오빠를 잃고 영남이뿐이 굳세인 형님을 보낸 것이겠습니까
슬프지도 않고 외롭지도 않습니다
세상에 고마운 청년 오빠의 무수한 위대한 친구가 있고 오빠와 형님을 잃은 수없는 계집아이와 동생
저희들의 귀한 동무가 있습니다

그리하여 이 다음 일은 지금 섭섭한 분한 사건을 안고 있는 우리 동무 손에서 싸워질 것입니다

오빠 오늘 밤을 새워 이만 장을 붙이면 사흘 뒤엔 새 솜옷이 오빠의 떨리는 몸에 입혀질 것입니다

이렇게 세상의 누이 동생과 아우는 건강히 오늘 날마다를 싸움에서 보냅니다
영남이는 여태 잡니다 밤이 늦었어요

---- 누이동생

— 임 화, 〈우리 오빠와 화로〉

이 시는 어린 여동생이 오빠에게 보내는 절절한 사연을 드러내 보이고 있다. '--(어)요', '--ㅂ니다'와 같은 종결어미는 어린 소녀의 목소리가 시 전체에 울려퍼지게 하며, 어린 두 남매의 고단한 삶과 그 고단함을 이겨내려는 두 남매의 의지는 앳띤 소녀의 목소리에 담겨 이 시를 읽는 이에게 더욱더 큰 감동을 주고 있다.

이와 같이 시는 일상어를 전제로 한다. 일상어의 특성과 시어의 특성이 완전히 별개로 존재하는 것이 아니라 시는 일상어에 대한 이해를 전제로 해야 가능하다. 그 둘은 서로 상호 보완적인 관계에 있다는 것, 그리고 둘 간에 어떤 우열이 존재하는 것은 아니라는 점을 전제로 해야 할 것이다.

〈연구 과제〉

1. <말>에서 시적 화자는, '말'이 사람이 아님에도 사람에게 말하는 듯한 언어를 사용하고 있다. 이와 관련하여 이 시에 나타난 언어 형식의 특성을 지적하고, 그것이 어떤 의미를 형성하는지 생각해 보자.

> 말아, 다락같은 말아,
> 너는 점잔도 하다마는
> 너는 웨그리 슬퍼 뵈니?
> 말아, 사람편인 말아,
> 검정 콩 푸렁 콩을 주마.
>
> 이 말은 누가 난줄도 모르고
> 밤이면 먼데 달을 보며 잔다.

— 정지용, 〈말〉

2. <장시(一)>에는 '병치'가 나타나 있다. 병치되고 있는 시구에서 공통적으로 추출할 수 있는 의미를 정리해 보자. 그리고 시 전체의 의미를 파악해 보자.

겨자씨같이 조그맣게 살면 돼
복숭아가지나 아가위가지에 앉은
배부른 흰새모양으로
잠깐 앉았다가 떨어지면 돼
연기나는 속으로 떨어지면 돼
구겨진 휴지처럼 노래하면 돼

가정을 알려면 돈을 떼여보면 돼
숲을 알려면 땅벌에 물려보면 돼
잔소리날 때는 슬쩍 피하면 돼
---賃鬼가 올 때도 --
빼스를 피해서 길을 건너서는 어린놈처럼
선뜻 큰길을 건너서면 돼
長詩만 長詩만 안 쓰려면 돼

오징어발에 말라붙은 새처럼 꼬리만 치지 않으면 돼
입만 반드르르하게 닦아 놓으면 돼
아버지 할머니 고조 할아버지 때부터
어물전 좌판 밑바닥에서 결어있던 것이면 돼
有線合乘自動車에도 양계장에도 납공장에도
米穀倉庫 지붕에도 달려있는
썩은 공기 나가는 지붕 위의 지붕만 있으면 돼
「돼」가 肯定에서 疑問으로 돌아갔다
疑問에서 肯定으로 또 돌아오면 돼
이것이 몇바퀴만 넌지시 돌면 돼
해바라기 머리같이 돌면 돼

깨꽃이나 샐비어나 마찬가지 아니냐
내일의 債鬼를
죽은 뒤의 債鬼를 걱정하는
長詩만 長詩만 안 쓰려면 돼
샐비어 씨는 빨갛지 않으니까
長詩만 長詩만 안 쓰려면 돼

永遠만 永遠만 고민하지 않으면 돼
오징어에 말라붙은 새처럼 五月이 와도
九月이 와도 꼬리만 치지 않으면 돼

트럭소리가 나면 돼
아카시아 잎을 이기는 소리가 방바닥 밑까지 울리면 돼
라디오소리도 거리의 風習대로 기를 쓰고 크게만 틀어놓으면 돼

겨자씨같이 조그맣게 살면서
長詩만 長詩만 안 쓰면 돼
오징어발에 말라붙은 새처럼 꼬리만 치지 않으면 돼
트럭소리가 나면 돼
아카시아 잎을 이기는 소리가 방바닥 밑까지 콩콩 울리면 돼
흙묻은 비옷이 二四時間 걸려있으면 돼
情熱도 豫測 고함도 豫測 長詩도 豫測
輕率도 豫測 봄도 豫測 여름도 豫測
氾濫도 豫測 氾濫은 華麗 恐怖는 華麗
恐怖와 老人은 同一 恐怖와 老人과 幼兒는 同一……
豫測만으로 그치면 돼

모자라는 永遠이 있으면 돼
債鬼가 집으로 돌아가면 돼
聖堂으로 가듯이
債鬼가 어젯밤에 나 없는 사이에 돌아갔으면 돼
長詩만 長詩만 안 쓰면 돼

— 김수영, 〈장시(一)〉

3. <의자가 많아서 걸린다>에는 쉽게 뗄 수 없는 강한 통사적 연관을 지니고 있는 표현들을 단절시켜, 두 시행 혹은 두 연 사이에 걸쳐 표현한 부분이 많다. 시행걸침이 나타난 부분을 찾아 보고, 각각 어떤 의미 효과를 드러내는지 말해 보자.

의자가 많아서 걸린다 테이블도 많으면
걸린다 테이블 밑에 가로질러놓은

엮음대가 걸리고 테이블 위에 놓은
美製 磁器스탠드가 울린다

마루에 가도 마찬가지다 피아노 옆에 놓은
찬장이 울린다 유리문이 울리고 그 속에
넣어둔 노리다께 반상세트와 글라스가
울린다 이따금씩 강건너의 대포소리가

날 때도 울리지만 싱겁게 걸어갈 때
울리고 돌아서 걸어갈 때 울리고
의자와 의자 사이로 비집고 갈 때
울리고 코 풀 수건을 찾으러 갈 때

三八線을 돌아오듯 테이블을 돌아갈 때
걸리고 울리고 일어나도 걸리고
앉아도 걸리고 항상 일어서야 하고 항상
앉아야 한다 피로하지 않으면

울린다 詩를 쓰다 말고 코를 풀다 말고
테이블 밑에 신경이 가고 탱크가 지나가는
沿道의 음악을 들어야 한다 피로하지
않으면 울린다 가만히 있어도 울린다

美製 陶磁器스탠드가 울린다
방정맞게 울리고 돌아오라 울리고
돌아가라 울리고 닿는다고 울리고
안 닿는다고 울리고

먼지를 꺼내는데도 책을 꺼내는 게 아니라
먼지를 꺼내는데도 유리문을 열고
육중한 유리문이 열릴 때마다 울리고
울려지고 돌고 돌려지고

닿고 닿아지고 걸리고 걸려지고

모서리뿐인 形式뿐인 格式뿐인
官廳을 우리집은 닮아가고 있다
鐵條網을 우리집은 닮아가고 있다

바닥이 없는 집이 되고 있다 소리만
남은 집이 되고 있다 모서리만 남은
돌음길만 남은 難澁한 집으로
기꺼이 기꺼이 변해가고 있다

— 김수영, 〈의자가 많아서 걸린다〉

〈참고문헌〉

김상욱, 『시의 숲에서 세상을 읽다』, 푸른나무, 1996.
김준오, 『시론』, 삼지원, 1997.
유종호 · 최동호 편저, 『시를 어떻게 볼 것인가』, 현대문학사, 1995.
도정일, 『시인은 숲으로 가지 못한다』, 민음사, 1995.
유종호, 『시란 무엇인가』, 민음사, 1995.
최미숙, 『한국 모더니즘시의 글쓰기 방식과 시 해석』, 소명출판, 2000.
윤여탁 · 최미숙 · 유영희, 『시와 함께 배우는 시론』, 태학사, 2002.

제 4 부

文學과 다른 藝術

제 8 장
문학과 미술

최 지 현*

Ⅰ. 논의의 배경

70년대와 80년대에 걸쳐 영국의 교육계에서는 우리에게도 상당히 시사적이라 할 수 있는 문제 하나가 부각된 적이 있다. 그것은 노동계급의 문화향유와 관련된 — 그러나 쉽게 설명되지는 않는 — 어떤 경향에 관한 것이었다. "어째서 그들은 여가시간을 박물관이나 畵廊과 같은 전시장에서 보내지 않는 것일까?" 하는 의문이었다. 박물관이나 화랑은 비용지출을 부담스럽게 만드는 곳도 아니고, 그렇다고 그 곳에 가기 위해 애써 그들이 자신들의 주거지로부터 멀리 떠나와야 하는 것도 아니기 때문에, 상식적으로 생각해 보더라도, 이른바 '고급문화'에 대한 노동계급의 부적응은 60년대를 풍미했던 '진보주의 교육관'에 근본적인 의문을 던지게 하면서 '문화적 재생산이론'과 같은 교육논의의 磁場을 넓히는 작용을 하기도 하였던 것이다.

논의의 잠정적 결론을 요약해 보자면, 박물관이나 화랑 등에서 전시되는 '예술품'을 감상할 만한 감상능력을 노동계급이 갖지 못했다는 것이 그 원인의 대체적인 윤곽이다. 비용지출의 압박이 적다는 것은 경제적 불평등에 기인한 생활상의 열악함 때문에 그들이 그 곳을 찾지 못하는 것이 아니라는 것을 말해 주는 것이다. 그 대신 문화의 향유에는 일정한 규범과 양식

* 서원대학교 교수. 주요 논문으로 〈한국 근대시 정서체험의 텍스트조건 연구〉, 〈한국 현대시 교육의 담론분석〉 등이 있다.

이 존재하기 마련인데, 그것을 학교라는 제도화된 교육기구에 기능적으로 결합한 가정이나 노동현장, 또래집단이나 동호집단 따위의 비제도적 교육기구가 재생산하고 있다는 것이다.

스무 해 가까이 지난 외국의 이야기를 새삼 화두로 꺼낸 이유는, 우리 사회 역시 같은 고민 속에 있으며 아울러 그것이 단지 문화적 감상능력의 문제 외에도 작품의 이른바 '쉽고 어려운 정도'에 작용하는 변인, 특히 도식(schema)과 관련되어 문제되고 있기 때문이다.[1] '나는 칸딘스키는 모른다. 하지만 세잔느나 고흐나 피카소는 안다'고 말할 때, 그들간의 차이가 문화적 수준이나 고전의 경계에서 발생하는 것이 아님은 분명하다. 미리 말해 본다면, 자연이 點이나 指紋線 같은 패턴으로 환원될 수 있다고 보아 미술사의 일대 획기를 이룬 세잔느나 고흐 등의 작품이 우리에게 익숙할 수 있는 것은 그들의 그림이 점이나 지문선으로보다는 여전히 자연적인 風光으로 보이기 때문일 것이다. 또한 어찌되었건 피카소의 입체파적 회화들 앞에 사람들이 모여 서는 것은 그것이 '사람'처럼 보이기 때문일 것이다.

이는 'ON-OFF'의 二進法的(binary) 감각기관을 가진 電算機가 어떤 대상이든 이진법적 도식을 통해 받아들이고 해석하는 것과 원리상 다를 것이 없다. 하지만, 수치화되지 않는다면 대상을 분석하지 못하고—따라서 대상 자체를 규정할 수 없게 된다— 결과를 처리하지 못하는 전산기처럼, 칸딘스키를 앞에 두고 나는 끝끝내 당황하고 마는 것이다. 곧 그가 내게 무엇인지조차 파악되지 않는 것이다. 이러한 적응/부적응의 기제는 무엇인가? 야속하게도 칸딘스키가 재현의 이야기를 들려주고 있지 않기 때문이라는 것이 필자의 생각이다.[2]

---

1) E. H. 곰브리치의 《예술과 환영》(차미례 역, 열화당)이나 H. 리드의 《圖像과 思想》(김병익 역, 열화당)은 이 점을 확인케 해 주는 좋은 참고서이다.

2) 칸딘스키는 모스크바 대학 시절 모네의 〈짚가리〉를 보고 강렬한 자극을 받았다. 그때를 회고하며 칸딘스키는 "그때까지 남들처럼 러시아의 리얼리즘밖에 몰랐던 나는 처음으로, 게다가 갑자기 繪畵를 보았던 것이다. 이 작품이 〈짚가리〉란 것을 나는 목록을 보고서야 비로소 알았다.…나는 화가란 똑똑하지 않게 그리는 것은 허용되지 않는다고 생각하고 있었다. 나는 이 작품에는 대상이 결여되어 있다고 어슴푸레 느꼈다. 그리고 이 작품은 다만 감동을 줄 뿐만 아니라 사람들의 기억 속에 무의식 중에 사라지는 일이 없는 강한 인상을 새기고, 게다가 어떤 때 갑자기 그 세부까지 눈앞에 선하게 떠오르게 하는 힘이

빈센트 반 고흐, 〈편백나무가 있는 길〉

바실리 칸딘스키, 〈콤포지션〉

있다는 것에 놀라는 한편 당황하면서 인정했다.…실로 분명한 일, 그것은 그때까지의 나에겐 상상도 할 수 없었던 팔레트가 지니고 있는 숨은 힘이다."고 말한다. 이로부터 재현 대신 표현에 주목하게 됨으로써, 그는 추상화의 선구자로서 20세기의 대표적 화가 가운데 하나가 되었다.

하지만 재현이란 모사가 아니라 '이미지 생산'(image making)이라 했던 곰브리치 말대로라면, 비단 칸딘스키만 문제가 되는 것은 아닐 것이다. 심리학 교과서들에 곧잘 실리는 마녀와 미녀, 포도주잔과 마주 대한 얼굴, 오리와 토끼 등등의 환영처럼, 우리는 어찌어찌한 일상의 상황들 속에서 어찌어찌한 매체와 도식을 통해 특정한 이미지를 생산하는 것이다. 그런 만큼 고흐에게는 적용되고 칸딘스키에는 적용되지 않는 우리의 도식—앞서의 예처럼, 유사성을 통해 단순한 이야기를 만드는 것—은 좀더 살펴볼 만하다. 다시 말하자면, 정지용이나 김광균에는 적용되고 이상이나 조향에는 적용되지 않는 우리의 도식을 탐구해 보려는 시도에서 말이다.

Ⅱ. 쉽게 혹은 간단하게 이야기 만들기 : 신학철의 李相和

그 두드러진 예를 1996년 9월 하순경 인사동 '학고재'에서 열린 한 회화전으로 찾아가 골라 볼까 한다. 근·현대 한국의 대표시를 소재로 한 이 시화전에는 38명의 화가들이 발표한 40편의 작품이 전시된 바 있다.[3] 그 가운데 필자의 관심을 끈 것은 신학철 작 〈빼앗긴 들에도 봄은 오는가〉와 손장섭 작 〈나룻배와 行人〉, 그리고 윤명로 작 〈꽃나무〉 외 몇 작품이었다. 이 몇 작품을 여기에 소개하게 된 것은, 전시된 모든 작품을 다룰 만한 정서적·이론적 능력이 필자에게 없기도 하겠거니와, 이들 작품은 문학작품을 감상할 때의 그 비밀스럽고 오묘한 과정을 드러내 보여주고 있다고 보았기 때문이다.

비교적 잘 알려진 이들 화가 가운데 신학철은 이미 〈한국근대사(군부독재정권)〉를 통해 리얼리즘과 표현주의가 중첩된, 즉 재현과 표현의 경계를

---

3) 장소의 문제 때문이었는지, 실제로 전시되었던 작품의 수는 이보다 적었다. 다만 시화전이 열리는 기간중 동일 작품을 상재한 시화집이 《그림으로 읽는 한국의 명시》(실천문학사)라는 제목으로 출판·판매되었기에, 본고의 서지적 사항들은 이를 따랐다.

넘나드는 초현실주의적 회화세계를 보여 준 바 있었다. 그의 이 작품이 역사로서의 시간을 캔버스라는 공간으로, 그것도 꼴라주(collage)라는 추상적 구성법을 통해 옮긴 작업이었다. 여기에서, 필자는 그가 낭만적이고, 이상주의적이며, 게다가 어느 정도는 환상적이기도 한 李相和의 〈빼앗긴 들에도 봄은 오는가〉를 과연 어떻게 해석해 내는지 설명해 보고자 한다.

대비를 위해 이 그림에서부터 시작해 보기로 하자. 우리의 상상력이 허용하는 한, 다이아몬드 양초, 발기된 남근, 위대한 바벨탑, 잡동사니 케이크, 그리고 갇힌 드라큘라……, 이 모든 것들이 모여, 외양만 비슷하다면 무엇이든 생산해 낼 듯이 당당하게 서 있는 이미지의 생산 공장 같은 그림을 이룬다. 그 이미지 속에는 실제로 보이는 이미지들이 있는데, 태극기

신학철, 〈한국근대사〉

깃발 아래 운집한 시위대와 소총을 걸쳐 메고 사열하는 독립군, 또한 끝도 없이 모여 선 민중들이 한 층, 천지사방을 향해 짓밟고 공격하려는 총과 칼과 대포, 잡다한 군인들이 한 층, '잘 요리된 性'과 향락이 한 층, 그리고 최상의 다이아몬드를 모자처럼 쓴 드라큘라가 한 층, 이렇게 도합 네 층으로 구성되어 전체의 가상적 이미지를 생산한다.

이 그림이 우리로서는 다소 혼란스럽지만, 이해할 만하게 뜯어 고쳐 쉽게 만들 수는 있다. 그것은 한국사회의 고속성장을 은유적으로 표현하고 있다. 그것은 한국 근대사라는 토대 위에 자본주의 체제의 발전을 성공적으로 시공해 놓고 있다. 자본과 性과 무기. 이 얼마나 죽이 잘 맞는 삼박자인가.

그러나 하나의 회화적 공간 내에서 우리가 이해하는 현실을 그대로 재현하기 위해 그가 이렇게까지 고생을 했다고 단언하지 못하는 것이 우리의 고민이다. 이질적인 소재들을 인위적으로 뜯어 붙여 만든 꼴라주인 이상, 소재들 사이의 삐걱거림은 애당초 의도된 효과의 하나일 수밖에 없기 때문이다. 아닌게 아니라, 우리의 상상력이 허용하는 한, 양초이자, 남근이자, 케이크이자, 바벨탑인 이것은 어느 하나로 의미를 고정시키기에는 간섭되는 것들이 너무 많다. 이 때문에 그에게 '한국 근대사'는 시간의 의미들이 퇴적된 역사로서가 아닌 評決을 두고 다투는 법정의 장면으로 그려지는 것 같다. 냉엄한 현실(군부독재정권의 지배)과 왜곡된 꿈(사치와 향락의 향유), 또는 왜곡된 현실(굳이 설명이 필요 없는)과 진실한 꿈(현실 밑에 억압되어 있는 민중의 소망)이 한 자리에 삐걱거리며 공존한다. 일단 여기에서 우리는 현실과 꿈을 하나의 공간 내에 공존시키는 회화적 전략을 보게 된다.

신학철, 〈빼앗긴 들에도 봄은 오는가〉

이제 이것에 대해 우리가 기억하고 있는 한, 그가 이상화의 〈빼앗긴 들에도 봄은 오는가〉를 회화적으로 재구성한 것에 대해 특별한 문제 제기를 해 볼 수 있을 것이다.

> 지금은 남의 땅—빼앗긴 들에도 봄은 오는가?
>
> 나는 온몸에 햇살을 받고
> 푸른 하늘 푸른 들이 맞붙은 곳으로
> 가르마 같은 논길을 따라 꿈 속을 가듯 걸어만 간다.
>
> 입술을 다문 하늘아 들아
> 내 맘에는 나 혼자 온 것 같지는 않구나
> 네가 끄을었느냐 누가 부르더냐 답답워라 말을 해다오.
>
> 바람은 내 귀에 속삭이며
> 한 자욱도 섰지 마라 옷자락을 흔들고
> 종다리는 울타리 너머 아가씨같이 구름 뒤에서 반갑다 웃네.
>
> 고맙게 잘 자란 보리밭아

간밤 자정이 넘어 내리던 고운 비로
너는 삼단 같은 머리를 감았구나 내 머리조차 가뿐하다.

혼자라도 가쁘게나 가자
마른 논을 안고 도는 착한 도랑이
젖먹이 달래는 노래를 하고 제 혼자 어깨춤만 추고 가네.

나비 제비야 깝치지 말라.
맨드라미 들마꽃에도 인사를 해야지
아주까리 기름을 바른 이가 지심매던 그들이라 다 보고 싶다.

내 손에 호미를 쥐어다오
살진 젖가슴 같은 부드러운 이 흙을
팔목이 시도록 매고 좋은 땀조차 흘리고 싶다.

강가에 나온 아이와 같이
짬도 모르고 끝도 없이 닫는 내 혼아
무엇을 찾느냐 어디로 가느냐 우습웁다 답을 하려무나.

나는 온몸에 풋내를 띠고
푸른 웃음 푸른 설움이 어우러진 사이로
다리를 절며 하루를 걷는다 아마도 봄 신령이 잡혔나 보다.

그러나 지금은—들을 빼앗겨 봄조차 빼앗기겠네.

— 이상화, 〈빼앗긴 들에도 봄은 오는가〉

그는 이 그림을 시적 상황과는 명백히 다르게 표현하고 있다. 그것은 당연한 일이 아닌가 하고 스스로에게 답해 볼 수도 있다. 문학과 미술은 서로 다른 매체로부터 출발하고 있기 때문이다. 하지만, 다른 매체로 재구성되는 과정에서 겪게 되는 변형 외에도 도식의 불안정을 해소하려는 의식적인 변형이 있다는 것이 문제다. 대표적인 예가 앞 면의 그림과 같은 것이다. 시의 한복판에서 만나게 되는 '나'는 '머리조차 가뿐하'고, '혼자라도 갑부게나 가'려 하며, '좋은 땀조차 흘리고 싶'어한다. 그러나 어찌된 영문일까. 그림 속의 그는 이 햇살 속에서도 고개를 숙인 채 터벅터벅 걸어오고 있지 않은가.

햇살은 어둠을 밝히고 사물에 빛을 갖게 한다. 푸른 하늘과 푸른 들로 하여금 모습을 갖게 하는 것 또한 햇살의 힘이다. 우리는 이 햇살이 저 중절모에 흰 두루마기를 걸치고 고개 숙여 걸어오는 인물의 우측 위에서 그를 비추고 있음을 보게 된다(그는 아마도 시 속의 '나'일 것이다.). 그렇다면 밝은 햇살에도 불구하고 그가 '기운 없는 태도'[4]를 보이는 데는 무엇인가 '원인'이 있을 것이다.

그의 오른쪽 뒤편에 아주 작게 4명의 인물이 보이지 않았더라면, 그리고 그들이 둘러 서서 무엇인가를 내려다 보고 있고, 그들이 짙은 쑥색 계열의 제복을 입고 있고—그래서 흰옷을 입은 그와 대비되고 있고—, 그들이 논 한 가운데 모여 있지 않았다면, 그들이 작게 보이는 만큼 들녘이 커 보이지 않았다면, 우리는 화가가 李相和라는 컨텍스트를 참조하였다고 단정하지도 못할 것이고, 그 때문에 헤아릴 수 없이 다양한 텍스트 사이를 돌아다니며 참조해야 할 운명이었을 것이다. 하지만, 화가는 명백한 컨텍스트를 지시하였고, 우리는 화가를 따라 이 인물들을 그림에서 '재구성된' 관리·순사·토지측량기사 등으로 읽게 될 것이므로, 그림 해석상의 불안정성은 줄어들고 그 대신 토지수탈의 서사가 그 자리를 대신하게 된다.

그것은 그만큼 그림이 어떤 이야기를 재현하려고 노력했다는 것을 의미한다. 이 지점으로부터 길이 갈라진다. 아마도 詩라고 하는 표현양식이 具象的인 것이라면, 어째서 이런 중대한 변화가 생겼는가 하는 의문은 도대체 풀릴 길이 없으리라. 하지만 거기에 이미지를 단순화하려는 '의도'가 전제되어 있지 않다면, 텍스트에 간섭되는 여러 이미지를 만나게 되는 것은 불가피한 것이자 풍요로운 감상을 위해 요구되는 것이기도 하다. 그리고 이는, 기호가 선조적인 특성과 아울러 자의적 특성을 가지고 있다는, 소쉬

4) 기표적 차원에서 '고개 숙인', 또는 '어깨 늘어뜨린' 따위는 G. 레이코프와 M. 존슨이 '지향적 은유'(orientational metaphors)로 묶어 말했던 'Sad/Unconscious/Sickness/Death/Bad is down' 지향에 해당한다. 그들에 따르면, 이는 물리적, 문화적 경험에 바탕을 두는 것이라 한다. G. 레이코프와 M. 존슨, 노양진·나익주 공역, 《삶으로서의 은유》, 서광사, 1995. pp. 34-44.

르(Ferdinand de Saussure ; 1857-1913)의 그 유명한 定理[5]가 이미지를 끌고 다니는 모든 기호에 공히 적용된다고 할 때, 우리가 앞서 〈한국근대사(군부독재정권)〉에서도 확인한 바와 같이, 미술에 있어서도 동일한 적용(자기 재현적이며, 표현적이고, 따라서 본질적으로 추상적이라는)을 말할 수 있을 것이다.

위에서 시가 구상적이지 않다는, 다시 말해 추상적이라는 점을 기호가 가진 본래적 속성으로부터 설명했지만, 실제로 그러한 實例를 들어 보일 수도 있다. 시 텍스트에서 '내'가 걷고 닫는 '푸른 하늘 푸른 들'은 '푸른'이라는 기표의 동일한 작용 때문에 하늘과 들로 확연히 나뉘어지지 않는 하나의 공간으로 존재한다. 그것은 마치 우리에게 '푸른' 바다나 '푸른' 하늘이나 '푸른' 들이나 '푸른' 신호등이 모두 하나의 '푸른 색'으로 기호화되는 것과 흡사하다. 이러한 혼융이 환영(illusion)을 만드는 데 기여하는 바는 결코 단순한 것이 아니다. 예컨대, 10연에 가서 '푸른 웃음 푸른 설움'을 다시 만날 때 '하늘이 웃음이고 들이 설움'이라며 간단히 답변할 독자는 거의 없을 것이다. 이는 즐겁기도 하거니와 서럽기도 한 정서적 혼란과 넘나듦이 이 시의 전반적 상황을 규정하고 있음을 체감적으로 느끼고 있기 때문일 터인데, 또한 그것은 '푸른 색'의 세트(하늘-들-웃음-설움)가 가진 긴장효과 때문이기도 한 것이다. 그것을 우리는 '역설'(paradox)이라 부른다. 이 긴장이 의미를 어느 한 방향으로 이끌리지 못하게 하고 있는 한, 거기서는 언제나 의미의 개방이 보장될 수밖에 없는 것이 텍스트가 가진 존재성이다. 이 텍스트를 '入夢과 覺夢'의 과정으로 이해하려는 시도들이 설득력을 갖는 것도 그 때문이라 하겠다.

이런 점에서, 〈한국 근대사〉처럼 〈빼앗긴 들에도 봄은 오는가〉라는 詩 역시 추상적 구성의 방법론을 가지고 있다고 할 수 있겠다. 반면 화가에게는 '빼앗긴 들'을 현실의 차원으로 환언하는 것이 문제였던 것이다. 그것은 李相和라는 인물에 압도된 것일 수도, 화가 자신의 현실 참여적 요구에 기인한 것일 수도, 아니면 계몽과 교양의 목적에 따른 것일 수도

---

5) 페르디낭 드 소쉬르, 최승언 역, 《일반언어학 강의》, 민음사, 1990, pp. 85-88.

있을 것이다. 하지만 어쨌든 '푸른'이라는 기표를 하늘색과 아직 완전하지 않는 녹색으로 분별하고, 열린 의미의 공간을 닫혀진 역사적 공간으로 변형한 결과, 그는 '지금 우리'의 도식에도 잘 들어 맞는 하나의 이야기를 만들어 낸 것이다. 그러나 그 대신 다른 이야기들은 포기한 셈이다.

Ⅲ. 관점을 바꾸어 새로운 이야기 만들기 : 손장섭의 韓龍雲

한용운의 경우, 그가 승려이자 민족운동가였다는 전기적 사실로 인해, 求道詩의 작가로 이해되었던 때가 있었다. 물론 그의 시에 그러한 측면이 있을 것이며 이 글에서 이를 공박하려 하는 것은 아니다. 그러나 때로 이러한 사실이 한용운이라는 텍스트 전체를 단일한 주제로 묶어 버리는 잘못을 저지르기도 한다는 점은 우선 지적해야 한다.

《님의 沈默》(1926)의 머리말과 맺음말을 이루는 '군말'과 '讀者에게'가 어쩌면 이렇게 다른 — 게다가 이중적인 효과를 창출하는 — 어투를 가지고 있는지 주목한다면,[6] 그의 시에 접근하는 것은 상당히 조심스러운 작업이 되어야 할 것이라는 점에 동의할 것이다. '군말'은 이제 한용운 시의 '님'을 읽는 조타수이자 나침반 같은 역할을 맡고 있거니와, 철학을 님으로 삼은 칸트나 伊太利를 님으로 삼은 마시니만을 바라보는 것은 다분히 맹목적이다. 그와 동시에 석가는 중생을 님으로 삼았고 봄비는 장미화를 님으로 삼는다고 시인은 말한다. 그런 만큼, 님은 구도자에게도 牧者에게도 존재하는 존재이며, 《님의 沈默》은 시작부터 구도시(신앙시)일 뿐 아니라 濟度詩(啓

6) 다른 한편으로 보면, '군말'에서 '해저문벌판에서 도러가는길을일코 헤매는 어린羊이 긔루어서 이詩를 쓴다'고 했던 한용운은 '讀者에게'에 와서는 '詩人으로 여러분의압헤 보이는 것을 부끄러워'한다고 말한다. 마른 국화에 비유된 향기 없는 시를 자처하는 그에게 어린 양이 대답해 줄 리는 없는 것이다. 이 점은 별도의 고찰을 필요로 하겠거니와, 그의 시에서 이중 청자—절대자와 중생—가 발견된다는 점은 우선 밝혀 둔다.

導詩)이기도 한 것이다.

求道란 고행이고 시련이며 지속이고 절명이기까지 하다는 해석은 구도시적 도식으로는 당연한 논리가 될 수 있으나, '구도자'의 의미론적 대응인 '절대자'가 '나를 돌아보지도 않고 가십니다 그려'로 표출되는 한탄의 대상이 된다는 것 또한 일종의 해석적 틈(gap)임에 분명하다. 절대자를 조국으로 바꾸어 본다 해도, 이 점은 크게 바뀌지 않는다. 이 때문에, 이 텍스트 역시 개방된 의미의 공간으로 존재하는 것이다.

손장섭의 〈나룻배와 行人〉은 이런 점에서 보면, 새로운 발견이며, 하나의 이야기이기는 하나 새로운 이야기다.

> 나는 나룻배
> 당신은 행인.
>
> 당신은 흙발로 나를 짓밟습니다.
> 나는 당신을 안고 물을 건너갑니다.
> 나는 당신을 안으면 깊으나 옅으나 급한 여울이나 건너갑니다.
>
> 만일 당신이 아니 오시면 나는 바람을 쐬고 눈비를 맞으며 밤에서
> 낮까지 당신을 기다리고 있습니다.
> 당신은 물만 건너면 나를 돌아보지도 않고 가십니다 그려.
> 그러나 당신은 언제든지 오실 줄만은 알아요.
> 나는 당신을 기다리면서 날마다 날마다 낡아갑니다.
>
> 나는 나룻배
> 당신은 행인.

기존의 이해에 의하면 '나-나룻배', '당신-행인'의 의미론적 관계가 구도시적으로 짜여져 '구도자-절대자'로 고정되어 있다, 손장섭은 이 관계를 풀어 좀더 자유로운 '님'의 의미역을 생산한다.

손장섭, 〈나룻배와 행인〉

손장섭은 기존의 의미를 역전시켜 이해했다. 따라서 그의 텍스트 역시 궁극적으로는 어떤 서사와 관련이 있을 것이다. 그럼에도 불구하고 필자가 이 작업을 '(필자에게) 가치있다'고 여긴 것은 그렇게 왜소한 텍스트 내의 특별한 의미적 자질들로 뚜렷한 의미망을 새롭게 짤 수 있었다는 점 그것이다. 나룻배와 行人이 거기 있을 것이므로, 우리는 나룻배를 찾는다. 화면의 하단에 푸른 바탕 위로 그어진 흰색과 노란색의 줄들이 나룻배일까. 하지만 그것은 칼의 움직임처럼 강물의 움직임이거나 배의 움직임을 나타낼 것이다. 곧 배는 있되 배는 보이지 않는 것이다. 다음으로 우리는 行人을 찾는다. 그런데 화면의 중앙에 선 하얀 색의 인물과 그 가슴에 안은 어린이(?)의 관계는 우리를 곤란하게 만든다. 우리는 몇 가지 단서로 화면 중앙의 인물이 행인이 아닐 것이라 판단한다. 1) 그의 큰 귀는 중생의 기원을 듣는 부처의 큰 귀에 유사성의 관계를 갖는다. 2) 그의 세 개의 팔은 자비를 베푸는 千手觀音菩薩에 유사성의 관계를 가진다. 3) 시에서나 그림에서

'나'와 '당신'은 둘다 문제의 중심에 놓여 있다. 만일 行人인 '당신'이 절대자라면, 나의 존재의의는 부인될 수밖에 없는 것이 손장섭에서의 그림이다. 하지만 행인인 당신이 중생이라면, 나룻배는 화면 중앙의 인물과 동일시된다. 그는 행인(어린이같아 보이는 인물)을 지키면서 강을 거슬러 올라간다.

이 경우 그림은 구도시를 제도시로 역전시키는 것 외에도 새로운 의미들을 개진한다. '우리'가 섬기는 부처는 대자대비하며 남성이지만 여성적인 존재로 표현된다. 그런데 역전에 의해 부처는 '강력한 남성적 존재'로서, 보호자로서 형상화된다. 또한 수동적 구도자의 자리를 능동적인 절대자로 대체하고 난 자리에서, 부처는 '강을 건네 주는 존재', 곧 구원자로 형상화된다. 즉, 현실의 강 건너기는 의미의 초월을 경험하게 되는 것이다.

나룻배의 남성적, 구원자적 이미지가 한용운의 텍스트에 이미 잠재하고 있었는지, 아니면 손장섭에 의해 구성된 것인지 하는 문제는 본고의 몫은 아닌 것 같다. 하지만, 한 가지 전제해 둘 수 있는 것은, 기존의 이해나 손장섭의 이해가 모두 '나-당신 : 나룻배-행인'의 의미론적 관계로부터 출발한 것이며 '선택'에 의한 초점화의 차이로 인해 의미의 차이가 만들어진 것이라는 점이다. 선택의 관성이 매우 완고하기 때문에, 그것은 참됨과 거짓됨, 혹은 옳음과 그름으로 비추어지기도 하지만, 도식의 문제는 그것이 관습에 기인한 것이라고 말해 준다.

Ⅳ. 이야기하기의 거부, 혹은 보여주기 : 윤명로의 李箱

이상의 낯섦에 대해서는 새삼 부연하지 않아도 아래의 시가 스스로 말한다.

> 벌판한복판에꽃나무하나가있소近處에는꽃나무가하나도없소꽃나무는
> 제가생각하는꽃나무를熱心으로생각하는것처럼열심히꽃을피워가지고섰

소꽃나무는제가생각하는꽃나무에게갈수없소나는막달아났소한꽃나무를
爲하여그러는것처럼나는참그런이상스러운흉내를내었소.

— 이상, 〈꽃나무〉 —

그런데 이 시를 회화로 옮긴 윤명로의 경우는 더 이해하기 힘들다. 그것은 적어도 분절 언어를 은유적으로 옮길 도식을 우리가 가지고 있는 데 비해, 회화적 은유도식과는 좀체 만나기 힘든 까닭이기도 할 것이다. 시각적-디지탈적 작용방식을 속성으로 하는 우리의 문화에서도 일반적인 추상화와는 다른 비정형 회화(앵포르 멜 informel)는 여전히 혁신이기 때문이라는 의미에서 그러하다.

이 시는 두 개의 대응축을 가지고 있다고 판단된다.

나 — 꽃나무
이상스러운 흉내 — 꽃을 피우는 것

꽃나무는 受精을 통해 생명을 연장하며, 그렇기 때문에 꽃 자체가 생존의 전략이다. 그런데 텍스트에서 '꽃나무'는 벌판 한 복판에 혼자 서 있는 것으로 그려지며 홀로 꽃을 피운다. '꽃나무'가 제가 생각하는 꽃나무를 熱心으로 생각한다는 것은 나르시스적인 묘사인데, 그것은 마치 이상이 〈거울〉에서 거울 속의 나를 근심하고 염려할 수 없는 '나로 묘사한 것과 흡사하다. 이것은 자가 수정을 뜻한다. 이러한 짝을 '내'가 가지고 있으므로, 나의 '이상스러운 흉내'란 自慰(masturbation)를 뜻하는 것이 된다. 결국 이상의 텍스트에 대한 은유도식으로 우리는 '성적 강박'을 만들어 내는 것이다.

윤명로의 〈꽃나무〉는 손이나 끌과 같은 도구로써 대상을 제거한—이 점에서 칸딘스키의 발견을 원류로 둔—자족적 세계이다. 이미 채색된 것들을 지우면서 혼란스럽게 지나가는 자취들을 우리는 자기 열중이라 부를 수 있겠다. 하지만 재현하는 것이 없으니 무엇을 읽어야 하겠는가. 흥미롭게도, 이 그림은 앵포르맬의 초기 창시자 중 하나인 장 뒤뷔페(Jean

윤명로, 〈꽃나무〉, 《그림으로 읽는 한국의 명시》, 실천문학사, 1996, p. 32.

장 뒤뷔페, 〈다망한 생활〉, 《세계미술대사전》 II(서양), 한국미술연람사,

Dubuffet)의 〈다망한 생활〉(1953)과 색조나 기법상 유사하기까지 하다. 장 뒤뷔페는 '그림을 그린다는 것과 데생하는 것과의 차이'를 명백히 강조하였으며, 대상이 아니라 창조하는 행위에 의의를 두었던 인물이었으므로, 윤명로의 〈꽃나무〉가 〈다망한 생활〉에 직접적 영향 관계를 갖지 않는다손 치더라도, 그들 사이에는 미학적 태도에 있어서 상당한 상사성이 존재할 것이라 생각하기 어렵지 않으리라 본다.

또한 실상 여기가 '나'의 이상스러운 흉내를 꽃나무로 '추상화'—실은 아무 형태도 없이 오로지 熱心으로 꽃을 피우고 있는 행위만을 기술했으므로—하는 李箱의 미학적 태도가 접근하려는 지점이기도 하다. 외면적으로는 윤명로의 손끝(?)이 아무렇게나 지나간 듯한 자리에 꽃의 수술머리, 혹은 생식기로 보이는 흔적들이 발견되지만, 이것은 2차적이거나 허구적인 의미만을 갖는 주제일 뿐이다. 그렇기 때문에, 필자는 이제 李箱에 적용한 은유도식에 괄호를 쳐 두기로 한다. 〈꽃나무〉는 그냥 그대로 있어도 무방하리라.

Ⅴ. 시간 초월하기, 혹은 영원한 이야기를 발견하기 : 李陸史의 패러독스

월터 J. 옹은 구술문화적 전통 속에 놓인 이야기들이 프라이타크(Freytag)가 제시한 대로 피라미드형의 플롯의 완결성을 가지는 대신 다양한 삽화들을 시인의 기억으로부터 이끌어 내어 자신에게 누적시키고 있다고 설명한다. 시작이 있으면 끝이 있는 법이지만, 끝은 시작과 다름이 없는 것이 서사의 누적적인 계기들이 갖는 특징이다. 이런 이야기를 또한 '寓意'라고 부른다. 우의는 그 뒤편에 형이상학적 진리의 세계를 가지고 있기 때문에, 이야기는 세계로부터 독립한 개별 서사의 처음과 끝을 갖는 대신, 푸코가 '세계의 산문'이라 불렀던 것처럼, 하나의 에피소드로서 세계 속에서 연장된다. 실상 이러한 이야기들만이 아니라, 이른바 '신화(동화)적 공간에서 벌어지는' 모든 이야기가 시간을 초월하는 서사들이다.

그런데 이는 '역사성'이 근대적 사유의 산물임을 뒤집어 말하고 있는 것이다. 옹은, 이와 관련하여, '구술문화' 속의 서사 텍스트가 '문자문화' 속에서 어떻게 변형되는가와 관련된 흥미있는 진술을 하고 있다. 그에 따르면, 고대 성서의 번역이 후대로 내려오면서 누적적인 병렬구문들을 점차 논리적 연관으로 대체시키고 있다는 것이다. 말하자면, 역사적 경험으로의 패러프레이즈가 텍스트 자체의 맥락을 근대적인 문제틀로 옮겨놓은 기능을 수행한다는 것이다. 이를 염두에 둔다면, 그림을 서사로 읽어내려야 하고, 또 시를 구상적 재현으로 읽어내려야 하는 우리의 도식이 실상 보편적이라기보다는 문화적이라는 애당초의 판단으로 돌아갈 수 있을 것이다.

문제는 이러한 도식으로는 걸러지지 않는 텍스트의 자질들이 상당히 존재한다는 것이다. 이 절에서는 그 가운데 하나로 '역설'의 문제를 다룸으로써 본고를 정리해 볼까 한다. '모순되는 판단이 공존하는 견해'라는 뜻의 '역설'은 달리 말해서 모순어법(self-contradictory statement)이라 불려지기도 한다. 그런데 이 규정 자체가 상당히 흔들리고 있어서, 역설은 인식론적 범주로도 표현론적 범주로도 설정되어 있다. 하지만 그것이 표현의 차원이라 하더라도, 이 용어의 핵심은 모순되는 두 극단이 조화를 이룰 '참됨'을 내포하고 있다는 데 있다. 그렇다면 흔한 예로 인정되는 '겨울은 강철로 된 무지개'(이육사, 〈절정〉)에서 두 개의 상반된 진리를 공유하는 모순은 어디에 있을까.

매운 季節의 채찍에 갈겨
마침내 北方으로 휩쓸려오다.

하늘도 그만 지쳐 끝난 高原
서릿발 칼날진 그 우에 서다.

어데다 무릎을 꿇어야 하나
한 발 재겨 디딜 곳조차 없다.

이러매 눈 감아 생각해 볼 밖에
겨울은 강철로 된 무지갠가 보다.

텍스트에서 시적 상황을 짐작케 하는 것은 '북방→고원→서릿발 칼날진 그 우'로의 공간 변화이다. 공간적 조건이 이렇게 변화하는 것은 상황의 악화를 의미한다. 다시 말해, 시간의 흐름을 은유하고 있다는 뜻이며 하나의 서사가 이루어지고 있다는 뜻이다. 이 때문에 2연까지 읽는 동안, 그것은 완전히 공간적으로 묘사되었지만(시제문제도 주목할 부분이다), 우리 자신은 그 전체를 결코 하나의 象으로 수용하지 못한다. 우리는 매우 막연하게 시적 상황을 뒤따라갈 뿐이다. 그러다가 3연에 이르면 돌연 숨찬 추적은 중단되고 자세히 주변을 볼 요량이 생긴다.

그로부터 우리의 상식화된 역사주의적인 상상력은 시적 상황의 시대적 배경을 추적하게 될 것이다. 텍스트 밖의 '저자'를 호출해 오고, (이 글을 쓰는 도중에 필자가 하고 있는 것처럼) 그의 전기적 사실들을 확인하는 과정을 거치게 될 것이다. 그러는 동안 우리는 의문을 곧 지나치게 될 것인데, 그것은 4연에 의연히 스스로를 드러내고 있는 것이기도 하다. 겨울을 무지개로 여기는 것을 진정 '超克'이라 할 수 있는가. 만일 이것이 의문이라면, 초극이라 함은 팽팽한 긴장으로부터의 회피가 아님을 응당 인식하고 있는 중일 것이다. 겨울을 엄중한 시대상황으로 인정하고 나서 다시 무지개를 대안으로 선택하는 것은 아주 맥없는 처사다. 무지개는 비 온 뒤의 계시와도 같은 희망을 뜻할 수 있지만, 그것은 결코 안정된 시니피에가 되지는 못한다. 하나의 의미가 만들어지자마자, 결코 쫓아갈 수도 없고 게다가 붙잡을 수도 없는 절망이 거기에 덧붙여진다. 무지개는 오아시스이자 신기루이다.

'죽는 것이 사는 것이다', '태양은 신의 그림자다'. 이러한 모순형용이 역설을 만들게 되는 것은 죽고 사는 것이, 또한 태양과 그림자가 상반된 가치를 지니고 있기 때문이다. 반면에 겨울과 무지개가 그러한 자질을 지니지 못하고 있다는 것은 당연하다. 절정에 오르게 되었을 때 비로소 초극의 조건이 마련되었다면, 무지개는 매운 계절의 채찍에 갈길 때부터 기대해 볼 수도 있는 초극의 대안일 수는 없지 않을까. 상식화된 역사주의의 함정은 여기에 있다.

주체는 언제나 선택을 한다. 선택은 보기에는 자의적이고 그 때문에 개연적 미래를 이끌어 오는 것처럼 보이지만, 결과에 와서는 언제나 필연임이 확인된다. 우리는 주체가 맞이하게 될 (우리가 기대하거나 예견하는 바) 결과에 비추어 바라보기 때문에 매번의 행동을 기대 또는 예견하게 된다. 그런데 실제로는 그/그녀가 선택한 바로 그 순간 적어도 하나 이상의 다른 선택을 포기하는 셈이 되므로, 우리는 역사성의 맥락에서 다른 선택의 길을 더 이상 보지 못하게 되는 것이다. 필연성에의 조망(perspective)—이것을 달리 말해 '합리성'이라 한다—은 이를 무마할 수 있는 근거가 되어 준다. 그러나 종착점에 도달하게 되었을 때, 선택의 길이 선택에서 배제된 다른 길과 만나고 있다는 것을 발견할 수 없게 되었다면, 무지개란 얼마나 덧없는 것이 되겠는가.

다른 길에의 선택. 만일 조심성 있는 사람은 미로에 놓였을 때 적어도 두 가지 선택의 방법을 알고 있다. 하나는 지나가는 길마다 표시를 해 두는 것이다. 언제든 되돌아 와서 다른 길을 선택하기 위함이다. 그러나 복잡하게 꼬여 있는 미로는 표지들을 뒤엉키게 만든다. 다른 하나는 선택하지 않은 길의 예상진로를 항시 염두에 두며 가는 것이다. 그러나 뇌의 용량이 얼마가 되든 상관 없이 두번째 선택에서부터는 모든 것이 無知와 동일해진다. 그리하여 역사는 시간을 되돌릴 수 없다는 단순한 진리를 깨닫게 된다. 말하자면, 미로란 결코 전체를 알 수 없다는 말의 번역어이며, 그 속에는 하나의 '역사'가 있는 동시에 '하나의' 역사만이 있다.

그러므로 허무에 빠지지 않고 이 비극의 역사를 초극하기 위해서는 하나의 역사가 아닌 모든 역사로부터 초월해야 한다. 근대에 와서는 어렵게 되었지만, 다행히도 '눈 감고 생각하는' 화자에게는 자기가 맞닥뜨린 시작과 끝이 있는 역사 말고도 창세기적인 우주, 곧 시간을 초월한 서사가 존재함이 보였다. 陸史는 이제 강철로 하여금 무지개를 신기루로부터 구하게

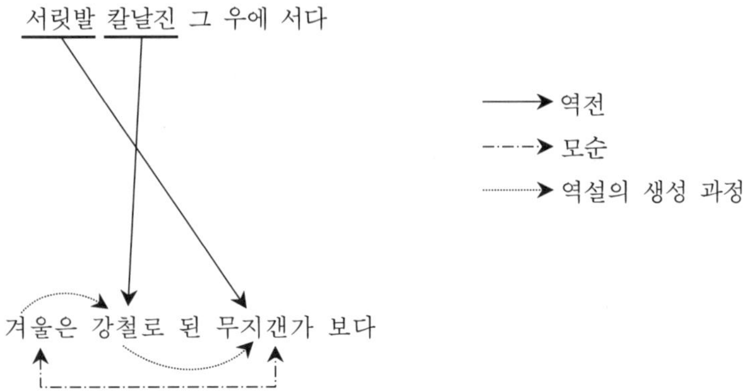

하는 참으로 놀라운 발견을 통해 그 과정을 보여 준다. 강철의 청신함은 그것이 조금 전까지만 해도 차갑고 매서운 겨울에 소속되어 있었기 때문에 한층 강렬하다. 우리는 화자와 육사 자신을 구분해 말했지만, 실제로는 그가 강철을 어딘가에서 특별한 의미로 사용한 흔적이 전혀 없기에, 초월성의 자기 현시는 텍스트에서뿐 아니라 육사 자신의 삶에서도 느닷없이 개입해 들어온다. 그렇기에 육사에게 있어서도 그것은 무엇이라고 간명하게 설명될 수 없는 정서적 感得 그 자체인 것이다.

우리는 초극이 절명적 '상황'—이 단어는 시간과 공간의 응축을 뜻한다—에서 비로소 이루어진 것이라고 보았다. 그것은 '절정'이라는 제목이 이미 함축하고 있는 것이기도 하다. 역사의 정점에서 비로소 역사를 초월할 수 있다면, 역사적 시간과 초월적 시간이 만나는 지점에서, 개체사가 아닌 전체사[7]가 만난 그 경계에서 역설이 생긴다고 판단하는 것이 옳을 것이다. 거기서는 모든 의미가 융해되고 생성되기 때문에 현실의 세계에서는 존재할 수 없는 존재가 현존하며, 인식될 수 없는 가치들이 인식된다. 만약 그렇지

7) '나'는 죽더라도 '나'의 분신은 태어나 살아가고, 또 그 자손들이 계속 번창하게 될 것이므로, 나는 영원한 삶을 산다. 그것은 마치 세포가 분열을 통해 끝없이 생명을 유지해 가는 것과 같다. 이와 관련해서 죽음을 생명의 과정으로, 또 궁극적으로 영원한 질서에 복귀하는 것으로 파악한 생리학자 폴 쇼샤르(Paul Chauchard)의 《La Mort, P.U.F., coll. 《Que Sais-je?》》를 참조할 만하다(폴 쇼샤르, 오영근·이정주 공역, 《죽음의 生物學的 解釋》, 아카데미서적, 1987.).

않고, 역설이 다만 표현의 차원에 존재하는 진술전략이라면, 그것을 참되다 말할 수 있는 근거는 어디서도 찾을 수 없을 것이다.[8)]

Ⅵ. 서사화 도식의 극복

어렸을 때 도화지에 해를 그렸던 기억을 가지고 있는 독자들은 학년이 올라가면서 점차 해를 그리지 않게 되었던 사실을 또한 기억할 것이다. 그것은 해를 그려서는 안 된다고 배웠기 때문이다. 紅焰은 우리의 가시적 세계에서는 지각되지 않고, 햇살은 색의 不在로서 비로소 지각되는데, 따라서 그런 것은 그릴 수 없다는 것이다. 우리는 해의 주위에서 사방팔방을 향해 펼쳐지는 빛의 스팩트럼을 더 이상 그리지 못하게 됨에 따라 곤란한 문제를 원천적으로 없애기 위해 해의 존재를 부인해 버리고 말았다. 이러한 착실함이 회화의 도식을 제대로 배우게 했을지는 모르겠다. 하지만 그렇다고 고흐의 그림에 그려진 해를 두고 비난할 권리를 얻게 되는 것은 아니다. 우리의 '해 없애기'는 다만 다루지 못하므로 무시하겠다는 것이지, 원래 존재하지 않았던 것은 아니기 때문이다.

여기서는 세잔느나 고흐나 피카소나 칸딘스키는 말하지 않았으며, 정지용이나 김광균이나 조향에 대해서도 말하지 않았지만, 이들 작품에 대해 '해 없애기'식의 감상을 이끌어 내는 도식의 한 부분은 다루어 보았다. 몇 가지 항목으로 나누어 살펴보았지만, 一瞥하면 '서사화 도식'이라는 용어가 용납될 수 있지 않을까 생각해 본다. 그것은 우리 일반인의 회화감상법이

---

8) 우리 전래의 民畵들에서는 역사적 시간을 초월한, 대개 <三界圖> 혹은 <三天圖>로 유형화되는 그림들이 있다. 중세 서양의 종교화들에서도 많이 찾아볼 수 있는 이런 유형의 그림들에서는 화면이 크게 삼분되어 '천상-지상-지옥', 또는 '전세-현세-내세'를 보여 준다. 그런데 시간이나 세계를 한 화면에 담는 것은 세계나 우주의 질서를 보여주겠다는 야심찬 기획이 있어서라기보다는 그들이 경험하는 세계가 그러하기 때문이다. 이것이 발견이든 아니든 간에 삼계도적 세계는 초극의 원리를 스스로 깨치고 있다. 육사의 〈절정〉이 이와 같은 것이다.

자, 가장 일반적인 시 감상법이기도 해 왔던 것이다. 하지만 李箱의 경우에 대해서와 같이, 실상 초현실적, 환상적, 정신분석적 대상에 대해서는 속수무책일 때가 많은 시각이기도 하며, 이미지를 죽이는 작업이기도 하고, 개념을 혼동시키는 나태이기도 하다.

사실 '서사화 도식'을 역전시키거나 이로부터 완전히 벗어나 다르게 읽어보려고 한 몇몇 예에 대해서도 보였는데, 혹여 전혀 맥락을 잡지도 못한 채(이를테면 의도의 오류에 빠져) 자의적으로 해석한 부분이 없지는 않는지 걱정되기도 한다. 만일 크게 문제가 아니라면, 손장섭이나 윤명로의 작업을 예로 삼아 우리는 텍스트 해석에 대한 우리의 강박관념을 다소나마 누그러뜨릴 수 있을 것이다.

현대 사상계의 주목 받는 인물들이 그들의 주요 저작 가운데 회화나 사진, 영화들을 주요 주제로 잡아 연구한 바 있다는 사실(예컨대, 바르뜨가 사진에, 푸코나 데리다가 마그리뜨, 고흐 등에 깊은 관심을 보인 것처럼)은 다만 시대적으로 풍미하는 문화 양식에 대한 '또 하나'의 관심에 불과한 것은 아니라는 점도 아울러 생각해 둘 점이다.

〈연구 과제〉

1. 다음은 이상과 현실의 괴리를 형상화한, 김소월의 〈바라건대 우리에게 우리의 보습대일 땅이 있었더면〉이다. 이 시의 서사적 내용을 회화로 어떻게 재구성할 수 있을지 생각해 보자.

> 나는 꿈꾸었노라. 동무들과 내가 가즈란히
> 벌 가의 하로일을 다 마치고
> 夕陽에 마을로 돌아오는 꿈을,
> 즐거히 꿈 가운데.
>
> 그러나 집 잃은 내 몸이어
> 바라건대는 우리에게 우리의 보습대일 땅이 있었더면!

이처럼 또돌으랴, 아침에 점을손에
새라새롭은 歎息을 얻으면서.

東이랴 南北이랴
내 몸은 떠나가니 볼지어다,
希望의 반짝임은, 별빛의 아득함은,
물결뿐 떠올라라 가슴에 팔다리에.

그러나 어쩌면 황송한 이 心情을! 날로 나날이 내 앞에는
자칫 가느른 길이 이어가라. 나는 나아가리라
한걸음, 또 한걸음. 보이는 山비탈엔
온 새벽 동무들 저저혼자…… 山耕을 김매이는.

2. 다음은 어느 한 순간의 하늘의 모습을 그려낸, 서정주의 〈동천(冬天)〉이다. 어떠한 이야기를 담아서 회화로 재구성할 수 있을지 생각해 보자.

내 마음속 우리 님의 고운 눈썹을
즈믄밤의 꿈으로 맑게 씻어서
하늘에다 옮기어 심어놨더니
동지 섣달 날으는 매서운 새가
그걸 알고 시늉하며 비끼어가네

제 9 장
문학과 영화

최 인 자*

Ⅰ. 문학과 영화의 상호 관련성

현대인을 '호모 비디오쿠스'라고 한다. 현대인들에게 T.V, 비디오, 영화 등의 영상매체는 문화필수품이 되었다. 반면 그동안 우리 생활에서 교양과 정보를 주었던 문학작품들은 이제는 학교 교과목이나 아니면 특정 사람들의 취미생활로만 자리 잡게 되었다. 예전의 '문학청년'들이 '영화 매니아'라는 새로운 이름으로 자리를 옮긴 지 이미 오래다.

영화의 폭발적인 저변 확대는 문화적 교양의 전통적 대명사였던 문학의 입장에서 보면 매우 난처한 일이 아닐 수 없다. 물론 데이비드 하디(David Hardy : 1900~1960)의 지적처럼 영화가 '문화적 모더니즘의 최대의 분출'이라는 점을 고려한다면 이러한 현상은 단순히 어떤 예술 장르의 우열경쟁이 아니라 현대문화의 한 양상으로 이해할 수도 있을 것이다. 그러나 문학의 입장에서는 그리 간단하지만은 않다. 이제 문학은 영예롭던 과거를 뒤로 한 채 쇠락의 길을 걸어야만 할 것인가.

이러한 현상에 대해서, 문학 전문가들의 입장은 둘로 나뉘고 있는 듯하다. '문학의 위기'로 보는 입장과 '문학의 확대'로 보는 입장이 그것이다.

우선 위기로 보는 입장은 영상매체의 '단편적이고, 감각적이며, 즉물적'인

---

* 신라대학교 교수. 주요 저서로 《국어교육의 문화론적 지평》, 《서사문화의 문학교육론》 등이 있다.

매체적 특징과 아울러 상업적인 특징을 지적하면서 문학작품을 읽지 않는 세태에 우려를 표한다. 아울러 문학이 영상매체의 거대한 흐름에 휘말려 진정한 문화적 소명을 다하지 못할 것을 심려하기도 한다.

다음, 문학의 확대로 보는 입장은 영화와 문학을 가르는 대신, 이 둘의 상호소통을 인정하면서 문학 향유방식의 현대적 변용이라는 관점에서 긍정적으로 재해석한다. 문학은 당대의 역사적 상황 속에서 언제나 새로운 자신의 향유방식을 모색해 왔다. 우리에게 익숙했던 문학의 향유 방식, 곧 글로 쓰여진 작품을 읽는 것은 문학의 본질적 특징이라기보다 활자매체 시대에 걸맞는 향유방식이었고, 이제 영화로 각색된 문학은 영상시대에 걸맞는 문학 향유방식이라는 것이다.

어떤 관점을 취하든지 현대에 문학과 영화가 상호 공존하고 있는 현상만큼은 쉽게 무시할 수 없을 것으로 보인다. 섣부른 판단을 앞세우기 보다는 그 구체적인 상호 교류의 현상을 이해하는 것이 합리적인 접근일 수 있겠다. 따라서 문제는 어떤 장르의 우위와 지배력을 강조하는 것이 아니라, 차이성을 유지하면서도 상호관련을 맺는 다양한 방식을 면밀히 검토하는 일에 초점이 맞추어져야 한다. 이 글에서는 양자의 차이성에 대한 본격적인 논의는 접어 두고, 상호 교섭양상을 중심으로 살펴보도록 하겠다.

Ⅱ. 소설에 수용된 영화기법

1. 소설과 영화의 상호 교류근거

소설과 영화의 상호 교류근거는 敍事性에 있다. 채트먼(Seymour Benjamin Chatman : 1928~)의 통찰대로, 서사는 시각적 · 청각적 · 시청각적 매체 등을 통해 자신을 실현하며, 소설도 영화도 시간의 계기성 속에서 의미를 실현해 나간다는 점에서 서사의 한 형태라고 볼 수 있다. 역사적으로 볼 때 소설과 영화의 관계는 매우 우호적이었다. 소설은 영화의 시나리오를 제공하였고, 영화는 소설을 대중화시켰다. 지금은 시나리오가 구성작가에 의해 독자적인 장르로 분화되고 있는 형편이지만, 초기만 해도 극영화는 소재의 대부분을 소설에 의지하였다. 또한 소설은 영화화를 계기로 삼아 집단적이고 대중적인 소통방식을 개척하였다.

이를 통해 양자는 서사기법을 주고 받았다. 영화가 만들어진 초창기에는 영화가 소설의 서사기법을 주로 받아 들였다. 이 당시 영화는 전문 시나리오 작가도 없었고, 아직 자신만의 표현력을 인식하지 못한 상태였기 때문에 플롯 전개의 대부분을 스토리-텔링과 연대기적 시간구성에 따르는 서구 고전적 리얼리즘 소설의 서사기법을 수용했던 것이다. 우리가 대부분의 극영화에서 확인할 수 있는 이야기 전개 방식, 즉 사건의 인과적 흐름에 기반한, 순차적 시간전개방식은 19세기 서구 리얼리즘에서 허구적 관습으로 발전시켜 놓은 서사 기법이다.

그러나 영화의 표현기법이 다채롭게 개발됨에 따라, 소설 역시 영화적 서사기법을 본격적으로 수용하기에 이른다.

먼저 영화가 카메라와 편집이라는 자신의 매체적 자의식을 획득함으로써 새로운 서사기법을 발견했던 과정을 살펴보겠다.

영화는 순간적인 영상들의 '편집'의 산물이다. 우리는 영화가 극장에서 보는 순서대로 찍혀진 것은 아니라는 사실을 잘 알고 있다. 즉, 영화는 우리의 현실경험을 유지하는 자연적인 시공간을 인위적으로 분절하여, 재구성한 결과인 것이다. 이는 본격적인 영화예술의 장을 연 그리피스(David Wark Griffith : 1875~1948)의 〈국가의 탄생〉(1915)의 마지막 장면에 대한 영화인들의 놀라움이기도 하였다. 이 발견을 한 마디로 요약한다면, 시간적인 것과 공간적인 것이 결합된 4차원적인 '시간·공간성'이라고 할 수 있다.

여기서 간단한 예를 들어 보겠다. 여자와 남자가 레스토랑에서 만나 이야기를 하고 있다. 독자인 여러분이 만약 감독이라면 어떤 영상언어로 표현할 것인가. 장면 크기는 어떻게 정할 것이며, 또 몇 개의 쇼트(한 번의 지속적인 카메라 작동으로 촬영된 필름)로 나누어서, 어떤 방식으로 편집할 것일가. 네오리얼리스트 감독이라면 아마도 장면을 롱 쇼트(long shot : 카메라가 피사체로부터 적어도 50야드 이상 떨어진 곳에서 촬영을 하는 것)로 처리하여 까페 전체의 느낌 속에서 두 사람의 만남을 전달하려고 할 것이다. 그리고 커팅(cutting : 두 개의 분리된 쇼트를 결합하는 것)도 하지 않고 한 쇼트로 한 장면을 처리할 것이다. 이런 편집이라면, 관객들은 두 사람이 나누는 대화에 대한 객관적인 정보에 관심을 가질 것이며, 다소 지루해 하면서 대상들에 거리두기를 할 것이다. 반면, 헐리우드 감독이라면, 우선 두 사람을 함께 넣어 적당한 미디엄 쇼트로 한 쇼트를 잡고, 다음 먼저 말하는 사람을 클로즈업으로, 그 다음에는 이를 듣는 사람의 반응 쇼트를 클로즈업으로 잡은 뒤 이야기가 끝나면 다시 미디엄 쇼트로 마무리할 것이다. 이 경우 관객들은 대화 자체의 정황에 빨려 들어가면서 두 사람의 감정 굴곡에 동참하게 된다. 또한, 실험정신이 강한 표현주의 감독이라면 어떻게 했을까. 말하는 여자의 불안한 정서를 표현하기 위해, 그녀의 시선을 극도의 클로즈업으로 잡은 다음, 그 시선이 머무르는 사물들을 몽타주로 편집해 나갈 것이다. 이 때 한 장면은 수십 개의 쇼트로 분할될 수 있으며, 공간 역시 수많은 파편들의 조합으로 분리될 것이다. 이러한 장면을 본다면 관객은 아마도 극도의 혼란과 불안을 느끼게 될 것이다.

이 예에서 우리는 비록 동일한 소재라 하더라도, 시간과 공간을 어떻게 분절할 것인가에 따라 매우 다른 이야기를 전개시킬 수 있음을 확인하게 된다. 영화는 시간과 공간을 상호 결합함으로써 경험을 무궁무진하게 다양한 방식으로 해석한다. 영화에서 공간은 시간, 즉 이야기 흐름을 어떻게 만들어 나가려고 하느냐에 따라 크게, 혹은 작게, 또는 통합된 것으로 혹은 나누어진 것으로 표현되는 시간화의 계기를 가지며, 시간 역시 우리 눈에 보이는 어떤 것들처럼 나누고, 다시 붙이고, 건너 뛰는 등으로 표현됨으로써 공간화의 계기를 갖는다.

이와 같이 영화가 발견한 시간과 공간의 다양한 결합방식은, 모더니즘 소설의 기법변환에 획기적인 영향을 미쳤다. 전통적인 소설은 화자가 등장하여, 이야기를 일정한 시간적 순서에 의해 풀어 놓는 방식이었다. 그러나 모더니즘 소설은 영화의 기법을 이용하여, 같은 공간 안에서도 다양한 시간의 흐름이 동시에 끼어들거나, 또 같은 시간에 일어났던 다른 공간에서의 일들을 동시에 표현하는, 이른바 체험의 '同時性'을 표현하기에 이른 것이다. 조이스(James Joyce : 1882~1941), 울프(Virginia Woolf : 1882~1941), 프루스트(Marcel Proust : 1871~1922) 등의 모더니즘 소설에 등장하는 자동기술법, 상대적인 시간체험, 이미지의 몽타주적 배열 등은 모두 영화의 서술기법을 이용하여, 현대인의 복잡하고 소외된 체험양상을 드러내려는 서술전략의 결과이다. 즉, 이들은 이러한 방법으로, 객관적 시·공간에 포섭되지 않는 다양한 시공간의 체험을 표현하고자 하였으며, 이로써 현대인의 소외양상을 열정적으로 드러내고자 하였던 것이다.

이제 우리 나라로 눈길을 돌려보자. 우리 나라의 경우 특이하고 흥미로운 양상이 있는데 그것은 근대소설과 영화가 거의 동시에 출발하고 있다는 점이다. 1917년에 이광수의 〈무정〉이 발표되었는데, 한국의 최초 연쇄활동사진극인 김도산 감독의 〈의리적 仇鬪〉가 1919년에 개봉되었다. 이는 우리 나라에서는 근대소설과 영화 모두가 서구 근대문명화의 한 과정으로 수입된 것이었음을 보여주고 있으며, 두 장르의 직접 교류가능성도 암시해 준다. 이를 확인할 수 있는 것이 바로 1920년 후반부터 등장한 '영화소설'이다. '영화소설'은 시나리오와 소설의 중간적 형식이라고 할 수 있는데, 場面化 기법을 주로 사용하여 소설에 영화적 기법을 수용하고 있다. 그러나 영화기법이 가장 무르익은 때는 1930년대이다. 이 당시 영화는 문인들 사이에 유행처럼 번져, 영화론에 대한 지상토론이 벌어지는가 하면, 영화 기법을 소설에 적극 수용하려는 움직임들이 활발히 일어났다. 그리고 이는 새로운 자극으로 체험되었던 근대 도시문명의 인상을 표현하는 데 유용하게 쓰이게 된다. 박태원의 〈천변풍경〉, 〈소설가 구보씨의 일일〉, 허윤석의 〈九官鳥〉 등의 모더니즘 소설들, 그리고 찰리 채플린의 영화에 영향 받은 김유정의 소설들이 이에 해당된다.

2. 소설과 영화의 교섭양상

소설과 영화의 서사기법 교섭 양상을 카메라 눈(camera eye), 몽타주, 시간적 몽타주, 공간적 몽타주를 중심으로 살펴보도록 한다.

카메라 눈은 카메라 렌즈가 갖고 있는 냉엄한 재현력을 활용하여, 작가의 의도를 드러내지 않은 채 대상을 정확히 포착해 보여주는 방식이다. 카메라는 자유로운 공간이동과 다채로운 앵글 조작으로 사물을 다양한 각도에서 포착할 수 있다. 이를 소설의 서술기법으로 차용할 경우, 소설의 서술자도 마치 카메라의 눈과 같이 자신의 의도를 표면에 드러내지 않고 대상의 느낌과 분위기를 직접 전달하는 효과를 거둘 수 있다. 전통적인 소설에서는 서술자가 사건과 인물에 대하여 평가하고 주석하고 설명하면서 소설 내에 깊숙이 개입하였다. 그러나 카메라 눈의 서술력을 수용하고부터는 '말하기'(telling)보다는 '보여주기'(showing)의 방법을 통해 대상을 하나의 장면으로 압축하는 방법을 애호하게 된 것이다. 소설에서도 시각화 방법이 없었던 것은 아니나('묘사'의 방법), 현대의 소설에서는 이야기를 아예 생략한 채 장면의 시각적 이미지만으로 서술하고 있는 것이다. 이러한 소설에서는 톨스토이나 도스토예프스키 소설들을 읽으면서 접하게 되는 인생에 대한 심오한 철학적 사색이나 통찰 대신에, 장면의 분위기와 이미지가 강화된다. 이른바 언어의 상징성 대신에 시각적 사유가 중심이 되는 셈이다.

현대 소설에서는 거의 대부분 이 기법을 사용하고 있으나, 1930년대에 처음으로 이를 사용하여 주목을 받았던 박태원의 〈천변풍경〉을 살펴보도록 하겠다. 이 작품을 읽어 보면, 작가의 목소리는 거의 느낄 수 없고, 청계천 변가에 살았던 서민들의 생활장면이 사진처럼 제시되고 있는 것 같은 느낌을 받는다.

> 정이월에 대독 터진다는 말이 있다. 딴은, 간간히 부는 천변 바람이 제법 쌀쌀하기는 하다. 그래도 이곳, 빨래터에는, 대낮에 볕도 잘 들어, 물 속에 잠근 빨래꾼들의 손도 과히들 시립지는 않은 모양이다.
>
> 「아아니, 요새, 웬 비웃이 그리 비싸우?」
>
> 주근깨 투성이 얼굴에, 눈, 코, 입이, 그의 몸매나 한가지로 모두 조그맣게 생긴 이쁜이 어머니가, 왜목 욧잇을 물에 흔들며, 옆에 앉은 빨래꾼들을 둘러보았다.
>
> 「아아니, 을말 주셨게요?」

그보다는 한 십 년이나 젊은 듯, 갓 서른이나 그밖에는 더 안되어 보이는 한약국집 귀돌 어멈이 빨랫돌 위에 놓인 자회색 바지를 기운차게 방망이로 두드리며 되물었다. 왼편 목에 연주창 앓은 자국이 있는 그는, 언제고 고개를 약간 왼편으로 갸우뚱한다.

「글세, 요만밖에 안되는 걸, 십삼 전을 줬구료. 것두 첨엔 어마허게 십오 전을 달라지? 아, 일 전만 더 깎재두 막무가내로군.」

지금 생각하여 보아도 어이가 없는 듯이, 빨래 흔들던 손을 멈춘 채, 입을 딱 벌리고 옆에 앉은 이의 얼굴을 쳐다보려니까, 그의 건너편으로 서너 사람째 앉은 얼금뱅이 칠성 어멈이,

「그, 웬걸 그렇게 비싸게 주구 사셨에요? 어제 우리 안댁에서두 사셨는데 아마 한 자리에 팔 전꼴두 채 못된다나 보든데……」

그리고 바른손에 들었던 방망이를 왼손에 갈아들고는 한바탕 세차게 두드리는 것을, 언제 왔는지 그들의 머리 위 천변길에가, 우선, 그 얼굴이 감때 사나웁게 생긴 점룡이 어머니가 주춤하니 서서,

「어유우, 딱두 허우. 낱개로 사먹는 것허구, 한꺼번에 몇 두름씩 사먹는 것허구, 그래 같담? 한 마리 팔 전씩만 헌담야 우리 겉은 사람두, 밤낮, 그 묵어빠진 배추김치 좀 안 먹구두 사알게?」

사내같이 우락부락한 소리로 하는 말에, 이쁜이 어머니는 고개를 끄덕이어 동의를 표하기는 하면서도, 반은 혼잣말로,

「그 묵은 통김치나마 넉넉하게나 있었으면 좋겠수. 우린 그나마두 낼만 먹으면 그만야」

욧잇을 빨랫돌 위에 올려놓은 채, 잠깐 손을 쉬고 한 그 말에는 대답이 없이,

「그, 저어번에 입었든 국사 저고리 아뉴?」

점룡이 어머니는 허리를 굽히고, 그의 옆에 놓인 빨래 광주리를 내려다본다.

「이거어?」

이쁜이 어머니는 일부러 몸을 돌려, 광주리에서 점룡이 어머니의 주의를 이끈 빨랫감을 집어들고,

「글세, 한 번 입구, 오늘 첨 빤 게 이 골이구료? 모두 왼통 째지구. 내 기가 맥혀……」

「그러기에 나 먹은 사람은 호살 말라는 게지, 딸은 안해 주구, 저만

해 입으니 그럴밖에……그거, 인조야?」

「인존, 왜에? 이 꼴에 이게 한 자 사십 전짜리 교직이라우.」

「그게 사십 전예요오?」

귀돌 어멈은 새삼스러이 그의 편을 돌아보고,

「질기긴 외레 인조가 낫죠. 교직은 볼품은 있어두, 그저 첨 입을 그 때뿐이지, 한 번 입으면 그만이니……」

그리고 다음은 상반신을 외로 틀어 흐으 하고 코를 푼다.

요란스러이 종을 울리며 자전거가 지난다. 인력거가 지난다. 그러나, 이곳, 천변길에 노는 아이들은 그러한 것에 결코 놀라지 않는다.

「글세 굴묵 안으루들 들어가 놀어라. 난, 그저, 가슴이 늘 선뜩선뜩 허는구나」

이맛살을 찌푸리고 소리를 질러 일러도 듣지 않는 아이들을 못마땅하게 둘러보다가,

— 박태원, 〈천변풍경〉에서

위에서 인용한 1장 '빨래터' 장면을 보면, 이들 서민들의 닳아 빠진 옷과 주름살진 옷, 궁색한 표정들, 왁자지껄한 목소리 등 대상의 외면적 인상이 즉물적으로 묘사되고 있다. 이를 위해 작가는 클로즈업, 미디엄 쇼트 등이 연상될 정도로 다양한 카메라 크기와 시각을 사용하고 있다. 이는 작가의 느낌과 생각을 간접적으로 전달하는 한 방식이라고도 할 수 있다.

다음은 몽타주 기법의 소설 차용 양상을 살피도록 한다.

몽타주(montage)는 영화적 서사의 생명이자 최대 장점으로, 영화 그 자체라 해도 과언이 아닐 것이다. 일반적으로 정의한다면, 몽타주는 특정의 미학적 효과를 위해 독특한 방식으로 쇼트와 쇼트를 결합시키는 일종의 '편집'을 의미한다. 그러나 이는 단순히 기술적인 편집에 그치는 것만이 아니라, 미학적 효과를 위해 청각적·극적·시각적 요소들의 다양한 국면을 상호 결합하는 예술적 창안의 한 원리를 이룬다. 몽타주 이론은 영화사의 발전과 그 수준을 함께 하는데, 여기서는 유명한 에이젠슈타인(Sergey Eisenstein : 1898~1948)의 변증법적 몽타주를 잠깐 예를 들어 이해를 돕고자 한다. 에이젠슈타인의 〈전함 포템킨〉(1925)은 어떠한 실제적인 원인과

결과도 창출하지 않는 일련의 부서지는 파도의 쇼트로 시작한다. 그리고 그 동요의 이미지 다음에 접의자에서 잠자고 있는 사람들의 쇼트를, 그리고 그 다음에 뒤엉켜 있는 돛대줄들을, 다음에 흔들리고 있는 어수선한 테이블들을, 그리고 구더기떼가 득실거리고 있는 썩은 고기 등을 보여줌으로써 표면상 별다른 인과관계 없는 대상들을 이어 붙여 선원들의 반란이 임박해 왔음을 알려주고 있다.

이러한 몽타주의 기본원리는 코헨(Ceith Cohen)의 의견을 참조하여 말하면, 不連續的 連續性(discontinuous continuity)이라 할 수 있다. 쇼트들의 파편(fragment)으로 이루어진 영화는 엄격히 말해 우리가 경험하는 자연적 시간의 연대기적 연속성을 거역한 것이지만, 다양한 방식들의 결합을 통해 새로운 연속성을 만들어 내는 것이다. 즉, 관객은 이 불연속성이 난해하게 느껴지지만 갭을 메꾸어 나가는 가운데 새로운 관념질서의 연속성을 발견하게 된다. 영화라는 '봉인된 시간' 속에서 사물은 새로운 질서로 탄생되는 것이다. 이러한 몽타주는 대상을 다양한 관점에서 이해하고자 하는, 현대예술의 다시점(multi-perspectives)의 동시성 지향과 관련된다. 즉, 하나의 대상이 총체적인 윤곽과 상황을 암시하도록 하기 위해서는 다양한 관점이 동시에 결합하는 것이다. 많은 감독들에 의해 개발된 몽타주 방법 중에서, 현대소설에 큰 영향을 준 것은 '시간 몽타주'와 '공간 몽타주'이다.

시간 몽타주 수법은, 연대기적 시간의 흐름을 분쇄하고, 단편적이고도 비연속적인 시간의 파편들의 연속성을 만들어나가는 방법이다. 현대소설에서는 조이스, 플로베르에 의해서 정착된 '의식의 흐름'이 바로 그것이다. 여기서는 외적인 행위로부터 내적인 사고가, 현재의 의식으로부터 과거의 섬광이 자유자재로 옮겨 다니면서 다차원적인 흐름들을 만들어 낸다. 즉, 더 이상 과거와 현재가 단일한 흐름을 형성하는 것이 아니라, 과거와 현재, 행위와 사고가 통합되지 않는 복수 레벨에서 동시적인 진행을 벌여 나가는 것이다. 험프리(R. Humphery)는 현대소설이 이 몽타쥬 이론을 받아들임으로써 전통적인 시간과 공간의 장벽을 초월하거나 수정하게 되었다고 지적한 바 있다. 이제 소설에서의 의식은 어떠한 구애도 받지 않은 채 역동적이고

"My child is hurt!"

자유로운 움직임으로 넘나들게 되었고, 이로써 근대 이성중심의 합리화된 체험으로는 포착되지 않는 자유로운 진행이 가능해졌다. 좀더 적극적으로 말한다면 자유로운 진행 자체를 관리하려는 제도화된 시간들에 저항할 수 있게 되었다.

우리나라 소설에서는 박태원의 〈소설가 구보씨의 일일〉에서 그 대표적인 예를 찾아 볼 수 있다. 박태원의 〈소설가 구보씨의 일일〉은, 주인공 구보씨가 아침 10시에 나와 밤 두시에 집에 들어가기까지, 노트 한 권을 들고 서울 거리의 모습을 돌아다니면서 소설을 쓰고 있는 자기 자신을 소설화한 작품이다. 그는 소설을 쓰기 위해 서울 도심의 한 가운데를 산보하지만, 정작 그의 의식은 이 현재적 시공간을 넘어서 종횡무진으로 움직인다.

다료에서

나와, 벗과, 대창옥(大昌屋)으로 향하며, 구보는 문득 대학 노트 틈에 끼어 있었던 한 장의 엽서를 생각하여 본다. 물론 처음에 그는 망설거렸었다. 그러나 여자의 숙소까지를 알 수 있었으면서도 그 한 기회에서 몸을 피할 수는 없었다. 그는 우선 젊었고, 또 그것은 흥미있는 일이었다. 소설가다운 온갖 망상을 즐기며, 이튿날 아침 구보는 이내 여자를 찾았다. 우시코메쿠(牛込區) 야라이초(矢來町). 주인집은 신조사(新潮社) 근처에 있었다. 인품 좋은 주인 여편네가 나왔다 들어간 뒤, 현관에 나온 노트 주인은 분명히 …… 그들이 걸어가고 있는 쪽에서 미인이 왔다. 그들을 보고 빙그레 웃고, 그리고 지났다. 벗의 다료 옆, 카페 여급. 벗이 돌아보고 구보의 의견을 청하였다. 어때예쁘지. 사실, 여자는, 이러한 종류의 계집으로서는 드물게 어여뻤다. 그러나 그는 이 여자보다 좀더 아름다웠던 것임에 틀림없었다.

어서 옵쇼. 설렁탕 두 그릇만 주우. 구보가 노트를 내어 놓고, 자기의 실례에 가까운 심방(尋訪)에 대한 변해(辯解)를 하였을 때, 여자는, 순간에, 얼굴이 붉어졌었다. 모르는 남자에게 정중한 인사를 받은 까닭만이 아닐 게다. 어제 어디 갔었니. 요시야 노부코. 구보는 문득 그런 것들을 생각해 내고, 여자 모르게 빙그레 웃었다. 맞은편에 앉아, 벗은 숟가락 든 손을 멈추고, 빤안히 구보를 바라보았다. 그 눈은, 무슨 생각을 하고 있느냐, 물었는지도 모른다. 구보는 생각의 비밀을 감추기 위하여 의미 없이 웃어 보였다. 좀 올라오세요. 여자는 그렇게 말하였었다. 말로는 태연하게, 그러면서도 그의 볼은 역시 처녀답게 붉어졌다. 구보는 그의 말을 좇으려다 말고, 불쑥, 같이 산책이라도 안 하시렵니까, 볼일 없으시면. 그날은 일요일이었고, 여자는 마악 어디 나가려던 차인지 나들이옷을 입고 있었다. 통속소설은 템포가 빨라야 한다. 그 전날, 윤리학 노트를 집어 들었을 때부터 이미 구보는 한 개 통속소설의 작자이었고 동시에 주인공이었던 것임에 틀림없었다. 그는 여자가 기독교 신자인 경우에는 제 자신 목사의 졸음 오는 설교를 들어도 좋다고까지 생각하고 있었다. 여자는 또 한 번 얼굴을 붉히고, 그러나 구보가, 만일 볼일이 계시다면, 하고 말하였을 때, 당황하게, 아니에요 그럼 잠깐 기다려 주세요, 그리고 여자는 핸드백을 들고 나왔다. 분명히 자기를 믿고 있는 듯싶은 여자 태도에 구보는 자신을 갖고, 참 이번 주일에 무사시노칸(武藏野館) 구경하셨습니까. 그리고 그와 함께 그러한 자기가 할 일 없는 불량소년같이 생각되고, 또 만약 여자가 그렇게도 쉽사리 그의 유인에 빠진다면, 그것은 아무리 통속소설이라도 독자는 응당 작자를 신용하지 않을 게라고 속으로 싱겁게 웃었다. 그러나 설혹 그렇게도 쉽사리 여자가 그를 좇더라도 구보는 그것을 경박하다고 생각하고 싶지 않았다. 그것에는 경박이란 문자는 맞지 않을 게다. 구보는 자부심으로서는 여자가 초면임에도 불구하고 자기를 족히 믿을 만한 남자라 알아볼 수 있도록 그렇게 총명하다고 생각하고 싶었다.

여자는 총명하였다. 그들이 무사시노칸 앞에서 자동차를 내렸을 때, 그러나 구보는 잠시 그곳에 우뚝 서 있을 수밖에 없었다. 그것은 뒤에서 내리는 여자를 기다리기 위하여서가 아니다. 그의 앞에 외국 부인이 빙그레 웃으며 서 있었던 까닭이다. 구보의 영어 교사는 남녀를 번갈아 보고, 새로이 의미심장한 웃음을 웃고 오늘 행복을 비오, 그리고 제 길을 걸었다. 그것에는 혹은 삼십 독신녀의 젊은 남녀에게 대한 빈정거림이 있었는지도 모른다. 구보는 소년과 같이 이마와 콧잔등이에 무수한 땀방울을 깨달았다. 그래 구보는 바지 주머니에서 수건을 꺼내어 그것을 씻지 않으면 안 되었다. 여름 저녁에 먹은 한 그릇의 설렁탕은 그렇게도 더웠다.

박태원, 〈소설가 구보 씨의 일일〉에서

위 예문에서 볼 수 있듯이, 구보의 동경생활의 기억과 현재 의식이 몽타주의 방법으로 대조된다. 현재의식과 과거기억은 이중 노출의 방법에 의해서 단선적인 연속관계가 아니라, 동시적인 병치관계로 드러나고 있다.

공간 몽타주는 다른 장소에서 일어나고 있는 것을 평행으로 동시에 보여주거나 여러 다른 곳에서 다른 인물들을 동시에 볼 수 있도록 하는 방식을 말한다. 영화는 편집을 통해 대륙간의 거리에 있는 두 장소라도 결합, 연결할 수 있고 급작스럽게 축소할 수도 있다. 공간적으로 인접되지 않은 둘 이상의 연속을 병치(juxtaposition)하여 공간을 왜곡하는 것이다. 공포영화나 추리영화에서 다른 장소에서 벌어지는 라이벌들의 행동을 동시에 보여주는 편집기법은, 관객들에게 스릴과 흥미를 유발하는 대표적인 공간 몽타주의 하나이다.

그러나 소설에서는 서사성을 완전히 거부하기 전에는 이 기법을 엄격히 적용하기는 힘들기 때문에 부분적으로 사용하게 된다. 대표적인 예로 오정희의 〈別辭〉를 들 수 있다. 이 소설은 정옥이라는 주인공이 아이를 데리고 친정에 올라와 어머니와 함께 부모님의 합장묘지를 보러 갔다가 돌아오는 이야기로 되어 있는데, 이러한 시간의 흐름 속에 같은 날 그녀 남편이 낚시질을 하러 갔다가 실종하여 죽고 마는 이야기가 동시에 진행됨으로써 공간적 몽타주 기법을 사용하고 있다. 그러나 이러한 동시적 사건진행이 언뜻 보면 잘 드러나지 않는데, 그 이유는 경찰서에서 남편의 유품을 확인하는 주인공의 행위마저도 과거로 기술하여 마치 남편의 죽음이 친정행보다 먼저 있었던 일인 것처럼 오해하도록 작가가 서술하고 있기 때문이다. 그러나 남편의 실종일이 합장묘지에 다녀온 바로 '백중날'이었음을 은연중에 드러나게 함으로써 작가는 교묘하고도 암시적으로 이 두 시간이 동시에 진행된 것임을 보여준다. 이러한 서술전략은 주인공이 자기 남편의 죽음을 일관된 시간 속에서 회상하는 것과는 완전히 다른 효과를 가져온다. 독자들은 동떨어져 있는 공간을 엮기 위해 지적 노력을 투자해야 하기에 수수께끼를 푸는 듯한 묘한 긴장감을 맛볼 수 있으며, 스스로 정옥과 같은 체험을 한 것이기에 그의 슬픔과 고통을 보다 극적이고 직접적으로 이해할 수 있게 된다.

이제까지 소설이 영화의 서사기법을 받아들여 허구의 공간을 확장시킨 예를 살펴보았다. 그러나 사실, 영화의 몽타주 방법도 그 기본발상은 디킨즈와 같은 소설가의 서사기법에 바탕을 둔 것이었던 것만큼 그 영향관계가 일방적인 것은 아니다. 소설과 영화는 끊임없이 새로운 서사기법을 상호 교환해 왔으며, 앞으로도 발전적인 관련을 맺을 것으로 보인다.

Ⅲ. 소설 영화화의 사회적 의미

1. 소설 영화화와 대중사회

기술복제시대로 말미암아 예술작품의 진정성, 곧 아우라가 상실되어 감을 아쉬워 했던 벤야민(Walter Benjamin : 1892~1940)은 영화의 부정적 측면에도 불구하고, 대중들의 예술관 변화에 긍정적인 영향을 미치고 있음을 지적한 바 있다. 즉, 영화는 예술작품을 집단적이고도 동시적으로 수용할 수 있게 하였다는 것이다. 이는 자기만이 있는 홀로된 공간에서, 머리 속에서 흘러가는 연상에 자신의 영혼을 맡기고, 고독하게 책과 대화하는 소설읽기의 방식과는 다른 문학향유 방식이 출현했음을 지적하는 내용이다. 고독한 內省의 독서문화가 근대와 더불어 시작한 활자문화의 한 발현일 따름이라면, 집단적이고 동시적인 예술수용은 전자매체시대의 매체적 특성에 걸맞는 예술향유의 방식이다. 영화의 관객들은 '나 홀로' 의 고독한 존재가 아니다. 그들 주변에는 동행한 사람이 있고, 또 옆자리를 가득 메운 다른 관객들이 있다. 이들 동행인들은 같은 공간에서 어둠과 빛을 함께 나누는 시간여행의 동반자들이다. 관객 개인의 영화에 대한 반응도 자기만의 내적 체험일 수는 없다. 이들은 옆 사람과 웃음을 나누기도 하고, 또 불평을 함께 하기도 한다. 영화에 대한 자기성찰을 담고 있는, 〈시네마 천국〉이라는 영화를 보면 영화감상은 이웃 사람들과 고통과 슬픔을 함께 나누는 삶 그 자체로 이해되고 있다. 주디스 메인(Judith Mayne)이 '사적 소설/공적 영화'라는 제목으로 소설과 영화의 변별을 만들어 냈던 것도 이와 무관하지 않다. 게다가 영화의 관객들은 영화 혹은 비디오 출시와 아울러 쏟아지는 공식적, 비공식적 평들과 함께 작품과 접하게 되며, 뿐만 아니라 본인 스스로가 공식적·비공식적인 평을 곁들이기도 한다. 한마디로, 영화는 그 수용에서 집단성과 동시성을 최대한 부각시키는 매체인 것이다. 이는 일종의 사회여론의 움직임에 영화가 동참할 수 있다는 잠재력을 보여주는 것이며, 영화가 다른 어떠한 예술보다 유독 정치학과 경제학의 경계에 가깝게 다가가 있는 이유이기도 하다.

이 같은 이유로, 소설의 영화화에 대한 심층적 해석은 사회라는 거시적 차원에서의 관점을 필요로 한다. 물론 한 감독의 개인적 선호나 취미가 소설각색에 결정적인 영향을 미치는 것은 사실이다. 그러나 어떤 소설작품이 각색의 대상이 되고, 그 각색된 영화에 어떤 이미지를 가진 배우가 선택되고, 또 좀 더 적극적으로 어떤 방식의 스토리로 재구성되고 하는 각색화 과정은 분명 감독 개인의 결정을 넘어선다. 영화는 감독의 작가정신으로만 작업하기에는 너무나 큰 자본이 필요하기 때문이다. 영화가 언제나 예술임과 동시에 산업이라는 이중의 얼굴을 갖고 있다는 것에서도 우리는 영화의 사회적이고 집단적인 힘을 재삼 확인할 수 있다. 따라서 우리는 소설의 영화화가 단순히 원작소설을 영상화함에 그치는 것이 아니라, 당대의 사회문화적 이념에 기반한 집단적 독해임을 알 수 있다. 다시 말해, 특정의 시대적·대중적 요구를 반영한 원작의 재생산이며, 다시 읽기인 것이다. 원작과 각색작품의 갭은 감독과 관중이 처하고 있는 시대의 욕망과 가치관이 드러나는 틈새이다.

2. 소설 각색의 정치학

박종원 감독의 영화 〈우리들의 일그러진 영웅〉을 예로 들어 보면, 이 영화는 1987년에 이상문학상을 수상한 이문열의 동명소설을 영화화한 작품이다. 원작은 1987년이지만, 영화는 1992년에 개봉되었다. 이 영화는 주인공 한병태와 엄석대, 담임 선생님을 중심으로 오고간 권력과 자유의 함수를 중심 줄거리로 하고 있고, 인물의 기본성격이 크게 변함이 없다는 점에서 원작을 많은 부분 참조하고 있다. 그러나 소설에서는 없던 장면—철로 가에서의 힘겨루기 장면, 자유의 여신상이 그려져 있는 동전—이나 인물—김영팔—을 첨가하기도 하고, 인물의 운명을 바꾸기도 하는 등의 적극적인 재구성을 취하고 있기도 하다. 특히 소설에서는 경찰에 잡혀가는 것으로 되어 있는 엄석대가 영화에서는 계속 권세를 유지하는 것으로 되어 있고, 4·19정신의 팔팔한 개혁의지를 가졌던 담임 선생님이 국회의원이 되어 구태의연한 정치인의 모습을 반복하고 있는 점 등은 영화의 개작의도를 엿볼 수 있는 결정적인 장면들이다. 그러나 이런 개작을 단순한 줄거리 상의 차이로 이해한다면, 우리는 소설의 영화화가 갖는 본질적인 국면들을 놓치게 된다. 이 차이는 소설 영화화의 정치성과 사회성을 바탕으로 하여, 1987년과 1992년의 시점에서 한국 현대사에 대한 각기 다른 해석을 제출하는 것이기 때문이다.

소설의 경우 권력과 자유의 함수는, 어른이 된 한병태의 회상에 의해 이루어진다. 소설에서 1인칭 시점이 모두 그러하듯이, 회상되는 어린 시절의 사건들은 어른 병태의 가치평가를 담고 있다. 즉, 객관적인 사건 그 자체를 전달한다기보다, 회상하는 주체의 자기성찰 속에서 사건이 소개되는 것이다. 따라서 회상의 순간순간은 어른이 된 병태와 어린 시절의 병태가 마주대하는 장면이며, 이를 통해 자신의 부끄러움과 내밀한 상처를 되돌아 보는 반성이 중심이 되고 있다. 그의 반성은, 우연히 엄석대의 체포장면을 보게 된 것에서 출발한다. 자기 어린 시절에서는 우상이었던 엄석대가 사회의 암적 존재에 불과하였다는 인식, 우리 사회는 이런 존재를 처리할 수 있는 힘이 있다는 낙관적 희망, 그럼에도 자신은 어린 시절 굴종의 단맛에 복종해 버리고 말았다는 자의식 등이 교차하면서 더욱 성숙한 자기의식에 이르게 된 병태의 내면이 이 소설에서 다루고자 하는 핵심이다. 따라서 소설의 주제는 범박하게 말해, 우리 사회에서 자유의 승리에 대한 낙관적 전망과 자신의 허무주의적 세계관에 대한 부끄러움의 고백이라고 할 수 있을 것이다. 이러한 소설내용은, 자유와 권력이라는 자칫 도식적인 구호로 빠질 수 있는 단선적 알레고리를 자아성찰과 관련지음으로써 의미의 깊이를 마련하고 있다.

반면, 영화는 주인공의 내면적 성찰 대신에 객관적인 사건과 정황 위주로 서술을 진행시키고 있다. 이는 영상매체의 특성에 기인한 것이기도 한데, 영상은 대상을 다양한 관점에서 편집하기 때문에 특정의 시점만을 고집하기 힘들며, 특히나 인물 내면의 목소리를 특정 장면과의 결합 없이 직접 전달하기는 거의 불가능하기 때문이다. 이런 어려움 때문에 인물의 보이스-오버(voice over : 화면에 나타나지 않는 해설 소리)를 빌어 내부 목소리를 공개하기도 하나, 대부분은 객관적인 장면화 형태로 이야기를 풀어나가고 있다. 이런 사정으로 영화는 비록, 외면적인 줄거리의 유사성에도 불구하고 그것이 대상으로 하는 핵심적 내용에서는 상당한 차이를 가져온다.

영화에서 핵심적인 문제는, '권력'의 본질과 이에 대한 인간의 다양한 반응들이다. 무엇보다 영화에서는 '권력'을 제도적 차원의 문제로 바라보고 있음이 주목할 만한데, 이는 '엄석대'라는 인물형상화에서 명료하게 나타나 있다. 소설에서 엄석대는 같은 나이 또래에 비해 힘이 세고, 또 잔인한 성격을 가진 개인적 우월함이 강조되고 있다. 그의 권력도 그의 개인적인 특성에서 우러나온 것들이다. 그러나 영화에서의 그의 권력은 개인적 우월감보다도, 나름의 제도적 절차를 거치고 그 제도적 권위에 기반한 것으로 형상화되어 있다. 가령, 영화에서만 있는 철로 가에서의 '힘' 겨루기 장면은 권력형성과정에 대한 상징이라 할 수 있으며, 구체적인 모습을 거부한 채 위압적인 이미지만으로 등장하는 성인 엄석대 역시 특정 개인의 형상이라기보다 제도적 권력에 대한 형상화라고 할 수 있다. 영화의 모든 사건은 이 권력의 본질에 대한 탐구와 관련을 맺는다. 즉, 영화에서 '권력'은 소설에서와 같이 도덕적 평가의 대상이기보다, 그것의 본질과 작동 메카니즘이 문제가 되고 있는 것이다. 이것이 명료하게 드러나는 장면은 바로 어린 시절, 병태가 굴복하게 되는 과정이다. 외면상으로는 동일한 줄거리로 요약될 수 있겠지만, 소설이 주로 병태의 내면 심리의 변화에 초점을 맞추고 있는 반면, 영화는 병태가 어떠한 과정을 거쳐 굴복하게 되는가를 밝혀, 권력이 작동되는 메카니즘에 주목하고 있다. 박종원 감독은 이를 탐구하기 위해, 롱 쇼트(long shot)나 심도 깊은 영상(deep focus), 커팅(cutting)이 절제된 느린 편집, 인과적 몽타주 등의 영상적 장치를 동원한다. 이들은 모든 디테일들을 균등하게 객관적으로 제시함으로써, 감정적인 환기보다는 대상에 대한 냉정한 인식과 비판적인 거리감을 획득하게 하는 영상언어들이다. 이러한 장치를 통해 서술은 병태 개인의 반응보다는 이러한 반응을 유발시키는 이면의 현실적 논리를 보여주는 것이다. 감독은 극적 아이러니를 통해 병태 자신은 알지 못하는 권력의 작동 메카니즘을 드러내기도 한다. 즉, 감독과 관객이 은밀한 공모 하에 주인공이 알지 못하는 사실들을 공유함으로써 주인공을 대상화하도록 하는 것이다.

이러한 장치들을 통해 감독이 통찰하고 있는 권력의 본질은 '遍在性'과 '隱蔽性'이다. 병태를 제외한 모든 사람들, 선생님까지도 일사분란한 체계 속에서 석대의 권력구조를 뒷받침하고 있었으며, 그럼에도 이는 절대로 가시화되지 않는 이중구조 속에서 움직이고 있었던 것이다. 병태가 본 석대의 모습은 절대 화를 내거나, 강요하는 모습이 아니었다. 그는 절대로 자신의 얼굴을 드러내지 않고도 자신의 욕망을 남에게 실현할 수 있었던 것이다. 권력의 본질이 이러하기에 자신만만했던 병태도 굴복했던 것이고, 패기만만했던 담임 선생님도 굴종했으며 어느 누구도 엄석대를 꺾을 수 없는 것이다. 그는 자신의 모습을 드러내지 않고서도 언제 어디서나 우리를 자신의 의지대로 주무를 수 있기 때문이다. 권력의 이러한 특징을 영상화한, 이 작품의 백미는 엄석대의 명령으로 병태가 교실에 남아 유리창을 닦고 있는 장면이다. 여기서 병태의 모습은 유리창 외부에서 유리창을 매개로 해서만이 촬영되는데, 이로써 그의 모습은 마치 '유리창'에 갇혀 있는 듯한 모습으로 편집된다. 유리창 이미지는 투명하기 때문에 외부를 보게 하는 기능도 있지만, 아울러 차단하기도 하는 역설적 매개물이다. 투명하게 사물을 바라볼 수 있기에 갇힘은 자신의 정체를 숨기며 갇힌 자를 더 막막하게 한다. 영화에서는 이러한 권력에 저항할 수 있는 인물로 바보스럽지만 자신의 일관성을 유지하는 영팔을 설정하고 있지만, 그는 너무 소박할 뿐이다.

권력에 대한 이러한 패배주의적 냉소가 갖는 사회적 의미는 무엇일까. 영화는 왜 허무주의적인 시각으로 권력을 그리고 있을까. 우리는 이 영화가 제작된 1992년의 현대사적 의미를 따져 봄으로써 추론해 볼 수 있을 뿐이다. 1992년은 1987년부터 고양되었던 민주화 열기가, 3당 합당과 92년 총선에서의 여권승리라는 과정을 통해 꺾여 나갔던 시기이다. 이는 일반 국민들까지도 한 목소리가 되어 새로운 역사를 만들었던 경험, 즉 직선제 개헌에서의 승리경험이 다시금 좌절의 경험이 되는 순간이었다. 이러한 좌절이 바로 담임 선생님의 전향으로, 그리고 석대의 승승장구로 드러났던 것은 아닐까.

이제까지 소설과 영화의 상호 교류관계를 서사기법과 향유방식 면에서 고찰했다. 문학은 사회 문화의 변모양상과 더불어 숱하게 다양한 모습으로 변해 왔다. 이것은 인간의 삶과 밀착되어 자신의 토양을 풍성하게 만드는 문학고유의 본질이라 할 수 있다. 현대 활자매체에서 전자 매체로의 매체변화는 문학의 창작과 수용에 있어 획기적인 또 한 차례의 혁신을 예고하고 있다. 그러나 이는 이제까지의 과정에서 살펴보았던 것처럼 문학과 영상 매체의 상호교류의 역동적 현상 속에서 이해되어야 할 것이다.

〈연구 과제〉

본문에서 인용한 박태원의 〈소설가 구보씨의 일일〉을 바탕으로 다음 문제를 해결해 보자.

(1) 현대문화의 두드러지는 특징은 영상매체의 확대현상이다. 전통적인 문학의 입장에서 볼 때 이러한 현상을 문학의 위기가 아닌, 문학의 확장으

로 볼 수 있다면 그 근거는 무엇인가. 아울러 반대의 입장을 가지고 있다면, 그 근거는 무엇인지 밝혀 보자.

(2) 영화의 서사기법이 소설의 서사기법에 끼친 영향을 설명해 보자. 특히 이러한 기법의 확장이 현대인의 체험과 어떠한 관련을 맺는지 하는 점에 초점을 두어 서술해 보자.

(3) 문학과 영화의 수용방식상의 차이를 설명하고, 각각의 장단점에 대해 설명하되 구체적인 작품을 예로 들어 보자.

(4) 소설의 영화화에 영향을 미치는 여러 요소를, 한 편의 영화를 예로 들어 설명해 보자.

〈참고문헌〉

김경수, 「현대소설의 영화적 기법」, 『외국문학』 가을호, 1990.

김만수, 「소설과 영화 사이」, 『소설과 사상』 여름호, 1994.

우한용, 「소설의 영상변용과 문학적 문화」, 『소설교육론』, 평민사, 1993.

최인자, 「문학교육과 대중 영상매체」, 『운당 구인환교수 정년퇴임기념논문집』, 서울대 국어교육과, 1994.

최혜실, 「모더니즘 소설에 나타나는 공간성」, 『한국현대장편소설연구』, 삼지원, 1989

Hauser, Arnold, *Sozialgeschichte der Kunst und Literatur*, 백낙청·염무웅 공역, 『文學과 藝術의 社會史』-현대편, 창작과 비평사, 1974.

Tarkovskii, Andrei Arsenevich, *Zapechatlennoe vremia*, 김창우 역, 『봉인된 시간 : 영화 예술의 미학과 시학』, 분도출판사, 1995.

Benjamin, Walter, 반성완 편역, "기술복제시대의 예술 작품", 『발터 벤야민의 문예이론』, 민음사, 1993.

제 10 장
문학과 음악

김 창 원*

Ⅰ. 문학과 음악의 기원

1. 예술로서의 문학과 음악

인간은 누구나 아름다움을 찾고, 그것을 가치 판단의 주요 잣대로 삼는다. 물건 하나를 고를 때도 디자인을 따지며, 같은 말도 아름다운 사람이 이야기할 때 더 그럴듯하게 여긴다. 아름다운 풍경 하나로 먹고 사는 나라나 고장도 있다. 사람이나 문화에 따라 아름다움에 대한 판단 기준이 다르기는 하지만, 아름다움을 추구하는 성향이야말로 인간의 보편적인 본능이라 할 수 있다. 이러한 '미적 본능'이 예술을 탄생하게 하는 기본 동력이 된다.

그러나 미적 본능만으로 예술이 탄생하지는 않는다. 스스로 아름다움을 만들어 내고자 하는 욕구가 있어야 하는 것이다. 자신과 무관하게 이미 주어진 아름다움에 탄성을 발하는 데서 나아가, '나도 한번 만들어 보자'는 욕구를 느끼고, 나름대로 가장 자신 있는 방식으로 만들어 내기 시작할 때 비로소 예술은 탄생한다. 알타미라의 동굴벽화가 그렇고, 신라 고분에서 나오는 토우(土偶)가 그렇다. 아이들 손에 분필을 쥐어 주면 온동네 담벼락이 남아나지 않는 것도, 인간은 누구나 무엇인가를 드러내고자 하는 욕구를

* 경인교육대학교 교수. 주요 저서로 《시교육과 텍스트해석》, 《국어교육학개론》 등이 있다.

지니고 있기 때문이다. 이러한 '표현 본능' 또한 예술을 탄생하게 하는 기본 동력이 된다.

한편, 예술은 처음부터 종교와 밀접하게 연관된 가운데 태어난다. 아득한 옛날, 인간은 자연에 대해 아름다움뿐 아니라 놀라움과 두려움도 동시에 느끼고 있었다. 자연은 인간의 힘이 미치지 않는 저 너머에 속하는 것이었다. 그들은 물상 하나하나에서 신성(神性)을 느끼고, 무수한 신들과 대화하면서 하루하루를 살았다. "방안에는 성주님, 토방에는 디운구신, 부뚜막에 조앙님, 고방에는 데석님. 또, 굴통에는 굴대장군, 뒤울안에는 털능구신, 대문간에는 수문장, 연자간에는 연자당구신. 그리고 내 발뒤축에는 오나가나 묻어 다니는 달걀구신"(백석, 〈마을은 맨천 구신이 돼서〉)이 그들을 온통 둘러싸고 있었다. 그런 신들과 대화하는 자리에서는 특별한 의식이 필요했는데, 그 의식의 많은 부분은 신을 위로하고 신의 공수를 받는 행위로 채워졌다. 사람들은 신을 위로하기 위해서 신의 창조물을 그럴듯하게 흉내내고, 그에 만족한 신이 조개껍데기나 거북의 등껍질에 담아 보낸 뜻을 해석했다. 그 과정에서 신을 위하여 인간이 만들어 낸 최대의 아름다움이 곧 예술의 시작인 것이다.

여기서 우리는 세 가지 얘기를 한 셈이다. 첫째는 예술의 목적(아름다움, 곧 미의 추구), 둘째는 예술의 본질(미적 표현 행위), 셋째는 예술의 기능(세계와 삶의 반영 및 해석)이다. 문학과 음악 역시 예술의 한 범주로, 이러한 예술의 기본 속성을 공유한다.

2. 문학과 음악의 분리

문제는 문학과 음악이 추구하는 아름다움 및 그 표현 방법이 서로 다르다는 점이다. 우리가 잘 아는 '원시종합예술(ballad dance)'에서는 문학과 음악뿐 아니라 미술, 무용, 연극 등의 요소가 화해롭게 섞여 있었다. 그러나 본질적으로 문학이 언어에 기대는 데 비해 음악은 소리 그 자체에 기댄다는 점에서, 양자는 언젠가 분리될 수밖에 없는 운명을 지니고 있었다. 문학적 아름다움과 음악적 아름다움, 문학의 표현 방법과 음악의 표현 방법의 차이가 문학과 음악의 분리를 낳게 된다.

최초의 분리는 본격적인 예술의 성립과 함께 찾아온다. 원시예술 상태에서는 '문학적'이거나 '음악적'인 행위가 구별없이 공존했다. 한 사람의 사제가 모든 것을 담당했고, '예술'과 '예술 아닌 것' 사이의 구별도 모호했다. 삶과 종교와 예술이 미분화된 상태이다. 그러다가 차차 역할 분담이 이루어지고 특정 시간·장소에서 행해졌던 것이 다른 시간·장소에서도 비슷하게 반복되면서, 문학과 음악의 차이가 인식되기 시작하였다. 사회 생활의 모든 분야에서 분업이 이루어지는 것과 비슷한 시기에 문학/음악을 전문적으로 담당하는 계층이 생기고, 그들에 의해 예술로서의 정교성이 더해 가기 시작한다. 고대 그리스에서 7 자유 학문으로 논리·수사·문법·수학·기하·천문과 함께 음악이 들어 있었던 것은, 그 당시에 이미 음악이 상당한 수준의 교육을 요구할 정도로 전문적인 것이 되었다는 것을 뜻한다.

그러나 실제로 문학과 음악이 완전히 분리되는 것은 훨씬 나중의 일이다. 근대 이후 문자 생활이 정착되고 문자에 의지하는 문학이 발달하기 전까지 문학은 구비문학의 상태였고, 구비문학이란 언제나 낭송을 요구하는 만큼, 자연스럽게 음악과 공존할 수 있었다. 소포클레스(Sophocles : 496~406 B.C.)나 유리피데스(Euripides : 485~406 B.C.) 등의 고대 그리스 비극만 하더라도 세 명 이내의 배우가 코러스와 노래로 대사를 주고받는 시가극형태였고, 고대가요에서 향가, 고려속요와 경기체가, 시조와 가사로 이어지는 우리 시문학사도 음악사와 분리해서 생각할 수 없다. 단순한 예로 문학에서는 시조를 장과 구의 구성에 따라 '평시조·엇시조·사설시조'로 분류하지만, 음악에서는 곡조와 가창 방식에 따라 '평시조·중허리시조·지름시조'로 분류한다. 오늘날에도 시를 '노래한다'거나 좋은 시를 '절창'이라고 말하고 있지 않은가.

문학과 음악이 결정적으로 분리되기 시작한 것은 서양의 경우 르네상스 시기 이후이다. 중세의 문학은 구비적인 성격이 강하여 가창성이 주요 요건이 되었고, 필연적으로 음악에 연루되었다. 그러나 인쇄술이 발달하고 독서 계층이 두터워지면서 '귀'가 아니라 '눈'을 통해 문학을 받아들이는 기회가 많아지고, 그에 따라 문학은 음악성이 두드러지지 않아도 미적 효과를 충분히 얻게 되었다. 이러한 경향은 근대 이후 소설 장르의 발달과 음악성을 강조한 상징주의의 퇴조에 이르러 더욱 가속화된다. 소설은 아무래도 시에 비하면 음악성과 일정한 거리를 두게 되기 때문이다. 20세기 들어 주지시·이미지즘·해체시 등이 널리 유행하면서 오늘날에는 시에서도 음악성을 거론하기가 쉽지 않게 되었다.

이러한 분리의 계기는 음악 쪽에서도 제공됐다. 르네상스 시대까지만 해도 '음악'은 거의 전적으로 성악을 의미했다. 기악은 성악에 부수되었고, 설령 기악만 연주된다 하더라도 그 곡조는 성악곡의 반주를 변용한 변주곡 형태였다. 그러다가 바로크 시대에 들면서 기악이 융성하기 시작하더니, 17세기 후반에는 기악의 고유한 규칙과 장르가 성립되기에 이르렀다. 나아가 18세기 후반에는 성악에 대한 기악의 도전이 거세져서, 19세기에 이르면서 그 관계가 역전되기에 이른다. 자연히 문학과의 거리가 그만큼 멀어진 것이다.

오늘날 우리는 문학과 음악이 완전히 별개의 예술 장르인 것으로 받아들인다. 실제로 문학은 문학대로 음악은 음악대로 체계적인 규칙과 관습을 가지고 있으며, 문학가가 되거나 음악가가 되려면 별도의 코스를 밟아야 한다. 슈만(Robert A. Schumann : 1810~1856)이나 긴즈버그(Allen Ginsberg : 1926~1956)처럼 간혹 문학가이자 음악가인 사람이 있기도 하지만, 그들은 매우 예외적인 인물일 뿐이다.

그러나 잠깐 다른 방향에서 생각해 보자. 문학과 음악은 다같이 예술의 한 갈래로 얘기된다. 예술의 기본 속성을 공유한다는 뜻이다. 또한 그 기원과 발달 과정은 많은 부분을 공유하며, 그들이 분리된 것은 문학과 음악의 발달 과정에 비추어 보면 극히 최근의 일이다. 무엇보다도 중요한 것은, 문학 활동과 예술 활동의 중요한 주체, 곧 '독자'와 '청중'은 결코 분리되지 않았으며 분리될 수도 없다는 점이다. 우리는 언제나 문학과 음악을 접하며 생활하고, 문학을 좋아하는 사람은 음악도 좋아하는 것이 일반적이다. 문학을 이해하기 위하여 음악을 이야기하는 까닭이 여기에 있다.

Ⅱ. 문학과 음악 사이의 거리

예술은 물질에 의한 구성적 예술과 움직임/울림에 의한 표현적 예술로 크게 대별할 수 있다. 전자에는 회화·건축·조각 등이 포함되는데, 거기에서 하나의 '작품'은 일정한 공간을 차지하고, 그 공간 안에서 하나의 실체로서 지속적으로 존재한다. 그에 비해 후자에는 음악·문학 등이 포함되며, 거기에서 '작품'은 시작에서 끝에 이르는 일정한 시간의 경계 안에서 하나의 수행(performance)으로서 한시적으로 존재한다. 그 때문에 전자를 공간 예술, 후자를 시간 예술이라 부르기도 한다. 무용·연극·마임 등은 이 두 성격을 공유한다.

1. 문학과 음악의 매재

문학은 보통 언어기호의 적절한 선택과 결합을 통해 정서를 환기하고 미적 쾌감을 주는 예술 형태로 일컬어진다. 이때 선택과 결합의 기준은 한편으로 의사소통의 가능성을 유지하면서 또 한편으로 관습화된 일상언어에서 얼마나 멀리 벗어나는가 하는 데 있다. 그럼으로써 주체의 내면에 얼마나 섬세한 울림을 주는지가 결정되기 때문이다. 예를 들어 '푸른 하늘, 푸른 산'이라면 일상언어의 관습에 충실한 표현이지만, '붉은 하늘, 붉은 산'이라면 그로부터 어느 정도 벗어난 표현이고, '검은 하늘, 검은 산'이라면 그 거리가 더욱 멀어진 것이 된다. 거리가 멀어지면 멀어질수록 받아들이는 사람에게 더 복잡한 사고를 요구하게 되고, 그럼으로써 풍부한 울림이 일어나게 할 수 있다. 일상언어가 정확성과 효율성을 문제삼는다면 문학의 언어는 풍부성과 심미성을 문제삼는다.

그에 비해 음악은 여러 가지 소리[樂音]의 적절한 배열과 조합을 통해 미적 쾌감을 주는 예술 형태로 일컬어진다. 이 때 배열이란 강약(intensity)·장단(duration)·고저(pitch)·음색(timbre)이 서로 다른 소리들과 그 사이사이의 휴지를 순서대로 배치하는 것을 말하고, 조합이란 개성이 다른 둘 이상의 소리가 조화를 이루도록 동시에 배치하는 것을 말한다. 그러한 배열과 조합의 결과를 우리는 보통 '리듬'과 '멜로디', 그리고 '화성'이란 말로 부른다. 리듬·멜로디·화성은 음악을 음악답게 만드는 기본 조건이 된다.

언어에도 음악과 마찬가지로 강약·고저·장단·음색이 있으며, 나아가 리듬·멜로디·화성도 찾을 수 있다. 그런데 문학의 매재인 언어가 음악의 매재인 소리와 다른 점은, 언어는 하나의 기호로서 물질적인 속성과 심리적인 속성을 동시에 지닌다는 점이다. '문학'이라는 언어 기호는 [ㅁㅜㄴㅎㅏㄱ]이라는 소리, 곧 물질적인 속성과 [Literature]라는 뜻, 곧 심리적인 속성을 동시에 지니는 것이다. 이는 음악의 매재로서의 소리가 다분히 물질적인 속성에 치중하는 것과 대비되는 특성이다. 언어의 강약·고저·장단·음색만을 말한다면 그 물질적인 속성에 주로 관계되지만, 리듬·멜로디·화성을 말한다면 물질적인 속성과 심리적인 속성이 동시에 관계되며, 주제와 내용을 말한다면 거의 심리적인 속성쪽으로 넘어가게 된다. 바로 이 부분에서 문학과 음악의 유사점과 차이점을 말할 필요성과 가능성이 생겨난다.

이러한 매재와 感官의 차이는 문학과 음악을 구별할 때 가장 기본적인 기준이 된다. 문학은 언어를 매재로 하고 음악은 소리를 매재로 한다는 것, 문학은 청각/시각을 통해 받아들인 자극을 의미로 번역하여 그로부터 의의를 이끌어내는 데 비해 음악은 청각 이미지 자체로부터 의의를 이끌어낸다는 것, 따라서 문학에서는 언어기호의 물질적 속성(소리/모양)과 심리적 속성(뜻)이 분리되기 쉬운 반면 음악에서는 그러한 분리 자체가 매우 어렵다는 점을 고려해야 한다.

April is the cruelest month, breeding
Lilacs out of the dead land, mixing
Memory and desire, stirring
Dull root with spring rain

— T.S. Eliot, 〈The Waste Land〉에서

4월은 가장 잔인한 달
죽은 땅에서 라일락을 키워내고
추억과 욕정을 뒤섞고
잠든 뿌리를 봄비로 깨운다

— 엘리어트, 〈황무지〉에서

여기서 원시는 언어기호의 물질적 속성과 심리적 속성이 어떻게 분리되는지를 잘 보여준다. 1~3행의 반점 뒤에 있는 단어들, 곧 'breeding, mixing, stirring'은 의미상 다음 줄의 첫머리로 가야 한다(번역시는 그렇게 단어들을 재조직해서 번역했다.). 그러나 만약 시를 그런 식으로 재조직한다면, '~ing'이라는 같은 소리로 행을 마감하는 효과는 사라지고 만다. (그렇다고 해서 이 시를 '4월은 가장 잔인한 달, 키워내고/죽은 땅에서 라일락을, 뒤섞고/추억과 욕정을, 깨우고/잠든 뿌리를 봄비로'로 번역해야 할까? 엘리어트의 이 시를 여러 사람이 여러 방식으로 번역했지만, 이런 식으로 번역한 예는 없는 것 같다. 모두가 언어의 의미 특성을 살려서 번역한 것이다. 여기에서 물질적 특성보다는 의미 특성에 더 비중을 두는 우리 시의 경향을 엿볼 수 있다.) 이처럼 문학은 우선 소리나 글자 모양의 효과를 느끼고, 이어서(사실은 동시에) 그 의미의 효과를 느끼는 것이다. 음악은 이 두 단계가 분리되지 않으며, 단지 소리의 울림 자체에 주목한다. 이 때문에 문학은 음악이나 미술, 무용처럼 감각에 직접 호소하는 1차 예술에 대비되는 2차 예술로 분류되기도 한다.

문학이 음악과 다른 점 중의 또 하나는, 심리적 속성을 접어두고 물질성에만 초점을 둔다면, 그 매재를 겹으로 쌓아올리지 못한다는 점이다. 언어학자나 심리학자가 하는 실험 중에 재미있는 실험이 있다. 피실험자에게

헤드폰을 쓰게 하고 양쪽 귀에 별도의 소리를 들려주는 실험이다. 만약 양쪽에 각각 다른 내용의 이야기를 들려주면, 피실험자는 두 이야기를 하나도 이해하지 못하거나 아니면 한쪽은 포기한 채 어느 한쪽의 이야기만을 이해하는 데 그친다. 아이들이 와글와글 떠드는 교실에서 그 이야기를 합쳐서 들을 수 없는 것과 마찬가지이다. 양쪽에 각기 다른 음악을 들려줘도 마찬가지인데, 만일 어떤 규칙에 따라 음악을 들려주게 되면 그 두 소리가 조화를 이루어 새로운 제3의 소리를 만들어내면서 소리에 '깊이'를 주게 된다. 스테레오 사운드를 생각하면 이해가 쉬울 것이다. 이렇게 겹으로 쌓아 올릴 수 있다는 점 때문에 3관 편성이나 4관 편성과 같은 대규모 오케스트라가 가능해진다. 오케스트라에서 각 연주자들은 각기 자기의 소리를 내지만, 그것들이 조화를 이루어 웅장한 '하나의 음악'을 만들어 낸다.

2. 문학과 음악의 시간

문학과 음악은 다같이 시간 예술로 분류된다. 시작과 중간, 끝이 있어서 시간의 흐름에 따라 선조적으로 전개된다는 뜻이다. '시작'과 '끝'은 마치 회화에서의 프레임처럼 작품을 그 배경으로부터 구분해 주는 기능도 한다. 호사가들 중에는 거꾸로 연주해도 똑같은 곡을 작곡한 사람도 있지만, 그것은 극히 예외적인 경우이고, 거의 모든 문학/음악 작품은 그 내적인 시간 순서를 흐트러뜨리면 전혀 새로운 작품이 돼 버리고 만다. 이 점은 회화나 조각, 건축이 시간의 흐름으로부터 독립돼 있는 것과 비교된다.

중요한 것은, 문학과 음악이 시간성에 의존한다는 점에서는 유사하지만 그 안에 담긴 시간의 성격은 서로 다르다는 점이다. 다음 작품을 보자.

> (가) 젊은 시절에는 알뜰하게 벌어 돈푼이나 모아본 적도 있기는 있었으나, 읍내에 백중이 열린 해 호탕스럽게 놀고 투전을 하고 하여 사흘 동안에 다 털어버렸다. 나귀까지 팔게 된 판이었으나 애끓는 정분에 그것만은 이를 물고 단념하였다. 결국 도로아미타불로 장

돌림을 다시 시작할 수밖에는 없었다. 짐승을 데리고 읍내를 도망해 나왔을 때에는 너를 팔지 않기 다행이었다고 길가에서 울면서 짐승의 등을 어루만졌던 것이었다. 빚을 지기 시작하니 재산을 모을 염은 당초에 틀리고 간신히 입에 풀칠을 하러 장에서 장으로 돌아다니게 되었다.

— 이효석, 〈메밀꽃 필 무렵〉에서

(나) 우리들은 서로 오해하고 있느니라. 설마 아내가 아스피린 대신에 아달린의 정량을 나에게 먹여 왔을까? 나는 그것을 믿을 수는 없다. 아내가 대체 그럴 까닭이 없을 것이니, 그러면 나는 날밤을 새면서 도적질을 계집질을 하였나? 정말이지 아니다.

우리 부부는 숙명적으로 발이 맞지 않는 절름발이인 것이다. 내가 아내나 제 거동에 로직을 붙일 필요는 없다. 변해할 필요도 없다. 사실은 사실대로 오해는 오해대로 그저 끝없이 발을 절뚝거리면서 세상을 걸어가면 되는 것이다. 그렇지 않을까?

— 이상, 〈날개〉에서

(가)는 허생원의 장돌뱅이 생활을 간략하게 제시한 부분이다. 이 한 문단에 담긴 시간이 무려 20여 년이나 된다. 그에 비해 (나)는 '나'가 경성역에서 미쓰꼬시 옥상을 거쳐 서울 거리를 배회하는 도중의 상념을 그린 부분이다. 여기에는 일정한 시간이 담겨 있지 않은데, 한순간일 수도 있고 몇 시간에 걸칠 수도 있다. 곧 문학 작품의 시간은 작가의 의도에 따라 실제 시간보다 무한정 길어질 수도 있고, 극도로 압축될 수도 있으며, 선후가 뒤바뀌어 제시될 수도 있다.

그에 비해 음악에서는 물리적인 연주 시간이 그대로 작품의 시간이 된다. 그 안에서 시간을 조작하는 일은 매우 어렵다. 작품 속에서의 선후는 물리적인 선후와 분리되지 않으며, 시간은 언제나 작품에 얽매여 있다. 이런 점에서 음악이야말로 '진정한 시간 예술'이라고 말하는 사람도 있다.

3. 문학과 음악의 주체

문학과 음악의 차이점 중에는 주체의 차이도 있다. 모든 예술 활동에는 그 활동의 주체가 있게 마련이다. 문학으로 말하면, 과거에는 작가가 문학 활동의 유일무이한 주체로 인정받았다. 문학은 천재적인 작가가 자신의 사상과 감정을 미적으로 표현한 결과였던 것이다. 인류의 사고 범위와 방법이 점차 확산되면서 독자가 새로이 문학 주체로 등장한 것은 그리 오래된 일이 아니다. 문학을 하나의 소통과정으로 보면서 중개자의 역할이 새롭게 강조되기는 하지만, 아직도 문학은 작품을 매개로 한 작가와 독자의 상호작용으로 보는 관점이 지배적이다.

문학에서의 주체와 음악에서의 주체는 어떻게 다를까? 그 차이는 문학 주체가 '작가-독자'의 이분법으로 파악되는 데 비해 음악 주체는 '작곡가-연주가-청중'이라는 삼분법으로 파악된다는 데서 찾을 수 있다. 파가니니(Niccolo Paganini : 1782~1840)나 리스트(Franz von Liszt : 1811~1886)처럼 작곡과 연주 양쪽에서 최고의 경지에 이른 사람도 있지만, 현대로 오면서 그런 사람은 아주 희귀해졌고, 작곡과 연주는 점점 더 각자의 전문성을 갖추어 가게 되었다. 문학에서의 작가에 해당하는 주체는 음악에서는 작곡가이고, 독자는 청중으로 대치되며, '제2의 창조자'로서 연주가가 중요하게 부각된다.

연주가가 중시되는 이유는 음악이 본질적으로 연주/연행을 요구하기 때문이다. 이것이 문학과 음악의 또 다른 차이점이 된다. 특정한 시·공간에서 이루어지는 음악 연주회－우리 식으로 말하면 '판을 벌인다'고 하는데－에 해당하는 행위가 문학에는 없는 것이다. 음악이나 무용, 연극이 연행 예술로서 집단적으로 감상되는 데 비해, 문학은 개인의 밀실에서 개별적으로 감상된다.

4. 문학과 음악에서의 복제와 변용

그 결과 생겨나는 또 하나의 차이가 복제와 변용 가능성이다. 문학 작품은 필요에 따라 얼마든지 대량 복제가 가능하며, 원본과 복제품 사이에 질적 차이는 없다. 1926년판 〈진달래꽃〉과 2006년판 〈진달래꽃〉 사이에는 외적 차이만이 있을 뿐이다. 당연히 변용은 금기시된다. A출판사의 〈진달래꽃〉과 B출판사의 〈진달래꽃〉은 저마다 '원전을 정확하게 반영했다'고 주장하며, 혹시 출판사마다 다른 부분이 있는지 조사하는 전문가까지 있을 정도이다.

그에 비해 연행 예술로서의 음악은 복제할 수가 없다. 연주는 일회적인 것이다. 레코딩 기술의 발달로 잡음을 없애고 음을 보정해서 실제 연주보다 더 완벽하다는 음반이 나오기도 하지만, 그래도 라이브는 라이브이고 음반은 음반이다. 또 같은 작품이라도 연주자나 지휘자에 따라서 각기 다른 방식으로 연주하며, '새롭게 해석해서 연주했다'는 것이 평가의 주요 기준이 되기도 한다. 변용 가능성이 얼마든지 열려 있는 것이다. 같은 악단이 같은 곡을 연주하더라도 1회 공연과 2회 공연이 달라지기도 한다. 모든 예술 작품은 그 해석의 문이 다양하게 열려 있게 마련인데, 문학에서는 그 다양성의 실현을 전적으로 독자가 책임져야 하는 데 비해 음악에서는 중간에 '연주'라는 한 번의 거름장치가 있다.

Ⅲ. 문학과 음악의 구조 상동성

문학과 음악 사이에는 차이점만 있는 것이 아니다. 차이점만을 강조한다면 '문학과 음악'이라는 테마 자체가 성립하지 않을 것이다. 이미 살펴보았듯이 두 예술은 각각 뿌리를 거슬러 올라가면 어디에선가 만나게 된다. 그처럼 공통의 기원을 가진다는 것은 두 예술이 서로 비슷한 점이 많은 '자매 예술'이라는 사실을 짐작하게 한다. 두 예술 사이에 유사점과 차이점이 공존하기 때문에 우리의 논의거리가 될 수 있다.

1. 문학작품과 음악에서의 리듬

문학과 음악의 유사성과 관련하여 가장 자주 거론되는 것이 '문학의 음악성' 문제이다. 구체적으로는 리듬 문제인데, 문학 작품의 요소들은 시간 전개에 따라 일정한 규칙성(리듬)을 띠게 되고, 그것이 음악의 일반 원리와 연관된다는 것이다.

> 강나루 건너서
> 밀밭 길을
>
> 구름에 달 가듯이
> 가는 나그네
>
> — 박목월, 〈나그네〉에서

이 시를 읽어 보자. 리듬을 느끼는가? 만일 느낀다면, 어디에서, 어떤 리듬을 느끼는가? 우선, 이 시는 '강나루/건너서/밀밭/길을//구름에/달 가듯이/가는/나그네'로 끊어 읽을 수 있으며, 이는 음악의 4박자 구성과 일치한다. 3음보니, 4음보니 하는 시의 기본 리듬은 3박 또는 4박을 기본으로 하는 음악적 구성과 동일한 것이다. 나아가, 이 시에는 'ㄱ'이 자주 나타나는데, 'ㄱ'이 들어간 음절을 ●, 그렇지 않은 음절을 ○로 대치하면 '●○/●○○/○○/●○//●○○/○●○○/●○/○●○'라는 형태를 얻을 수 있다. 여기서 ●이 이끄는 마디를 '강', 그렇지 않은 마디를 '약'으로 처리하면 '강-강-약-강//강-(약)강-강-(약)강'의 리듬을 얻게 된다(이 때 '(약)강'의 리듬은 음악에서의 당김음과 같다). 의미론적 리듬(이는 심리적인 현상이다)은 4박자이되 그 이면에 'ㄱ'을 중심으로 한 음운론적 리듬(이는 물리적인 현상이다)이 개재함으로써 비로소 이 시의 음악성을 말할 수 있게 된다.

2. 문학과 음악에서의 멜로디

문학에서는 리듬뿐 아니라 멜로디도 나타난다. 멜로디는 리듬, 화성과 함께 음악의 3대 요소로 일컬어지며, 일반적으로 기악에서는 리듬이 먼저 발달하고 멜로디는 나중에 발달한 것으로 본다. 그러나 성악이라면 문제가 달라지는데, 우리가 그냥 '흥얼거린다'고 할 때에도 거기에는 어떤 멜로디가 개재하듯이, 성악은 그 발생 단계부터 멜로디와 깊은 연관을 지니고 있었다. 왜 성악은 태생적으로 멜로디와 연관되는가. 그 이유는 인간의 말하기가 억양(intonation)과 뗄래야 뗄 수 없는 관계에 있기 때문이다.

> ㈀ 문학의 구성 원리는 음악과 밀접한 관련이 있다. ↘
> ㈁ 문학의 구성 원리가 음악과 관련이 있을까? ↗

㈀과 ㈁의 억양은 판이하게 달라서, 하나는 내려가고 하나는 올라간다. 우리가 억양이 없이 매우 평탄하게 말하는 사람보고 '국어책 읽느냐'고 핀잔을 주는 것도, 말하기에서 억양이 매우 중요하다는 사실을 말해 준다. 성악은 일종의 '말하기의 확장'으로서, 말하기의 억양을 극대화함으로써 표현 효과를 높인 것으로 볼 수 있다.

> 묏버들 갈희 것거 보내노라 님의 손딕,
> 자시는 窓 밧긔 심거 두고 보쇼셔.
> 밤비예 새 닙곳 나거든 날인가도 너기쇼셔.
>
> — 홍랑

이 시조를 읽어 보자(시조는 사실 부르는 것이지만.). 억양이 어떻게 나타나는가? 각 장이 모두 셋째 마디에서 올라갔다가 넷째 마디에서 떨어지는 것을 느낄 것이다. 시조뿐 아니라 4박자를 취한 대부분의 시는 셋째 마디에서 올라갔다가 넷째 마디에서 떨어지는 방식으로 낭송된다. 앞서 본

〈나그네〉에서도 '구름에 달 가듯이 가는 나그네'의 '가는'이 높은 것을 느낄 수 있다.

억양뿐이 아니다. 소설의 전개방식을 보자. 가장 널리 알려진 '발단-전개-위기-절정-결말'이라는 5단 구성의 경우, 출발은 낮게, 점점 올라가다가 절정에서 최고조에 달하고 이어서 다시 낮게 마무리하는 방식을 취한다.

아 리 랑

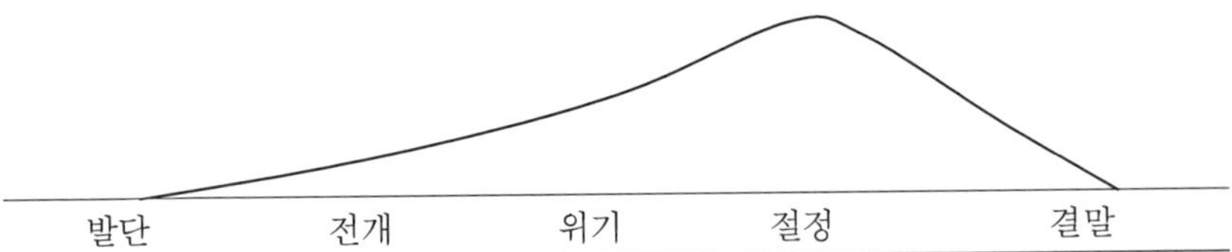

아리랑 아리랑 아라리요	아리랑 고개로 넘어간다	나를 버리고 가시는 님은	십 리도 못 가서 발병 난다

이러한 소설의 일반적인 전개방식과 우리 민요 〈아리랑〉의 멜로디 전개를 비교해 보면 상승과 하강의 멜로디가 문학과 음악에서 어떻게 공통되는지 알 수 있다.

3. 문학과 음악에서의 화성

화성은 어떤가. 서양 음악의 발달에서 매우 중요한 의의를 지니는 사건이 단선율에서 다선율로의 발전, 곧 화성의 도입이다. 하나의 멜로디만 연주하던 데서 나아가 몇 개의 서로 관련되는 멜로디를 동시에 연주하여 보다 풍부한 울림을 주게 된 것이다. 우리가 노래할 때 제창(단선율)과 합창(다선율)의 차이를 비교하면 된다. 물론 다선율에도 단순히 기본 멜로디를 몇 도(대개 장3도나 단3도) 높이거나 낮추어 그대로 따라가는 방식이 있는가 하면, 두 성부가 서로 가까워졌다 멀어졌다 하면서 조화를 이루는 방식도 있고, 하나의 주제가 서로 어긋나면서 평행을 이루는 방식, 또는 완전히 이질적인 멜로디가 서로 대화를 주고받듯이 조화를 이루는 방식도 있다. (화성에 대한 이야기는 화성법과 대위법으로 이어지지만, 여기서는 줄이도록 하자.) 이러한 화성의 도입은 그때까지 순수하게 시간성에만 의존하던 음악에 '깊이', 곧 공간성을 도입할 수 있게 하는 계기가 되었다고 평가된다. 리듬과 멜로디가 시간성에 의존한다면 화성은 공간성에 의존하며, 다선율의 도입은 회화에서 원근법을 도입한 것만큼이나 큰 변혁을 음악에 불러일으킨다.

다선율의 도입은 음악 구성상 단순구성에서 복합구성으로 나아간다는 것을 의미한다. 예를 들어 구노(Charles François Gounod : 1818~1893)의 〈아베마리아〉는 바흐(Johan Sebastian Bach : 1735~1782)의 〈평균율 클라비어곡집 1집 1곡 C장조〉를 반주로 삼는데, 성악부와 반주부가 각기 독립된 연주곡으로서 별도의 구성을 가지면서 전체적으로 또 다른 하나의 구성을 이룬다. 곧 바흐/구노의 〈아베마리아〉는 그 안에 바흐의 구성과 바흐/구노의 구성이라는 이중 구성을 지닌 복합구성 방식을 취하는 것이다.

이러한 복합구성은 특히 장편소설의 경우 자주 나타난다. 황석영의 〈장길산〉을 예로 들어 보자. 그 작품에는 광대 길산을 중심으로 한 반영웅들의 이야기를 축으로 하여 장충·묘옥·원향 등 수많은 인물들의 이야기가 가로세로로 정교하게 직조되어 있다. 단순히 길산이 어떻게 태어나서 어떻게 살아갔는가 하는 연대기적 관점만으로는 그 작품을 이해할 수 없다. 길산의 삶은 음악으로 말하면 한 작품의 제 1 테마에 해당하고, 다른 요소들은 그것을 뒷받침함으로써 〈장길산〉이라는 웅대한 작품을 만들어 내는 제 2 테마라 할 만하다. 길산의 삶과 다른 인물들의 삶이 착착 겹쳐지면서 작품에 '깊이'를 부여할 때, 우리는 문학 작품에서도 화성을 이야기할 수 있게 된다.

4. 문학과 음악에서의 구성

구성의 문제도 문학과 음악에서 다루지 않을 수 없다. AB, ABA, ABAB, AABB 구조 등과 함께 예술의 전형적인 구성 방식으로 널리 알려진 AABA 구조를 살펴보자.

외국 곡

(가) 떴다 떴다 비행기 날아라 날아라
높이 높이 날아라 우리 비행 기
I 도 - I 도 - V 도 - I 도

(나) 달아 달아/밝은 달아//이태백이/놀던 달아
(A) (A′) (B) (A′′)

(가)의 노래는 I 도 화음과 V 도 화음으로 전개되는데, 전형적인 AABA 방식을 취한다. 또 (나)의 경우에는, '달아(a) 달아(a) 밝은(b) 달아(a)'라는 작은 aaba 구조를 그보다 상위의 AABA 구조가 안고 있는 모습을 볼 수 있다. 이 구성방식은 〈제시-발전-전환-마무리〉라는 큰 사고틀이 구체적으로 형상화될 때 나타나는 방식으로, 예술의 원형에 보다 가까운 민요나 동요에서 특히 자주 발견된다. 하지만 보다 발전된 형태에서도 이런 기본 구조는 얼마든지 찾아볼 수 있다.

(가) 한 송이 국화꽃을 피우기 위해
봄부터 소쩍새는
그렇게 울었나 보다. (A)

한 송이의 국화꽃을 피우기 위해
천둥은 먹구름 속에서
또 그렇게 울었나 보다. (A′)

그립고 아쉬움에 가슴 조이던
머언 먼 젊음의 뒤안길에서
인제는 돌아와 거울 앞에 선
내 누님같이 생긴 꽃이여. (B)

노오란 네 꽃잎이 피려고
간밤엔 무서리가 저리 내리고
내게는 잠도 오지 않았나 보다. (A″)

– 서정주, 〈국화 옆에서〉 전문

(나)

(가)의 1~4연이 AABA 구조의 변형임은 표현이나 내용 양면에서 모두 확인할 수 있다. 곧 표현상으로는 1·2·4연이 각각 3행으로 이루어지면서 '~하기 위해(하려고) ~했나 보다'의 형식을 취한 데 비해, 3연만은 4행으로 이루어지면서 '~이여'의 형식을 취한다. 또, 내용상으로는 1·2·4연이 꽃을 피우기 위한 고뇌를 노래한 데 비해 3연은 꽃이 핀 상태에서 누님과 오버랩 되는 상황을 노래하였다. 계절감도 A부분에만 드러난다. (나) 역시 A부분의 가사와 B부분의 가사가 대비되는 한편, 곡조도 B 부분이 독립되어 클라이맥스 역할을 한다.

5. 문학과 음악에서의 반복과 변주

주제의 반복과 변주(variations) 역시 문학과 음악에서 다같이 중요하게 여기는 화두이다. 음악에서 일정한 주제부 없이 처음부터 끝까지 전개부만 계속되는 작품은 매우 드물며, 대개는 하나의 주제가 도입부에서 종결부까지 반복되게 마련이다. 그러나 완전히 동일한 주제의 반복이 아니라 리듬이나 화성, 조성 등에 변화를 주게 되는데, 이때 주제의 반복/변주는 작품 전체에 통일성과 변화를 동시에 부여하는 역할을 한다. '사계'로 널리 알려진 비발디(Antonio Vivaldi : 1675~1741)의 〈바이올린과 오케스트라를 위한 화성과 창의의 시도, 작품 4〉는 그 전형적인 예이고, 모짜르트(Wolfgong Amadeus Mozart : 1756~1791)의 마지막 작품 〈레퀴엠, K. 626〉은 그가 죽은 뒤 제자 쥐스마이어가 마무리하면서 마지막 7부를 제1부의 반복/변주로 끝내고 있다. 또, 라벨(Maurice Joseph Rabel : 1875~1937)의 발레곡 〈볼레로〉처럼 리듬과 멜로디, 템포 등이 끝까지 똑같은 특수한 경우도 있다. 이 곡은 주제와 그에 대한 응답이 아홉 차례나 반복되다가 마지막 2소절만 조성을 달리 해서 변화를 주는데, 우리는 13명의 무서운 아이가 반복되는 이상의 〈오감도·시 제1호〉에서 이와 유사한 방식을 볼 수 있다. 더 간단한 예를 보자.

(가) 山에는 꼿픠네
꼿치픠네
갈 봄 녀름업시
꼿치픠네

山에
山에
픠는꼿츤
저만치 혼자서 픠여잇네

山에서우는 적은새요
꼿치죠와
山에서
사노라네

山에는 꼿지네

꼿치지네
갈 봄 녀름업시
꼿치지네

— 김소월, 〈산유화〉 전문

(나) ⓐ 나의 살던 고향은 　　꽃피는 산골
　　　　∦　　　　　　　　　‖
　　ⓑ 울긋불긋 꽃대궐 　　차린 동네

　　복숭아꽃 살구꽃 　　　아기진달래
　　　　‖　　　　　　　　　‖
　　그 속에서 놀던 때가 　그립습니다

고향의 봄

이원수 작사
홍난파 작곡

(가)에서 1연과 4연은 반복/변주의 기능을 한다. 이 작품은 구조상 '픠네 : 지네', '꼿 : 새', '울다 : 살다' 등의 대립으로 이루어지는데, 1연의 '픠네'와 4연의 '지네' 사이에 '저만치 혼자서' 피어 있는 꽃과 '꼿치죠와 山에서' 사는 새가 끼어듦으로 해서 존재론적인 질문을 제기한다. 곧 1연과 4연은 겉으로 보기에는 똑같은 형식에 '피다'와 '지다'의 말만 바꾼 것이지만, 그러한 반복/변주 자체와 그 반복/변주 사이에 들어가는 문학적 시간 및 '꼿'과 '새' 등 하위 요소들의 관계로 인해 단순한 반복을 넘어서는 것이다. 그러면서 1연과 4연은 일종의 수미쌍관식의 수법이 되어 작품 전체를 단단하게 여미는 역할을 한다.

(나)에서도 ⓐ와 ⓑ는 전형적인 반복과 변주를 보여준다. ⓐ의 2·3·4동기와 ⓑ의 2·3·4동기가 완벽하게 겹치는 가운데 첫째 동기에서 변화를 줌으로써 하나의 멋진 작품을 완성한 것이다. 이런 방식은 동요에서 매우 자주 나타나는 방식이다.

한 작품 안에서뿐 아니라, 한 작가의 여러 작품들 간에도 주제의 반복/변주 현상이 나타난다. 다음 작품들을 보자.

> (가) 그는 웃고 있다. 개인 하늘에 그의 미소는 잔잔한 물살을 이룬다. 그 물살의 무늬 위에 나를 가만히 띄워 본다. 그러나 나는 이미 한 마리의 황나비는 아니다. 물살을 흔들며 바닥으로 바닥으로 나는 가라앉는다. 한 나절, 나는 나의 언덕에서 울고 있는데, 도연(陶然)히 눈을 감고 그는 다만 웃고 있다
>
> — 김춘수, 〈꽃 1〉 전문

> (나) 바람도 없는데 꽃이 하나 나무에서 떨어진다. 그것을 주워 손바닥에 얹어 놓고 바라보면, 바르르 꽃잎이 훈김에 떤다. 화분도 난[飛]다. 「꽃이여!」라고 내가 부르면, 그것은 내 손바닥에서 어디론지 까마득히 떨어져 간다.
>
> 지금, 한 나무의 변두리에 뭐라는 이름도 없는 것이 와서 가만히 머문다.
>
> — 김춘수, 〈꽃 2〉 전문

똑같이 〈꽃〉이란 제목의 시이면서도 (가)에서는 '그'라고 막연히 지칭했던 것이 (나)에서는 '꽃'으로 구체화되었다. (가)에서 '그'가 이루는 물살에 가라앉던 '나'는 (나)에서 떨어지는 '꽃'을 손바닥에 얹고 바라본다. 곧 하나의 대상을 동일한 작가가 여러 시점에서 여러 정서의 창을 통해 바라본 것이다. (나)에서 말한 '뭐라는 이름도 없는 것'은 저 유명한 '내가 그의 이름을 불러 주기 전에는/그는 다만/하나의 몸짓에 지나지 않았다.(김춘수, 〈꽃〉)'는 구절을 연상하게도 한다. 그 밖에도 〈꽃의 소묘〉라든지 〈꽃을 위한 서시〉 등에서 이 작가는 지속적으로 '꽃'을 다루고 있는데, 그에게는 '꽃'이 시로 들어가는 문이자 의식의 가장 근저에 자리한 주제로서, 이들 작품들은 모두 한 주제의 변주가 된다.

이러한 변주는 작가와 작가간에도 나타난다. 예를 들면 브람스(Johannes Brahms : 1833~1897)나 라흐마니노프(Sergei Vasilievich Rakhmaninov : 1873~1943)는 똑같이 〈파가니니 주제에 의한 변주〉를 썼으며, 팝 피아니스트 조지 윈스턴의 〈December〉에는 파헬벨(Johann Pachelbel : 1653~1706)의 〈캐논〉을 따온 부분이 나온다. 이러한 곡들을 감상할 때 그 원곡을 고려하지 않는다는 것은 상상하기 어렵다. 마찬가지로 최인훈의 〈소설가 구보씨의 일일〉도 박태원의 그것을 염두에 두고 쓰여진 작품으로, 이처럼 한 작품의 모티브가 다른 작품에서 모습을 바꾸어 나타나는 경우는 예술 활동에서 그리 드문 일이 아니다. 어쩌면 '하늘 아래 새 것은 없다'는 말이 가장 잘 적용되는 분야가 예술일 것이다. 다만 그러한 변주가 얼마나 생기있고 창의적이냐에 따라 어떤 경우에는 창조적 패러디로, 어떤 경우에는 단순 모방이나 표절로 가치 평가가 달라질 뿐이다.

Ⅳ. 문학과 음악의 상호 교섭

문학과 음악의 미적 유사성은 두 예술이 자연스럽게 서로의 경계를 넘나들 수 있는 길을 열어 주었다. 문학과 음악은 영감을 공유하며, 유사한 철학과 사상을 반영하고, 발전 과정에서 서로에게 자극을 준다. 어떤 때는 하나의 주제에 대하여 문학과 음악 양방향에서 각각 접근해 들어가기도 하고, 음악을 문학으로, 또는 문학을 음악으로 변환하기도 한다. 이러한 교섭은 총체적으로 인간의 미적 감수성을 더욱 예민하게 하고, 세계를 보는 눈을 깊고 넓게 해주며, 인간과 인간이 더불어 사는 모습을 아름답게 만든다.

1. 문학과 음악의 형이상학적 배경

우선, 문학과 음악의 형이상학적 배경이 어떻게 서로 교섭하는지 살펴보자. 예술에서 어느 한 시대를 특징짓는 사상이나 작품의 경향을 '사조'라고 한다. 문학에서는 문학 사조를 거론하며, 마찬가지로 음악에서는 음악 사조를 거론한다. 문학사와 음악사를 살펴보면 우리는 많은 경우 문학사조와 음악 사조가 서로 겹치는 것을 발견할 수 있다. 서양의 대표적인 문학 사조와 음악 사조를 시대별로 비교해 보자.

〈서양 문학 사조와 음악 사조의 비교〉

문학 사조	시기	시기	음악 사조
고대 문학	- A.D 4C	- A.D 4C	고대 음악
중세 문학	A.D 6C-15C	A.D 4C-15C 중반	중세 음악
르네상스 문학	14C 중반-17C 중반	15C 중반-16C 후반	르네상스 음악
|		17C 초반-18C 중반	바로크 음악
고전주의	17C 중반-18C 중반	18C 중반-19C 초반	고전주의
낭만주의	18C 중반-19C 중반	19C 초반-19C 후반	낭만주의
사실주의와 자연주의	19C 중반-19C 후반	19C 후반-20C 초	후기 낭만주의와 인상주의
상징주의와 모더니즘	19C 후반-20C	20C 초 -	20세기 음악

여기서 문학 사조와 음악 사조가 대체로 비슷하게 발전해 왔음을 알 수 있다. 또 문학 사조는 〈고전주의 : 낭만주의〉, 〈리얼리즘 : 모더니즘〉이라는

큰 축을 중심으로 발전해 왔음도 알 수 있는데, 〈고전주의 : 낭만주의〉의 대비는 음악에도 나타난다. 문학 사조와 음악 사조가 이렇게 오버랩 되는 이유는 그들이 다같이 인간의 삶을 반영하고 해석하는 역할을 하기 때문이다. '예술'이라는 것은 일견 고고한 상아탑 속에서의 유희인 듯 보이지만 결국은 당대의 지적 배경, 사회상, 예술 주체들의 취향과 무관할 수 없으며, 그 결과 동시대의 문학과 음악은 자연스럽게 비슷한 경향을 띠게 된다.

2. 문학과 음악의 내용과 형식

문학과 음악의 교섭은 '내용과 형식'의 관계로도 나타난다. 문학과 음악은 그 자체로도 각각 내용과 형식의 측면을 지니지만, 둘이 만나게 되면 문학이 음악에 내용을 제공하고 음악이 문학에 형식을 제공하는 관계를 이룬다. 이를 가장 알기 쉽게 보여주는 것이 '동요'라는 용어이다. 아동문학 연구자들은 '동요'와 '동시'를 개념적으로 구별해서 사용하지만, 실제로 이들을 구분하는 것은 매우 어렵다. 정형률을 갖추고 노래 가사로 사용될 수 있는 동시라면 언제나 '동요'로 불릴 가능성을 지닌다.

(가) 푸른 하늘 은하수 하얀 쪽배에
계수나무 한 나무 토끼 한 마리
돛대도 아니 달고 삿대도 없이
가기도 잘도 간다 서쪽 나라로

— 윤극영, 〈반달〉 전문

(나) 엄마야 누나야 강변 살자
뜰에는 반짝이는 금모래빛
뒷문 밖에는 갈잎의 노래
엄마야 누나야 강변 살자

— 김소월, 〈엄마야 누나야〉 전문

여기서 (가)와 (나)는 형식 · 내용 · 기능 등의 면에서 특별한 차이를 보이지 않는다. 일반적으로 (가)는 동요, (나)는 동시(또는 시)라고 말하지만, (나)도 노래로 훌륭히 불리고 있는 마당에 그렇게 구분할 근거를 찾기는 어렵다. 그 때문에 이들을 따로 떼어서 지칭하지 않고 자주 '동요 · 동시'라고 묶어서 부르는 것이다. 이런 현상이 나타나는 이유는 문학, 그 중에서도 특히 시는 틈만 나면 음악과 결합하려는 속성을 지니기 때문이다. 모든 시는 언어와 음악을 긴밀하게 결합하여 언어가 음악에 의해 숨쉬도록 하며, 그 결과는 슈베르트(Franz Peter Schubert : 1797~1828)의 가곡이나 서태지의 랩으로 나타난다. 이들 가곡/가요에서는 가사(내용)와 곡조(형식)가 얼마나 조화롭게 결합하느냐에 따라 문학과 음악 모두의 성패가 결정된다. 설령, 시에 꼭 곡조를 붙이지 않더라도 시를 '낭송'한다면 역시 비슷한 상황이 된다.

이들은 비교적 명쾌한 교섭이지만, 더 나아가면 서양의 오페라나 뮤지컬, 우리의 창극(唱劇)처럼 복잡한 교섭도 있다. 예를 들어 누군가가 푸치니(Giacomo Puccini : 1858~1924)의 〈라 보엠〉을 소개한다고 가정해 보자. 그때 우리는 어떤 방식으로 이 작품을 소개하는가?

> 〈라 보엠〉의 원작은 프랑스의 시인인 앙리 뮈르제의 소설 〈La Vie de Bohème(보헤미안적 기질의 생활)〉이다. 〈라 보엠〉에서는 세 사람의 예술가(시인 · 화가 · 음악가)와 한 사람의 철학자가 서로를 존중하며 함께 살고 있다. 그 중 시인 로돌포는 같은 건물에 살고 있는 미미와 사랑하는 사이이며, 화가 마르첼로는 분방한 여인 뮤제타와 사랑하는 사이이다. (…중략…) 미미의 마지막 목소리가 가느다랗게 떨린다. 숨을 거둔 미미의 차가운 손을 붙잡고 로돌포가 흐느낀다. "미미! 미미!" 진정으로 사랑했던 그 이름을 목이 메어 부르는 중에 막이 내린다. (엄태윤, 〈푸치니의 라 보엠〉)

이것이 대중을 위해 오페라를 소개하는 글의 일반적인 모습이다. 물론 이것은 작품의 스토리를 소개하는 것이지 음악적 특성을 소개하는 것이 아니다. 그럼에도 우리는 이 소개를 통해 〈라 보엠〉에 대한 정보를 일부나마 얻었다고 생각한다. 인물과 사건 구성, 배경 등이 어우러진 문학적 구조가 이 작품의 주요 동기가 되기 때문이다. 연극이 희곡을 바탕으로 하고 영화가 시나리오를 바탕으로 하듯이, 오페라와 뮤지컬, 창극도 문학의 플롯을 근거로 하여 극적 효과를 창출한다. 어떤 점에서 이들 양식은 '음악의 옷을 입은 희곡'이라 할 수 있는 것이다. 물론, 음악을 언어로 번역하고자 하는 시도는 언제나 실패한다. 우리가 비올레타의 슬픈 사랑과 운명에 대해 들었다고 해서, 또는 그 1막에 나오는 '축배의 노래'가 얼마나 흥겹고 활기찬지에 대해 들었다고 해서, 〈라 트라비아타〉(La Traviata)를 '들었다'고 할 수는 없을 것이다. 문제는 음악이 문학적 플롯에 얼마나 단단히 연결돼 있는가이다.

이처럼 문학의 플롯을 그대로 음악화하는 데까지 이르지는 않더라도, 음악은 끊임없이 문학에서 작품의 모티브를 찾아낸다. 드뷔시(Claude Debussy : 1862-1918)는 말라르메(Stéphane Mallarmé : 1842~1898)의 〈목신(牧神)의 오후〉에서 영감을 받아 〈목신의 오후에의 전주곡〉을 썼고, 그리그(Euvard Hagerup Grieg : 1843~1907)와 바그너(Wilhelm Richard Wagner : 1813-1883)는 북유럽의 설화에서 각각 〈페르귄트〉와 〈방황하는 네덜란드인〉을 이끌어냈으며, 비제(Georges Bizet : 1838~1875)의 모음곡 〈아를의 여인〉은 도데(Alphonse Daudet : 1840~1897)의 희곡에서 기본 구조를 따 왔다. 절대음악에 대비되는 '표제음악'이란, 사실은 문학에 대한 음악의 독립 선언에서 다시 문학과 음악의 화해로 돌아간 표식인 것이다. 우리의 〈춘향전〉이나 〈심청전〉 같은 판소리계 소설들도 '문학(설화) → 음악(판소리) → 다시 문학(소설)'으로 계속 서로 넘나들면서 발전해 온 예들이다.

문학과 음악의 상호 교섭은 문학이 음악적 주제를 다루는 것으로도 나타난다. 문학이 다루지 못할 주제가 어디 있을까마는, 많은 작가는 음악이나 미술 등 예술가들의 삶을 통해 순수한 예술혼을 드러내고자 하는 욕망을 숨기지 않는다. 널리 알려진 김동인의 〈광염 쏘나타〉는 그 단적인 예로서, '예술지상주의'라는 당시로서는 파격적인 사상을 음악을 매개로 하여 다룬 작품이다. 영화 〈서편제〉는 판소리를 다룬 이청준의 소설을 바탕으로 한 것이며, 그의 또 다른 작품인 〈선학동 나그네〉나 무소르그스키(Modest Petrouch Musorgskii : 1839~1831)에서 영감을 얻은 최인호의 〈전람회의 그림〉도 마찬가지로 음악적 주제를 다루고 있다.

3. 문학과 음악의 복합적 교섭

예술의 총체성과 다면성은 문학과 음악만의 교섭으로 만족하지 않는다. 이른바 '종합 예술'이라고 하는 오페라나, 예술과 기술의 결합이라고 하는 영화 같은 경우에는 문학과 음악 외에도 미술 · 무용 · 연극과 같은 예술의 여러 장르가 중층적으로 교섭하는 것을 볼 수 있다. 예컨대, 영화는 예술사상 가장 늦게 태어난 예술이면서도 그 이전에 태어난 모든 예술들을 모두 포섭하여 스크린이라는 가상의 시 · 공간에 버무려 놓는다. 연극의 스토리 구성이나 대화 묘사는 문학에서, 세트와 분장 · 의상 등은 미술에서, 그리고 음향 효과는 음악, 마임은 무용에서 따온 상태인데, 영화는 그것들을 더욱 확장하고 기계적 조작을 가함으로써 '최후의 예술'에 걸맞는 미적 효과를 창출한다. 여기에서 문학과 음악은 서로 상대방만을 의식하면서 교섭하는 것이 아니라, 더 큰 구조를 의식하면서 다면적으로 교섭한다.

문학과 음악이 이처럼 자주 넘나든다면, 자연히 그 둘을 모두 즐기고 두 분야에서 모두 활동하는 사람이 생기게 된다. 기실 우리 선인들만 보더라도, 그들은 모두가 문인(文人)이자 예인(藝人)이었다. 지식인이라면 당연히 시 · 서 · 화에 능해야 했고, 사랑에는 거문고를 두어 풍류를 즐길 수 있어야 했다. 특히 한시나 시조 자체가 가창을 전제로 쓰여졌기 때문에, 시인은 자연히 가객이 될 수밖에 없었다. 이는 지식인뿐 아니라 평민도 마찬가지였는데, 〈가시리〉나 〈청산별곡〉 같은 작품이 문자로 기록되지 않고도 오랜 세월 전승될 수 있었던 이유도 그것이 노래로 불려졌기 때문이다.

V. 문학과 음악의 종합적 이해

문학과 음악은 그 기원과 발전 과정에서, 목적과 기능에서, 미적 구조와 작품 외적 기반에서 많은 유사점과 차이점을 동시에 지닌다. 물론 문학과 음악이 각각 하나의 예술 장르로 확립된 이상, 언제나 문학은 문학이고 음악은 음악이다. 그러나 주체의 측면에서 본다면 문학과 음악은 따로 존재하는 것이 아니다. 예술을 향유하는 개인의 내면에서는 문학과 음악뿐 아니라 다른 모든 삶의 요소들이 하나로 녹아 있다. 미적 주체는 문학과 음악을 통해서 총체적인 아름다움을 느끼고, 정서를 이완시키며, 세계를 새롭게 보는 눈을 얻게 되는 것이다.

'모든 예술은 음악의 상태를 지향한다'는 말을 한 사람은 페이터(Walter Pater : 1839~1894)이다. 베를레느(Paul Verlaine : 1844~1896)는 '무엇보다도 먼저 음악(De la Musique avant toute chose)'이라고 외치기도 했다. 실제로 김춘수 같은 이는 뜻을 몽땅 지우고 순수하게 언어(=소리) 그 자체만 남은 시를 시도하기도 한다. 사실 예술이라는 것이 인간의 감관에 직접 호소하는 심미적 표현 과정이라는 점을 고려할 때, 가장 순수한 예술은 음악이라는 주장도 성립할 수 있다. 음악은 '작품에 담긴 무엇'이 아니라 '작품 그 자체'로 감동을 주기 때문이다. 문학은 음악에 비하면 많은 부분에서 오염이 된 예술이라 할 수 있지만, 우리가 그 근저에 흐르는 음악적 요소를 깨닫는다면 훨씬 풍부한 울림을 느낄 수 있다.

우리가 여기서 문학과 음악의 관계를 문제삼는 것은 음악에 대한 이해가 문학의 이해에 어떤 도움을 준다고 생각하기 때문이다. 그 도움은 직접적인 것일 수도 있고, 잠재적이고 내면화된 것일 수도 있다. 그러나 한 편의 시를 읽으면서 운율을 느끼는 일보다 더 중요한 것은, 음악을 듣는 것과 같은 순정한 마음으로 문학에 접근하는 자세이다.

〈연구 과제〉

1. 원시종합예술이 음악이나 문학으로 분화하는 과정을 구체적인 작품을 예로 들어 설명해 보자.

2. 현대시는 음악과 점차 멀어져 가는 경향이 있다고 한다. 그 이유를 생각해 보자.

3. 본문에 제시된 시 작품들에서 음악적인 요소를 찾아보자.

4. 유행가와 서정시의 유사점과 차이점을 말해 보자.

〈참고문헌〉

서우석, 『시와 리듬』, 문학과지성사, 1981.
이강숙, 『음악과 지식』, 민음사, 1987.
Aubry Jean, *Music and Literature*, (편집부 역), 『음악과 문학』, 삼호출판사, 1993.
Wink Richard & Williams Lois , *Invitation to Listening*, (김경순 역), 『음악감상입문』, 덕성여대출판부, 1992.
장미영, 『문학의 영혼 음악의 영감』, 이화여자대학교 출판부, 2003.
엄선애. 『독일 음악 속의 문학』, 경성대학교 출판부, 2006.

제 5 부

文學과 文化

제 11 장 문학이해의 문화론적 시각

임 경 순*

Ⅰ. 문학과 문화의 관계

1. 문학을 보는 관점

문학이란 무엇인가? 이 물음을 두고 많은 사람들이 장구한 세월에 걸쳐 그 해답을 찾으려고 노력해 왔다. 그러나 지금까지 문학에 대하여 완벽한 설명을 제시한 경우는 없었다. 문학에 대해 아무런 것도 자명하게 말하기 어려운 이유는 문학이라는 대상 자체의 성격에서 기인한다. 문학은 어느 한 면에서만 바라볼 수 없는 복합적인 성격을 지니고 있다. 우리가 문학을 이러이러한 것이라고 정의를 내리는 순간 문학의 많은 부분은 배제되고 만다. 말하자면 '장님 코끼리 만지기'가 되고 만다. 문학의 이러한 복합적이고 다양한 성격은 문학의 무한한 가능성을 뜻하는 것이기도 하다.

문학에 대한 많은 정의 가운데 가장 포괄적이고 일반적인 정의는 "언어 매체를 통한 인생의 표현"이라는 것이다. 우리가 살아가는 삶의 언어적인 표현이 문학이라는 것이다. 우리의 삶을 표현하는 방식에는 여러 가지가 있을 수 있다. 리듬으로 표현할 수도 있고(음악), 점과 선, 색으로도 표현할 수 있다(미술). 그런데 문학은 우리가 쓰는 말로 표현한 것을 일컫는다. 언

* 한국외국어대학교 교수. 주요 저서로《문학의 해석과 문학교육》, 《국어교육학과 서사교육론》, 《서사표현교육론 연구》 등이 있고, 주요 논문으로 〈경험의 서사화 방법과 그 문학교육적 의의 연구〉, 〈자아정체성 형성과 이야기 교육〉 등이 있다.

어로 표현한다는 점이 다른 예술영역과 구별되는 문학의 특징이다.

언어라는 것은 그것을 쓰는 사람이 있기 마련이고, 그 언어와 분리될 수 없는 생각이 있을 뿐 아니라, 그것은 일정한 형식으로 나타나기 마련이다. 일상의 언어와 문학의 언어가 따로 있는 것이 아니다. 문학에서 쓰이고 있는 언어는 일상의 언어와 다를 바가 없다. 그러나 이것은 언어라는 매개를 통한 표현이라는 공통점을 말하는 것이지, 표현의 양식적 측면에서의 차이점을 무시하는 것은 아니다. 우리의 언어활동 가운데 공통분모와 그 표현양식 고유의 영역을 아울러 살펴야 하는 이유가 여기에 있다. 그렇기 때문에 문학은 일상언어나 다른 언어가 가지고 있는 언어활동 부분을 포함하고 있을 뿐 아니라 문학 고유의 언어활동 부분도 아우르고 있다.

또한 문학은 인생의 표현이기도 하다. 인생 곧 삶이라는 것은 인간의 수만큼 다양하다고 할 수 있다. 같은 부모에서 나온 쌍둥이나 가족의 삶조차 다른데 하물며 다른 처지에 놓인 인간의 삶의 차이란 헤아릴 필요조차 없다. 인간의 삶에는 기쁨이 있고, 슬픔이 있고, 노여움이 있고, 즐거움이 있다. 또한 인간의 삶에는 깨달음과 꿈이 있다. 그리고 인간의 삶에는 이것들로 포용할 수 없는 수많은 갈등과 감정의 기복이 있다. 이 모든 것을 담고 있는 것이 바로 문학이라면 문학이 복잡하고 다양하다는 것은 자연스런 일이다.

그러나 문학이 "언어 매체를 통한 인생의 표현"이라는 관점은 문학을 생산한 작가나 문학작품을 읽는 독자, 나아가 문학을 생산하고 유통하고 수용하는 문화적인 맥락을 고려하지 못한 규정이다. 문학을 언어라는 매체를 통한 인생의 표현으로 보는 관점은 문학을 문학 자체로서 바라보는 한계를 지닌다.

문학을 고정된 대상으로 보는 관점에서 의미작용의 실천인 작용태(作用態)로 보는 관점의 전환이 필요하다. 문학의 매재인 언어는 언어 그 자체가 탐구의 대상이 되는 것이 아니다. 문학에서의 언어는 언어를 사용하는 사람과 그 말을 듣는 사람 곧 상대자가 고려된 소통의 구조가 함께 고려되어야 하는 것이다. 문학의 언어는 이들 주체들의 언어활동의 매재인 것이다. 따라서 문학의 의미는 언어를 사용하는 주체들의 의미작용을 통해 드러나는 역동적인 관계로 보아야 한다.

문학을 이렇게 의미작용의 실천인 작용태로 보는 관점을 취한다면, 문학을 바라보는 보다 넓은 시야를 가질 수 있다. 문학의 이러한 의미작용의 실천에 참여하는 주체들은 문학을 생산한 작가, 문학텍스트 내의 말하는 사람들, 그리고 이 문학텍스트를 대하는 독자들과 사회·문화적 맥락 등이다. 그런데 이들 주체들은 일방적으로 말을 전달하거나 이해하는 주체들이 아니라, 서로 말을 주고받는 대화적 관계에 놓여 있다는 점에 주목해야 한다. 이 주체들의 관계 속에는 삶이 형상화되고, 인생을 바라보는 관점이 나타나며 삶에 대한 깨달음이 있다. 즉, 문학은 주체들의 삶의 모습이자 관계를 표현한 것이라고 할 수 있다. 이들 주체들은 동시대 사람들일 수 있고, 먼 과거의 사람일 수 있다. 그러기에 문학을 통하여 역사 속의 다양한 사람들의 삶의 모습을 발견하게 되는 것이다. 이러한 현상은 문화의 측면에서 이해할 수 있다. 문화는 삶을 실천하는 제반규칙과 의미의 발견과 연관되는 것이기 때문이다.

2. 문화를 보는 관점

인간이 동물과 다른 점으로 신체상의 차이뿐만 아니라 도구의 제작과 사용, 언어사용, 경험의 누적과 전달 등을 들 수 있다. 이처럼 인간은 동물과 본질적인 차이를 가지고 있는데, 이를 두고 문화라는 개념을 가지고 설명한다.

흔히 문화라는 말은 文化人, 文化生活 등으로 사용되는 의미로 연상된다. 이때의 문화는 고급스럽고 세련되었으며 지적 수준이 높은 것 등을 나타내는 말이다. 고급문화(high culture)를 의미하는 이러한 관점은 고급문화에 대치되는 의미를 갖는 저급스럽고 세련되지 못했으며, 지적 수준이 낮은 대중문화(popular culture)를 상정하고 있다. 이스트호프(Antony Easthope)에 의하면 20세기에 들어와 고급문화와 대중문화 사이의 분할을 설명하는 논의는 세 가지가 있다. 첫째는 F.R. 리비스(Frank Raymond Leavis : 1895~1981) 등이 제시한 개인 심리학과 도덕적 개인주의에 의거한 자유주의 이론으로서, 대중문화는 '다양한 형태로 소망의 충족을 제공한다.' 반면에 본격소설은 그 엄격성으로 인해 독자들의 '실제의 삶'을 '가능하면 적절하게' 다루는 데 도움을 준다는 것이다. 이러한 관점은 자기 기만에 저항할 수 있는 개인과 그렇지 못한 사람, 엄격히 현실원리를 고수할 수 있는 사람과 무기력하게 쾌락원리에 복종하는 사람간의 구분에 기초하고 있다. 둘째로는 프랑크푸르트 학파의 이론으로서 그들은 루카치의 부르주아 문화의 물화에 대한 분석을 받아들여 생산양식이 문화적 반응을 결정한다는 점을 강조한다. 이러한 관점에 서면 비록 초월적인 영역인 체하는 고급문화가 엘리트주의적이고 기만적이긴 하지만, 최소한 고급문화의 그러한 초월성은 상품에 대해 소외되지 않은 대안이 될 수 있다는 것이다. 셋째로는 알튀세르주의라고 할 수 있다. 이 이론은 지배계급의 이데올로기가 지니는 상대적인 자율성을 강조한다. 이러한 관점에 의하면 대중문화는 이데올로기에 의해 규정되는 것으로, 고급문화는 상대적으로 그렇지 않은 것으로 보고 있다. 이스트호프는 고급문화/대중문화라는 문화적 구분을 견지하고 있는 이와 같은 견해들은 대중을 바보로 취급하고 있다는 점에서 공통점이 있다고 지적하고, 대중들은 '문화 중독자'들이 아니며, 무감각하고 나태한 사람들로 평가절하해야 한다는 믿음은 결코 정당화될 수 없다고 비판한다.

또한 정치, 경제, 사회, 문화로 나눌 때 사용하는 문화의 개념을 상정할 수 있다. 이 때의 문화에는 문학, 예술 등이 포함된다. 신문이나 잡지, 혹은 행정부 조직에서 다루어지는 문화라는 개념이 여기에 속한다.

문화인류학에서는 이러한 좁은 의미의 문화 개념이 아니라 보다 넓은 생활 전체를 포함하는 의미에서의 문화라는 것을 사용하기도 한다.

그들에 의하면 문화란 인간이 집단을 이루어 살아가는 삶의 과정에서 빚어진 삶의 규칙과 질서를 뜻한다. 그 삶이 표현하고 있는 행위와 행위를 이루어내는 전과정의 사고, 그리고 그에 관련된 삶의 현상은 현상 자체라기보다는 삶의 방향을 이끌어 주는 역할을 한다. 문화를 이렇게 폭넓게 정의하는 것은 어디까지나 동물과 인간을 구별하기 위하여 자연 대 문화로서 대치시킨 문화라는 것이다.

인간의 언어사용은 인간을 동물과 구별해 주는 가장 큰 변별점이자 문화의 요소이다. 인간이 언어를 사용한다는 것은 언어활동을 뜻한다. 프라이(Herman Northrop Frye : 1912~1991)에 의하면 인간이 언어를 가지고 활동하는 영역은 넓지만, 그 사용 목적과 양식, 쓰임에 따라 몇 개의 부류로 나눌 수 있다. 일상 회화의 언어 차원, 실용 언어·기술 용어 차원, 문화적 언어 차원 등이 그것이다. 그에 의하면 일상언어나 실용적 감각을 지닌 언어는 원시적이다. 반면에 인간적 경험의 가능한 모델을 구축하는 능력인 상상력의 산물인 문학은 인간에게 있어서 없어서는 안될 귀중한 문화적 자산이다. 발달된 어떠한 문명 사회에 있어서도 국어는 문학으로 바뀌어진다는 사실을 상기할 때 문학은 언어문학을 이해하는 척도가 된다.

상상력을 꿈꾸는 힘이라고 할 때 그것을 표현하는 매재는 언어이다. 언어를 상징적 상호작용의 관점에서 본다면, 상징적 교섭작용(symbolic interaction)의 틀을 문화로 보는 관점과 통하게 된다. "언어적 형상화의 상징적 교섭작용과 그 결과"(우한용, 1997)를 문학이라 한다면 그것은 문화의 한 모습을 띤다. 문화이되 주체들의 실천이 강조된다는 점에서 문화실천이다.

이상의 논의를 고려해볼 때 문학에서 문화에 대한 논의는 문학을 둘러싼 제반 현상에서 보아야 한다. 따라서 문화는 문학이 생산되고 향유되는 삶의 현상으로서 이해할 필요가 있다. 문학현상이란 문학을 두고 이루어지는 역동적인 현상이라는 점에서 문화의 한 지절이라 할 수 있다. 이를 두고 구인환·박대호·박인기·우한용·최병우의 《문학교육론》에서는 '문학적 문화'라 했다. 문학은 문학을 생산하고 향유하는 사람들의 삶이 문제되기 때문에 문학텍스트 자체의 의미를 넘어선다. 그러기에 살아가는 사람들의 삶이 문제되는 것이다. 이러한 것의 단적인 예가 문학에 나타나는 性의 문제이다. 〈차타레부인의 사랑〉, 〈자유부인〉, 〈반노〉, 〈아담이 눈 뜰 때〉, 〈즐거운 사라〉, 〈내게 거짓말을 해봐〉 등은 작가, 문학텍스트, 독자, 사회·문화의 문학 현상과 관련된다는 점에서 문학과 문화의 문제를 어떻게 봐야 하는지에 대해 시사하는 바가 크다.

문학과 문화의 관계를 논할 때에 주의할 점이 있다. 그것은 문학을 도외시한 채 문화만 논의하는 문화 환원주의에 빠질 위험이 있다는 것이다. 따라서 문학은 예술에 속하고 예술은 문화에 속한다는 소박한 문화 환원론적 논리나, 일상 생활의 모든 언어 행위가 문학에 속한다는 문학 해체적 논리는 지양·극복되어야 한다.

3. 문학과 문화의 연관

문학은 言語文化에 속한다. 문학은 언어를 사용하는 주체들이 언어를 매개로 삶을 형상화한 것이다. 따라서 문학을 논할 때 언어가 문제되고, 그 언어를 사용하는 주체가 문제되고, 그 언어를 사용하는 주체들의 삶이 문제가 된다. 그 주체들의 言語活動을 통해 형상화되는 삶이란 문화를 형성할 뿐 아니라 이념을 드러내기도 한다. 예컨대 언어 주체의 언어 행위가 儀式(ritual)이라는 당대 문화와 관련되는 양상을 들 수 있다. 의식이란 일정한 시간의 경과를 통한 공통체의 합의를 토대로 형성된 문화라는 점을 고려할 때, 문학과 의식의 연관은 문학과 문화의 관련을 보여준다.

다음은 김소월의 〈招魂〉이라는 시이다. 이 시를 자료로 문학과 문화의 관계를 생각해 보자.

> 산산이 부서진 이름이여!
> 허공(虛空) 중에 헤어진 이름이여
> 불러도 주인 없는 이름이여!
> 부르다가 내가 죽을 이름이여!
>
> 심중(心中)에 남아 있는 말 한 마디는
> 끝끝내 마저 하지 못하였구나.
> 사랑하던 그 사람이여!
> 사랑하던 그 사람이여!

붉은 해는 서산(西山) 마루에 걸리었다.
사슴의 무리도 슬피운다.
떨어져 나가 앉은 산 위에서
나는 그대의 이름을 부르노라.

설움에 겹도록 부르노라.
설움에 겹도록 부르노라.
부르는 소리는 빗겨 가지만
하늘과 땅 사이가 너무 넓구나.

선 채로 이 자리에 돌이 되어도
부르다가 내가 죽을 이름이여!
사랑하던 그 사람이여!
사랑하던 그 사람이여!

— 김소월, 〈招魂〉

작가는 시적 화자를 통해서 독자에게 이 시를 들려준다. 이때의 독자는 〈초혼〉이 쓰여진 무렵[이 시는 시집 《진달래꽃》(1925.12)에 실려 있다]의 독자일 수 있고, 지금 이 시를 읽는 독자일 수도 있다. 이 시를 이해하기 위해서는 작가-작품-독자의 역동적인 관계를 사회·문화적 맥락에서 고찰해야 한다.

이 시를 두고 "이 세상을 떠난 연인을 부르며 처절하게 비탄하는 노래, 강렬한 어조와 직선적 표현을 통해 님을 잃은 슬픔이 표출된 보기 드물게 격한 작품"이라고 볼 수도 있다. 그런데 〈招魂〉을 두고 이렇게 보는 것은 문학작품 내의 이해수준에 그친 관점이다. 혼을 부르는 것은 우리의 삶과 어떤 관련이 있는가? 이것을 묻고 답하는 과정에서 이 시는 문화적 맥락에서 이해될 수 있다.

초혼, 즉 혼을 부르는 행위는 하나의 의식(ritual)이며 그 제도적 장치가 구비되어 있다. 혼을 불러오기 위한 표현방법은 두 가지이다. 하나는 四方에 혼을 잡아먹는 괴물들이 있으니 유랑하다가 봉변당하지 말고 돌아오라는 위협수단이고, 다른 하나는 혼의 귀환을 기리고 달래는 수단인바, 이런 수법은 어느 나라 초혼굿에 있어서나 공통되는 현상이기도 하다. 혼에 대한 생각은 중국과 우리가 별다른 차이가 없음을 알 수 있거니와, 만일 이 문제를 발생적 근거에서 찾는다면 인간의 영원한 염원인 죽음의 극복문제와 결부될 것이다. 그것의 인간적 승화과정이 이른바 의식화인 것이다.

떠났던 혼이 다시 돌아온다는 사상, 즉 병이나 죽음에서 혼이 돌아오면 소생한다는 믿음에서 초혼사상이 발생된 것이다. 초혼사상이란 인위적으로 죽은 자와 병든 자의 혼을 찾으려는 적극성을 띤 행위이다. 이러한 적극성이 보편적일 때 儀式化라는 문화적 장치가 요청됨은 필지의 현상이다. 초혼을 제도적 장치로 체계화한 〈禮記〉에서는 이를 '復'이라 한다. 죽게 되면 집위에 올라가 혼을 불러 말하기를 '아무개 돌아오라'했다는 것은 그 '이름'을 부른다는 뜻이다. 죽음만큼 중요한 인간의 관심사가 없었기에 초혼의 문제는 장례절차의 첫머리에 놓인다. 그래서 초혼에서 시작된 장례식은 돌을 쌓아 봉분을 만들고, 소나무와 잣나무를 배열하여 심는 일로 끝나는 하나의 장례문화가 형성된 것이다. 이러한 달램을 받지 못한 혼은 원혼(怨魂)이 되어 떠돈다. 그 원혼의 세계는 공포의 세계이다. 이를 정상으로 돌리는 길은 진혼굿뿐이다. 우리 문화에서도 진혼굿은 여러 곳에서 볼 수 있다,

혼을 달래는 供物 중의 하나가 시인(김소월)일 때 그 시인이 소속된 집단은 최소한의 파탄을 면할 수 있었을 것이다. 여기에 이르면 김소월이 왜 일제하에서 〈招魂〉이라는 작품을 쓰게 되었는가를 이해할 수 있다(김윤식, 1984).

이처럼 〈초혼〉을 작가-작품-독자 그리고 사회적·문화적 맥락에서 이해하는 것이 문학과 문화의 관계에서 작품을 읽는 것이라 할 수 있다. 그러나 문화가 문화로서 존재하는 것은 사회와의 관계를 통해서이다. 그러므로 작품을 생산하고, 전달하고, 수용하는 문학현상 혹은 문화현상은 그 사회적 의미와 끊임없는 상호작용 속에 놓인다고 볼 수 있다. 이것은 곧 문학이 문학현상에 참여하는 주체들의 상징적·역동적인 관계 속에 놓인다는 의미이다. 이것을 문학적·문화적 실천이라고 부를 수 있다.

Ⅱ. 문화실천으로서의 문학

문학을 의미작용의 실천인 작용태로 보는 관점을 취한다면, 문학이란 언어를 매개로 한 인간의 삶과 세계에 대한 총체적인 관계이자 구체적인 실천에 해당한다. 그 구체적인 실천의 양상은 다양한 모습을 띨 수 있지만 다음과 같은 몇 가지 양상을 들 수 있다.

1. 주체들의 대화

문학은 어느 한 개인의 자족적인 감정의 토로에 그치는 것이 아니라 여러 말하는 주체들이 대화적 관계에 있음을 주목하지 않을 수 없다. 문학 텍스트를 생산하는 주체는 늘 누군가를 지향하기 마련이다. 이 누군가는 작품 속의 인물이나 독자일 수 있고 작품 밖의 독자일 수 있다. 그리고 문학 텍스트에는 다양한 인간의 삶이 형상화되어 있는데 이들 인간의 삶이 고립된 것이 아니라 늘 관계 속에, 즉 대화적 관계 속에 있다는 점이다. 그러므로 문학 텍스트를 둘러싼 인간들의 관계, 즉 작가, 문학 텍스트, 독자의 관계는 복합적인 관계를 형성한다. 이들은 인간의 삶을 떠나서는 존재할 수 없는 바, 이러한 인간의 삶의 양상들이 대화적 관계를 형성하는 것이 문학의 문화적 실천의 한 국면이다.

바흐찐(Mikhail Mikhailovich Bakhtin : 1895~1975)은 인간은 근본적으로 대화적 존재라고 했다. 인간은 자기 자신과 대화를 나눌 수 있고, 타인과 대화를 나눌 수 있다. 인간의 대화적 산물로서의 문학은 인간의 구체적인 문화적 실천의 모습이다. 다음은 채만식 단편소설의 일부이다. 이 작품을 읽고 이 문제에 대해 생각해 보자.

> 그러자 마침 생각하니깐 오늘이 말복이야. 그래, 온 여름 내내, 그 생지옥에 처박혀 있으면서, 연계 한 마리두 못 얻어먹구 꼬치꼬치 야

윈 게 애차랍기두 허구, 또 태호두 며칠 설사 끝에 눈이 빠아꼼하구, 에라 남대문장에나 가서 연계를 두어 마리 사다가 삶어 주리라구, 태호를 앞세우구 나섰지.(중략)

그랬지. 누가 글세 동복을 지성으로 끄내 입구, 그 야단을 떨었을 줄이야 꿈엔들 생각했수?(중략)

하마 조꼼 뭐했으면 내가 미칠 뻔했다우, 허겁이 아니라. 시댁두 시댁이지만 집에서 만약 어머니가 아시면, 기절을 하셨지.

그래 겨우 정신을 채려가지구, 그 얼뚱애기를 데려다가 마룻전에 걸터 앉히구서, 모자를 벗기구, 저구리를 벗기구, 조끼를 벗기구, 부채질을 해주구 하면서 대체 어디를 갔다가 오느냐구 제쳐 물으니깐, 종로! 종로를 갔다 온대요. 자그만치 종로를.

나는 기가 막혀서 울다가 웃었구려.

젊은이 망녕은 참나무 몽둥이루 곤치다는데, 이건 몽등이질을 하잔 말두 안 나구. 아닌게아니라, 국수를 늘리느라구 거기 마루에 놓아둔 방망이가 돌려다보입디다!

"아아니 여보, 말쑥한 여름 양복은 두어두구서 무슨 내력으루 이걸 끄내 입구, 종로는 또 무엇하러 가신단 말이요?"

"속 모르는 소리 말아. 이걸 떠억 입구 이걸 푸욱 눌러 쓰구, 저 이글이글한 불볕에! 어때? 온갖 인간들이 더우에 항복하는 백기(白旗) 대신 최저한도루다가 엷구 시언헌 옷을 입구서 그리구서두 허어덕허덕 쩔매구 다니눈 종로 한복판에 가 당당하게 겨울옷을 입구서 처억 버티구 섰는 맛이라니! 그게 어떻게 통쾌했는데!"

연설조루 팔을 재저으면서 마구 기염을 토하겠지.

"남들이 보구 웃잖습디까?"

"그까짓 속충(俗蟲)들이 뭘 알아서? 어허허 그 친구 토옹쾌허다! 이 소리 한 번 치는 놈 없구, 모두 피쓱피쓱 웃기 아니면 넋나간 놈처럼 멍허니 입을 벌리구서 치어다보구 섰지."

보니깐 그 두터운 양복 밖으루 땀이 뱃겠지. 얼마나 더웠어!

"그리구 참, 내 올라오면서 싸전가게 앞으루 지내 와봤는데……"

"무어랍디까?"

"그저, 안녕히 다녀오셨느냐구. 그런데 말이야, 그 앞을 지내오면서,

가만히 생각하니까, 썩 유쾌하겠지!"

"진작 그러실 거지."

"응, 길을 피해서 돌지두 말구, 맘을 터억 놓구서, 고개를 들구서 팔을 커다랗게 치면서 그 앞을 어엿하게 지내왔단 말이야, 아주 당당히. 그래! 그게 해방이란 거야, 해방! 해방은 유쾌한 거야!"

사뭇 우줄거리는데 얼굴은 보니깐, 그새처럼 침울하기는 침울해두, 말소리는 애기같이 명랑하겠지!

재갸 말대루 통쾌하구 유쾌하구 한 덕분인지 모르겠어두, 닭국에다가 국수를 말어 주니깐, 큰 바리루 하나를 다 먹구 또 주발루 반이나 먹더군.

그러니 말이유. 그게 요행 병을 돌려서 그러는 거라면, 오죽 기쁠 일이우. 그렇지만 불행히 병이 도저가는 증조라면 그 일을 장차 어떡헌단 말이우?

— 채만식, 〈少妄〉에서

이 소설은 1938년에 발표된 채만식의 단편소설 〈少妄〉의 후반부의 한 부분이다. 우선 작품을 보면 이야기를 하는 사람은 부인이고, 이 부인의 말을 듣는 사람은 나타나지 않고 있다. 이 소설 전체로 보아도 이 부인의 말을 듣는 청취자는 등장하지 않는다. 그러나 그 청취자는 이 작품의 초반부에 언급되었듯이 이 부인의 언니임을 알 수 있다. 그러니까 이야기를 하는 서술자(부인)와 그의 언니와의 대화적 관계로 이야기가 진행되지만, 언니 즉 청취자는 표면에 명시적으로 드러나지 않고 서술자의 말을 통해서 드러나고 있다. 그리고 서술자와 서술자의 남편이 이 소설의 주된 대화적 주체들이다.

이 소설은 말복 날 주인공이 겨울옷을 입고 종로를 활보하고서 통쾌함을 맛보고, 싸전 가게 앞으로 지나온 것을 두고 해방감을 맛보는 이야기이다. 이를 두고 서술자는 걱정하며 의사에게 시집가서 매우 행복해 보이는 언니에게 남편의 이상한 행동거지를 설명하면서 남편을 정신과 의사에게 보여야 한다고 주장하는 이야기이다. 이 소설은 서술자, 피서술자, 인물들간의 관계를 통해 오히려 작가와 독자의 대화적 관계가 강조되는 소설이다. 말하자면 독자는 서술자가 전달하는 이야기와 인물의 관계를 대비해 봄과 아울러, 인물의 말과 행위를 통해 작가가 말하고자 하는 바를 묻게 되는 것이다.

말복날 어째서 주인공은 겨울옷을 입고 종로 한복판에서 활보하게 되었는가? 그것을 두고서 왜 통쾌함을 느꼈는가? 주인공은 어째서 다른 사람들을 속충이라고 했는가? 주인공은 어째서 싸전가게 앞으로 오면서 해방감을 맛보았는가? 서술자는 왜 이러한 행위를 보고 병이 도저가는 행위라고 염려하고 있는가? 과연 주인공의 행위는 어떤 의미를 지니고 있는가? 이 소설을 통해서 작가가 말하고자 하는 것은 무엇인가?

상식적으로 생각컨데 말복 더위에 겨울옷을 입고 대로(大路)를 활보한다는 것은 두 가지 경우이다. 하나는 정신병자의 행위이고 또 하나는 그러한 행위를 통해 자신의 의도를 드러내기 위한 것이다. 여러 정황으로 보아 작가는 후자의 경우를 택해 독자와 대화를 시도하고 있다. 그런데 문제는 이러한 인물들의 삶이 식민지하의 당대 삶과 분리해서 생각할 수 없다는데 있다. 작가는 이러한 삶의 모습을 문학 텍스트를 통해 독자와의 대화를 시도함으로써는 문화적 실천을 행하고 있는 것이다.

2. 삶의 총체적 체험추구

고도로 정보화된 산업사회로 접어든 현실의 삶은 단편적, 즉흥적 경험을 추구하게 되었다. 지식의 습득도 문자매체를 통해서만이 아니라 전자 미디어나 영상 미디어에 의존하는 경향이 높아졌다. 세계는 해체되고, 가치관, 사회와 개인, 개인과 개인 사이의 분열이 일반화되었다. 그 가운데 인간도 자아상실과 불안, 좌절, 소외, 원자화, 왜소화 등을 면치 못하게 되었다. 이것은 현대 산업자본주의 사회의 심각한 문제로 지적되는 것들이다. 이러한 문제를 해결하는 실마리는 여러 방면에서 구할 수 있다. 무엇보다 문학을 통한 해결의 실마리는 인간의 삶에 대한 반성에서, 혹은 인간본질의 확인을 통해서, 삼라만상의 다양한 의미를 터득하는 것 등에서 찾을 수 있다.

이를 두고 삶의 총체적 체험이라고 할 수 있겠는데 이것을 가능하게 해주는 것은 문학이다. 문학은 단편화된 삶을 온전히 드러내고, 연결시키고 사회, 역사 속에서 살아가는 다양한 삶의 모습을 드러낸다. 이것 또한 문화실천으로서의 문학의 한 측면이다. 다음은 최승호의 〈무인칭의 죽음〉이라는 시이다.

뒷간에서 애를 낳고
애가 울자 애가 무서워서
얼른 얼굴을 손으로 덮어 죽인 미혼모가
고발하고 손가락질하는 동네사람들 곁을 떠나
이제는 큰 망치 든
안짱다리 늙은 판사 앞으로 가고 있다.

그 죽은 핏덩어리를
뭐라고 불러야 서기(書記)가 받아쓰겠는지
나오자마자 몸 나온 줄 모르고 죽었으니
생일(生日)이 바로 기일(忌日)이다
변기통에 붉은
울음뿐인 생애,
혹 살았더라면 큰 도적이나 대시인이 되었을지 그 누구도 점칠 수 없는

그러나 치욕적인 시 한 편 안 쓰고 깨끗이 갔다
세발자전거 한 번 못 타고
피라미 한 마리 안 죽이고 갔다.
단 석 줄의 묘비명으로 그 핏덩어리를 기념하자

거기에서 떨어져
변기통에 울다가
거기에 잠들었다.

— 최승호, 〈무인칭의 죽음〉

시인은 이 시대의 미혼모의 문제가 미혼모 개인의 문제가 아니라 우리

모두의 문제라는 것을 이 시를 통해 말하고 있다. 공동체에서 어린 소녀를 파멸의 경지에 이르게 한 것도 우리들이요, 어린 미혼모를 추방한 것도 우리들이요, 법정에 세운 것도 우리들이라는 것을 보여준다. 그리하여 시인은 '미혼모' 사건을 통해 우리를 돌아보게 하고 나를 반성하게 한다. 이러한 반성적 인식을 제공하는 것은 문학 텍스트의 본질 가운데 하나이다.

3. 다양한 인간 삶의 형상화

문학 텍스트 가운데 소설은 인간의 삶을 가장 온전하게 표현할 수 있는 장르이다. 인간에 대한 탐구야말로 인류 역사에 있어서 커다란 문제였다. 인간이란 무엇이며, 인간이란 어떠한 존재이며, 인간의 본질은 무엇인가를 끊임없이 묻고 있는 것이 소설이다. 소설이란 그러니까 사람사는 이야기이다. 이 사람사는 이야기에서 독자는 인간들의 삶에 감동을 느끼기도 하고, 인간이란 어떤 존재이며, 사람답게 사는 것이 무엇인지를 깨닫게 된다. 이상의 〈날개〉에서는 인간을 어떻게 그리고 있는지 살펴보자.

> '박제가 되어 버린 천재'를 아시오? 나는 유쾌하오. 이런 때 연애까지가 유쾌하오.
>
> 육신이 흐느적흐느적하도록 피로했을 때만 정신이 은화처럼 맑소. 니코틴이 내 횟배 앓는 뱃속으로 스미면 머리 속에 으레히 백지가 준비되는 법이오. 그 위에다 나는 위트와 패러독스를 바둑 포석처럼 늘어놓소. 가증할 상식의 병이오.
>
> 나는 또 여인과 생활을 설계하오. 연애 기법에마저 서먹서먹해진, 지성의 극치를 흘깃 좀 들여다본 일이 있는, 말하자면 일종의 정신 분일자(精神奔逸者) 말이오. 이런 여인의 반(半)—그것은 온갖 것의 반이오.—만을 영수하는 생활을 설계한다는 말이오. 그런 생활 속에 한 발만 들여놓고 흡사 두 개의 태양처럼 마주 쳐다보면서 낄낄거리는 것이오. 나는 아마 어지간히 인생의 제행(諸行)이 싱거워서 견딜 수가 없게끔 되고 그만둔 모양이오. 굿바이.(중략)

그 33번지라는 것이 구조가 흡사 유곽이라는 느낌이 없지 않다. 한 번지에 18가구가 죽—어깨를 맞대고 늘어서서 창호가 똑같고 아궁지 모양이 똑같다. 게다가 각 가구에 사는 사람들이 송이송이 꽃과 같이 젊다.(중략)

나는 그러나 그들의 아무와도 놀지 않는다. 놀지 않을 뿐아니라 인사도 않는다. 나는 내 아내와 인사하는 외에 누구와도 인사하고 싶지 않았다.(중략)

사정을 하면 이렇게 비가 오는 것을 눈으로 보고 알아 주겠지. 부리나케 와 보니까 그러나 아내에게는 내객이 있었다. 나는 너무 춥고 척척해서 얼떨김에 노크하는 것을 잊었다. 그래서 나는 보면 아내가 좀 덜 좋아할 것을 그만 보았다. 나는 감발자국 같은 발자국을 내면서 덤벙덤벙 아내 방을 디디고, 그리고 내방으로 가서 쭉 빠진 옷을 활활 벗어 버리고 이불을 뒤썼다. 덜덜덜 떨린다. 오한이 점점 더 심해들어 온다. 여전 땅이 꺼져 들어가는 것만 같았다. 나는 그만 의식을 잃어 버리고 말았다.(중략)

내가 잠을 깨었을 때는 날이 환히 밝은 뒤다. 나는 거기서 일주야를 잔 것이다. 풍경이 그냥 노오랗게 보인다. 그 속에서도 나는 번개처럼 아스피린과 아달린이 생각났다.

아스피린, 아달린, 아스피린, 아달린, 맑스, 말사스, 마도로스, 아스피린, 아달린.

아내는 한 달 동안 아달린을 아스피린이라고 속이고 내게 먹였다. 그것은 아내 방에서 아달린 갑이 발견된 것으로 미루어 증거가 너무나 확실하다.

무슨 목적으로 아내는 나를 밤이나 낮이나 재웠어야 됐나?

나는 밤이나 낮이나 재워 놓고 그리고 아내는 내가 자는 동안에 무슨 짓을 했나?

나를 조금씩 조금씩 죽이려던 것일까?(중략)

나는 거기 아무 데나 주저앉아서 내 자라 온 스물 여섯 해를 회고하여 보았다. 몽롱한 기억 속에서는 이렇다는 아무 제목도 불그러져 나오지 않았다.

나는 또 내 자신에게 물어 보았다. 너는 인생에 무슨 욕심이 있느냐고, 그러나 있다고도 없다고도, 그런 대답은 하기가 싫었다. 나는 거

의 나 자신의 존재를 인식하기조차도 어려웠다.(중략)

우리 부부는 숙명적으로 발이 맞지 않는 절름발이인 것이다. 내가 아내가 제 거동에 로직을 붙일 필요는 없다. 변해할 필요도 없다. 사실은 사실대로 오해는 오해대로 그저 끝없이 발을 절뚝거리면서 세상을 걸어가면 되는 것이다. 그렇지 않을까?

그러나 나는 이 발길이 아내에게로 돌아가야 옳은가 이것만은 분간하기가 좀 어려웠다. 가야 하나? 그럼 어디로 가나?

이 때 뚜우 하고 정오 사이렌이 울었다. 사람들은 모두 네 활개를 펴고 닭처럼 푸드덕거리는 것 같고 온갖 유리와 강철과 대리석과 지폐와 잉크가 부글부글 끓고 수선을 떨고 하는 것 같은 찰라, 그야말로 현란을 극한 정오다.

나는 불현 듯이 겨드랑이가 가렵다. 아하, 그것은 내 인공의 날개가 돋았던 자국이다. 오늘은 없는 이 날개, 머리 속에서는 희망과 야심의 말소된 페이지가 딕셔너리 넘어가듯 번뜩였다.

나는 걷던 걸음을 멈추고 그리고 어디 한 번 이렇게 외쳐 보고 싶었다.

날개야 다시 돋아라.

날자. 날자. 날자. 한 번만 더 날자꾸나.

한 번만 더 날아보자꾸나.

— 이상, 〈날개〉에서

1936년에 발표된 〈날개〉는 모더니즘 소설의 특징을 갖고 있다. 모든 자연스러운 일상생활로부터 소외된 자기 혼자만의 방안에 스스로 갇힌 상태에서 혹심한 자학과 거만한 자기 만족을 느끼는 이율배반성은 모더니즘 소설의 특징이다. 그 중 대표작이라 할 만한 〈날개〉는 식민지 자본주의 사회에 살고 있는 지식인의 소외와 모순을 그린 작품이다.

작가는 지식인 주인공이자 화자인 '나'를 매춘으로 생계를 꾸려나가는 아내에 기생하여 먹고 사는 무능력자로 그리고 있다. 주인공은 정상적인 부부관계라는 일상적인 가족관계를 부정하고, 돈을 매개로 아내와 아내의 내객과 내가 관련 맺고 있는 현실의 생활세계를 관념적으로 부정하고자 한다. 작가는 인간과 물질세계로부터 철저한 소외를 겪고 있는 인물을 보여주고 있는 것이다.

그러나 문제는 그러한 사회적 관계를 포함한 현실적 삶에서 비롯된 인간의 소외를 폐쇄된 공간 속의 인간의 내면심리로 절대화시키고 물신화시켜 그것을 영원불변한 인간조건으로 바꾸어 버렸다는 점에 있다.

이 작품을 통해 독자들은 다양한 인간의 삶 가운데 하나인 주인공 '나'의 삶을 대하게 된다. 문학 텍스트는 무수한 인간들의 삶을 그리고 있다. 독자들은 그 속에서 인간이란 어떤 존재인가를 깨닫고 자신을 돌아보는 힘을 얻게 된다. 이것이 문화적 실천으로서 문학이 갖는 힘이다.

4. 무한한 상상력의 고양

문화실천으로서의 문학의 속성 가운데 빠뜨릴 수 없는 것이 상상력이다. 문학에서의 상상력은 언어적인 상상력이라고 할 수 있다. 언어적인 상상력이라면 이미지를 만드는 기술 혹은 이미지를 형성하는 심적인 능력을 떠올리게 되지만, 상상력이 그렇게 단순한 범위에 국한되지 않는다.

상상력은 이성과 정서를 모두 포함하는 종합적 정신능력을 말한다. 즉 인간적 경험의 가능한 모델을 구축하는 능력인 것이다. 이렇게 본다면 상상력은 인간의 삶의 기반을 이루고 있다는 것을 알 수 있다. 상상력은 일상 언어생활에서도, 과학적 법칙을 발견하는 데 있어서도 없어서는 안될 요소이다. 이러한 상상력은 문학을 언어로 형상화하는 데 없어서는 안될 중요한 정신작용이다. 문학이 비록 현실의 거울이고 마음의 빛이라고 하지만, 문학은 현실과 마음을 있는 그대로 드러내지는 못한다. 작가는 그의 상상력으로 그리고자 하는 대상을 조정한다. 이럴 경우 문학은 대상을 모방하지만 모사하지는 않는다고 말한다. 이것이 문학이 상상력을 다루되 사실을 다루는 역사나 신문기사와도 다른 점이며, 있는 그대로의 모습을 담은 영화나 사진과도 다른 점이다. 그러니까 문학은 상상력을 통한 인간경험의 가능성을 언어로 구축한 것이라고 할 수 있다. 이 상상력은 작가가 문학 텍스트를 생산할 때 작용할 뿐 아니라 독자가 문학 텍스트를 감상할 때도 작용한다. 그러기에 상상력은 인간의 삶을 언어로 실천하는, 없어서는 안될 중요한 요소이다. 다음은 이청준의 〈이어도〉의 일부이다. 이 작품을 읽고 상상력이 어떻게 작용하는지 생각해 보자.

> 긴긴 세월 동안 섬은 늘 거기 있어 왔다.
> 그러나 섬을 본 사람은 아무도 없었다.
> 섬을 본 사람은 모두가 섬으로 가 버렸기 때문이었다.
> 아무도 다시 섬을 떠나 돌아온 사람은 없었기 때문이었다.
>
> **1**
>
> 해군 함정까지 동원한 수색전은 작전 2주일 만에 완전히 끝이 났다. 마라도(馬羅島) 한 곳을 제외하고 나면 제주도 남단으로부터 동지나해 일대의 광막한 해역 안에는 섬 비슷한 것 하나도 떠올라 있는 것이 없었다. 예정된 해역 안을 갈아엎듯이 누비고 다닌 두 주일간의 치밀한 수색전에도 불구하고 배들은 끝내 섬을 찾아 낼 수 없었다.
>
> 섬은 없었다. 배들은 다시 항구로 돌아왔다.
>
> 작전 임무가 끝난 것이다.
>
> 보기에 따라서는 도깨비 장난 같은 수색이었다. 결과야 어느쪽이든 한가지 조그만 사고만 없었더라면, 이제 이 해역 안에 파랑도라는 섬이 실재하지 않는다는 사실이 확인된 이상 작전 임무 자체는 그런대로 원만히 완수되어진 셈이었다.
>
> 그런데 작전 중에 한 가지 개운찮은 사고가 일어났다.
>
> 천 남석(千南石) 기자—파랑도 수색 현장 취재를 위해 두 주일 전 출항 날부터 작전함정에 함께 승선해 온 남양일보사 천 남석 기자의 영문 모를 해상 실종 사고가 생긴 것이다.(중략)
>
> **2**
>
> 천 기자의 실종 사고가 그 날 밤 그의 이어도 이야기와 어떤 관련이 있을 지도 모른다는 선우 중위의 추측은 터무니없는 상상이 아니었다.

이어도—그 이어도에 관해서는 선우 중위로서도 물론 이번 작전과 관련해서 어차피 상당한 이해를 가지고 있었다. 이어도에 관한 이야기는 파랑도 수색작전이 시작되기 전서부터 충분한 조사가 행해져 있었다. 그리고 그 이어도는 실상 작전의 한 간접적인 동기가 된 섬의 이름이기도 했다. 그것은 이를테면 오랜 세월 동안 이 제주도 사람들의 입에서 입으로 이야기가 전해 내려온 전설의 섬이었다. 천리 남쪽 바다밖에 파도를 뚫고 꿈처럼 하얗게 솟아 있다는 전 제주도 사람들의 피안의 섬이었다. 아무도 본 사람은 없었지만, 제주도 사람들의 상상의 눈에서는 언제나 선명한 모습을 드러내고 있는 수수께끼의 섬이었다. 그리고 누구나 이승의 고된 생이 끝나고 나면 그 곳으로 가서 새로운 저승의 복락을 누리게 된다는 제주도 사람들의 구원의 섬이었다. 더러는 그 섬을 보았다는 사람도 있었지만 이상하게도 한 번 그 섬을 본 사람은 이내 그 섬으로 가서 영영 다시 이승으로는 돌아오지 않았기 때문에 그 모습을 분명하게 말할 수 있는 사람은 아무도 없는 섬이었다.

언제부턴가 이 곳 제주도 어부들에게선 이어도가 아니라 그 이어도와 비슷한 또 하나의 섬 이야기가 전해지기 시작하고 있었다. 파랑도의 소문이 생겨난 것이다. 파랑도의 소문은 이어도하고는 달리 좀더 구체적이고 널리 퍼져 나갔다. 망망 대해 어느 물길 한 굽이에 잿빛 파도를 깨고 솟아오른 파랑도의 모습을 보았다는 어부들이 곳곳에서 나타났다. 섬을 보았다는 사람들은 한결같이 하늘과 바다를 걸어 자기의 말이 거짓이 아님을 단언했다. 이윽고 파랑도 소문의 주변에는 서서히 현실적인 이해 관계가 얽히기 시작했고, 보다 더 구체적인 관심 속에서 소문의 근원이 떠져지기 시작했다. 사람들은 그것이 혹시 썰물 때만 잠깐 모습을 드러냈다가 밀물 때가 되면 다시 수면 아래로 가라앉는 거대한 산호초 더미가 아닌가 의심했다. 그게 정말로 섬의 모양을 갖춘 것이라면 남해 지도가 온통 다시 고쳐 만들어져야 할 참이었다. 사람들은 마침내 이어도의 전설을 생각해 냈다. 옛날부터 이 바다의 어디엔가는 이어도라는 섬이 숨어 있다는 구전이 전해 내려오는 터이었다. 이어도에 관해서는 언젠가 그것을 보았노라는 사람의 전설도 남아 있고 아직도 제주도 일대에는 그 이어도에 관한 분명한 민요까지 남아 있지 않느냐. 이어도 전설은 아마 파랑도의 실재에서 비롯된 제주도 사람들의 구전에 의한 또 다른 전설의 하나일 것이다. 파랑도의 실재 가능성은 이어도의 전설로 하여 좀더 분명해질 수 있을 것이다. 파랑도를 찾아보자. 그리하여 당국은 마침내 파랑도의 수색 작전을 계획했고, 결국은 파랑도고 이어도고 이 세상엔 그런 섬이 실재하지 않는다는 사실이 확인되기에 이른 것이다.

— 이청준, 〈이어도〉에서

작가는 〈이어도〉를 통해 험하고 믿을 수 없는 바다를 삶의 터전으로 삼고 있는 제주도 사람들에게 전설처럼 전해 내려오는 섬 이어도의 존재가, 어떻게 환상의 낙원을 형성하고 있으며 또 그것이 어떻게 구체적인 삶과 관계지어지고 있는가를 상상력을 통해 탐구해 나가고 있다. 이어도는 한 번 가면 다시 돌아올 수 없는 섬이라고 할 때 이청준이 그린 이어도는 죽음의 섬이다. 그런데 언제부턴가 제주도 사람들 사이에선 이 죽음의 섬을 이승의 생활 속에서 설명하려는 버릇이 생기고 있었다. 그들에게는 이어도라는 꿈이 있기 때문에 현세의 고된 질곡들을 참아 낼 수 있었으며, 언젠가는 그 섬으로 가서 저승의 복락을 누리게 된다는 희망 때문에 이승에선 어떤 어려움도 달게 견딜 수 있었다. 이로써 그 섬은 죽음의 섬이기를 넘어서 구원의 섬이 된다. 이어도가 일상적인 삶과 사고의 바깥쪽인 상상의 세계에 존재하면서도 현세의 생활까지 간섭해 오고 있음을 통해, 우리는 배를 타지 않으면 안될 운명에 있는 사람들의 삶을 이해하고 그 고통스러움 속에 열려 있는 정신적 탈출구를 보게 된다.

작가는 인간사를 이해하고 상상하여 글을 쓰는 사람이라면 독자는 그 글이 뜻하는 세계를 이해하고 상상할 수 있어야 한다. 정보산업사회에서 소외되고, 파편화되고, 정서가 메말라버린 물질화된 삶의 질곡에서 벗어날 수 있는 길은 삶을 더 풍요롭게 하는 길을 찾는 것이다. 그 길이 창의성을 바탕으로 한 상상력의 세계이며, 이 상상력의 세련이야말로 우리가 문학을 향유하는 이유 가운데 하나가 된다.

5. 주체의 이념실천

앞에서 살펴 본 문학현상은 문화의 한 현상이다. 인간이 문학을 생산하고, 소비하는 활동은 인간의 활동 가운데 가장 중요한 일이다. 왜냐하면 인간은 언어를 떠나서는 살 수 없고, 언어를 표현하는 어떤 양식을 창조하고 수용한다는 것을 떠나서는 존재할 수 없기 때문이다.

인간은 언어활동을 통해 자신의 理念을 드러낸다. 언어활동, 즉 담론의 실천은 곧 의미를 약호화하는 주체 내부의 체계 속에서 이루어진다. 물론 그 주체는 개별적 주체라기보다는 사회적인 주체이다. 언어가 갖는 사회적 성격은 주체의 어떠한 개별적인 특성조차 언어적 실천을 통해 사회화되고 만다. 그리고 이들 사회적 주체가 드러내는 의미작용의 실천은 그 주체의 이념을 통해 규정된다. 이념을 인간과 사회집단의 정신을 지배하는 표상들의 체계라고 규정한다면, 이들 사고와 표상체계는 언어적 의미작용의 체계로 구체화된다. 그리고 이념은 한 사회 속의 단일 혹은 다수 집단의 특수한 이해 관계를 대변한다.

주체들의 언어적 실천을 통해 형상화되는 문학은 주체들의 이념을 드러낸다고 할 수 있다. 그런데 문학은 어떤 단일한 주체의 언어로 이루어진 것이 아니라, 다양한 주체들이 엮어가는 언어로 되어 있다. 그렇기 때문에 문학텍스트에는 언어를 통해 형상화되는 다양한 주체들의 이념이 담겨 있다고 할 수 있다. 바흐찐은 문학에서는 말하는 사람과 그의 담론이 언어에 의한 예술적 묘사의 대상이라는 점(담론은 이야기를 위한 매우 특별한 형식상의 장치들과 어휘의 묘사를 위한 고유한 방식들을 필요로 한다.), 문학 속의 화자는 본질적으로 구체적인 역사에 의해 규정되는 사회적 개인이며, 그의 담론도 '개인적 방언'이 아닌 '사회적 언어'라는 점, 문학 속의 화자는 언제나 어떤 정도로든 이념인(理念人, ideologue)이며, 그의 말은 언제나 이념소(理念素, ideologeme)들이라는 점에서 문학에서의 담론과 이념의 관계를 중시하고 있다. 이것은 특히 다양한 주체들의 담론의 형상물인 소설에서 두드러지는 특성이다.

소설에서 그려지는 모든 것이 화자는 아니며 사람들도 오로지 화자로서만 그려질 필요는 없다. 극이나 서사시 속의 인물과 마찬가지로 소설 속의 인물도 행동할 수 있다. 그러나 그러한 행동은 언제나 이념에 의해 조명되며, 언제나 등장인물의 담론—비록 그 담론이 아직까지는 잠재적인 것에 불과하다 할자라도—과 연결되어 있고, 이념적인 모티프와 관련되어 명확한 이념적 입장을 표현하게 된다. 소설 속의 사건과 등장인물의 개별적인 행동은 그의 이념적 견해인 그의 담론을 검증하고 또 드러내기 위해서도 본질적인 것이다.

어떤 세계의 고유한 이념을 드러내는 데에는 그 세계의 담론을 동원할 수밖에 없다. 어떤 이념적 세계가 말을 하게 한다는 것은 곧 그 말을 사용하는 주체의 담론과 이념이 밀접한 관련을 지닌다는 것을 의미한다. 언어(담론)와 이념의 관계를 《삼대》를 통해 알아보자.

《三代》를 지탱하고 있는 핵심은 일반적으로 祖·孫 두 가장이 완강하게 이어 견지하는 중산층의 보수적 현실주의라는 것이다.

조상훈의 이념은 주체들의 담론을 통해 드러난다. 《三代》의 첫 부분을 보자.

> 덕기는 안마루에서 내일 가지고 갈 새 금침을 아범을 시켜서 꾸리게 하고 축대 위에 섰으려니까, 사랑에서 조부가 뒷짐을 지고 들어오며 덕기를 보고, "애, 누가 찾아왔나 보다. 그 누구냐? 대가리 꼴하고 …… 친구를 잘 사귀어야 하는 거야. 친구라고 찾아온다는 것이 왜 모두 그 따위 뿐이냐?"(중략)
>
> "당치 않은! 삼동주 이불이 다 뭐냐? 주속(紬屬)이란 내 나쎄나 되어야 몸에 걸치는 거야. 가외(可畏) 저런 것을 공부하는 애가 외국으로 끌고 나가서 더럽혀 버릴 테란 말이냐? 사람이 지각머리가……?"
>
> 하며 부엌 속에 쭉치고 섰는 손주며느리를 쏘아본다.
>
> — 염상섭, 《삼대》에서

《三代》 첫 부분부터 조의관은 당당한 말투를 갖고 있다. 손자에게 제사를 지내고 돌아가라는 엄명이나, 제사 문제를 놓고 아들 조상훈과 벌이는 논쟁에서도 잘 드러난다. 이러한 당당한 말투는 그가 세상을 바라보는 이념에 닿아 있다. 그 이념이란 '사당과 금고'로 요약된다.

> 조의관에게는 평생의 오입이 세 가지 있다. 하나는 을사조약 한창통에 그때 돈 이만 냥, 지금 돈으로 사백 원을 내놓고 사십여 세에 옥관자를 붙인 것이니 차함은 차함이로되 오늘의 조의관이란 택호(宅號)가 아주 터무니 없는 것이 아니요, 또 하나는 육 년 전에 상배하고 수원집을 들여앉힌 것이니 돈은 여간 이만 냥으로 언론이 아니나 그 대신 귀순이를 낳고 또 여든다섯에 죽을 때는 열다섯 먹은 아들을 두게 될지 모르는 터인즉 그다지 비싼 오입은 아니나, 맨 나중으로 하는 오입이 이번 대동보소를 맡은 것인데 이번에는 좀 단단히 걸려서 이만 냥의 열곱 이십만 냥이나 쓴 것이다.
>
> — 염상섭, 《삼대》에서

족보 있는 양반 가문을 이루는 것과 재산을 지키고 이어갈 자손을 얻는 것이 그의 평생의 오입이다. 이를 중산층 보수주의라고 말하는 것이 일반적이다. 그렇기 때문에 제사문제에 그렇게 신경을 곤두세우고, 재산관리에 애쓰는 것이다. 이러한 이념으로 그는 다른 주체들과 곳곳에서 충돌을 일으킨다. '제1충돌'에서는 ××조씨 중시조인 ○○당(堂) 할아버지 치산(治山)과 묘막을 짓는 문제로 상훈이와 창훈이의 논쟁을 듣고 조의관이 한 말과 제24장 '집'에서 조의관이 덕기에게 한 당부에서 잘 드러난다.

> "어서 가거라! 여기는 너 올 데가 아니야! 이 자식아! 나이 오십 줄에 든 놈이 철딱서니가 없이 무엇이 어쨌고 어째? 조상을 꾸어 왔어? 꾸어 온 조상은 자기네 자손만 도와? 배우지 못한 자식!"
>
> 영감은 금세로 숨이 너머가려는 사람처럼 헐떡거리며 벌건 목에 푸른 힘줄이 벌렁거린다. 상훈이는 여전히 고개를 숙이고 한 구석에 섰다.

"너두 내가 낳아 놓은 자식이면야 사람이겠구나? 부모의 혈육을 타고 났으면 조상은 알겠구나? 가사 젊은 애들이 주책없는 소리를 하더라도 꾸짖고 가르쳐야 할 것이 되레 철부지만도 못한 소리를 텅텅 하니 이게 집안이 되려고 이러는 거란 말이냐? 안 되려고 이러는 거란 말이냐?"

"공부가 중하냐? 집안 일이 중하냐? 그것도 네가 없어도 상관없는 일이면 모르겠다만 나만 눈 감으면 이 집이 어떻게 될지 너도 아무리 어린애다만 생각해 봐라. 졸업이고 무엇이고 다 단념하고 그 열쇠를 맡아야 한다. 그 열쇠 하나에 네 평생의 운명이 달렸고 이 집안 가운이 달렸다. 너는 그 열쇠를 붙들고 사당을 지켜야 한다. 네게 맡기고 가는 것은 사당과 그 열쇠–두 가지 뿐이다. 그 외에는 유언이고 뭐고 다 쓸데없다. 이때까지 공부를 시킨 것도 그 두 가지를 잘 모시고 지키게 하자는 것이니까 그 두 가지를 버리고도 공부를 한다면 그것은 송장 내놓고 장사 지내는 것이다. 또 공부는 그만큼 했으면 지금 세상에 행세도 넉넉히 할 게 아니냐?"

– 염상섭, 《삼대》에서

'사당과 금고', '평생의 오입'이 조의관의 이념이다. 그러기에 그 이념에 대치되는 이념과는 논쟁이 있게 마련이다. 그 대상은 주로 아들 상훈과의 논쟁이다. 이러한 것은 논쟁적 담론으로 나타난다. 그러나 수원집과 손자 덕기와는 다른 담론 양상을 보인다. 수원집은 조의관의 평생 오입의 대상이며, 덕기는 가계를 이어갈 인물이라는 점에서 조의관과 논쟁의 소지가 없기 때문이다.

이렇듯 소설(문학)은 주체들의 언어(담론)적 실천을 통해서, 주체들의 관계를 통해서 이념을 드러낸다. 이 이념을 드러내는 방식과 양상은 곧 가능한 우리의 삶의 모습이기도 하며, 작가의 이념적 실천이자 독자의 내면화와 연결된다는 점에서 중요한 문학적 실천인 것이다.

Ⅲ. 문학현상의 문화

문학현상은 문학이 이루어지는 내적·외적 제반 조건을 가리킨다. 즉, 작가와 작품과 독자의 역동적인 작용태를 뜻하는 동시에 문학을 둘러싸고 있는 사회, 역사, 문화적 조건까지를 포괄하는 개념이다.

작가는 당대 사회·역사·문화의 조건 속에서 자신의 세계관과 개성을 통해서 문학작품을 생산해 낸다. 그러기에 작가마다 삼라만상을 다루는 방식이 다를 수밖에 없다. 이 때의 작가는 문학적 의미를 생산해 내는 한 주체로서 자리잡게 된다. 생산된 텍스트는 인간이라는 주체들이 언어를 통해 의미를 주고받는 관계를 형성하고 있다. 이들 역시 사회·역사·문화적 배경을 갖고 있는 존재들이다. 그러나 이렇게 생산된 문학텍스트라 할지라도 독자의 개입 없이는 그 의미가 실현되지 않는다. 이 때의 독자는 자신의 개인적 경험과 사회·역사·문화적 배경에 따라 작품을 대하게 된다. 그렇기 때문에 독자에 따라서 이해와 감상의 폭과 깊이가 다른 것이다. 따라서 작가, 문학텍스트, 독자, 사회·문화적 맥락은 문학의 의미를 드러내는데 필수적인 요소가 된다.

그런데 문학현상이라는 것이 오늘날 단순하지만은 않다는 것이 문제이다. 작가가 처해 있는 상황이나 세계에 대한 인식, 문학적 형상화 능력, 매체의 활용에 따라 문학텍스트는 다양하게 존재한다. 작가도 정보산업사회에서 과거 전업작가로서의 위치를 벗어나고 있다. 즉, 발표매체의 다원화로 작가의 층도 그만큼 다양해졌다는 말이다. 컴퓨터 통신을 통해서 글을 발표한다든지, 자신의 글을 출판시장에 직접 발표한다든지 하는 일은 이제 비일비재하다.

오늘날과 같이 영상매체가 발달한 시대에는 독자들은 문학 텍스트를 재래의 책의 형태로만 접하지 않는다. 신문, 잡지는 물론 라디오, 텔레비전, 컴퓨터 등의 통로를 통해서 소통되기도 한다. 이러한 결과 독자의 요구가 문학창조자에게 더 직접적으로 작용하고, 대중적이고 상업적인 영향력이 문학창조에 가해질 것이라는 우려도 해 볼 수 있다. 그런가 하면 문학작품이 독자에게 다가갈 수 있는 통로가 다양해짐에 따라 이전에는 상상할 수 없었던 소재나 주제상의 변화가 나타날 수 있다. 그러나 이러한 변화는 문학창조의 환경이 변하는 것이지, 문학창조의 본질 자체가 달라지는 것은 아니다.

작가에 의해서 창조되고 여러 소통경로를 통해 전달되는 문학 텍스트는 독자에 의해서 읽혀질 때 생명을 지니게 된다. 따라서 문학의 수용은 문학의 창조와 함께 문학을 완성하는 축이라고 할 수 있다. 문학 텍스트를 읽는 것을 작가의 의도를 찾는 것으로 본다든지, 작품 자체의 언어적 구조를 찾는 것으로 본다든지 하는 것들은 작품을 수용하는 독자를 소홀히 했다는 점에서 비판받을 수 있다. 이 때 문학을 수용하는 독자는 사회·역사적인 존재이며 그 시대의 문화적 자아로 존재한다. 따라서 문학이 생산·유통·수용되는 문학현상은 하나의 문화현상이다. 문학은 그것을 생산하는 주체, 그것을 수용하는 주체와 문학의 요소들 간의 상호 주관적인 역동적 작용을 함으로써 개인의 상상력을 세련시키고, 총체성을 체험하게 하며, 문학적 문화를 고양시키는 문화적 산물로 볼 때라야 제 모습을 온전히 드러낸다.

Ⅳ. 문학적 문화를 위하여

문학적 문화란 인간이 소외로부터 벗어나 인간다움과 가치를 최대한 발휘하는 문화를 말한다. 이러한 문화는 과학적 사실을 구명하거나 물질문명을 축적한다고 해서 이룩되는 것은 아니다. 오히려 그러한 것들은 인간을 인간다움으로부터 멀어지게 하는 그리하여 인간성의 파멸로까지 이르게 할 위험을 안고 있다. 오늘날 물질문명의 발달이 이것을 증명해 주고 있다. 그렇다고 해서 문명의 발달이 가져온 긍정적인 면까지 부정되는 것은 아니다. 기아와 질병, 자연 재해 등으로부터 인간을 해방시키는 측면에서는 긍정적인 평가가 가능하다. 이러한 것의 근저에는 근대 과학적 합리주의가 깔려 있다. 이 과학적 합리주의는 자연을 정복하여 이를 이용할 수 있는 방법을 제공해 주지만 인간을 자연으로부터 유리시키는 결과를 낳았으며, 과학기술의 발전으로 인한 인간의 소외현상을 가져왔다는 점에서 문제가 있다.

그렇다면 물질문명의 폐해를 극복하고 인간성을 회복하는 방법은 없을까? 적어도 그러한 것을 찾을 수 있도록 하는 어떤 매체는 없을까?

이 질문에 대한 하나의 답으로 문학을 제시할 수 있다. 문학은 끊임없이 인간의 인간다움에 대하여 질문하고 답한다. 작가는 작품을 통하여 독자와 삶의 문제를 놓고 대화를 나누고자 한다. 그리하여 독자로 하여금 반성적 성찰을 할 수 있도록 하며, 인간의 본질을 보여주고자 한다. 또한 문학은 인간은 파편화된 존재가 아니라는 것과 이 세계와 인간의 총체적 관계를 보여주고자 한다. 그리고 언젠가는 인간적 가치가 훼손되지 않는 세계에 도달할 수 있다는 꿈을 보여준다. 이 모든 것은 작가의 상상력을 통해 가능한 것이다. 그러나 그것은 작가의 몫인 것만은 아니다. 우리 모두의 것이라는 것을 문학은 보여주고 있다.

문학적 문화의 고양을 통해 인간은 인간성이 소외되는 현실을 넘어서고 인간존재에 대한 혼란을 벗어날 수 있다. 문학은 진정 문학의 존재의의가 사라지는 그 날을 지향하고 있는 것이다.

〈연구 과제〉

1. 김소월의 시 〈초혼〉을 읽고, 작가, 시적 화자, 시적 청자, 독자의 관계를 설명하고 이 주체들이 시의 의미를 드러내는 데 어떤 역할을 하는지 말해 보자.

2. 채만식의 〈소망〉을 읽고, 서술자가 주인공을 바라보는 시각과 주인공의 행동을 정리해 보고, 왜 작가는 이들을 그렇게 형상화했는지 말해 보자.

3. 최승호의 시 〈무인칭의 죽음〉을 읽고, 이 시는 우리에게 어떠한 반성적 성찰을 요구하는지 우리 주변의 사회적 사건과 관련지어 말해 보자.

4. 이상의 〈날개〉를 읽고, 서술자이자 주인공인 '나'는 결국 자신의 처지를 벗어날 수 있을 것인지 그렇지 못할 것인지 말해 보자. 그리고 그 타당한 근거를 말해 보자.

5. 이청준의 〈이어도〉를 읽고, "21세기는 창의력의 시대라고 한다. 삼라만상을 접하면서 살아가는 우리 삶에서 누가 더 많이 더 새롭게 마음 그림을 그려내느냐(상상)에 따라 삶의 질이 결정된다"고 본다면 그 일을 가장 효율적으로 해낼 수 있는 것이 문학이라고 볼 수 있는지 없는지를 〈이어도〉를 예로 들어 말해 보자.

6. 염상섭의 《삼대》를 읽고, 담론과 인물들의 관계를 통해 조덕기의 이념이 어떻게 드러나는지 말해 보자.

〈참고문헌〉

구인환・박대호・박인기・우한용・최병우, 『문학교육론』, 삼지원, 1989.
우한용, 『한국현대소설담론연구』, 삼지원, 1996.
우한용 외, 『소설교육론』, 평민사, 1993.
우한용, 『문학교육과 문화론』, 서울대출판부, 1997.
문학과문학교육연구소 편, 『문학교육의 탐구』, 국학자료원, 1996.
전경수, 『문화의 이해』, 일지사, 1996.
김윤식, 『한국근대문학사상비판』, 일지사, 1984.
이광규, 『문화인류학의 세계』, 서울대출판부, 1995.
강내희, 『문화론의 문제설정』, 문화과학사, 1996.
안토니 이스트호프, *Literary into Cultural Studies*, 임상훈 역, 『문학에서 문화연구로』, 현대미학사, 1944.
미하일 바흐찐, *The Dialogic Imagination*, 전승희 외 역, 『장편소설과 민중언어』, 창작과비평사, 1988.

제 12 장
대중문학과 대중문화

최 병 우*

Ⅰ. 대중문학·대중문화의 개념

1. 대중문학·대중문화의 의미

대중문학 또는 대중문화란 대중을 기반으로 한 현대사회의 문학 혹은 문화를 일컫는 말이다. 산업화와 함께 농촌을 기반으로 한 농민계층이 도시노동자로 변환하면서 현대사회는 많은 변화를 겪게 된다. 산업화와 함께, 소수의 엘리트들에 의해 지배되던 전통사회의 봉건적인 전통이 무너지고, 분업화, 대량생산, 도시화, 중앙집권화, 매스컴의 발달, 대중의 정치권력 신장, 개인주의 등으로 특징지어지는 새로운 시민사회가 등장하게 된다. 고급의 문화를 향유하던 소수의 엘리트 사회에서 다수의 대중들이 문화를 향유하는 대중사회로 변화하게 된 것이다.

전통사회에서는 인간관계가 계급을 위주로 존재하고 있었으며, 계급에 따라 서로 다른 문화를 향유하고 있었다. 소수의 귀족들은 부와 지식을 점유하고 문자를 기반으로 한 그들만의 문화를 향유하였고, 사회구성원의 대다수를 이루는 농민들은 물질적 생산을 담당하면서 구비전승되는 독자적인 형태의 문화를 향유하고 있었다. 그러나 산업화가 진행되면서 작은 단위의

* 강릉대학교 교수. 주요 저서로 《한국근대 일인칭소설 연구》, 《문학교육론(공저)》, 《한국현대문학의 해석과 지평》, 《한국현대소설의 미적 구조》, 《다매체시대의 한국문학 연구》 등이 있다.

공간 속에서 공동체적 삶을 영위하던 농민들이 도시로 이주하면서 그들의 전통적인 삶은 뿌리를 잃게 된다. 그들은 노동을 바탕으로 삶을 꾸려 나가면서 자신들의 삶을 반영하는 새로운 문화를 갈구하게 되고, 일정 수준의 교육과 매스컴의 발달에 따른 문화적 세례를 통해 이전과는 다른 새로운 문화를 형성해 나가게 되었다.

대중문학·대중문화의 특징을 파악하기 위해서는 大衆文學·大衆文化를 그것과 대비적인 위치에 서 있는 몇 가지 개념과 비교해 살피는 것이 효과적이다.

2. 대중문학·문화와 다른 문학·문화의 관련

대중문학·대중문화와 관련지어 가장 먼저 생각해 보아야 할 것은 고급문학·고급문화이다. 대중문학·대중문화라는 개념은 현대사회와 함께 등장한 문학 및 문화가 전통적으로 존재하고 있던 문학 및 문화-고급문학·고급문화-와 구별된다는 의식에서 태어난 것이기 때문이다. 고급문학·고급문화란, 우리가 문학강의를 통해 배운 바와 같이, 인류의 위대한 문화유산으로서 전통적인 문학·문화를 말한다. 고급문학·고급문화는 삶에 대한 진지함이 그 바탕을 이루고 있으며 오랜 세월 동안 전문적인 고급문학·문화 향유자들에 의해 고도의 형식화가 이루어진 문학이다. 미의 추구가 그 본래적인 목적이 되는 고급문학·고급문화는 난해함과 전문성이 그 바탕이 된다 하겠다.

이에 반해 대중문학·대중문화는 문학·문화에 대한 비전문인이라 할 수 있는 대중들이 향유하는 문학 및 문화이다. 따라서 대중문학·대중문화는 진지함보다는 오락성을, 고도의 형식화에 따른 난해함보다는 평이함을 그 본질로 한다. 특히 대중문학·대중문화는 대중매체의 발달로 인해 일반 대중들에게 손쉽게 다가갈 수 있으며, 대중들의 취향에 맞추어 생산되고 전파된다. 또 고급문학·고급문화는 소수 엘리트들에 의해 향유되는 것이므로 본질적으로 창조자 자신과 그와 동질적인 집단들을 대상으로 하여 상업성보다는 예술성에 그 목표를 둔다. 그러나 대중문학·대중문화는 상업주의에 그 바탕을 두고 있다. 따라서 대중들이 구입하여 향유할 수 있을 것을 전제로 하기 때문에 대중들의 수준에 맞출 수밖에 없다. 그 결과 대중문학·대중문화은 오락적인 성격을 강하게 지니게 되는 것이다.

전통사회에서도 소수의 엘리트들이 아닌 민중들에 의해 향유되는 민속문화가 존재했다. 민속문화는 고급문학·고급문화와 대척적인 자리에 선다는 점에서는 대중문학·대중문화와 유사성을 지닌다. 그러나 양자는 생산과 소비의 양상과 그에 따라 발생하는 작품이 담고 있는 가치관 면에서 차이를 보인다. 民俗文化는 산업화되지 않은 전통사회에서 교육을 받지 못한 사람들에 의해 향유된 문학으로 공동체 속에 속한 수용자들에 의해 생산되고 소비되는 예술이다. 수용자들이 예술활동에 직접 참여하며, 또 그들에 의해 향유되는 민속문화는 그 향유자들의 의식과 가치관을 그대로 반영한다는 점이 그것의 중요한 한 특성이다. 반면 대중문학·대중문화는 어느 정도 교육을 받고 또 문화적인 견해를 가진 대중들의 요구에 따라 전문가들에 의해 예술적이거나 의사예술적으로 창조된다. 대중문학·대중문화는 수용자와 창조자가 일치하지 않고 전문적인 생산을 바탕으로 하고 있다는 점에서 민속문화와 구별되며, 대중이 직접 창작하지 않기 때문에 그들의 가치관을 담기보다는 창조자에 의해 왜곡된 대중의 가치관이 구안되어 만들어진다는 점이 특징적이다.

3. 대중문학·대중문화의 형성

대중문학·대중문화는 상업적인 대중매체를 바탕으로 이루어진다. 대중소설이 신문이나 잡지 또는 값싼 문고판 등을 통해 전파되고, 영화나 텔레비전 드라마 등이 상업적인 목적을 지닌 계층들에 의해 제작되고 있다. 이러한 현상은 음반, 회화, 광고 등 모든 대중문화에 마찬가지로 적용될 수 있다. 팔리지 않는 작품은 존재이유가 없어지는 것, 이것은 대중문학·대중문화의 가장 중요한 특징이다. 많은 돈을 들여 제작한 영화가 관중이 없으면

며칠만에 종영될 수밖에 없으며, 대중의 인기를 획득하지 못한 가수는 소리없이 사라질 수밖에 없는 노릇이다. 즉, 상업적인 성패 여부가 대중문학·대중문화의 우열을 가늠하게 된다. 이 점은 고급문학·고급문화 작품들이 창조자 자신의 경제적 실패에도 불구하고 예술적 가치를 인정받는 것과는 대조적이다.

이런 점에서 대중문학·대중문화는 통속성을 지닐 수밖에 없으며, 대중에 영합하기 위해 선정성을 강하게 지니게 된다는 지적이 있다. 상업성을 전제로 하는 대중문학·대중문화의 경우 소비자를 확보하기 위해서는 독자들의 말초적인 부분을 건드리는 것이 가장 손쉬운 방법이라는 것이다. 사실 대중문학·대중문화의 경우 이러한 이유로 하여 비판받은 작품도 많이 있으며 광고나 드라마 등에서 필요 이상으로 여성의 육체를 과도하게 드러내는 경우가 없지 않다. 그러나 대중문학·대중문화를 이러한 관점에서 전면적으로 부정해 버리는 것은 위험하다.

대중의 통속적 취향에 영합하는 문학을 통속문학·통속문화라 변별하여 부르는 시도도 있다. 대중문학·대중문화가 대중의 취향에 맞추는 문학이기는 하지만, 대중문학·대중문화가 대중의 문화적 욕구를 충족시키고 대중의 문화수준을 향상한다는 면을 고려한 지적이다. 이러한 대중문학·대중문화와 통속문학·통속문화의 구분은 다소 애매한 부분이 없지 않으나, 대중사회를 이끌어가는 문학 및 문화으로서의 대중문학·대중문화를 긍정적인 면에서 고려한다는 점에서 그 타당성이 인정된다.

4. 대중문학·대중문화의 특색

대중문학·대중문화는 고급문학·고급문화와는 달리 차별적 성격이 매우 강한 문학·문화이다. 고급문학·고급문화는 예술을 정격화하여 일정한 형식과 내용을 담은 작품만을 위대한 예술의 반열에 올려 놓으며 모든 소비자가 일정한 수준의 작품을 향유할 것을 강요하는 반면, 대중문학·대중문화는 나이나 성별 나아가 교육 정도에 따른 차별적인 향유가 두드러진다.

이에 대해 혹자는 이러한 대중문학·대중문화의 차별성이 사회적 분화를 획책하는 문화자본의 논리라 비판하기도 하지만, 그보다는 문화소비자들이 매체의 발전에 따라 요구하는, 다양한 매체를 이용한 다양한 형태의 작품을 생산하게 된 결과로 파악하는 것이 타당할 것이다.

Ⅱ. 대중문학·대중문화론의 방향

대중문학·대중문화를 바라보는 시각은 엘리트주의에 기반을 둔 대중문학·대중문화에 대한 비판적 접근, 취향문화론으로 대표되는 대중문학·대중문화 옹호론, 매스커뮤니케이션 이론에 바탕을 둔 대중문학·대중문화에 대한 객관적 연구 등으로 크게 나누어 볼 수 있다. 이 중 批判論은 대중문화의 등장과 함께 서구에서 대두되었으며, 옹호론은 대중사회를 구대륙에 비해 먼저 꽃피운 미국의 학자들에 의해 주창되었고, 객관론은 대중매체가 사회의 전면적인 양상을 바꾸기 시작한 20세기 후반에 들어와 본격적으로 연구가 진행되고 있다.

1. 대중문학·대중문화의 비판

대중문학·대중문화 비판론은 토크빌(Tocqueville : 1805~1859), 니체(Friedrich Wilhelm Nietzsche : 1844~1900), 엘리어트(Thomas Stearns Eliot : 1888~1965), 가세트(José Ortegay Gasset ; 1883~1955), 맥도날드(Dwight MacDonald) 등 많은 연구자들에 의해 대두된 것으로 대중문학·대중문화가 고급문학·고급문화의 타락이며 통속화된 결과라는 입장에서 출발한다. 그들은 대중이란 미적 감수성이 없는 군중에 불과하며, 산업혁명이나 정치적 혁명으로 대중이 사회의 전면에 등장하면서 인류가 이루어 온 위대한 예술적 문화유산이 파괴되어 가고 있는 것으로 이해한다. 그들이 볼 때 대중문학・대중문화란 예술적 창의성이 없으며 심미적인 면도 존재하지 않고 단지 저급한 오락적 기능만을 담당할 뿐이어서 독자들이 그것에 오염되면서 고급문학・고급문화는 급속히 붕괴되어 버릴 것이라고 경고한다. 이러한 시각은 절대적 가치만을 인정한다는 점에서 다원적인 민주주의의 기본정신을 거부하는 것이기도 하다. 그러나 이들에게는 인류가 오랜 세월에 걸쳐 이루어 온 엘리트적인 문화전통을 유지해야 한다는 정당한 의식이 깔려 있다는 지적이 가능하다.

대체로 문학이나 예술을 전공하는 학자들의 경우에는 이러한 견해를 가지고 있다. 그들은 위대한 인류의 문화유산에 대한 지극한 애정을 바탕으로 대중문학・대중문화를 바라보고 있는 것이다. 그래서 그들은 그들이 가지고 있는 기준에 미흡한 대중문학・대중문화를 폄하하고 그에 대해 언급하는 것을 자랑스럽지 못한 것으로 생각한다. 그래서 대학에서 문학이나 예술을 전공하는 경우 대중문학・대중문화에 대해 본격적으로 접할 기회가 주어지지 않으며, 그러한 부분에 대한 접근마저 금기시 되는 실정이다. 그러다 보니 당연히 학문적으로도 대중문학・대중문화에 대해서는 깊이 있는 천착이 이루어지지 않고 있는 것이다.

2. 대중문학・대중문화의 옹호

대중문학・대중문화 옹호론은 주로 화이트, 실즈, 갠스와 같은 미국 학자들에 의해 제창된 것으로 대중사회를 다원적 민주주의를 바탕으로 하는 현대사회의 한 특징으로 파악한 데서 출발한다. 그들은 대중문학・대중문화 비판론자들과는 달리 대중문학・대중문화의 등장으로 대중은 다양한 문학・문화를 접촉할 수 있게 되어 文化的 民主主義를 실현할 수 있게 되었다고 생각한다. 대중 사회가 성립되기 이전에는 고급문학・고급문화가 소수의 전유물로서 사회를 구성하는 많은 사람이 문학 및 문화를 접할 수 없었음에 비해 더 많은 사람이 문학과 문화를 접하게 된 것은 시민사회가 지향하는 민주주의에 더욱 부합하는 것으로 파악하여야 한다는 것이다. 대중매체의 발달로 문학작품의 대량 보급이 가능해졌고, 음악회나 미술전시회나 무용발표회에 많은 대중이 참여할 수 있게 되었으며, 미디어의 발달로 가정에서도 대중이 고급문학 · 고급문화를 향유할 수 있게 된 것은 인류 역사상 처음으로 가능해진 문화적 민주주의의 실현이라는 것이다.

그들은 고급문학 · 고급문화 예찬론자들이 대중문학 · 대중문화에서 느끼는 위협감에 대해서도 전혀 다른 이해를 보이고 있다. 그들은 대중문학 · 대중문화의 범람이 고급문학 · 고급문화를 타락시키거나 파괴하지 않는다고 주장한다. 오히려 대중문학 · 대중문화는 대중에게 문학 · 문화을 향유하고 감식할 수 있는 능력을 키워주어 고급문학 · 고급문화의 창조성을 해치지 않으면서 오히려 대중의 저속한 감상태도를 불식할 수도 있다는 것이다. 이런 관점에서 그들은 대중문학 · 대중문화이라는 비하적인 표현보다는 취향문학 · 취향문화이라는 용어를 사용하기도 한다.

그들이 고급문학 · 고급문화과 대중문학 · 대중문화의 경계를 없애려 애쓰는 것은 문화를 인류정신의 위대한 산물이며 지고의 선과 미를 추구하는 존재로 파악하는 전래의 부르조아 미학을 벗어나려는 노력으로 이해된다. 대중사회에 존재하는 다양한 문화를 인정하고 그들이 추구하는 바를 파악하는 것은 우리 시대의 의미를 올바로 파악하는 길이라는 생각이다. 그들은 문화적 엘리트들이 대중문학 · 대중문화가 저급하다고 생각하는 것은 당연한 일이라 본다. 그렇지만 그들은 대중의 눈에는 고급문학 · 고급문화가 난해하거나 아무런 의미가 없다거나 재미없다고 느낄 수 있다는 점을 인정해야 한다는 것이다. 그들의 생각은 문화에 대한 전통적인 시각에서 본다면 매우 위험한 생각이지만, 고급문학 · 고급문화와 대중문학 · 대중문화의 간격이 무너져 가는 우리 사회의 문화현상을 바라볼 때 시사적인 면이 있다.

3. 대중문학 · 대중문화의 객관론

대중문학 · 대중문화에 대한 객관론은 홀, 몰리, 세르토, 피스크 등에 의해 대중문학 · 대중문화가 만개한 1970년대 후반 이후 등장한 이론이다. 이들은 대중문학 · 대중문화에 대해 수용자가 텍스트에 정해진 방식대로 반응한다는 전통적인 가정을 버리고 텍스트와 수용자의 상호 교섭을 통해 의미작용이 일어나는 것으로 파악해야 한다고 주장한다. 이러한 그들의 생각은, 이전의 대중문학 · 대중문화에 관한 연구가 생산과정과 텍스트 자체의 의미에 관심을 두고 있었음에 비해, 의미해독자로서 수용자층, 즉 대중의 역할에 관심을 둔 것으로 1970년대의 문학이론에 나타난 수용이론과 일정한 유사성을 보여준다.

수용이론을 주장하는 사람들의 실험에 의하면, 텍스트의 구성이 수용자의 수용을 규정하는 것이 아니라 수용자가 가진 여러 조건에 따라 다양한 층위의 해석이 나타남을 알 수 있다. 즉, 고급문학 · 고급문화 예찬론자들이 생각하듯이 동일한 텍스트에 대해 수용자들이 동일한 반응을 보이는 것이 아니라 수용자의 처지에 따라 달리 해석된다는 것이다. 예컨대 10대와 20대가 몰입하는 문학과 문화가 다르며, 교육정도에 따라 사회 경제적 위치에 따라 각기 선호하는 문학과 문화가 다르며 그들이 문학 및 문화에 대해 기대하는 바도 달라진다는 지적이다. 따라서 객관론자들은 대중문학 · 대중문화를 비판한다거나 옹호하는 단선적인 입장을 벗어나 대중사회에 다양하게 나타나고 있는 문화적 현상들을 객관적으로 분석하고 연구하고자 하는 것이다.

4. 대중문학 · 대중문화의 영역

대중문학 · 대중문화의 연구영역은 다양하게 나타나고 있다. 문화생산의 문제, 문화와 이데올로기의 문제, 대중문학 · 대중문화의 수용 양상, 대중문학 · 대중문화가 대중의 의식에 미치는 영향, 계층별 · 직업별 · 세대별 문화

수용 양상 등 문학 및 문화의 生産과 受容에 관한 거의 전 영역을 다루고 있다. 다변화되어 가는 사회에서, 또 매체가 갈수록 다양해져 가는 사회에서 대중들이 접할 수 있는 문화를 다양한 방식으로 접근해 가려는 이러한 노력은 대중문학·대중문화의 비판론이나 옹호론을 넘어서는 새로운 문화론으로서의 가능성을 보인다.

Ⅲ. 한국 대중문학·대중문화의 역사

1. 대중문학·대중문화의 기원

우리 나라에서 문학의 대중화 문제에 대해 관심을 가진 것은 1920년대 중반 독자의 기반이 없는 문학에 대해 반성하면서 문학의 대중화가 논의하기 시작한 때부터이다. 이 시기 문학의 대중화에 관한 논의는 당대의 작가들이 지향하고 있었던 신문학에 대해 독자계층이 따라오지 못하고 있다는 데 대한 인식에 지나지 않았지만, 문학이 독자와 일정한 관련을 맺어야 한다는 점을 자각한 점에서는 큰 의미를 갖는다.

물론 이 시기에 일본에서도 문학의 대중화 문제가 심각하게 논의되고 있었다. 일본의 근대문학은 자기완성을 목표로 하여 私小說이라는 특이한 양식을 만들어 내었다. 그들에게 있어서는 자기완성이 최고의 관심사였으며 자기 완성의 길로 나아가는 자아의 모습을 충실히 그리는 것이 문학의 최대의 목표였던 것이다. 그러나 1920년대에 들어서면서 문학과 사회와의 관련이 중시되기 시작하자 문학은 따분한 자아의 굴레를 벗어나야 한다는 생각을 하기 시작한 것이다. 그리하여 그들은 자아라는 개인주의를 벗어나 집단주의로 나아가려 하였으며 이를 그들은 문학의 대중화라는 말로 논의하기 시작한 것이었다.

그러나 우리에게는 이러한 일본과는 상당히 다른 양상을 보이며 나타난다. 우리의 경우 대중화 운동은 독자의 수준을 끌어 올리자는 것이라기보다는 작가들이 자신들의 수준을 낮추어 독자들의 수준과 맞추자는 것이었으며, 八峰 김기진이 보여주듯이 결국은 대중에게 영합하게 되는, 통속적인 냄새가 나는 방향으로의 전환이었던 것이다.

문학의 대중화 문제는 신문과 깊은 연관을 갖는다. 일본과 우리 나라의 신문에 특징적으로 나타나는 연재소설은 신문이 지닌 상업성에 의해 필연적으로 대중과 영합하기 마련이다. 1920년대에는 《동아일보》 창간호가 1만부를 발간한 사실에서 보듯이 소수의 지식인들만이 구독할 수 있었으므로 신문에는 상업성에 매이지 않고 순수 예술적인 측면만이 강조된 작품들이 연재될 수 있었다. 그러나 1930년대 중반을 지나면서 신문의 보급이 급격히 늘어나자 신문은 독자를 의식하여 상업성을 띠지 않을 수 없었고, 그 결과 김말봉의 〈밀림〉, 〈찔레꽃〉, 김래성의 〈마인〉, 박계주의 〈순애보〉 등 대중적인 작품들이 속속 각 신문에 연재되기에 이른다. 그러나 이 시기에는 대중문학 · 대중문화에 대한 이론적인 관심이 별반 구체화되어 나타나지 않는다.

2. 상업성과 대중문학 · 대중문화

1950년대에 들어와 신문의 독자수가 증가하면서 신문사측에서는 독자가 흥미를 느낄 만한 작품을 작가에게 요구하였고 상업성이 충족되지 않으면 연재가 중단되기도 하였다. 이 시기 발표된 정비석의 〈자유부인〉과 같은 작품은 대학교수 부인이 남편의 제자와 불륜관계를 맺는 통속적인 사건을 작품화하여 대중적 인기를 확보하였으며 문단의 논쟁거리가 되기도 하였다. 그 결과 신문소설은 통속소설이라 생각하게 되었고, 진정한 작가라면 신문에 소설을 연재하는 것을 부끄러워하는 상황에 이르게 되었다. 이러한 현상은 1960년대에도 더욱 노골화되어 이 시기에 발표된 작품의 거의 전부가 비정상적인 남녀관계를 소재로 하고 있는 실정이었다.

그러나 1960년대에 들어오면서 대중문학 · 대중문화에 대한 논의가 활발하게 일어났다. 이 시기에는 주로 당대 우리 사회가 대중사회에 진입하였는가, 대중문학·대중문화가 우리 주위에 만연해 있는가 등이 주로 논의되었다. 1960년대에 이르러 대중잡지들의 속출, 영화산업의 번창, 라디오의 급격한 보급확대, 텔레비전의 등장 등을 근거로 우리 나라에도 대중문학·대중문화의 시대가 도래했다는 주장과 아직은 우리 사회에 대중의 기반이 마련되지 않았다는 주장이 양립한 것이다. 이는 1960년대에 들어와 우리 사회가 산업화를 지향하면서 나타난 사회의 급격한 변화에 대한 지식인들의 우려가 반영된 것이다.

3. 산업화와 대중문학·대중문화

1970년대에 들어오면서 우리 사회는 60년대 이후 추진해 오던 산업화가 지속적인 성장을 보이고 주간지의 등장, 텔레비전의 꾸준한 보급 등으로 대중매체의 상황이 이전에 비해 급속히 변화한다. 이 시기에는 신문연재소설을 통해 새로운 감각의 문학을 발표하는 젊은 작가들이 등장하여 이전의 신문연재소설에 대한 인식을 바꾸어 놓았다. 최인호, 조선작 등의 작가들에 의해 대중적인 인기를 확보하면서도 일정한 수준을 지닌 작품들이 신문에 연재되고 단행본으로 출판되면서 대중소설은 이전과는 달리 수준 면에서 향상되고 또한 부와 명예를 확보해 주기도 하였다. 1982년 〈깊고 푸른 밤〉으로 제6회 李箱文學賞을 수상하기도 한 최인호는 〈별들의 고향〉·〈불새〉를 조선일보에, 〈내 마음의 풍차〉·〈도시의 사냥꾼〉·〈적도의 꽃〉을 중앙일보에, 〈겨울나그네〉를 동아일보에 연재하였고, 〈영자의 전성 시대〉로 유명한 조선작은 〈미스 楊의 모험〉을, 경향신문에 〈焦土〉를, 한국일보에 〈모눈종이 위의 生〉을 연재하면서 70년대 최고의 인기작가의 지위를 누렸던 것이다.

또 이 시기에 들어와 대중음악이 새로운 변모를 통해 대중들의 취향을 다양화해 가게 되고, 이 시기에 등장한 주간지는 노골적으로 오락성과 선정성을 추구하여 대중문학·대중문화를 양분하는 결과를 나타낸다. 즉, 대중문학·대중문화가 어느 정도의 수준을 지닌 중간문학·중간문화로서의 대중문학·대중문화와 보다 저급한 통속문학·통속문화로 나뉘어지기 시작한 것이다.

이 시기에 접어들면서 60년대에 주된 관심사이던 대중문학·대중문화의 존재 여부보다는 이미 도래해 있는 대중문학·대중문화가 갖는 의미와 우리 사회에 미치는 효과 등을 집중적으로 정리하기 시작했다. 그들은 대중문학·대중문화는 고급문학·고급문화로부터 대중들을 유리시키고 또한 우리의 전통적인 문학, 전통적인 문화와도 멀어지게 한다고 비판했다. 따라서 대중매체는 대중문학·대중문화를 생산하여 대중들의 의식을 타락시키는 부정적인 존재로 이해되었고, 외국의 저급한 문화를 우리 사회에 확산시키고 우리의 건전한 전통문화를 말살시키는 주범으로 판단되었다.

4. 전자매체와 대중문학·대중문화

1980년대에 들어와 칼라텔레비전의 시대가 열리고 비디오 등 다양한 매체가 등장하면서 대중문학·대중문화는 커다란 변화를 맞이한다. 흑백시대에 볼 수 없었던 현란한 화면에 의해 텔레비전과 비디오가 대중의 우상으로 변화하기 시작한 것이다. 또한 문학부분에서도 출판분야가 번창하면서 이전에 비해 작품 발표의 공간이 넓어지게 되었다. 이러한 매체의 변화와 함께 정치적인 상황이 보다 억압적인 방향으로 변화하여 문학은 보다 다양한 양상을 띠며 분화되기에 이른다. 고급문학·고급문화도 사회적 관련성을 중시하는 민중예술과 전통적인 순수예술로 나뉘게 되고, 대중문학·대중문화의 경우에도 대중매체의 확산과 정치적 상황에 의해 다양한 양상을 보이게 되는 것이다.

1980년대의 대중문학·대중문화 연구는 당대의 사회적 현실과 맞물려 주로 이데올로기와 관련지어 논의되었다. 대중매체와 그들에 의해 생산되는 대중문학·대중문화는 지배계층의 논리를 전파하기 위한 수단으로 간주되었으며, 그 결과 많은 대중문학·대중문화론자들은 그 반대편에 놓여 있는 민중문학·민중문화 연구에 치중하게 되었다.

이 시기에는 리얼리즘 문학, 민족문학, 민중문학, 시민문학 등의 용어가 새롭게 등장하거나 재조명되기 시작했었는데, 김병익은《상황과 상상력》에서 이러한 현상에 대하여 “고조된 저항의 체통 속에 무엇을 어떻게란 내용들을 제공하는 적극적인 과정으로 이해될 수 있다.”고 하면서, “그렇게 해서 얻어낸 것이 주체에서의 민중, 방법에서의 사실주의, 목적에서의 민족이라는 새로운 혹은 충실한 문학론일 것이다.”라고 말한다. 요컨대, 김병익은 민중사관을 바탕으로 하여 보다 나은 민족적 삶을 위해 사실주의적인 표현방식을 취하는 문학을 주장한 것이다.

5. 지배·소비의 문화 속에서 대중문학·대중문화

또 한편에서는 대중문학·대중문화에 대해 그것이 사회 내에서 어떠한 기능을 담당하는지를 객관적으로 연구하려는 학문적인 노력이 계속되기도 하였다. 이러한 노력은 대중문학·대중문화는 상품이며 그것은 지배계급의 이념을 전달하는 도구적 성격을 지닌다는 ‘지배문화론’과, 대중문학·대중문화는 말초적인 정서에 호소하는 성향이 강해서 문화의 본질을 잃고 있는 것으로 파악하는 ‘소비문화론’으로 나타나게 된다. 어느 경우든 이 시기에 대중문학·대중문화를 바라보는 시각은 부정적이었다는 점에서는 일치한다.

1990년대에 들어와 이데올로기에 대한 관심이 희석되면서 대중문학·대중문화를 바라보는 시각은 부정적인 면에서 벗어나기 시작했다. 대중문학·대중문화는 우리 시대의 문화적 현상이며 다른 시대의 문화와 구별되는 중요한 한 특성이어서 새롭게 연구될 가치가 있다는 인식이 싹트게 된 것이다. 이는 어느 시대든 삶을 진지하게 탐구해 나가는 고급문학·고급문화와 일반 민중들의 정서를 담보하는 또 다른 문학 및 문화가 공존하여 왔다는 사실에 대한 깨달음이며, 우리 사회의 다양성을 어느 하나로 묶어 해결하려는 노력의 무모함에 대한 반성이라 하겠다.

Ⅳ. 대중문학 · 대중문화에 대한 전망

우리 주위에는 그 어느 때보다도 많은 대중문학·대중문화의 산물들이 발표되고 있다. 추리소설, 연애소설, 과학소설 등 수많은 대중 소설들이 발표되고 있으며, 텔레비전에서 방영되는 드라마, 코메디, 쇼 등도 그 양이 이루 말할 수 없고, 영화, 비디오, 오디오, 스포츠, 광고 등 대중사회를 반영하는 엄청나게 많은 대중문학·대중문화의 산물들이 등장하고 있다. 우리들은 이러한 대중문학·대중문화의 홍수 속에 살아가므로 이전시대와는 달리 그것을 접하지 않을래야 접하지 않을 수 없다. 따라서 우리가 이러한 대중문학·대중문화에 대해 무조건 비판하거나 폄하하는 자세만을 지닌다는 것은 별 의미가 없다.

특히 소설의 경우 근자에는 대중소설과 본격소설의 구분이 점차 모호해지고 있다. 대중소설의 한 특징으로 지적하는 우연성, 감상성, 형식상의 평면성 등만으로 대중소설과 本格小說을 구분할 수 없으며, 과도한 선정성이라든가 통속성 등으로도 확연한 정리가 어렵게 되어가고 있다. 또한 상업주의가 팽배한 이 시대에 대중적인 인기를 획득했다는 점이 대중소설과 본격소설을 나누는 기준이 될 수도 없는 일이다. 이런 상황은 대중사회로 나아간 우리 사회의 한 특징이며 문학이 상품이 될 수밖에 없는 자본주의 사회의 당연한 결과일 것이다.

이제 우리는, 문화적 산물은 그 시대상황과 정신의 산물이라는 점을 인식하고 대중문학·대중문화에 접근해 나아가야 할 필요가 있다. 우리 사회에서 대중문학·대중문화가 어떠한 양상을 보이고 있으며, 어떠한 대중문학·대중문화가 대중의 공감을 획득하는지, 또한 계층·세대·교육 등 다양한 요인 별로 어떠한 문학 및 문화를 향유하는지 등에 대한 치밀한 연구가 필요하다. 대중매체가 대중문학·대중문화를 통하여 대중을 지배하려 한다는 시각보다는 대중문학·대중문화가 대중들에게 어떠한 영향을 미치며, 대중의 가치관이 어떤 방식으로 대중문학·대중문화 생산층의 그것과 상호 영향을 주고 받으며, 대중들이 보다 수준 높은 문학 및 문화를 향유하게 하기 위해 대중문학·대중문화를 조정해 나아갈 방안이 무엇인지 등이 연구되어야 하는 것이다.

또한 전문적인 생산자가 소비자에게 문학 및 문화를 제공하는 현재까지의 대중문학·대중문화와는 달리 대등한 수준의 생산자에 의해 창조된 문학·문화가 소비자에게 제시되고 상호 교환할 수 있는 양방향적인 문학·문화에도 깊은 관심을 가져야 할 것이다. 컴퓨터 통신에 의해 유포되는 양방향적 문학·문화는 현재까지 우리가 문학·문화에 대해 가지고 있던 생각을 변화시켜야 할 필요성을 느끼게 해준다. 대등한 수준의 사람들이 자신의 명의로 작품을 생산하고 컴퓨터 통신을 통해 전파되어 수많은 독자들이 함께 향유하는 컴퓨터 통신 문학·문화 공간은, 현재까지 우리가 접해온 문학 및 문화, 즉 전문가들에 의해 생산되는 것을 전제로 하는 문학 및 문화와는 그 소통과정과 존재양태가 이질적이다. 대중문학·대중문화의 전면적인 부상과 함께 문학 및 문화의 새로운 형태의 등장이라는 면에서 컴퓨터 통신 문학에 대한 관심은 현대사회에서 매우 중요한 문제로 부각되고 있다.

정보처리속도의 향상에 따라 문학 및 문화가 그 이전까지 알고 있던 것과는 다른 방향으로 변화해 나간다는 것은 주지의 사실이다. 현대사회의 대중매체를 반영한 대중문학·대중문화에 대한 새로운 시각을 확보하고, 정보화 사회에서 접하게 될 새로운 문학·문화 현상에 대해서도 깊은 관심을 가져야 하는 것은 우리가 그러한 시대를 살고 있기 때문일 것이다.

〈연구 과제〉

1. 다음은 이원호의 〈밤의 대통령〉이라는 소설의 일부분이다. 이 작품은 1980년대에 인기를 얻은 작품이다. 이를 바탕으로 다음 문제들을 해결해 보자.

새벽 4시였다.

가네무라는 핏발선 눈으로 부하들을 둘러보았다. 잠옷바람의 가네무라는 그의 집으로 부하들을 소집시킨 것이다.

"병신같은 놈들."

가네무라가 씹어뱉듯 말했다. 그는 핫도리에게서 전화를 받았던 것이다. 세 명이 죽고 나머지는 모두 중상을 입고 잡혀 있다는 소리를 듣고 가네무라는 자신의 몸이 발을 헛디뎌 똥통 속으로 빠져든 것 같은 기분이 되었다. 가네무라는 사사키를 노려 보았다. 사사키는 그의 시선을 받자 머리를 돌렸다. 그는 가네무라의 지시를 받은 것이다. 움직이면 처치해라, 만일 그들이 업소에 들른다면 처치해 버리라고 가네무라가 지시했었다.

그는 그것을 핫도리에게 전달해 주었을 뿐이다. 비록 실패로 끝나기는 했지만 내 책임이 아니라고 사사키는 생각하고 있었다.

"보스 이럴 때가 아닙니다. 빨리 지시를 내려 주셔야 합니다."

사베가 말했다.

"뭐라고 해야 하나? 핫도리에게 할복이라도 하라고 할까?"

"……"

"아니면 김원국에게 여자를 다 돌려줄 테니 우리 애들을 풀어 달라고 할까?"

"보스, 비상구가 하나 있습니다만 그쪽으로 우리애들을 쳐들어가게 하면……"

부하 하나가 조심스럽게 입을 열었다.

"그땐 15명 모두 죽게 돼."

사베가 차갑게 말했다. 가네무라는 그를 바라보았다.

"핫도리가 있는 그대로 연락을 해오고 있습니다. 김원국이 내버려둔 모양입니다. 이젠 여자들도 나서서 문에다 바리케이트를 치고 같이 죽겠다고 한답니다."

"……"

"이러다가 경시청에서 알게 되면 조용히 끝나지 않게 됩니다. 지금은 아직 새벽이라 그쪽도 모르고 있는 것 같습니다만."

"……"

가네무라는 김원국이 호텔을 빠져나와 그렇게 무모한 행동을 하리라고는 상상도 하지 못했다. 사사키나 핫도리도 마찬가지였을 것이다. 핫도리가 김원국이 호텔을 빠져나와 베니스에 갔다고 보고하였을 때 그들과 여자들을 만나게 하지 말라고 지시했었다. 그런데 이번에도 어처구니없이 당해 버린 것이다.

"보스, 요구를 들어주는 것이 지금으로 보면 낫다고 생각합니다만, 어차피 놈들은 일본을 쉽게 떠나지 못할 테니까요."

사베가 다시 말했다.

"……"

"그리고 애들을 수습하고 나서 박재팔이를 시켜 공격한다면 결국은 우리가 바라던 대로 되지 않겠습니까?"

"좋다, 내일이면 박재팔이가 올 것이다. 김원국이를 바꾸라. 내가 전화하겠다."

"……"

"왜 그러고 있는 거야? 전화를 하라니깐?"

가네무라가 사베에게 짜증난 듯 말했다.

"제가 연락하겠습니다."

사베가 조심스럽게 말했다. 사사키와 다른 부하들도 시선을 피하는 듯 머리를 돌렸다.

"좋아, 그따위 놈에게 직접 전화할 필요도 없지. 호텔로 오라고 해. 우리가 손을 대지 않겠다고."

"……"

"아니 왜 그러고 있는거야!"

가네무라가 버럭 고함을 쳤다.

"보스, 김원국이는 여자들을 모두 귀국시켜야 애들을 풀어주고 나가겠답니다. 같이 죽겠답니다, 애들하고."

"이 새끼를!"

가네무라는 두 주먹을 움켜쥐고 부들부들 떨었다.

"다 죽으라고 해! 싹 불을 질러 버려!"

"……"

"수습은 내가 할 것이다. 그렇게 해!"

"보스, 진정하십시오. 시간이 없습니다."

사베가 그를 보며 말했다.

"무엇이? 날보고 진정하라고? 사베, 네가 감히?"

"죄송합니다. 보스, 제가 그들과 접촉해 보겠습니다. 그런 다음에 다시 보고드리겠습니다."

"……"

"그럼, 이만 일어나 보겠습니다."

사베가 일어서자 사사키와 다른 간부들도 서둘러 따라 일어섰다. 사사키는 잔뜩 볼이 부어 있었다.

김원국이 사베의 전화를 받은 것은 새벽 4시 30분이 되었을 때였다.

"사베 씨라고 가네무라의 보좌역입니다."

수화기를 넘겨주며 핫도리가 말했다.

"나, 김원국이오."

"사베입니다. 시간이 없으니까 결론만 말씀드리지요. 우리가 긍정적으로 검토하겠으니까 호텔로 돌아가시지 않겠습니까? 살인사건이라 피차 곤란한 일이 생길텐데요."

그의 말투는 정중하였다.

"그건 알고 있소. 이렇게까지 되었는데 나로선 내 동생의 죽음이 헛되지 않도록 하기 위해서도 여기에서 일을 마칠 작정이오."

"알겠습니다. 받아들이지요. 그럼 어떻게 약속하면 되겠습니까? 아무리 빨리 서둔다 해도 3, 4일은 걸리는데 거기에 그대로 계셨다가는 모든 일이 수포로 돌아갈지도 모릅니다."

"한 시간 내로 167명의 여권을 나에게 가져오시오."

"그렇게 하지요."

"여기서의 불상사는 당신들이 경험이 많을 테니까 알아서 처리해 주시오."

"그건 염려마십시오. 단순 사건으로 처리하게끔 손을 쓰겠습니다."

수화기를 내려놓은 김원국은 잠자코 이동수의 시체를 내려다보았다. 여자들이 수건으로 그의 얼굴을 닦아 주었으므로 그는 잠자듯 편한 얼굴로 누어 있었다. 조웅남이 그의 옆 바닥에 넋을 잃고 앉아 있었다.

"붕대를 감아 드릴께요. 피가 너무 흘러요."

미스 오가 다가와 걱정스러운 듯 그의 팔을 보며 말했다.

"괜찮아."

팔에서 피가 흘러내렸다. 그의 등도 칼에 길게 베었으나 아직 붕대를 감지 않았다. 아랫배에 피가 끈적거렸다. 동수라면 진즉 알아채고 서둘러 주었을 것이다. 이동수를 내려다보며 김원국은 문득 그의 옆에 나란히 눕고 싶다고 생각했다. 눈에 핏발을 세운 홍성철과 오함마가 사내들을 구분해 놓고 비상구와 정문을 감시하고 있었다. 여자들은 모두 홀에 나와 있었다. 무서움과 흥분이 차례로 가시고 나자 그들은 이제 아저씨들과 여기서 같이 죽겠다고 마음먹고 있었다. 그들은 김원국의 전화 통화를 옆에서 들었다. 가슴이 벅찬 몇 명은 소리내어 울었다. 일본 술집 여급 생활을 청산하고 한국으로 나간다는 것보다 그들을 위해 목숨을 건 한국 아저씨들에 대한 벅찬 감정 때문이었을 것이다. 한 시간 후 사베가 현관 앞에서 김원국을 찾았다.

그는 한 손에 가방을 들고 있었다. 문을 열려면 테이블 몇 개를 치워야 했다. 문을 조금만 벌려서 열고 그를 안으로 들어오게 했다. 그는 정중하게 김원국에게 인사를 했다.

"여기 여권을 모아 왔습니다. 130개밖에 안 됩니다. 주인이 외출하고 있는 업소들도 있어서……. 오늘 중으로 모두 가져다 드리지요."

김원국은 잠자코 그를 바라보았다. 사베는 쓰러진 사내들을 둘러보았다.

"빨리 수습을 해야겠습니다."

"좋소. 우린 그럼 호텔로 돌아가겠소. 내 동생을 잘 부탁합니다. 당신들에게는 적이었지만 이젠 예의를 갖춰 주시오."

사베는 머리를 끄덕였다.

"아저씨 저희들도 따라가겠어요."

여자들이 김원국에게 매달리며 말했다.

"이젠 더 이상 이곳에 있기 싫어요. 단 1분도 싫어요. 호텔로 데려다 주세요."

홍성철과 오함마는 그녀들을 잠자코 바라보다가 김원국의 결정을 바라는 듯 그를 바라보았다.

"며칠만 참으면 돼. 우리들은 아직 할 일이 많아. 며칠만 기다려."

김원국은 조웅남을 일으켜 세웠다. 홍성철이 여자들에게 호텔을 알려주고 있었다.

1) 이 글에 나타난 갈등의 양상을 여러 가지로 나누어 설명해 보자.

2) 이 소설에서 대화가 많이 쓰인 것은 어떠한 이유 때문이겠는지 설명해 보자.

3) 김원국이 자신의 생각을 관철시키기 위해 선택하고 있는 방식을 비판해 보자.

4) 이 글이 지닌 대중소설적인 요소를 정리해 보자.

2. 다음은 70년대를 풍미한 조선작의 〈영자의 全盛時代〉의 첫부분이다. 이 부분을 읽고, 다음 문제들에 대해 생각해 보자.

> 실로 우연한 기회에 나는 영자를 다시 만나게 되었는데, 그것은 정말 꿈에도 생각지 못했던 일이었다. 영자를 다시 만나게 된 것은 내가 군대에서 돌아와 한 공동 목욕탕에서 일자리를 구한 다음의 일이었다.
>
> 군대에서 돌아온 뒤 일자리를 구하기 위해서 나는 진짜로 고군 분투했었다. 그러나 결국 낙착된 것은 목욕탕의 '때 미는 사람'이었다. 사실 내가 군대에서 배운 것이라고는 사람을 죽이는 일밖에 없었다. 월남에서 실제로 나는 많은 사람을 죽였는데 화염 방사기로 토굴 속에 있는 일곱 명의 베트콩을 불태워 죽이고 이름 있는 무공 훈장을 획득하기도 했었다. 그러나 훈장이 나에게 취직 자리를 약속해 주는 것은 아니었다.
>
> 훈장을 받고 의기 양양해졌을 때는 군대에 말뚝을 콱 박아 버릴까도 생각했었다. 그러나 나는 내 소시적부터 꿈을 그렇게 쉽사리는 버릴 수가 없었다. 어렸을 때부터 나는 어느 철공장에 빌붙어 견습 용접공으로 밥을 얻어 먹었지만, 내 꿈이란 화려한 무교동의 한 술집에서 보타이를 매고 일하는 것이라든지 명동의 한 소문난 양복점에서 재단사로 일해 보는 것 따위의 그럴듯한 것이었다. 군대에서 돌아온 뒤 사실 나는 그런 곳에 일자리를 찾았었다. 그러나 웨이터 자리를 위해서는 내게 보증금이 없었고, 양복점의 '시다'로서는 나이가 너무 많이 먹어 버렸던 것이다.
>
> 그리하여 나는 어쩔 수 없이 나 자신을 불명예스럽게도 공동 목욕탕의 때미는 녀석으로 낙착시키지 않을 수 없었는데, 따지고 본다면 실상 이 일자리는 실속은 있는 일이었다.

열심히만 뛴다면 까짓 시시하게 술집의 웨이터나 양복점의 재단사가 문제가 아니라 양복점의 사장도 될 수도 있는 판국이었다. 월남에서 용맹을 날리던 우리 중대장이, 아직도 불도저가 산을 깍아 내려 택지를 만들고 있는 이 신흥 주택가에 엉성한 목욕탕을 하나 차려 놓고 치사스럽게도 돈을 긁어 모으는 일에 설미쳐 있다는 사실을 생각한다면, 내가 거기서 손님들의 때를 밀고 있는 사실도 피장파장이 아닐 수 없다.

아뭏든, 우리 중대장이 차려 놓은 목욕탕에 일자리를 구하고 나서 내게는 약간의 여유가 생기게 되었다. 여유가 생기자 나는 내가 군대에 들어가기 전에 사귀었던 계집애, 창숙이년을 찾아 나서게 되었는데 엉뚱하게도 영자를 만나 버렸던 것이다.

영자는, 내가 군대에 들어가기 전 청계천 2가에 있는 한 철공장에서 용접공으로 빌붙어 밥을 얻어 먹고 있었을 때 그 주인집의 식모였다. 짐작하겠지만 그때 나는 영자를 좋아했었다. 영자를 한번이라도 더 만나 보기 위해서, 나는 철공장에서 그 주인집까지 부지런히 심부름을 다녔었다. 심부름을 갈 때마다 대문을 열어준 것은 영자였는데, 그때마다 부린 영자의 심통에 대해서는 생략하기로 하겠다.

1) 1970년대 당시 이 작품이 특히 젊은이들에게 많은 공감을 얻으며 큰 인기를 모은 이유는 무엇이겠는지 생각해 보자.

2) 이제 우리는 문화적 산물은 그 시대 상황과 정신의 산물이라는 점을 인식하고 대중문학·대중문화에 접근해 나아가야 할 필요가 있다. 이러한 측면에서, 이 작품의 대중성과 시대 특징에 대해 생각해 보자.

3) 이 작품의 제목을 '영자의 全盛時代'라고 붙인 이유를 생각해 보고, 현진건의 '운수좋은 날'과 비교해 보자.

4) 단순히 대중의 기호에만 영합하지 않고, 일정한 수준을 지니어 대중의 가치관을 선도할 수 있는 대중문학은 어떠한 것일지 의견을 제시해 보자.

〈참고문헌〉

강내희, 『문화론의 문제설정, 문화과학사』, 1996.
강명구, 『소비대중문화와 포스트모더니즘』, 민음사, 1993.
강현두 편, 『대중문화론, 나남』, 1987.
강현두 편, 『한국의 대중문화』, 나남, 1987.
김창남, 『대중문화와 문화실천』, 한울, 1995.
대중문학연구회 편,v대중문학이란 무엇인가』, 평민사, 1995.
『문학과 사회』 1992년 겨울호, 특집 ; 대중문화－그 불안한 가능성
『문학과 사회』 1996년 가을호, 특집 ; 문학/영화의 길－대중문화를 가로질러
박기성, 『문화커뮤니케이션과 대중문화』, 평민사, 1983.
원용진, 『대중문화의 패러다임』, 한나래, 1996.
허버트 갠스, 강현두 역, 『대중문화와 고급문화』, 삼영사, 1977.

제 13 장
문학과 풍속

- 性, 그 에로스와 포르노의 영원한 드라마

김 중 신*

Ⅰ. 문학과 풍속 그리고 에로티시즘

문학의 영원한 화두는 '인간' 혹은 '삶'이다.

문학이란 언어를 매개로 하는 인생의 표현이라고 한다. 즉, 문학은 인생의 해석이며, 문학의 주제는 곧 인생인 것이다. 그런데 문학은 한 개인의 삶의 단순한 기록이 아니다. 작가의 상상력에 의해 형상화된 가공물이다. 문학은 실제로 있었던 일이라기보다는 있음직한 일을 그려낸다. 그러나 상상력을 바탕으로 이루어진 문학이 독자들에게 그럴듯하게 보이게 되는 것은 곧 '리얼리티' 때문이다. 작품 속에 등장한 인물이 살아서 숨을 쉬고 앞뒤가 잘 맞게 움직이도록 하는 것이 리얼리티인 것이다. 그래서 사회학자나 인류학자들은 문학작품에 나타난 삶의 모습을 보고 당대의 모습을 추론해 내기도 한다.

삶이란 인간이 사회 속에서 상호간에 일정한 관계를 맺으며 살아가는 일이라고 말한다고 할 때, 문학 속에 나타난 삶의 모습 또한 현실의 삶의 모습과 다르지 않을 것이다. 문학에 나타난 현실은 당대의 風俗 그 자체인 것이다.

---

* 수원대학교 교수. 주요 저서로 《소설 감상방법론 연구》, 《문학교육의 이해》, 《문학교육과정론》 등이 있다.

그런데 문학이 인류와 함께 전해내려 오면서 각기 다양한 모습의 풍속을 그려 내었다. 우리는 〈흥부전〉에서 평민의 빈궁한 삶의 모습을 추출해 내기도 하고, 〈양반전〉에서 조선시대 후기의 몰락해 가는 양반의 모습을 그려보기도 한다. 또한 〈혈의 누〉에서 개화기 지식인들의 삶의 역정을, 〈삼대〉에서 30년대 식민지인들의 세계관을 엿보게 된다. 문학작품 속에 나타난 풍속은 작가가 당대 사회를 보는 눈에 따라 달라지게 되며 이러한 모습은 의당 당연한 것으로 여겨진다. 그렇다면 동서고금을 통틀어 문학작품에 가장 보편적으로 나타난 풍속은 무엇인가.

인간은 살아가면서 여러 가지 문제에 끊임없이 부딪치게 된다. 삶의 양에 대한 고민이 풍요/빈곤이라고 한다면, 삶의 질에 대한 고민은 영생/죽음이다. 인간의 삶의 모습은 다 제각기이지만, 누구나 죽을 수밖에 없는 존재라는 점에선 모두 공통적이다. 삶과 죽음의 문제는 동전의 양면같은 것이다. 살아 있다는 것은 아직 죽지 않았다는 말과 동의어이다. 따라서 인간에게 있어 죽음이란 누구나 갖고 있는 근원적인 공포이다. 지금 숨쉬고 움직이고 자신이 언젠가는 사라지게 될 것이라는 '유한성'은 삶의 의미를 되새겨 보게 하였다. 그래서 인간은 개체의 유한성에 의한 공포를 개체의 번식성으로 극복할 수 있었다. 개체의 번식은 이성간의 결합을 통해서 가능하게 되었다. 자기와 동일한 개체를 복제해 내면서 삶의 유한성의 한계를 제한적으로나마 넘어서고자 한 것이다. 여기에서 가장 중요한 것이 '자기의 복제성', 즉 자신의 '피'를 이어가고 있는가 하는 점이다. 이렇듯 인간의 가장 근본적인 공포이자 본질적인 속성을 가지고 있는 것은 곧 性이며, 이를 표현하고자 하는 것이 에로티시즘(eroticism)이다.

Ⅱ. 에로티시즘의 근거 - 예술성과 상업성

에로티시즘은 그리스 사랑의 신 '에로스'에서 유래한 말로서 성행위 그 자체보다는 성을 통해 야기되는 '상상적 이미지'를 표현하는 문화적 경향을 지칭하는 개념이다.

인간의 성이 단순한 종족 보존의 수단이 아니라 쾌락적 속성도 가지고 있다는 점에서, 성은 늘 禁忌의 대상이었다. 그래서 철학자들과 시인들 사이의 논쟁에서 철학자들은 모두 너무나도 기꺼이 성의 분야를 시인들의 몫에 내맡겨 왔다. 성교의 성격에 관해 최초로 철학적으로 규정한 사람은 칸트(Immanuel Kant : 1724~1804)이다. 칸트는 성교에 대한 전통적 관점을 적어도 세 가지 중요한 점에서 바꾸어 놓았다. 첫째, 성교가 생식적인 것이라기보다는 본질적으로 쾌락적이고 자기 이익적인 행동이라는 것이다. 둘째, 성교 행위가 주체에 의한 객체에 대한 조종이라는 관점에서 분석된다. 셋째로, 성교(생식적인 목적을 가진 성교일지라도)가 두 인간의 이타적인 결합의 부분으로써 행해질 때에만 도덕적이라고 여겨질 수 있다는 것이다. 이 세 가지 변화들은 각각 성에 관한 후대의 철학적 저작에 중요한 영향을 끼쳤다. 그런데 20세기 초 인간의 모든 행위를 성적 동기로 설명한 프로이트(Sigmund Freud : 1856~1939)는 에로티시즘을 단순한 쾌락 이상의 것으로 의미를 부여했다. 프로이트는 리비도(libido) 이론 및 억압 이론을 통해 성을 철학적으로 해석하였다. 마르쿠제(Herbert Marcuse : 1898~1979)는 프로이트의 이론을 발전시켜 현대 문명은 인간의 본능을 지속적으로 제한하고 있어서 현대인은 생의 본능이 약화되었는데, 이러한 현대인이 인간의 본성을 찾게 하는 유일한 수단이 性이라고 한다. 즉, 성이 사회적, 정치적 금기(taboo)를 넘어서기 위한 수단이라는 것이다.

이 점에 관해 유명한 사회학자 에리히 프롬(Erich Fromm : 1900~1980)의 진술도 귀 기울일 만하다. 프롬에 의하면 인간은 어머니의 뱃속에 있을 때 심리적으로나 육체적으로 가장 편안한 상태라고 한다. 영양섭취는 물론 이거니와 배설, 심지어는 호흡을 하는 수고마저 할 필요가 없다. 어머니의 탯줄이 이 모든 것을 다해 주기 때문이다. 인간이 모태라는 자연과 하나가 되고 있는 때이다. 이 때야말로 인간에게는 가장 편안할 때인 것이다. 그러다 인간은 모태에서 나와 젖먹이가 되었을 때 호흡과 배설을 스스로 해야 한다. 영양섭취를 위해 울음을 울어야 한다. 그래도 이 때에는 어머니가 모든 것을 공급해 준다. 다만 인간은 그것을 소화해 내기만 하면 된다. 인간이 최초로 육체적인 독립체로서 존재하기 시작하는 것은 수저를 들고 스스로 음식을 떠먹을 때이다. 즉, 어머니라는 가장 완전한 자연으로부터 분리되면 될수록 인간은 삶의 고통을 스스로 떠 안아야 한다. 사춘기 시절을 부모로부터 심정적으로 독립할 때라고 한다면, 성인이 되었을 때는 경제적으로도 독립하고 그 배우자를 찾아야 한다. 그리고 한 가정을 이루게 될 때 비로소 인간은 완전한 성인이 된다. 결국 인간의 성장이란 자연으로부터 떨어져 나오는 과정이며, 삶은 곧 자연으로부터의 독립, 즉 자유를 획득하는 과정인 것이다. 그러나 인간은 자연으로부터 독립될 때 두려움과 공포를 느끼게 된다. 그래서 자기 대신에 행동하는 우상을 찾게 된다. 이것이 곧 카리스마인 것이다. 프롬은 1930년대 독일인들이 심정적인 공황에 빠졌을 때 그들의 행동에 지침을 내려주는 카리스마를 원하게 되었고, 이를 교묘히 이용한 것이 곧 히틀러(Adolf Hitler : 1889~1945)였다고 비판한다. 그렇다면 인간이 자연을 그리워하는 것은 곧 모태를 그리워하는 것이며 이것은 인간의 원초적이면서도 완전한 상태를 추구하려는 본능적 심리의 일환인 것이다. 인간의 성적인 욕망도 이와 동일하다. 인간은 완전한 성적인 만남을 통해서 진정한 인간이 될 수 있는 것이다. 문학이 존재한 이래 가장 영원한 주제가 되었던 '사랑'도 바로 이런 이유에서일 것이다. 결국 사랑이란 性의 다른 이름이 아닌 것이다.

그런데 인간은 번식을 목적으로 하지 않고도 이성간의 결합이 가능한 유일한 동물이라는 사실을 잊어서는 안된다. 다시 말해, 종족의 번식이라는 목적 이외에 성적 결합을 추구하게 되는데, 그것은 인간의 성적 결합이 곧 쾌락을 동반한다는 점에 그 이유가 있다. 바로 여기에 성이 종족 번식이나 현대문명에 의해 파괴된 인간의 본성을 회복시키는 수단이라는 긍정적인 측면의 이면에, 성을 상업적으로 이용하려는 시도가 놓여 있는 것이다.

특히 80년대 말 이후 동구권이 붕괴됨에 따라 자본주의와 사회주의라는 이분법적 사고는 붕괴되었다. 우리 사회에서도 90년대 이후 독재와 반독재라는 이분법적 대결이 사라지게 되면서 정치권력을 중심으로 한 '信念'의 시대가 끝나고 대신 문화를 중심으로 하는 '現象'의 시대가 대두되었다. 이 중에서도 가장 주목받고 있는 것이 大衆文化이다. 계몽의 대상이었던 대중이 분석의 대상이 되었던 것이다. 그런데 바로 이 대중문화를 이루는 가장 중심된 축이 다름 아닌 암묵적 금기, 즉 성이다.

그러나 문제는 성이라는 '상상적 공간'이 철저하게 상업화할 가능성이다. 이 상상적 공간은 자본주의 사회에서는 기본적으로 소비의 영역일 수밖에 없다. 80년대 이후 급속한 경제발전에 따라 재화에 대한 욕망이 확대되었으며, 그것은 거꾸로 새로운 구매력을 확충하는 결과를 가져왔다. 여기서 대중문화를 관통하는 에로티시즘이 상상적 욕망의 자극, 즉 새로운 구매력 창출이라는 자본의 재생산구도를 벗어나기란 쉽지 않다. 에로티시즘은 무의식을 신화화하고 성적 충동을 자극해 소비와 연결시킨다. 뿐만 아니라, 이런 성격 때문에 권력의 해체와 물신주의에 대한 비판에서 출발한 현대 에로티시즘이 인간에게 실질적으로 작용하고 있는 구조적 억압을 외면한 채 사실상 인간의 상상적 공간까지도 物神主義에 투항시키는 결과를 몰고 온다는 비판을 받게 된다. 그래서 성은 단순히 '성기나 성행위의 노출'이 아니라 '세상을 엿보는 창구'이다. 대중문화와 권력, 성과 정치학을 연계시키면서, 성은 현대 물신주의를 비판하고 바라보는 열쇠 구멍이자 권력과 자본지배의 해체를 겨냥하는 도구로 사용된다. 이 지점에서 에로티시즘은 미학이기보다는 사회학으로 자리잡게 된다.

이런 면에서 현대 사회에 범람하고 있는 성은 가장 주목받는 감시의 대상이 되고 있다. 즉, 인간본성의 추구를 가장한 상업성 추구, 예술을 가장한 외설, 에로스를 가장한 포르노에 대한 경계의 눈초리를 늦추지 않고 있는 것이다.

Ⅲ. 포르노의 변명 - 리얼리즘과 전위

이제 20세기 말 한국 문화의 주제는 '성' 아니면 '몸'이다. 대도시의 거리에 붙어 있는 영화 포스터의 광고문안들은 물론 대중매체에서도 과거와 같은 '몸을 감추는 미학'은 발견할 수 없다. 사실 '감춤의 미학'은 더 이상 어디에도 존재하지 않으며 '몸을 드러내는 미학'이 그 자리를 차지했다. 우리의 관심을 끄는 것은 에로티시즘이 '예술이냐, 외설이냐' 류의 낡은 틀을 무시하고 새로운 지평에서 자신의 미학을 제시하면서 그들의 文化的 行爲를 정당화하고 있다는 점이다.

성적인 표현을 다룬 작품을 예술성과 외설성을 나누는 잣대로 자주 동원되는 말이 '관능의 미적 승화'와 '성적 수치심의 조장'이다. 전자의 관념은 기본적으로 가부장문화의 도덕률에 의거한 것이다. 그러니까 성적 권력의 주체로서 남성의 기득권을 보장하는 한에서 예술 속의 성 표현을 허락한 한계선 같은 것이었다. 예술 밖에서는 '필요악'이란 인식 아래 갖가지 성상품화를 허용했다. 권력유지에 도움이 됐기 때문이다. 성차별에 기초한 가부장문화는 이렇게 태생적으로 성에 대해 이분법적 태도를 지녔다.

외설시비에 오른 작품들의 한결같은 주장은 '리얼리즘'과 '前衛'이다. 얼핏 보아 서로 모순된 주장인 듯하지만 이 말은 포르노를 이해하는 데 중요한 고리가 된다.

먼저, '리얼리즘'론을 살펴보자. 리얼리즘은 현실을 있는 그대로 그리지 않는 작품은 소설이 아니라는 것이다. 최근 청소년들의 비행을 사실적이고도 섬뜩하게 그리고 있어 교육적으로 청소년들에게 해롭다는 비난을 받고 있는 작가는 문학이 우리의 현실을 그리되, 그것을 작가의 상상력에 의해 그려낸다고 하고 있다. 이런 면에서 작가는 상황을 지어내는 연출가이기도 하고, 또한 인물을 연기하는 배우이기도 하다. 수많은 분신들로 변신해 스스로 연기하거나 분신들로 하여금 연기하도록 한다고 하면서 다음과 같이 항변하고 있다.

> 악인의 역을 맡은 배우에게 왜 그러한 역을 하느냐고 항의할 수 없듯 악인의 삶을 묘사하는 작가에게 왜 그러한 글을 쓰느냐고 항의할 수 없는 법이다. 다만 작가는 일정기간 그 역할을 맡아 연기하고 있을 뿐이다. 그리고 연기는 대강대강 해서는 안되고 실감이 나도록 해야 한다. 가령 등장인물이 슬퍼하고 있는 상황이라면 그 슬픔이 독자들에게 하나의 실감으로 다가가도록 묘사해야 할 의무가 있다. 등장인물이 성적인 흥분을 느끼고 그러한 쾌락을 추구하고 있는 상황이라면 작가는 그 상황 역시 독자들로 하여금 오감으로 느끼도록 성실하게, 좀더 문학적인 용어로 말한다면 자연주의적인 묘사법을 동원해서라도 구체적으로 그려내야 할 의무가 있다.

만일 작품의 외설성이 문제된다면 그것은 우리가 사는 현실이 외설스럽다는 것이다. 예로부터 문학의 본질을 현실을 있는 그대로 그려야 한다고 주장하는, 이른바 사실주의 작가들은 그들 문학의 목표를 현실을 재현하는 데 둠으로써 그들의 태도를 거울에 비유하여 말해 왔다. 물론 거울은 단순히 모방과 같이 쓰여지기도 했지만, 19세기 리얼리즘 문학에서는 現實反映으로 생각하게 되었다. 여기에서 우리는 스탕달(Stendhal : 1783~1842)의 목소리에 귀를 기울일 필요가 있다. 스탕달의 유명한 작품 〈적과 흑〉이 당대의 세태를 너무 부정적으로만 그린 것이 아니냐는 비판에 대해 다음과 같이 말하고 있다.

> 소설이란 커다란 길 위를 오가는 거울입니다. 이 거울은 어떤 때는 하늘의 푸른 빛을 우리에게 비춰주고 어떤 때는 길의 진흙 수렁을 비춰줍니다. 그런데 그 거울을 채롱에 지고 다니는 사람을 당신들은 부도덕하다고 비난하지요. 그의 거울이 수렁을 보여주면 당신은 그 거울을 비난하는 겁니다. 차라리 수렁이 있는 큰 길을 비난하고, 또한 물이 썩어 진창이 되도록 방임한 검찰관을 비난하십시오.

물론 스탕달이 소설을 거울에 비유한 것은 그의 작품에 대한 당시 사회의 비난에 대한 옹호의 성격을 지닌 것이었다. 그러나 사실주의가 현실을 재현하는데 한계가 있는 것도 사실이다. 거울에 비친 모습이 추하다고 해서 거울을 깨는 것은 어리석은 일이다. 오히려 거울을 통해 세상의 추함을 발견하고 이를 시정하는데 힘을 쏟아야 할 것이다.

한편으로 포르노 작가들은 자신들의 작품이 시대에 도전하는 전위라고 주장한다. 이들은 성적 대상이 아닌 성적 주체로서의 여성, 그리고 관능을 무기로 남성의 권위에 도전하기 위해 작품을 창작한다고 주장한다. 그것은 가부장 문화와 자본주의가 창궐하고 있는 현대 문명사회에 대한 도발이었다. '가부장사회의 성적 수치심'을 조장해 그 이데올로기를 깨고 새로운 인식지평을 엶으로써 역사적·미학적 정당성과 정통성을 얻은 예술, 그것이 바로 포르노라고 지탄받고 있는 작가들이 내세우는 항변의 주된 근거이다.

장정일은 '소설은 기껏해야 거짓말에 불과하다. 포르노라는 포장은 내 자신과 작품과의 거리를 한 치도 남겨두지 않고, 나 스스로를 풍자하고 모멸하기 위한 소설의 목적에 합당하기 때문에 빌려온 것일 뿐이다'라고 한다. 또한 문화적 진보를 빙자해 상업주의와 야합하는 것이 아닌가 하는 비판에 대해서도 여균동은 '성의 상품화에 대한 비판이 또 상품화되는 뫼비우스의 띠와 같은 사회의 논리가 문제'라며 '이런 조건에서 상업화는 어쩔 수 없는 것 아닌가'하고 항변한다.

자신들의 작품이 일견 퇴폐를 조장하는 것처럼 보이는 것은 정체성과 이념성이 혼란에 빠진 세기말적 상황에 꿈을 상실한 현대인들을 대신해 저항하고 발언하는 방식의 일환일 뿐이라고 한다. 가부장제도와 자본주의에 시달려 어느 날 직장과 가정을 버리고 사라져 버리는 사람도 있는 것처럼, 기존의 도덕과 윤리를 저버리는 사람도 있을 수 있다는 것이다.

외설(猥褻), 즉 포르노는 성욕을 흥분시킬 목적으로 하는 난잡한 행위이다. 그러나 문학 자체가 행위는 아니므로 어떤 문학이 외설이라고 하는 것은 그런 난잡한 행위를 담고 있는 문학이라는 의미이다.

Ⅳ. 에로스인가 포르노인가

사실 문학작품을 통한 성적 표현이 사회적으로 문제가 된 것은 비단 어제오늘의 일이 아니다. 특히 예술적 표현의 자유와 건전한 성윤리 보호라는 두 축은 대개 법정 공방을 거치게 마련이었다. 사드(Donatien-Alphonse François Sade : 1740~1814)의 〈소돔성 120일〉과 〈규방 철학〉, 보들레르(Charles Baudelaire : 1821~1867)의 〈악의 꽃〉, 플로베르(Gustave Flaubert : 1821~1880)의 〈보바리 부인〉, 로렌스(David Herbert Lawrence : 1885~1930)의 〈채털리 부인의 사랑〉, 헨리 밀러(Henry Miller : 1891~1980)의 〈북회귀선〉 등과 같이 요즘은 명작으로 꼽히는 문학작품들도 당대엔 음란성 시비에 휘말려 법정에서 심판을 받곤 했다.

우리 나라에서도 성적인 표현물이 법적으로 문제된 것은 '유엔 성냥 사건'이 시초라고 할 수 있다. 1969년 5월 당시 부산에 있던 성냥 공장 회사가 스페인 화가 고야의 작품 '나체의 마야'를 성냥갑에 넣어서 팔았다. 한 갑에 25원하는 성냥이 갑자기 불티나게 팔렸다. 그러자 부산지검은 음화제조 및 판매죄를 적용하여 사장을 기소했고 부산지법도 이를 받아들여 벌금 5만원을 내라고 명했다. 사장은 이 명령에 불복하여 정식으로 재판을 청구했다. "전세계가 알아주는 명화가 왜 우리 나라에서만 음화냐"는 주장이었다.

그러나 결론은 유죄였다. 대법원은 1970년 10월, "명화라도 불순한 목적으로 사용하면 음란물이 될 수 있으며 이 경우 그림을 보는 사람의 성욕을 자극하고 흥분시킬 뿐 아니라, 정상적인 성적 질서와 선량한 사회 풍교를 해칠 가능성이 있다"는 취지의 유죄판결을 내렸다. 즉, '아무리 명화라고 하더라도 그것이 있는 자리에 따라서 예술도 되고 외설도 된다. 〈마야부인〉이 박물관에 있으면 예술이지만 술집에 있으면 외설'이라는 것이다.

1. 〈叛 奴〉

문학작품으로는 처음으로 외설시비에 휘말렸던 작품은 염재만의 〈반노〉(叛奴)이다. 이 소설은 작가가 1969년 서라벌예술대학 은사인 소설가 안수길씨의 추천을 받아 발표한 처녀작이다. 이 작품이 법망에 오른 근본적인 이유는 따로 있었다고 염씨는 주장한다. 당시 삼선개헌을 위해 사회적 긴장을 고조시켜가던 박정권은 대대적인 퇴폐풍조 단속을 시작했고, 그 과정에서 박승훈 교수의 사회고발성르포 '영점하의 새끼들', '서울의 밤'과 함께 '반노'를 퇴폐문학으로 몰아갔다는 것이다. 당국은 이 작품을 음란물로 규정하고 작가를 음란문서 제조죄로 기소했다. 1970년 6월 11일 서울 형사지법은 벌금 3만원을 선고했다. 그의 소설 〈반노〉가 음란문서에 해당한다는 판단이었다. 다음은 문제가 된 부분이다.

> …그는 미친듯이 나를 쓰러뜨립니다. 자신의 옷도 벗고 내 옷도 익숙하게 벗깁니다. 서로의 나체만이 남습니다. 서로의 국부가 교면스로운 빛을 발산하면서 한껏 부조되고 그 위에 온갖 충격이 요동쳐 갑니다. 어느덧 기진하여 둘은 널브러집니다.

당시 검사가 외설성이 가장 심하다고 지적한 부분이지만 요즘의 웬만한 소설보다 덜 노골적이다. 염 피고인은 그러나 이 작품이 '성의 노예성에서 탈피'를 주제로 한 순수문학 작품이라며 항소했다. 항소심 재판부인 서울 형사지법 항소 1부(재판장 유태흥)는 이 주장을 받아들여 염 피고인에게 무죄를 선고했다. 판결 취지는 다음과 같다.

> 군데군데 성교 장면이 나오기는 하나 향락적이고 유희적인 면을 탈색한 데다 본능에 의한 맹목적인 성교와 그 뒤에 오는 허망함을 반복 묘사, 인간에 내재하는 성에 대한 권태와 허무를 깨닫게 하고 새로운 자아를 발견하자는 주제인만큼 음란성이 없다.

여러 우여곡절 끝에 대법원은 이후 이 판결을 파기 환송했으나 서울 형사지법이 다시 무죄를 선고하자 1975년 12월 9일 대법원은 '문학작품은 어느 일부분만을 따로 떼어 평가해서는 안되며 그 작품 전체와 관련시켜 판단해야 한다'고 이를 확정했다. 성적 표현의 자유를 폭넓게 인정한 셈이다. 예술의 표현의 자유에 대한 매우 진보적인 판례로 남아 있다. 작가는 오히려 '반노'(叛奴)라는 제목에서 시사하듯이 '성의 노예가 되었던 인물이 섹스의 참뜻은 향락에 있는 게 아니라 자식을 잉태하는 데 있음을 깨닫는다는 것이 주제였다'고 그는 강조한다. 그러나 납본필증을 내주지 않는 편법적 행정규제는 계속됐고 염씨는 어쩔 수 없이 76년 문제가 됐던 부분을 삭제, 1996년 장편으로 개작해 출간했다. 염씨는 '개작 장편은 6개 대목을 고치고 '수정 전'과 '수정 후'를 비교한 대비표까지 만들어 제출하고서야 납본필증을 받을 수 있었다고 한다.

2. 〈즐거운 사라〉

그러나 〈반노〉에 대해 무죄를 선고한 판례는 비교적 진보적인 것에 속한다. 이로부터 17년 후 법원은 성적 표현에 대해 엄격한 입장을 취했다. 마광수 교수의 소설 〈즐거운 사라〉 재판에서였다. 간행물윤리위원회는 이 소설에 대해 "성적 요소를 주제로 한 실험적 시도 등 어느 정도의 문학성을 인정한다 하더라도, 전체적인 플롯 없이 자위행위로부터 혼음, 구강 및 항문성교 등 갖가지 음란한 성행위를 상상케 하여 작중인물을 성적으로 자극하고, 이같은 상황을 직접 재현토록 하는 등 내용 전반에 걸쳐 성에 대한 말초적 탐닉과 쾌락만을 연속적으로 반복, 추구하고 있다"고 판정을 내리고 검찰에 고발하였다.

1992년 12월은 법원은 마 교수와 이 책을 출판한 도서 출판 청하 대표 장석주 피고인에게 징역 8월에 집행유예 2년을 선고했으며, 항소심에서도 피고인의 항소를 기각했다(1994년 7월 13일). 두 재판부 모두 '이 소설이 노골적이고 상세한 성행위 묘사로 일반인의 성적 수치심을 자극, 인간의 성행위 자체에 대한 혐오감과 불쾌감을 불러 일으켰다'는 판단이었다.

공연히 일반인의 성적 수치심을 자극하는지의 여부를 판단하는 성적 표현의 법적 한계는 어차피 주관적 판단에 의존할 수밖에 없기 때문에 앞으로도 이 문제에 대한 논란은 끊임없이 계속될 것으로 보인다. 한국형사정책 연구원의 이경재 연구원은 자신의 논문에서 이렇게 말했다.

> 성을 자유롭게 표현하려는 인간의 욕망과 이를 제한하고 규제하려는 국가정책의 상충은 앞으로도 계속될 것이다. 올바른 성문화와 성질서를 유지하기 위해 이에 대한 합리적이고 타당한 경계선을 찾는 작업은 우리 모두의 숙제이다.

마광수 교수가 쓴 〈즐거운 사라〉가 예술인가 외설인가로 법정시비에 들어간 일이 있었다. 4명의 작가와 평론가가 그것을 읽고 난 결과는, 외설이라고 한 사람이 두 사람이고 예술이라고 한 사람도 두 사람이었다. 어쨌든 그 바람에 한동안 마 교수는 대학강단에 설 수가 없게 되었다.

그러자 이제는 무분별한 성적 표현에서 건전한 성윤리를 보호하고자 하는 시민단체들이 적극적으로 움직였다. 그것은 소위 신세대문학의 대표적인 작가라고 일컬어지는 장정일의 〈내게 거짓말을 해 봐〉에 대한 음란성 논란이다.

3. 〈내게 거짓말을 해봐〉

장정일은 경북 달성에서 태어나 중학교를 졸업한 후 소년원 수감 등 다양한 인생체험을 쌓은 후 84년부터 시인으로서 활동을 시작했다. 그 후 87년 《동아일보》 신춘문예에 희곡작품이 당선돼 극작가로도 활동을 시작했으며 90년 소설집 〈아담이 눈뜰 때〉를 펴내면서 소설가로 전업해, 다양한 장르를 넘나드는 대표적인 문인으로 꼽힌다. 그의 대표적인 작품으로는 제3회 김수영문학상을 받은 시집 〈햄버거에 대한 명상〉, 〈길안에서의 택시잡기〉와 장편소설 〈너에게 나를 보낸다〉, 〈너희가 재즈를 믿느냐?〉, 희곡집

〈긴 여행〉 등이 있다. 신세대문학의 대표주자로 꼽혀 온 그의 소설들은 대부분 영화로도 만들어져 큰 성공을 거두었고 최근 대학로 연극가에서는 그의 작품들이 여러편 잇따라 무대에 올려지는 등 작가로서의 입지는 단단하다.

문제가 된 그의 소설 〈내게 거짓말을 해봐〉(김영사 간, 1996년)는 중년 예술가와 고3 여학생의 변태적 성행위가 기둥 줄거리를 이루고 있다. 아내를 파리에 유학 보낸 후 아무 것도 하지 않으면서 혼자 살고 있는 중년의 전직 조각가가 고3 여학생과 정사를 벌이는 것이 기둥 줄거리이다. 여학생의 큰언니는 강간을 당한 후 자살했고, 작은언니는 자신을 강간한 사람과 결혼해 브라질로 이민갔다. 여학생은 강간당하기 전에 자기 의지에 의해 순결을 잃겠다는 생각으로 유명인사인 조각가에게 전화를 걸고 섹스를 약속한다. 둘은 경북 안동의 역 근처 허름한 여관에서 첫 정사를 치르고, 이후 안동과 대구 등을 전전하며 섹스를 즐긴다. 조각가는 대걸레 자루와 허리띠로 때리는 등 가학적 성행위에 탐닉한다. 여학생도 이 행위를 반긴다. 여학생은 결국 브라질로 이민을 가 SM(사디스트 & 매저키스트)클럽에서 일하게 된다는 내용이다.

이에 대해 시민단체들은 이 작품이 "전체의 80%에 걸쳐 성행위를 묘사하고 성기의 명칭을 그대로 사용할 뿐만 아니라, 가학성 피학성 변태행위 등 우리 정서에 맞지 않는 성행위들을 여과없이 구체적으로 기술하고 있는 완전 포르노물"이라고 하면서 "돈벌이에 급급해서 이같은 음란·저질 출판물을 제작 판매하는 것은 기업의 사회적 책임을 망각한 것'이라고 지적했다. 그러면서 출판사 측에도 대국민 공개사과와 발행된 음란소설의 즉각적인 회수 및 폐기, 음란소설 판매로 얻은 수익금전체를 청소년기금으로 사용할 것 등을 촉구했다. 만일 출판사측이 납득할만한 조치를 취하지 않을 경우 해당 출판사가 발행하는 모든 도서에 대해 불매운동을 전개하고 관할 행정기관에 출판등록취소 요청을 할 계획이라고 밝혔다.

작품에 대해 논란이 일자, 출판사는 작품을 전량 회수, 파기를 했지만 간행물윤리위원회는 전체심의위 회의를 열어 문체부에 출판사와 작가에 대해 제재를 건의했다. 일이 심상치 않게 돌아감을 느끼자, 출판사는 신문광고를 통해 작품의 음란성을 인정하고 판매된 책에 대한 환불의사를 표명했지만, 검찰이 출판사의 대표를 전격 구속함으로써 문학에서의 성표현 한계와 이에 대한 법적 제재의 타당성여부가 또다시 논란이 되고 있다. 검찰은 소설 '내게 거짓말을…'이 남녀간의 노골적인 성행위를 묘사하고 성도착적 행각을 담고 있어 예술작품으로는 볼 수 없는 외설이라는 입장이다. 특히 20년의 나이 차이를 가진 두 남녀의 성행위 묘사가 작품 전체의 7할 이상을 차지할 정도로 여과없이 표현된 것은 포르노를 방불케한다는 것이 검찰의 주장이다.

이 작품이 외설적이라고 하여 사법적 제재를 가하려고 하는 검찰의 처사에 대해 사회 각계의 반응은 크게 엇갈린다.

시민사회단체들은 "검찰이 장씨의 소설에 대해 법적인 제재를 가한다면 그것은 문학작품에 대한 제재가 아니라 상품화된 외설도서에 대한 제재로 봐야 한다"고 하면서 검찰의 사법조치를 대체로 받아들이는 분위기다. 문화계에서도 이 소설의 외설성에 대해 공감하는 목소리가 없는 것은 아니다. 그러나 문학작품을 검찰이 사법적으로 재단하는 것은 문제가 있다는 게 일반적인 주장이다. 작품에 대한 최종판단은 독자들에게 맡겨야 한다고 강조하고 있다. 청소년의 정서에 악영향을 끼치는 도서를 낸 출판사도 책임이 있지만 법으로 창작물을 규제하는 것은 바람직하지 않다는 것이다. 특히 음란 비디오, 도색잡지, 만화 등의 외설물에 비하면 소설의 사회적 영향력은 미미하다고 전제하고 출판물의 사회적 책임을 물어 출판인을 구속하는 것은 우리 문화의 후진성을 드러낸 것일 뿐이라는 것이다. 문단에서도 문학작품에 대한 사법적 단죄에 대한 우려의 소리가 높다. 특히 신세대 문학의 선두주자로서 광범위한 고정독자층을 갖고 있고, 소설뿐 아니라 시, 희곡, 시나리오 등에 재능을 보이고 있는 장씨에 대한 사법처리는 문단의 창작풍토를 크게 위축시킬 것이라고 문인들은 우려하고 있다.

지난 신세대작가 10명과 함께 '장정일 사법처리 반대성명'을 발표한 소설가 김영하씨는 '모든 형태의 검열은 작가 및 독자의 상상력을 제한하며 궁극적으로 문화적 생산력을 억압한다'며 '사법처리에 앞서 문학계 내부의 활발한 논의를 수렴하는 작업이 있어야 할 것'이라고 밝혔다.

표현의 자유와 창작물에 대한 검열 금지는 헌법에 보장된 기본권이라고 하면서 표현의 자유로서 보장돼야 할 藝術性과 공리를 위해 규제해야 할 음란성이 한 작품에서 동시에 드러날 경우 어느 한쪽을 배타적으로 인정할 것이 아니라 양자의 가치 중 무엇이 우선하는가를 판단해야 할 것이라는 법조계의 주장도 제시되고 있다.

작가는 자신의 소설에 대해 사법 처리하려는 검찰에 대해, 다음과 같이 강력히 반발하고 있다.

> 이들은 소설의 내용만 읽고 형식은 안 읽은 것이다. 소설에서 제일 맛있는 부분은 형식이다. 소설에는 47가지로 분류되는 형식이 있다는데 이를 무시한다면 소설가들은 소설을 쓸 필요가 없다. 내 소설의 형식을 제대로 읽어내지 못한다는데 작가로서 절망했다. 아직 우리는 그 정도밖에 안되는 것이다. 이 소설은 당초부터 작정하고 썼던 작품은 아니다. 진시황이 장남에 의한 권력 찬탈을 두려워해 아들을 변방으로 유폐시켜 버린 고사에서 모티브를 따 쓰려고 하는 소설 〈중국에서 온 편지〉라는 작품의 전 단계에서 나올 수밖에 없었던 소설이다. 아버지라는 권위에 대한 부정, 이 주제를 내 소설의 창작단계상 반드시 다룰 수밖에 없었다.

평론가들도 작가의 분신이라고 할 주인공 조각가가 '나는 똥이다'라고 자기 모멸적인 말을 반복함으로써 기존의 도덕이나 관습에 의해 억압되었던 자신을 구출하고 새로운 가치관을 내세우기 위한 것이라고 한다.

요컨대 과도한 성적 표현을 다루고 있는 작품들에 대해 작가의 표현의 자유가 구현된 것일 뿐이라는 데에 대해 법원측은 이들을 독자의 성적 수치심을 자극하는 것이라고 판결하고 있다. 그러나 수치심이라고 하는 것은 피동적인 감정이다. 외적인 상황이 자신의 의사와는 달리 자신의 자존심을 자극하여 열등감을 느끼게 하는 것이다. 아무리 생각해도 성적 수치심을 자극받기 위해 돈들이고 시간을 빼앗기면서까지 성적 음란물을 접할 사람이 과연 몇이나 될까 생각해보지 않으면 안된다. 독자가 시간과 돈을 들여 성적인 음란물을 본다는 사실에 미루어 성적인 수치심이라기보다는 성적인 흥분이라고 할 수 있다. 내가 수치심을 느꼈다고 해서 다른 사람도 똑같은 감정이라고는 말할 수 없는 것이기 때문이다. 아담과 이브가 에덴동산에서 벌거벗고 뛰놀았을 때 수치심은 없었다. 그것은 가장 아름답고 자연스런 장면이었던 것이다. 그러나 죄를 짓고 나서부터 죄의식이란 안경을 쓰고부터 수치심이 생겨난 것이다.

우리는 여기에서 음란물로 지적하여 D.H. 로렌스의 〈채털리 부인의 사랑〉에 대한 법적인 공방을 살펴볼 필요가 있다. 로렌스의 소설 〈채털리 부인의 사랑〉은 발표 당시는 물론이고, 그가 죽은 지 30년 후인 1960년에 이르기까지 완전한 작품이 햇빛을 보지 못했고 그 동안 부분적으로 삭제된 발췌본만이 출판되었을 뿐이다.

로렌스의 이 작품은 인간의 보다 근원적인 것에 의하여, 인간성을 이지러뜨리고 있는 현대 문명의 병폐를 이겨내자는 주장을 담고 있다는 일반적인 평이다. 그러나 당시의 영국의 도덕은 이를 용납하지 않았고, 너무 외설적이라 하여 완전한 발표를 금지해 왔던 것이다. 이것은 삭제되지 않은 완전한 작품이 발표된 1960년도에도 마찬가지였다. 문제의 작품을 부분적으로 인용해본다.

> "아아! 당신 몸을 만지니 황홀하군요!" 그는 그녀의 허리와 엉덩이의 섬세하고도 따스한, 아무도 모르는 비밀의 살결을 손가락으로 애무했다. 그는 얼굴을 아래로 숙이고 그녀의 배와 넓적다리에 뺨을 문질러댔다. 그녀는 자신의 알몸이 그에게 그토록 황홀감을 주는가 싶어 의아해했다. 코니는 그의 뺨이 자기의 넓적다리로, 배로, 그리고 엉덩이로 미끄러지며 애무하고, 그의 숱 많고 부드러운 머리와 수염이 마치 솔짓하듯 스쳐가는 것도 느꼈다. 그러자 그녀의 두 무릎이 바르르 떨리기 시작했다.

> 그도 또한 자기 육체의 앞부분을 드려냈다. 그가 자신의 몸속으로 들어올 때 그녀는 그의 벌거벗은 맨살이 와 닿는 것을 느꼈다. 그는 잠시 동안 그녀 속에서 몸을 부풀리며 가만히 있었다. 어쩔 수 없는 흥분에 사로잡혀 갑자기 그가 움직이기 시작하자 이상야릇한 흥분이 그녀의 체내에서 물결처럼 퍼졌다. 그녀는 마지막 황홀경에서 자기도 모르게 부르짖은 가냘픈, 그리고 거친 신음소리도 의식하지 못한 채 누워 있었다.

로렌스의 탄생 75주년과 자사 창립 25주년을 기념하여 펭귄 북스 출판사는 〈채털리 부인의 사랑〉을 무삭제로 출판하기로 하였다. 그러나 당시 영국에서는 1959년에 '외설물의 출판'을 규제하는 법령이 공포되었다. 출판사는 이 책을 당국에 제출하였고 이에 대해 법원은 이 작품에 대해 법에 저촉되는지의 여부를 가리는 재판을 열었다. 검사는 다음과 같이 논고한다.

> 이 작품에서 나오는 성교(性交) 장면의 부분은 열 세 군데나 됩니다. 휘장조차 내려지지 않았습니다. 누구든 읽게 되면 그들의 행위를 따라 침실은 물론 침대까지 엿보고, 그리고 계속 그 행위를 지켜보는 꼴이 됩니다. 변화란 것은 단순히 그 행위가 일어나는 시간과 장소에 따라 다를 뿐입니다. 부인의 규방(閨房)에서 일을 벌이는가 하면 숲속의 오두막집에서 마루에 담요를 깔고 일을 벌이기도 합니다. 숲속의 관목 사이에서도 일을 벌이고, 역시 숲속에서 비가 퍼붓는 가운데 완전히 나체가 된 연후에 빗방울을 뚝뚝 떨어뜨리면서 그 행위를 합니다. 그들이 사냥터지기의 오두막집 난롯가에서 시작해서 새벽 동이 틀 무렵 침대에서 다시 그 행위를 벌이기까지 줄곧 이를 지켜보는 셈이 됩니다. 마지막에 가서는 장소를 불룸스베리로 옮기며 다시 불룸스베리의 하숙집에서 그 광경을 목격하는 꼴이 됩니다. 그것이 말하자면 변화의 전부입니다. 그 행위가 벌어지는 시간과 장소는 으레 쾌락과 욕구의 만족, 그리고 관능과 결부지어 강조됩니다. 배심원 여러분, 이 책은 도처에 섹스투성이입니다. ……그들은 그저 다른 상대와 성교를 벌이는 몸뚱이에 지나지 않습니다. 플롯은 그 공간을 메우기 위한 내용 없는 대사에 지나지 않습니다. 즉 다시 오두막집에 이른다던가 거

> 기서 산새(山塞) 혹은 숲속의 관목 밑 등등으로 전전하는 사이사이를 메우는 구실밖에 못 합니다.

이에 대해 변호인측은 변론에 앞서 '타락시킨다'의 뜻을 규정하면서 반론을 제기한다.

> 이 말은 도덕적으로 악하게 만드는 것, 비뚤어지게 만들거나 저열하게 하거나 썩어빠지게 만드는 것, 또 좋지 않게 물들이거나 감염케 하여 불건전하게 만들거나 더럽히는 것입니다. 따라서 어떤 책이 법률적인 의미에서 외설스럽다고 한다면 원래 나쁜 짓을 할 수 없는 독자를 분명 사악하게 만드는 것이어야 합니다. 하지만 이 책을 읽게 되면 여러분도 아시다시피 저자가 무엇을 의도하고 있는 지를 알 수가 있습니다. (검찰측은) 이 책에서 육체 관계를 벌이는 장면이 열세번이나 나오고 변화란 단순히 시간과 장소뿐이라고 지적하고 있습니다. 나는 여러분이 분명 그의 의견에 대해 반대 의사를 갖고 있다고 보고 있습니다. 이 책이 지적하는 것은 20세기의 영국 실정입니다. … 로렌스의 의도는 그가 사는 시대가 기계문명의 시대이며 모든 사람이 돈에 집착해서 정신보다는 물질적인 것을 강조하고 있으므로 인간관계를 재조정해야 한다는 데 있습니다. 따라서 저자의 생각은 무엇보다도 사랑을 통한 남녀의 관계가 중요하다고 보고, 그 관계는 오직 육체의 결합을 통해서 형성되는 것이 정상적이며 완전한 것이어서 부끄러워 할 필요도 없고 솔직히 이야기할 성질이라고 보았습니다. … 이제 어느 누가 책을 쓰면 양성의 육체적 결합에 대해 적는다면 그가 의도하는 대로 묘사할 필요가 있다고 봅니다. 나 역시 육체의 결합을 묘사한다면 로렌스가 적은 대로 쓰는 것이 필연적일 것이라는 생각을 합니다.

로렌스는 육체적인 삶이 가장 중요한 것이며 많은 사람이 비참하게도 거세된 상태에서 살고 있어 절반의 인생만을 사는 셈이라고 보았다는 게 변호인 측의 요지였다. 결국 로렌스의 작품은 독자의 성적 흥분을 야기시켜 성적 수치심을 자극하기 위함이 아니라 현대인들이 상실한 인간본성을 회복하기 위한 것이라는 것이다.

우리 문학사에 있어 이른바 고전이라 불리는 작품들에도 성의 문제는 빈번하게 등장한다. 다음은 남과 북이라는 이데올로기적 암초에 걸려 좌절할 수밖에 없었던 한 젊은이의 삶을 그린 최인훈의 〈광장〉의 일부분으로, 관념론자 명준이 윤애를 만나 허무한 애정행각을 벌이는 장면이다.

> 그녀의 움직임이 명준을 갑자기 떠밀었다. 잡았던 손에 힘을 주어 자기 쪽으로 당기면서, 다른 팔로 그녀의 허리를 붙든다. 입술을 가져가니, 억세게 밀어낸다. 그녀는 두 팔로 그의 가슴을 받치고, 머리를 저어 그의 입술을 비킨다. 명준은, 그녀의 허리를 안았던 손에 힘을 주고, 한 팔로 그녀의 팔을 젖히면서 앞으로 당기자, 그의 가슴을 받치던 윤애의 팔이 꺾이고, 이쪽 가슴으로 푹 안기고 만다. …그는 감았던 팔을 확 풀면서, 그녀의 턱과 뒷머리를 거칠게 붙잡아, 틈을 주지 않고 입술을 누른다. 기다리기나 한 듯이, 곧, 그녀의 입술이 열리고, 부드러운 그녀의 혓바닥을 자기의 그것으로 느낀다. 그는 가슴으로 그녀의 무게를 받아주면서, 그대로 입을 빨았다. 그녀는 눈을 감은 채 팔을 축 늘어뜨리고 있었으나, 그의 것을 맞이하는 그녀의 미끄러운 살점은 빠르게 움직인다.
>
> — 최인훈, 〈광장〉에서

문학작품은 해석의 다양성으로 인해 에로티시즘의 한계가 불분명한 것도 사실이다.

우리 근대시사에 한 획을 그었던 낭만주의자 이상화의 〈나의 침실로〉를 예로 들어 보자. '마돈나'와 나의 관계를 실제 상황으로 고려할 경우와, 상징적 의미를 추구하는 경우 그 의미는 서로 매우 이질적인 것이 된다.

> '마돈나' 지금은 밤도 모든 목거지에 다니노라 피곤하여 도라가련도다.
>
> 아, 너도 먼동이 트기 전으로 수밀도(水密桃)의 네 가슴에 이슬이 맺도록 달려 오너라.
>
> '마돈나' 오려무나. 네 집에서 눈으로 유전(遺傳)하던 진주(眞珠)는

다 두고 몸만 오너라.
빨리 가자. 우리는 밝음이 오면 어딘지 모르게 숨는 두 별이어라.

'마돈나' 구석지고도 어두운 마음의 거리에서 나는 두려워 떨며 기다리노라.
아, 어느덧 첫닭이 울고——뭇 개가 짖도다, 나의 아씨여, 너도 듣느냐.

'마돈나' 지난 밤이 새도록 내 손수 닦아 둔 침실(寢室)로 가자, 침실로!
낡은 달은 빠지려는데 내 귀가 듣는 발자욱——오 너의 것이냐?

'마돈나' 짧은 심지를 더우잡고 눈물도 없이 하소연하는 내 마음의 촛불을 봐라.
양털 같은 바람결에도 질식(窒息)이 되어 얄푸른 연기로 꺼지려는도다.

'마돈나' 오너라, 가자, 앞 산 그리매가 도깨비처럼 발도 없이 이곳 가까이 오도다.
아, 행여나 누가 볼는지——가슴이 뛰누나, 나의 아씨여, 너를 부른다.

'마돈나' 날이 새련다, 빨리 오려무나, 사원(寺院)의 쇠북이 우리를 비웃기 전에 네 손이 내 목을 안아라. 우리도 이 밤과 같이 오랜 나라로 가고 말자.

'마돈나' 뉘우침과 두려움의 외나무다리 건너 있는 내 침실(寢室), 열 이도 없느니!
아, 바람이 불도다. 그와 같이 가볍게 오려무나 나의 아씨여 네가 오느냐?

'마돈나' 가엾어라 나는 미치고 말았는가 없는 소리를 내 귀가 들음은—내 몸에 피란 피—가슴의 샘이 말라 버린 듯 마음과 목이 타려는도다.

'마돈나' 언젠들 안 갈 수 있으랴 갈 테면 우리가 가자 끄을려 가지 말고!
너는 내 말을 믿는 '마리아'—내 침실이 부활(復活)의 동굴(洞窟)임을 네야 알련만…….

'마돈나' 밤이 주는 꿈 우리가 얽는 꿈, 사람이 안고 궁그는 목숨의 꿈이 다르지 않으니
아, 어린애 가슴처럼 세월 모르는 나의 침실로 가자 아름답고 오랜 거기로.

'마돈나' 별들의 웃음도 흐려지려 하고 어둔 밤 물결도 잦아지려는 도다.
아, 안개가 사라지기 전으로 네가 와야지 나의 아씨여 너를 부른다.

이상화, 〈나의 침실로〉

Ⅴ. 예술과 외설의 판단 기준

결국 앞에서 살펴보았듯이 한 작품이 외설인지 예술인지, 혹은 에로스와 포르노를 구분하는 것은 분명하지가 않다. 그것을 판단하는 기준이 일관되지 않기 때문이다. 그러나 공통된 것은 에로스와 포르노를 규정짓는 속성을 작품 자체에 있다기보다는 그것을 창작하는 작가나, 그것을 감상하는 독자에게서 찾아야 한다는 점이다.

다음의 표를 보자.

〈표 1〉

	비공개	공 개
창 작	A	B
감 상	C	D

여기에서 A는 성적 표현물을 제작한 작가가 자신이 그것을 그렸다는 사실이 다른 사람에게 알려지는 것을 부끄럽게 생각하는 경우이며, B는 성적 표현물을 제작한 작가가 자신이 그것을 그렸다는 사실을 다른 사람에게 알리는 경우이다. 또한 C는 성적 표현물을 보는 사람이 자신이 그것을 보았다는 사실이 다른 사람에게 알려지는 것을 부끄럽게 생각하는 경우이고, D는 성적 표현물을 감상하는 사람이 자신이 감상하였다는 사실이 다른 사람에게 알려져도 무방하다고 생각하는 경우이다. 그런데 예술적 표현물은 그것을 창작했을 때가 아니라 감상자의 감상활동과 결부될 때만이 예술로서의 존재 가치를 갖는다. 따라서 A와 B는 반드시 C, D와 결합을 할 때만이 표현물로서 인정을 받는다. 이해를 돕기 위해 각각의 경우에 대해 구체적인 사례를 살펴보자.

사례 1. 영희는 시골 버스 대합실의 화장실 벽에 영문자 W, X, Y를 사용하여 여체의 모습을 그린 그림을 보고는 그것을 망측하게 여겼다.(A-C)

사례 2. 미술 선생님께서 화장실에 있는 음란한 그림을 베껴다가 학생들에게 보여 주면서, '아주 간단한 선으로 여체의 모습을 극도로 단순화하여 그린 멋진 그림'이라고 하였다. 학생들은 모두 낄낄대며 웃었다.(A-D)

사례 3. 정숙이는 미술관에서 벌거벗은 여체를 묘사한 그리스 조각품을 보고는 얼굴이 붉어져서 황급히 시선을 다른 데로 돌렸다. (B-C)

사례 4. 혜진은 미술관에서 남자와 여자의 벗은 몸을 형상화한 조각품을 보고는 참으로 훌륭한 예술품이라고 생각하고는 친구에게도 한번 볼 것을 권했다.(B-D)

만일 성적 표현물이 외설인지를 판단하는 잣대가 감상자에게 '성적 수치심'을 야기하는지의 여부에 있다고 한다면, 작가가 무엇을 표현하였는가, 혹은 어떤 의도로 표현하였는가는 잣대가 될 수 없다. 앞 절에서 논의한 바와 같이 작가는 항상 자신의 표현물이 인간의 진솔한 본능을 그린 것이며, 그것이 또한 오늘날의 풍속이라고 주장하고 있기 때문이다. 위의 사례에서 보듯이 사례 1은 작가는 성적인 표현물을 화장실이라는 은밀한 장소에 그렸다는 사실에서 자신이 그것을 그렸다는 사실이 대중에게 공개되는 것을 부끄럽게 여기고 있으며, 감상자 또한 자신이 감상하였다는 사실이 다른 사람에게 공개되는 것을 부끄럽게 여기고 있다. 이것은 작가나 감상자 모두에게 성적 수치심-성적 흥분을 포함한-을 유발하고 있는 것으로서 '외설'로 단정할 수 있을 것이다. 그런데 같은 성적 표현물을 미술 선생님은 '여체를 단순화한 그림'이라고 하면서 학생들에게 보여준다면, 그것은 외설로 인정하기 어렵다. 이 그림을 보는 학생들 또한 은밀한 공간에서 볼 때와는 달리 성적 수치심을 느끼지 않는 것이다. 오히려 그것은 외설물이라기보다는 그것의 활용도에 따라 교육적 소재의 일부가 될 수도 있다.

그런데 훌륭한 예술작품이더라도 그것을 감상하는 사람이 어떻게 받아들이냐에 따라 예술성에 대한 판단이 달라진다. 사례 3은 그리스 조각품에 대해서 단순한 성적 표현물로 간주하고 자신이 성적인 자극 혹은 흥분을 느끼고 있다는 사실이 공개될까봐 시선을 돌리고 있다. 이것은 감상하는 대상이 무엇이건간에 그것을 감상하는 사람에 의해 외설성의 여부가 결정되는 것이다. 정숙이가 감상한 작품이 아무리 훌륭한 작품이더라도 감상 주체가 성적 수치심을 느끼게 된다면 그것은 외설성을 갖고 있는 것이다. 사례 4에서 보듯이 인간의 본성을 그린 성적인 표현물은 그것을 감상하는 주체가 훌륭하다고 느끼게 될 때 외설 혐의를 벗게 되는 것이다.

요컨대, 성적 표현물이 외설물인가의 여부는 창작자나 대상물에 있는 것이 아니라 감상 주체가 그것을 어떻게 느끼고 있는가에 달려 있다는 것이다. 성적 표현물을 생산한 작가가 그것을 외설적으로 표현하였다고 하더라도 그것을 예술적 안목으로 감상할 수 있다면 예술품이 될 수 있는 것이다. 다시 말해 아무리 성적 음란물이 범람하더라도 그것이 대중에게 해악을 끼칠 수 있는지의 여부는 법적인 잣대가 아니라, 그것을 감상하는 독자 대중의 문화적 심미안에 달려 있는 것이다.

Ⅵ. 현실을 상징 차원으로 이끌어 올리기

최근 일각에서 성적인 소재를 담고 있는 문학적 표현이 사회의 건전한 성도덕을 문란시킨다는 이유로 제도적으로 엄격히 제한해야 한다는 주장이 대두되고 있다. 성적인 소재를 다루고 있는 문학작품은 청소년에게 부정적인 영향을 끼치며 나아가 성관련 범죄를 유발할 수도 있다는 것이다. 그러나 과연 문학의 성적인 표현을 제도적으로 제한하는 것은 삶을 반영한다는 문학의 본성을 문학의 속성을 간과한 것은 아닌지 고려해 보아야 한다.

인간에게 성은 종족번식의 수단이면서 한편으로는 그 자체가 아름다움이고 즐거운 유희이다. 단순히 생식본능에만 매달리는 동물과는 다른 것이다. 성의 이러한 속성으로 인해, 인류 역사상 수많은 예술작품들이 성을 소재로 삼아 왔다. 그런데 언어는 모든 표현수단 중 인간의 본성을 가장 솔직하고 사실적으로 그려내는 장르이다. 현대인들은 그들의 욕망을 분출하는 주요한 수단으로 예술적 표현을 선택하고 있다. 이런 이유로 해서 예술은 대중과 가장 친숙한 예술 장르이며, 따라서 결코 대중의 요구에서 자유로울 수 없다. 문학에서 성적인 내용을 다루게 되는 것도 우리 사회를 구성하고 있는 대중의 암묵적 요구를 반영한 결과라고 할 수 있다. 또한 문학은 시대의 변화를 담는 예술이면서 동시에 상업적 이익을 목적으로 하는 문화상품이다. 문학이 어떠한 형태로건간에 상품의 성격을 띠는 이상 성을 소재로 하여 이윤을 추구하는 건 경제논리로 보아도 정당한 행위이다. 더구나 성의 상품화는 오랜 역사를 가졌고 현재는 그 진행속도가 눈에 띄게 빨라지고 있을 뿐이다. 이제 더 이상 성은 은밀하거나 추한 것이 아니다. 성에 대한 이러한 인식의 변화를 거부하고 전통적인 윤리도덕의 잣대만을 고집한다면 오히려 부작용만 부를 뿐이다.

그런데 여기서 주목할 것은 사회주의 퇴조와 가볍고 말초적인 것만을 찾는 讀者들의 性向에 따라 성적인 음란물이 전성기를 이룰 것이라는 예상과는 달리 성적인 표현물이 상업적 성공한 작품이 거의 없다는 사실에 주목할 필요가 있다. 의외로 대중들의 냉담한 반응을 보이고 있는 것이다. 상당수의 작가들이 독자들의 말초적 신경을 노리고 한껏 성을 묘사했지만 상업적이든 문학적이든 성공한 작품이 최근에 한편도 없다는 사실은 그만큼 감상 주체들의 심미안이 달라졌다는 것을 의미한다. 이를 달리 말하면 아직 우리 사회가 용인할 수 없을 정도로 성적인 표현이 풍속으로 자리잡고 있지 않다는 말도 될 것이다. 몇 년전만 하더라도 남녀간의 성행위를 노골적으로 묘사한 작품들이 문단의 중심적인 화제를 차지했으나 최근 들어 예상외로 빠르게 주춤해 있는 상태다. 최근 독자들의 대중적인 사랑을 받은 것으로 평가되는 문학작품들은 80년대 운동권의 퇴조 이후에 나타난 심리적 그림자(최영미, 〈서른, 잔치는 끝났다〉)라든가 사회적 세태를 반영하고 있는 작품(김정현, 〈아버지〉) 등이라는 사실이다. 이들 작품에 나타나고 있는 작가의 감수성과 描破性 등이라는 점은 의미심장하다. 이들 작품에는 성애의 노골적인 장면보다는 삶에 대한 솔직성이 강력한 무기가 되고 있는 것이다.

이런 변화의 이유로는 에이즈에 대한 공포나 반복행위에 의해 인격을 몰개성화하는 포르노그래피에 대한 각성을 꼽을 수 있다. 이것이 확인시켜 주는 것은 근본적으로 문학은 승화된 想像力에 의존함으로써 영상매체 시대에도 여전히 문화의 주요 장르로 작용할 수 있다는 비전이다.

세계적으로 외설적인 성대신 문학의 새로운 테마로 등장하는 것이 과학적 상상력, 제3세계 인식, 생태학과 환경, 비교문화론 등이다. 우리 문학작품의 대부분은 과거회상이나 존재의 비극 등을 얘기하는 정도에 머물러 있지만 세계독자들의 관심을 끄는 작품은 달라지고 있는 세계의 추이를 반영한 것들이다. 프로이트 등장 이후 20세기 문화예술의 전영역을 지배한 테마였던 성은 그 신비와 터부까지 모조리 발가벗겨 짐으로 해서 비중을 현격하게 상실해간다. 한편으로 이것은 무분별한 성적 표현물로 말미암아 작가의 몰개성화에 대한 각성의 영향으로 보인다.

이렇듯 대중성과 상업성을 본질적 특성으로 하는 문학이 과도한 성적인 표현을 하고 있다고 해서, 마치 문학이 성의 문란을 몰고 오는 듯 몰아 세우는 것은 본말이 뒤바뀐 것이다. 문학은 문학일 뿐이다.

〈연구 과제〉

1. 본문에 인용된 최인훈의 〈광장〉의 한 대목을 읽고 물음에 답을 해 보자.

(1) 문학작품은 한 부분만 읽으면 안 되는 이유를 설명해 보자.

(2) 이 부분이 '외설적'이라면 그 이유는 무엇인가, 그리고 외설적이 아니라면 그 이유는 또 무엇인가 설명해 보자.

2. 본문에 인용된 이상화의 〈나의 침실로〉를 읽고 예술과 외설의 경계선이 어디인지 설명해 보자.

〈참고문헌〉

R. 베이커, F. 엘리스톤, 이일환 역, 『철학과 성』, 홍성사, 1982.
김정자 외, 『한국 현대 문학의 성과 매춘 연구』, 태학사, 1996.

제 6 부

文學의 흐름과 理解의 方向

제 14 장
디지털 문화 시대의 사이버 문학

박 윤 우*

Ⅰ. 사이버 문학의 정의

우리 사회가 정보화 사회로 급격한 변동을 겪으면서 문학을 둘러싼 환경 여건 역시 이러한 사회적 영향에 점차 깊숙이 관련되는 경향을 보이고 있다. 한때 대중매체의 위력에 침윤된 문학의 통속화, 상업화에 대해 부정적인 눈으로 우려의 시선을 보냈던 경우도 있었지만, 컴퓨터와 인터넷이 인류공통의 기술적·정보적 언어로서 굳게 자리 잡은 지금의 문화 상황에서 우리는 문학을 더 이상 문자언어의 집합이나, 고고한 정신성의 예술적 발현체로서만 한정지어 취급할 수 없는 환경에 직면하고 있다.

컴퓨터를 이용하여 글쓰기 작업을 보다 신속하고 용이하게 할 수 있게 됨에 따라 작가들의 작품집 출간은 물론, 인터넷상의 문학동호회를 통한 일반인들의 자유로운 창작의 기회 공간이 확대됨에 따라 기존의 문학 형태나 장르의 경계와 같은 개념은 무너지기 시작하였고, 보다 다양한 문학의 모습이 출현하게 된 것이다. 소위 '사이버 문학'이라는 용어가 거론되기 시작한 것도 이러한 흐름에 따른 필연적인 현상이다.[1)]

---

* 서경대 교수. 주요 저서로 《한국현대시와 비판정신》이 있고, 〈중등과정 시교육의 현황과 개선방향 연구〉 등의 논문이 있다.

1) 사이버 공간에서 이루어지는 문학이 세간의 주목을 끌게 된 것은 1993년 7월부터 이우혁이 하이텔 내 '공포/SF' 게시판에 〈퇴마록〉을 연재하기 시작하면서부터이다. 이 소설은 엄청난 조회수를 보이면서 이후 2년 동안 인기리에 연재되고, 급기야 1994년에 활자로 출간(들녘출판사; 1998년 11월 현재 총 13권 간행)되면서 사이버 문학의 위력을 보여주었다.

가상이라는 말로 번역되는 '사이버(Cyber)'는 사이버네틱스(Cybernetics), 즉 인공 두뇌학에서 유래되었다. 이 말은 1948년 노버트 위너가 처음으로 사용했다. 따라서 사이버를 연구한다는 것은 사이버네틱스를 논의하는 것과 다르지 않다. G. 클라우스의 말처럼 우리의 기술로나 자연에서 아직까지 실현하지 못한 구조와 기능의 관계, 또는 제어 및 조절 과정에 관한 공통된 원리를 인간의 인식과정과 컴퓨터의 인공지능과의 공통점을 탐구하는 것으로 보아야 한다. 그러므로 사이버는 디지털 시대와 밀접한 정보를 통한 정치, 경제, 사회, 문화, 예술 등의 교량 역할을 한다.

그러나 현실적으로 좁은 의미의 사이버 문학의 개념은 본래 컴퓨터 통신상의 의사 교류 수단으로서의 글쓰기 행위가 발전된 것으로 한정된다. 언어, 몸짓이나 화상(畵像) 등의 물질적 기호를 매개수단으로 하는 정신적, 심리적인 전달 교류를 커뮤니케이션이라고 한다. 과거의 문학은 쌍방향적 교류가 없이 일방적으로 의사가 전달되었다. 기존의 문학이 단지 인쇄된 글을 매개수단으로 했기 때문에 작가와 독자 사이의 커뮤니케이션은 일방적일 수밖에 없었다. 그러나 과학의 발달에 힘입어, 새로운 미디어들이 발전하였고 커뮤니케이션에 시, 공간적 제한이 없어지면서 작가와 독자 사이의 거리는 좁아지게 되었고, 이는 작가와 독자간의 원할한 커뮤니케이션이 가능하게 되었다. 이러한 시대의 문학, 즉 현대적 의미의 커뮤니케이션이 가능한 뉴미디어를 수단으로 하는 문학을 통신문학(Tele-Literature)이라 한다.

일반적으로 통신문학과 사이버 문학이라는 용어는 혼용되어 사용되고 있다. 이는 사이버 문학이 PC통신상에서 시작된 것에서 이유를 찾을 수 있

그 후 이영도의 <드래곤 라자>(하이텔), 김성호의 <건축무한육면각체의 비밀>(천리안) 등이 계속 이어지면서 하나의 경향으로 자리잡게 되었다. 이런 창작 성과를 기반으로 하여 1994년 말부터 간헐적으로 사이버 공간에서 이루어지는 문학에 대한 논의가 나오다가, 1996년에 접어들어 이용욱의《사이버문학의 도전》(토마토, 1996.9)이 출간되고 사이버문학 계간지 <버전업>이 창간(1996.10)되면서 본격적으로 공론화되기 시작한다. 그리고 지금은 사이버 공간에서 활동하는 작가들이 <한국통신작가협회>(하이텔, 1998.1)와 <천리안 컴퓨터문단 작가협회>(천리안, 1998.2) 등을 개설하여 활동하는 등 새로운 조류로 확실하게 자리매김하고 있다.

다. PC통신문학, 사이버스페이스 문학 등 여러 용어들이 아직 개념이 정리되지 않은 채 혼용되고 있는 것이 현실이다. 그러므로 컴퓨터에 의한 인터넷으로 구성된, 즉 네트워킹에 의한 커뮤니케이션을 수단으로 가상공간에서 이루어지는 제반의 문학을 일반적으로 사이버 문학이라고 한다. 즉, 사이버 문학이란 우선 사이버 공간을 이용하여 문학작품을 발표하고 감상하는 활동의 총체를 가리키며, 구체적으로 활자화된 책이 아니라 비트의 조합 형태로 가상의 공간에 존재하는 문학을 의미하는 것으로 보는 것이 타당할 것이다.

이러한 사이버 문학이 통신 공간에 들어서게 된 것은 겨우 10여 년에 불과하며, 사이버 문학이라는 용어가 사용된 것도 4, 5년 정도인데도, 사이버 문학은 이미 폭발적인 인기와 그 가능성을 인정받고 있다. 이것은 근본적으로 현실 사회의 문학관의 변화를 의미하는 한편, 그로 인한 글쓰기를 통한 표현 방식과 내용의 획기적인 확대를 뜻하는 것이기도 하다. 여기서는 이러한 사이버 문학이 형성된 사회문화적 배경과, 문학 형태를 중심으로 한 표현상의 특징을 살펴봄으로써 현대의 문학적 실체를 확인하고, 동시에 구체적인 정보 탐색과 참여 과정을 통해 보다 현실적인 문학 활동의 가능성을 모색해보기로 한다.

Ⅱ. 사이버 문학의 형성 배경

고성능 PC의 대량 보급과 더불어 인터넷의 대중화는 지역화, 개성화되어 있는 각 문화를 통합하고 새로운 문화전달의 보급을 보다 빠르게 하고 있다. 이러한 정보의 전달과 보급을 위해서 네트워크는 정보를 실존공간이 아닌 가상의 공간을 생성, 흡수, 보유한다. 가상공간에서는 정보의 통합뿐만이 아니라 문화적인 통합도 이루어지고 있다. 이러한 상황이고 보니 문학도 가상공간에 한 부분을 차지하게 된 것이다.

사이버 문학은 개방성, 동시성, 대중성 등의 특수성으로 인해 새로운 문학의 장르로 평가되기도 한다. 보통 1회에 2백자 원고지 20-30매 분량씩 연재하는 사이버 소설이 주류를 이루고 있는데 인기작가의 글은 독자들의 조회횟수가 수천 회에 달하고 있다. 이런 인기작품의 작가들은 독자들로부터 컴퓨터 통신을 통해 작품방향을 지적 받기도 하는 등 반응을 즉각적으로 청취할 수 있다.

국내 PC통신업체들의 통신망에는 여러 문학동호회가 왕성한 활동을 펼치고 있으며 이 가운데 많은 사람들이 게시판 등을 통해 사이버 문학 작가로 데뷔하고 있다. 아직까지 통신문학은 아마추어들의 습작수준에 머물고 있기는 하지만 대부분 과학적 상상력을 최대한 발휘하는 판타지나 SF, 무협 등 문학적 특수성 때문에 기성문단으로부터도 주목을 받고 있다. 이들이 사이버스페이스라는 그들만의 공간을 활용하면서 폭발적 인기를 끌게 된 것은 기성 문단에 자성의 목소리까지 나오게끔 하였다. 그 동안 전통적인 문학계는 소재의 고갈이라는 한계와 문학의 현실적 가치에 대한 대중들의 회의에 부딪혀 존재의의를 찾는 데 부심하고 있었던 반면, 이들 사이버 문학의 새로운 시도들은 순수문학과는 달리 소재의 한계를 뛰어넘어 새로운 상상력과 형식의 제시를 통해 기존 문단이 무시하지 못할 정도로 성장해버린 것이다.

이미 인터넷에서 시도되고 있는 하이퍼 픽션(hyper-fiction)은 한권의 책 속에 단일한 줄거리와 주제가 담긴다는 종래의 문학관을 뒤집고 있다. 하이퍼 픽션은 여러 개의 상황을 독자에게 제시하고, 독자는 마우스로 임의로 줄거리 전개를 선택해서 소설을 재창조할 수 있다. 작가의 권위가 아니라 독자의 자유로운 해석과 재창조의 권리를 존중함으로써 문학의 민주주의 시대를 연다는 것이 하이퍼 픽션의 이념이다. 하이퍼 픽션이 아니더라도 통신 공간의 아마추어 작가들이 이미 독자적 영역을 개척해 나가고 있다. 베스트셀러가 된 〈퇴마록〉과 같은 소설 작품은 사이버 문학이 기존 문학으로 편입되면서 대중성을 획득한 대표적인 경우다. 이들 판타지나 무협, SF는 누구나 편하게 읽을 수 있고, 상상력만 있다면 쉽게 쓸 수 있다는 장점이 있어 현재 수많은 판타지와 무협이 사이버 공간상에 하루에도 수십 편씩 올라오고 있는 실정이다.

인터넷은 컴퓨터와 통신의 획기적인 발전에 기반을 둔 것으로 하이퍼텍스트성, 다매체성, 양방향성, 실시간성 등을 그 중요한 매체 특성으로 하고 있다. 이 중 특히 인터넷의 양방향적 특성이라는 장점은 이들 새로운 문학 장르에도 고스란히 적용된다. 통신망의 문학 마니아들은 이러한 작가들과 기성 작가의 연재소설을 놓고 그때그때 비평을 올려 작가와 토론을 벌이면서 책의 시대에서 상상할 수 없었던 독자 참여를 시도하고 있다. 즉, 실시간 감상 내지는 토론이 가능하다는 점이다. 이것은 결과적으로 작가들에게 독자들의 관심사를 보다 쉽게 파악할 수 있도록 하는 효과를 불러오기도 한다.

사이버 문학의 출현과 대중적 확산은 <버전업>이라는 문학잡지의 간행으로까지 이어졌다. 이러한 현상은 사이버 문학이 단순한 유행으로 끝나거나 익명을 담보로 한 사변에 머물러 있지 않을 것임을 예견할 수 있도록 해준다.

> "사이버 문학은 산업혁명과 소설의 탄생을 연관지을 수 있듯이 정보혁명에 대응하는 새로운 문학양식이다. 작가는 무수한 독자의 비판과 비평으로부터 자유로울 수 없다. 수용미학의 이론이 실현되는 공간이다. 정전의 부재, 패러디, 패스티시(혼성모방) 등 문학기법의 등장도 특징이다."

이러한 표명에서도 알 수 있듯이, 사이버 문학에서 기성작가의 권위는 추락할 수밖에 없다. 그것은 다른 말로 하면 사이버 문학은 기존의 문학과 달리 의사소통의 다양한 양식을 개발하거나 언어와 실재의 구분을 모호하게 하면서 이미지를 강조하는 새로운 문화라는 것을 함축한다. 실제로 송경아의 소설 〈책〉에는 실재와 허구가 동등한 권리를 갖고 공존하며, 김영하의 〈호출〉은 끝이 없고 줄거리가 뒤바뀐 뫼비우스의 띠 구조를 갖고 있다. 사이버 문학은 독자와 실시간 대화를 통해 원작의 무한한 개작(버전업)

이 가능하다.

현재 통신공간에서 그런 작업들이 이루어지고 있으며, 그런 작품은 누가 작가인지 확정하기가 쉽지 않은 새로운 형태의 문학을 만들어 내고 있다. 이러한 사이버 문학의 개방성은 문학의 하향평준화를 초래할 수 있다는 우려에도 불구하고, 일반 대중들에게 문학 아닌 것이 문학을 규제·훈육하는 현실을 거부하면서 읽기와 쓰기의 완전한 자유를 구현할 수 있다는 믿음을 심어준다.

현재까지 사이버 공간에 발표된 작품들을 보면, 다음과 같은 몇 가지 공통적 특질을 찾아낼 수 있다.

첫째, 다양한 방식으로 자본주의적 질서의 일환으로 인지되었던 작가의 신성성과 권위에 대한 도전 의지가 표현되고 있다. 이것은 일차적으로 컴퓨터로 글쓰기의 확산과 탈중심화된 공간인 사이버 공간을 발표 매체로 활용함에 따른 필연적인 결과로 해석된다. 사이버 공간은 실시간 쌍방향의 소통 구조를 기본적으로 가지고 있으며, '조회수'라는 장치를 통해 텍스트에 대한 독자의 반응을 즉각적으로 확인할 수 있어 독자들의 입지는 강화되는 반면, '특별한 개인'으로 오랜 동안 권위를 인정받아 왔던 작가의 위상은 상대적으로 하락하여 작가-독자의 전통적인 역할 분담 체제가 붕괴하는 모습을 보인다. 때문에 사이버 공간에서 창작되고 발표되는 작품은 끊임없이 독자들의 요구를 반영하여 재창작되는 가변성을 그 숙명으로 가지게 된다.

둘째, 작품 평가의 중요 기준으로 '조회수'라는 장치가 자리잡게 되면서 '손끝에서 이루어지는 문학', 즉 즉흥적이고 말초적인 문학이 풍미하고 있다. CF(commercial film)에서처럼 "30초마다 터지지 않으면 채널이 돌아가는" 상황에서 작품의 미적 완결성보다는 이미지와 흥미 위주로 네티즌(Netizen)의 시선을 끌려는 것은 어쩔 수 없는 측면도 있다. 또한 이것은 이제 전통적인 텍스트(text)의 범주를 넘어 파라텍스트(paratext)[2]의 영역

---

2) 텍스트가 책의 내용이라면, 파라텍스트는 그 내용의 포장이다. 시 자체가 텍스트라면, 텍스트로서의 시를 모아 출판하기 위해 제목·표지·장정·지면 배정(layout)·광고·홍보 전

까지를 시를 쓰는 사람이 고려해야 하는 상황이 도래했음을 의미하는 것이기도 하다. 아직까지 이런 현상에 대해 문제점으로 지적하는 이들이 많지만, 그렇다고 현실적으로 네티즌들의 요구를 외면하기도 어려운 실정이어서 이러한 대중 추종적인 경향은 앞으로도 상당 기간 지속될 것으로 보인다.

셋째, 아마추어리즘과 양식 실험의 확산 현상이 두드러지고 있다. 사이버 공간에 발표되는 문학작품들은 전통적인 창작 방법론과 미의식의 측면에서 볼 때, 조금은 거칠고 심정적인 발언, 논리의 비약과 정리되지 않은 혼잡스러움이 눈에 띈다. 이런 점 때문에 기존의 문학에 익숙한 이들에게 사이버 공간에 발표되는 문학작품들은 일정 부분 폄하될 수밖에 없다. 하지만 사이버 공간의 문학인들은 기존과는 다른 발상에 근거해 끊임없이 새로운 양식상 실험을 계속하고 있으며, 그 결과는 곧 탈중심화된 열린 공간에서 개별 주체들이 한 명의 작가로서의 자기 정체성을 확립해 나가는 한편, 텍스트를 사이에 두고 작가-독자 간의 새로운 위상을 정립하는 방향으로 정리되고 있는 것이다.

마지막으로, 사이버 공간에 발표되는 작품들 중 일부는 더 이상 순수한 텍스트 상태만으로 발표되지 않으며, 더 이상 그런 상태를 지향하지도 않는다는 점에 주목할 필요가 있다. 이 경우 문학작품은 텍스트 자체는 물론 음악, 동영상, 그래픽 등 각종 멀티미디어 기술력의 공동 작업으로 만들어지고 발표되며, 텍스트로서의 작품은 전체 구성물의 일부로서만 그 존재 의미를 부여받는다. 이런 경우 문학은 더 이상 개인의 독창적 작업의 산물이랄 수 없으며, 따라서 텍스트로서의 시만을 분석과 평가 대상으로 삼는다는 것은 무의미하게 된다. 여기서 중요한 것은 전통적인 의미의 작가와 작품이 아니라 텍스트와 조판(display), 음악, 동영상, 혹은 다른 텍스트와의 연결 등 구성 전반을 총체적으로 파악하는 연출가(director)적 특성을 구유한 새로운 의미의 작가와 그에 의해 창작된 작품이 될 수밖에 없다는 것이다.

략을 만드는 일련의 작업이 바로 파라텍스트인 것이다. 이것은 출판사의 판매 전략인 동시에 독자와 텍스트로서의 시를 좀더 쉽게 접근하게 해주는 출판사의 배려이기도 하다.

Ⅲ. 사이버 문학의 생산과 수용 환경

사이버 문학은 문자언어를 바탕으로 한 활자매체와 종이책에 의존해온 기존의 문학과는 판이하게 다른 환경에서 만들어진다. 인터넷이 보편화되면서 매체 환경의 변화에 따라 나타나는 삶의 변화된 모습이 소설의 제재로 등장하기도 하고, 시각적 이미지의 사용이 빈번해지거나 소설의 문체가 변화하는 등 문학의 생산을 둘러싸고 새로운 환경이 다양한 양상으로 조성되고 있다.

이러한 문학 생산 조건의 변모 양상은 크게 보아 네 가지 측면으로 나누어 살펴볼 수 있다. 첫째는 글쓰기 환경 자체의 변화이며, 둘째는 문학양식상 변화의 측면이다. 셋째는 작가와 독자 사이에 조성되는 소통 상황의 변화를 거론할 수 있고, 넷째는 매체와 관련되는 문화상황의 맥락에서 살펴볼 수 있다.

1. 새로운 소설 쓰기

1) 문서처리기와 디지털적 사고

첫째, 글쓰기가 편리해져서 누구나 쉽게 창작할 수 있는 기회를 주어 작품의 다산을 예고한다. 둘째, 보관이 용이하며 보관 장소를 많이 차지하지 않는다. 따라서 책은 디스켓이나 CD로 저장하고 기존 책의 저장소로서의 도서관의 역할은 변화되어야 한다. 셋째, 필체의 개성이 무화되기는 하지만 악필이나 명필을 떠나 다양한 서체가 제공되어 필체에 대한 자부심을 심어주기도 한다. 이러한 현상은 글쓰기의 대중화를 지향하지만 작가의 사고를 아날로그에서 디지털적 사고로 변화시켜 글쓰기의 일관성을 훼손시킨다. 특히 사고의 단편화를 조장하고 작가의 정체성을 위태롭게 한다.

2) 글쇠판적 맞춤법과 조어법

컴퓨터의 글쇠판에 의해 만들어진 새로운 맞춤법과 조어법은 작품에 그대로 나타난다. 이러한 현상을 글쇠판적 맞춤법과 조어법이라 명명하고 디지털 사고의 한 가지 표현 방식으로 볼 수 있다. 일탈적 맞춤법과 대화방 명령어 사용, 언어의 축약이나 연음, 빈번한 의성어와 의태어 및 생략법 사용, 회화문자(Smileys) 등의 활용이 여기에 해당한다. 글쇠판적 맞춤법과 조어법이 작품 속에 투영되는 방법의 가능성과 한계점은 다음과 같다. 첫째, 사이버 소설에서는 컴퓨터 통신상에서 사용되는 명령어들이 명령어의 고유기능을 넘어서 마치 일상언어와 같이 사용된다. 둘째, 채팅을 하면서 자신의 머리 속에서 생각하고 있는 언어를 글쇠판으로 신속하게 전달하려는 욕망은 자연스럽게 언어의 축약이나 연음을 만들고 의성어나 의태어를 빈번히 사용한다. 셋째, 위에서 언급한 축약이나 연음 그리고 의성어, 의태어 등은 일반독자들도 쉽게 이해할 수가 있다. 하지만 해독이 불가능한 암호문 형태의 회화문자는 소설적 효과를 반감시킬 수밖에 없을 것이다. 김수경의 "유종"에서 '하트마크, 컵, 남녀'를 '♥', '♂♀' 등의 그림으로 표현한 것이 대표적인 예이다. 글쇠판적 맞춤법과 조어법이 일상언어에 끼치는 악영향은 염려하는 만큼 심각하지는 않다. 일부 어법에 맞지 않는 말도 있지만 대부분의 조어들은 글쇠판의 영향과 소리나는 대로 적는 데서 비롯된 것이다. 시간의 제약성과 재미있고 정감 있게 표현하려는 욕망이 자연스럽게 유행어가 되어 버렸다. 문법이란 사회구성원들이 범해서는 안될 하나의 터부, 즉 금기사항이다. 금기를 범제(犯制)하고자 하는 욕구는 인간의 심리이다. 언어란 자의적으로 생성→발전→소멸의 과정을 겪으므로 가치가 있는 언어라면 진정성을 획득할 것이고 그렇지 못한 언어는 자연 도태될 수밖에 없을 것이다. 언어의 자생력은 인위적으로 조정하기 어렵기 때문이다. 컴퓨터의 글쇠판에 의해 생산된 일탈적인 맞춤법과 조어법은 디지털적 사고의 한가지 표현방식이다. 전위적일 뿐만 아니라 참신하고 사건 전개의 긴박감을 더해준다. 반면에 대중독자들의 작품 이해에 방해가 될 수도 있다.

3) 전자책(eBook=Electronic Book)

전자책이란 디지털 텍스트와 음악, 음성, 그래픽이 결합된 형태의 책을 말한다. 기존의 시나 시집은 텍스트를 주로 하고 간혹 약간의 일러스트나 사진을 보조적으로 사용하곤 하는데 비하여, 전자책은 여기에 배경 음악과 음성 낭독 등을 더하여 비트화한다. 전자책의 가장 큰 특징은 저렴한 가격에 자기가 원하는 글을 어느 곳에서나 볼 수 있다는 점이다. 전자책을 PC에 연결하여 전자책 출판업자나 서점의 전자도서 목록에서 고른 책의 내용을 내려받고 나면, 이후 언제든 원하는 장소에서 독서를 할 수 있다.

그런데 이런 전자책 출판은 소설에서는 활성화되고 있지만, 시집은 그리 활발하게 간행되는 편이 아니다. 그나마 현재 간행되는 전자시집은 대다수가 기존에 인쇄매체로 간행된 시집을 디지털화하여 그대로 올려놓는 수준에 머물고 있으며, 전자책 버전만으로 발표된 시집은 아직까지는 없다. 다만, 현재 이런 식으로 디지털화하여 사이버 공간에 올라와 네티즌의 인기를 얻고 있는 시집들이 주로 1990년대 들어 발표된 신진호의 《친구가 화장실에 갔을 때》나 원태연의 《손끝으로 원을 그려봐, 네가 그릴 수 있는 한 크게, 그걸 뺀 만큼 널 사랑해》, 최영미의 《서른, 잔치는 끝났다》와 《꿈의 페달을 밟고》, 이정하의 《너는 눈부시지만 나는 눈물겹다》, 류시화의 《그대가 곁에 있어도 나는 그대가 그립다》와 《외눈박이 물고기의 사랑》, 신현림의 《세기말 블루스》, 함민복의 《우울씨의 일일》과 《자본주의 약속》, 호기의 《슬픈 게이》 등 세칭 신세대 시인들의 시집들이 주가 되고 있다는 점에서 전자시집이 앞으로는 매우 활성화될 것으로 기대한다.

2. 소설 영토의 확장

1) 리얼리티의 확장

컴퓨터의 멀티미디어 기능이 끊임없는 환상과 이미지를 생산해냄에 따라 소설의 새로운 리얼리티 문제가 부각된다. 사이버 공간의 출현으로 이미 기존의 리얼리즘 구성법이 해체되었다고 할 수 있다. 그리하여 맨눈으로 볼 수 있던 현실의 범위는 점차 확대되고 있는 것이다. 이제 누구라도 현실성이 '있다? 없다?'를 자신 있게 주장할 수는 없다. 어제의 불가능이 오늘의 현실이 될 수도 있기 때문이다. 누군가의 말처럼 현실의 독자들은 작가가 어떠한 비현실적 소재를 선택해도 수용할 자세가 되어있다. 독자들은 독서를 하면서 자신이 체험한 사이버 공간을 연상한다는 것이다. 하나의 문학작품은 완성품이 아니라 독자와의 소통내용을 구체화하여 작품으로 완성시켜 나간다. 그렇다면 사이버 공간에서 경험할 수 있는 가상현실들은 독자들에 현실감 있게 다가갈 수 있는 토대를 마련한 셈이다.

2) 불확정성의 확장

사이버 소설의 불확정적 공간은 독자의 참여를 유도하여 문학적 효과를 높인다. 이 불확정적 공간은 독자의 공간으로 독자의 상상력에 따라 채워질 수 있는 곳이다. 특히 대화방에 존재하는 아이디의 익명성은 작품의 불확정성 높여주는 역할을 한다. 작가가 만들어 낸 익명성은 독자들의 기대지평을 반전시키는 불확정적 공간으로 작용하여 소설적 효과를 높여준다.
예) 접속, 창문 없는 방, 호출

3. 소통 양식의 변화

1) 작가와 독자의 관계

사이버 공간의 소통행위는 양방향적 성격을 지니며 실시간적으로 전달되어 현실공간의 단선적 소통행위와는 근본적으로 차별된다. 이러한 소통행위의 변화에 따라 작품에도 여러 가지 변화의 조짐이 보인다. 작품의 창작과 비평 기법이 전위적이고 실험적이며, 양방향적 상호소통을 지향하고 있다. 전통 문학 작품은 작가 위주로 창작되어 독자의 객관적 측면보다는 작가의 주관적 측면을 강조했다. 그러나 공동창작으로 볼 수 있는 '릴레이 소설'과 익명의 작품을 평가하는 '작가X'는 그것과 다르다. 기존의 독자→작가라는 단선적 창작방법에서 벗어나 독자↔작가의 상호교호를 통하여 열린 문학을 지향한다. 열린 문학은 디지털 시대가 만들어 내는 극단적 이기주의를 극복하며 작가의 권위주의에서도 벗어난다. 아울러 문학의 사유화와 주관주의적 태도의 오류를 배제하고 상호소통적 독서행위와 창작행위가 대신 자리매김하여 공동적, 객관적 진정성을 추구한다. **예)** [루이의 잔]

2) 작품의 생산, 소비 양식의 변화

사이버 소설은 작가의 이름을 축소할 뿐만 아니라 작품의 생산소비 양식에도 영향을 미친다. 기존의 작품은 창작→출판→구입, 즉 작가의 손에서 출판사로 넘어온 원고는 조판과정을 거치고, 인쇄소, 제책사를 통하여 제작이 완성되면 총판, 도매상, 소형 서점을 통하여 독자에게 전달되었다. 반면 사이버 소설은 이러한 복잡한 유통질서를 작가↔독자라는 직접적이고 양방향적 방법으로 간소화시키고 있다. 이는 독자가 작가의 창작품을 컴퓨터 문단으로 실시간에 접할 수 있기 때문에 가능해진 것이다. 그러므로 작가의 의도와는 무관하게 출판사의 요구대로 움직일 필요가 없어진다. 사이버 공간에서 인기를 얻었던 작품은 현실공간에서도 출간되는 양상을 보인다. 말을 바꾸면 컴퓨터 문단에도 연재되고 현실공간에서도 출간된다는 것이다. 이는 통신공간에서 현실공간으로 옮겨질 수도 있고 그 반대일 수도 있다. 통신공간에서 주목을 받은 작품은 현실공간에서 여전히 인기가 지속되는 현상을 보인다.

작품의 출간방식을 선형적 일방향에서 비선형적 양방향으로 전이시켜 작품이 사이버 공간과 현실공간 양쪽에서 유통되도록 한다. 뿐만 아니라 독자들의 독서성향에도 개입하여 기존의 독자들에게 추리, 무협, 과학소설에 관심을 돌리게 하였다. 친숙한 독서 지평에 익숙한 독자들은 새로운 작품에 대하여 저항하는 독자 성향을 지닌다. 기존 독서 형태에 안주하고 싶어하는 심리를 가지고 새로운 것을 받아들임은 현재 자신의 상실을 의미한다는 착각에 빠진다. 디지털 시대의 새로운 소설은 이러한 독자 성향의 한계를 극복하고 독자들의 독서 지향점을 바꾼다. 자연스럽게 사이버 소설이라는 새로운 양식의 장르로 독자의 시선을 옮긴 것이다. **예)** 퇴마록

4. 다매체 기반의 문화 양식

의사소통과 정보 전달의 매체가 아날로그 시대로부터 디지털화된 시대로 변화되었면서 나타나는 중요한 특징 중 하나가 기존의 문자 중심에서 소리와 영상이 부가된 다매체적 정보를 주고받을 수 있게 되었다는 점이다. 이러한 변화는 정보 소통에 있어 시간과 공간의 제한을 극복해주었다는 점에서 큰 의의를 지니는 것이지만, 다른 한편으로는 자유롭게 다양한 매체를 사용할 수 있음으로 인해 기존의 텍스트 중심의 문학을 전혀 다른 방향으로 이끌어가도록 하는 보다 새로운 국면을 맞게 된 점을 주목할 수 있다.

인터넷으로 바뀌기 이전의 컴퓨터 통신문학은 텍스트를 기반으로 하고 있다는 점에서 이전의 문학과 커다란 차이가 없었다. 물론 통신문학에서도 일반문자와 특수문자를 조합하여 이미지를 만들어내는 이모티콘이 사용된 점, 그리고 속도감 있는 이야기 전개와 짧은 작품 길이, 간결한 문체, 다소 선정적인 제재의 선정 등의 특징이 나타났지만, 컴퓨터 글쓰기의 문자성에서 크게 벗어난 것은 아니었다. 그러나 자유롭게 다매체를 사용할 수 있는 상황을 맞이함으로써 사이버 공간상의 문학은 정지 화상과 동영상, 음향 등의 요소가 텍스트와 결합하는 양상으로 변화를 보이고 있다. 즉, 이야기 전개의 편이성과 장면의 구체화를 위해 영상을 사용한다든지, 사건 전개과정의 대부분은 문자를 사용하여 서술하는 일종의 만화와 같은 형식의 서사물들이 다양한 형태로 등장할 수 있게 된 것이다. 플래쉬 메모리에 의한 만화 캐릭터의 등장과 말풍선의 활용, 패러디 사이트의 적절한 이용 등 이러한 시청각화의 추세는 대다수의 영상 세대들에 의해 빠른 속도로 확산되고 있다.

Ⅳ. 사이버 문학의 표현상 특징

이와 같은 문학을 둘러싼 현실의 변화는 실제 사이버 공간에서 새로운 문학 양식의 실험으로 나타나게 된다. 사이버 문학의 다양한 양식들은 작품 창작 행위라는 측면에서 살펴볼 때, 기존의 것을 발표 매체만 달리하여 보여주는 것과 새로운 시도를 보여주는 두 범주로 나누어 볼 수 있다. 즉, 기본적으로 텍스트 자체로는 활자로 표현되었던 기존의 작품들과 크게 다른 것이 없으나 컴퓨터와 사이버 공간이라는 새로운 매체를 이용하여 일정한 변형을 일으키고 있거나 일어날 가능성이 큰 것들을 한 범주로 묶어서 생각해 볼 수 있는 것이다. 편의상 시와 소설로 나누어 그 양상을 살펴보면 다음과 같다.

1. 사이버 시의 특징

1) 조형시(Typo-Illustrate Poem)

조형시란 아스키 코드(ASCII code)를 이용하여 그림의 형태로 시를 보여주는 것을 의미한다. 즉, 내용을 표현하는 하나의 수단으로 글자를 그림 그리듯이 배열하고 표현하는 것이다. 이런 시도는 기존의 인쇄매체로 발표된 시에서도 주로 아폴리네르(Guillaume Apollinaire)의 실험과 입체파(Cubism)의 정신에 촉발되어 형태주의(formalism)를 의식적으로 채택했던 시들에서 자주 이용되었던 것으로 새삼스러울 것은 없어 보인다.

이 경우 글자 자체를 그림으로 꾸밀 수도 있으며, 글자의 배열로 그 의미를 그려낼 수도 있다. 또는 글자와 그림을 같이 사용해 표현하기도 한다. 조형시는 때때로 지나친 묘사나 과다한 표현으로 인해 의사 전달을 방해할 수도 있으나, 대개는 사람들의 흥미를 유발시켜 시선을 끄는 좋은 방법이 될 수 있다.

2) 몽타주 시(Montage Poem)

몽타주 시란 기존에 존재하는 여러 시에서 일정 부분을 따와 한 편의 새로운 시를 만들어내는 것을 의미한다. 이런 기법에는 전통적으로 엘리어트(T.S. Eliot)식의 방법과 다다식의 방법이 양립해 왔다. 엘리어트식 몽타주 시란 그 자신의 시 〈황무지(The Waste Land)〉에서 시도한 방법을 편의상 지칭하는 것으로, 이미 발표된 다른 사람의 시에 일일이 주석을 달아 부분적으로 인용하면서 한 편의 새로운 시를 만들어내는 방법을 말한다. 이 방식은 익히 알려진 다른 사람의 시의 한 구절을 인용하여 일정한 의도 하에 재배치함으로써 인용시의 문맥과 자신의 의도가 일으키는 긴장을 통해 새로운 의미를 창출해내는 효과를 자아낼 수 있다. 반면, 다다이즘 문학운동을 주도했던 트리스탄 짜라가 주창한 다다식 몽타주 시는 시인의 의식이 개입하지 않은 상태에서 무관한 여러 행을 병렬 또는 병치함으로서 생기는 이미지의 충돌 효과를 노리고 있다. 즉, 엘리어트식의 몽타주 시는 시인의 철저한 계산과 의도에 의해 제3의 효과를 얻기 위해 만들어지는 시라면, 다다식의 몽타주 시는 시인의 의식이 개입하지 않은 자연발생적 상태에서 생기는 '의외성'과 '낯설음'의 효과에 기대고 있는 것이다.

3) 타이포그라피 시(Typography Poem)

미래파(Futurism)가 내놓은 시 창작 기법 중 인쇄 효과를 이용한 시 창작 방법론이 있었다. 그들이 시 창작 기법으로 인쇄 효과를 염두에 둔 것은 활자 크기가 달라짐으로써 한 문장 속에서 각 낱말들이 상이한 무게를 소유하게 되고, 독특한 배열에 의해 전체와 부분의 관계들이 새롭게 인식되기 때문이었다. 미래파가 제시한 이 방법론은 이후 많은 이들에게 수용되었는데, 이로 인해 그 시대의 자유로운 타이포그라피(typography)와 자유로운 언어들이 인쇄 지면에 나타나기 시작했으며, 여러 활자체와 동적인 구성이 지면에 활력을 불어넣어 주었다. 이러한 구성으로 그들은 움직임, 에너지, 영화와 같은 연속성 등을 표현했다.

우리나라에서는 1920년대의 임화와 박팔양·김화산, 1930년대의 이상,

1980년대의 박남철과 황지우 등이 이 방법론에 입각하여 시를 창작하였고, 때문에 이런 방법을 원용한 시들이 현재의 사이버 공간에 발표된다고 해서 새삼스러울 것은 그다지 없어 보인다. 다만 컴퓨터로 글쓰기가 일반화되어 있는 현재의 사이버 공간의 특성상 기존에 써왔던 방법과는 다소 차별성을 가지는 표현 방법이 다각도로 고려되고 있다.

4) 문법 파괴 시

이외에도, 역시 형태주의의 일환으로 보이지만, 글쓰기의 환경이 종이에서 컴퓨터로 옮겨지면서 통신 언어 특유의 모습들을 사이버 공간에 발표되는 시에서도 흔히 찾아볼 수 있게 되었다. 즉, 언어의 경제성에서 비롯되는 모음 축약(어서와→어솨, 다음→담, 이야기→야기→야그 등) 및 종결어미 생략(반갑습니다→반갑! 또는 방갑!, 축하합니다→축하 또는 추카 등), 피터팬 신드롬으로 해석되는 유아어 사용(~했습니다→해여! 또는 ~였어여 등), 키보드의 경제성에 의해 생성된 연철(~였습니다→~여습다, 싫어→시러 또는 시로, 좋아→조아 등), 말줄임표의 흔한 사용(그런데... 말이지... 어제는... 등) 등이 그것이다.

또한 유닉스에서 시작된 각종 표정언어(Smilei)도 자주 사용되고 있다. 즉, ^^;(당황한 얼굴), O.o(의심하는 얼굴), O.O(놀란 얼굴), T_T(우는 얼굴), *.*(황홀한 표정), >_<(찡그린 얼굴), ^_^(미소), ^o^(웃는 얼굴) 등이 시어로 편입되는 현상을 보여주고 있다.

그러나 이처럼 표정언어나 각종 통신 언어 특유의 모습들을 보여주는 사이버 문학은 산문의 경우 나름대로의 가치를 어느 정도 인정받고 있다. 그러나 시에서는 아직 그 미적 완결성의 현격한 미달로 인해 조야한 느낌을 탈피하지 못하는 한계를 드러내고 있으며, 이 때문에 사이버 문단에서는 크게 주목받지 못하고 있다.

5) 멀티미디어 시(Multimedia Poem)

멀티미디어 시란 기존의 텍스트 위주의 시에서 탈피하여 그림이나 사진,

그래픽, 사운드 등과 텍스트를 결합한 형태의 시를 의미한다. 위에서 살펴본 전자책과 비슷한 발상이나, 전자책이 여전히 텍스트를 위주로 하고 있는 반면에 멀티미디어 시는 그래픽이 주가 되어 텍스트가 전체 구성의 일부분을 차지할 뿐이라는 점에서 차별성을 가진다.

시에서 그래픽의 사용은 종래에는 특수 효과를 위해 부분적으로 사용되었으나 요즈음에는 아예 컴퓨터 그래픽스가 아니었으면 불가능했을 전혀 새로운 표현이나 플롯의 작품들이 등장하고 있다. 이전까지 시는 여전히 텍스트 위주여서 그래픽은 보조적인 존재에 머물렀다. 그러나 근래 발표되는 사이버 공간의 시에서 글도 하나의 이미지로 처리되어 글과 그림, 여백이 서로 어우러지는 이미지로 배치(layout)되고 있다. 이러한 멀티미디어 시가 시도되는 것은 네티즌들의 상상력이 많은 부분 대중 영화, 만화, 애니메이션 등에 기반하고 있다는 반증이 되기도 한다.

6) 하이퍼 시(hyper Poem)

사이버 공간의 특성을 가장 잘 이용하고 있는 것 중의 하나가 바로 하이퍼텍스트(hypertext)를 이용한 멀티 텍스트(multi-text), 즉 하이퍼 시라고 할 수 있다. 익히 알려진 바지만, 하이퍼텍스트란 하나의 문서에서 다른 문서로의 연결을 가능케 하는 문서 작성 방법의 일종으로, 문서의 특정한 위치에 표식을 만들어 두었다가 그 위치로 이동할 필요가 있을 경우 한 번의 키 조작이나 마우스 버튼의 조작으로 이동하는 것을 말한다. 하이퍼텍스트로 연결된 곳은 흔히 초록색 또는 파란색 글자로 표시되거나 연결된 단어나 구절 밑에 밑줄을 그어두는 것으로 제시되며, 이곳을 누르면 미리 연결해 둔 다른 문서로 즉시 이동할 수 있게 된다.

시를 읽는 독자는 서로 교차되어 있는 연결점 중 하나를 선택해 마우스 버튼을 누름으로써 언제나 원하는 화면을 고를 수 있으며, 만약 선택을 다시 하고 싶다면 언제든지 원 화면으로 돌아가 다른 연결점 중 하나를 선택하면 된다. 따라서 이 경우 시의 의미 맥락은 독자의 자의적인 선택에 따라 끊임없이 유동적이 되며, 독자는 시에서 시인이 규정하는 일관된 의미

맥락을 찾아야 할 필요성이나 의무감을 느끼지 못한다. 따라서 이런 유형의 텍스트는 항상 가변성을 지닌 잠재태로만 존재할 수밖에 없게 된다.

7) 可變詩(Recall or Version Poem)

가변시란 1차 텍스트를 내놓은 후 독자와의 대화나 품평회를 통해 나온 문제점을 지속적으로 수정하여 최종 텍스트를 완성하는 방식의 시를 말한다. 즉, 최초에 완성한 시를 사이버 공간에 제출한 후 이 작품에 대한 독자의 비판과 지적을 수용해 최초의 시를 모태로 한 새로운 버전의 시를 만들어내는 것이며, 이 새로운 버전의 시가 새로운 원본이 된다. 이 경우 최종 텍스트가 나오기 전까지 모든 텍스트는 작자와 독자가 협력하여 만들어내는 유기적인 의미 구조를 가지게 됨으로 끊임없는 다시 읽기의 대상이 되며, 전통적인 작자-독자의 구분은 상당 부분 희석되어 버린다.

8) 실시간 공동 작업시

현재 사이버 공간에서 이루어지고 있는 시 창작 작업 중 또 하나 놓칠 수 없는 것은 실시간 공동 작업에 의해 시를 만들려는 시도가 이루어지고 있다는 점이다. 이런 방식의 공동 작업은 1980년대에 일각에서 시도했던 '집체작'과 비교할 만하다. 그런데 양자는 작업의 과정에 있어 중대한 차별성을 가지고 있다. 즉, 1980년대의 집체작은 비록 공동 작업 형태를 취해 진행되기는 하였으나 일관된 흐름을 중시하여, 사전에 그 구체적인 방향과 흐름을 결정한 후 주로 한 사람이 대표 집필을 하고 다른 사람들은 이에 대해 일정한 의견을 제시하거나 부분적으로 덧붙여나가는 방법으로 이루어졌다. 하지만 요즈음에 시도되는 공동 작업에 의한 시는 일정한 흐름을 규정짓지 않고 처음부터 전원이 작업에 함께 참석하여 실시간으로 민주적인 집단 토의를 거쳐 이루어지고 있다는 점에서 당시의 집체작과는 일정한 변별성을 가진다.

2. 사이버 소설의 특징

전통적으로 소설을 읽는 방식은 작가에 의해 제시된 작품을 작가가 이야기한 순서대로 이해하는 것이 보통이었다. 작가는 의도한 방식에 의해 사건을 전개해 나가고 독자는 그것을 읽어가면서 작가가 제시하는 방식대로 사건을 접하고 이해할 수밖에 없었다. 그러나 문자의 발명과 종이책의 간행에 따라 이러한 구술 시대의 작품 생산 및 수용의 방식은 경험세계의 사실적 인과의 질서를 넘어서는 새로운 플롯의 형태로 탈바꿈하게 되었으며, 급기야 컴퓨터의 발명은 시간의 흐름에 의존한 기존의 플롯 구성과 읽기의 방식에서도 자유로운 비선조적 구조를 가진 소설을 탄생시키게 된 것이다.

이러한 비선조적인 컴퓨터 화면상의 글쓰기 방식은 소위 '하이퍼텍스트(hypertext)'라는 용어로 개념화되었다. 하이퍼텍스트적인 글쓰기와 글읽기에서는 하나의 공간과 시간 속에 의도적으로 구성된 텍스트를 자유롭게 이동하여, 수신자가 텍스트 사이에 비어있는 부분에 자신의 해석을 찾아 채울 수 있는 기회를 갖게 된다. 특히 인터넷상에서 사람들은 필요한 정보를 찾아가기 위해 주어진 마디(node)에서 자신에게 필요한 연결점(anchor)을 찾아 마우스를 클릭하여 새로운 정보로 연결한다. 이러한 하이퍼텍스트 특유의 하이퍼링크(hyperlink)를 기반으로 하는 사이버 소설은 유동적이고 선택적인 방식에 의해 이야기를 전개해나가는 속성을 가진 까닭에, 끊임없이 새롭게 탄생되고 절대적인 형태가 없는 서사의 독특한 세계를 창조해낸다.

국내에서 창작된 최초의 본격적 하이퍼텍스트 소설인 《디지털구보 2001》에는 구보(여주인공), 이상(남주인공), 구보의 어머니 등 세 인물의 하루가 그려져 있다. 이 작품은 그들의 과거와 현재, 의식의 흐름, 그리고 각 시간대 별로 그들이 경험하는 사건들을 나열하고 결합함으로써 이야기를 전개시킨다. 이야기가 출발하는 세 편의 단편 텍스트에는 드라마틱한 복선과 의미, 각종 문화 코드가 깔려 있고, 수많은 연결점을 이용하여 음향, 문자, 음악, 동영상 등 1천여 개의 사이트로 링크할 수 있게 되어 있어 아주 방

대한 이야기를 가진 소설의 면모를 보여준다. 독자는 등장인물별, 시간별, 공간별로 자유롭게 선택하여 자기 나름의 서사를 만들어 갈 수 있으며, 하이퍼링크를 통해 전혀 별개의 서사적 세계로 나아갈 수도 있다.

한편 인터넷상의 쌍방향성이라는 특성을 활용한 새로운 소설 형태로서 문학동호회 사이트를 중심으로 릴레이 소설이라는 양식도 시도되고 있다. 이 소설은 서문에서 "소설 릴레이는 앞사람의 글을 읽어보고 연결하는 글쓰기 방식입니다. 결코 도달할 수 없는 목적지를 향한 미완의 이야기라 할 수 있고, 하이퍼픽션의 진면목을 맛볼 수 있는 곳입니다. 그 이야기의 끝에 우리는 무엇을 만날 수 있을까요?"라고 밝히면서 사이트 관리자로서 작자 자신은 작품의 서두 부분을 시작하고 다음부터는 독자가 읽고 이어서 쓰기를 시도하는 색다른 기획을 보여주고 있다.

이처럼 온라인의 사이버 공간상에서 독자들이 능동적으로 참여하는 글쓰기 과정을 잘 보여주는 또 다른 예로 팬픽(pan-fic)을 들 수 있다. 이 형태는 이미 발표된 영화나 드라마 등에 대해 팬들이 스토리 전개상 미진하다고 판단되는 부분을 보충하거나 보다 재미있는 결말을 만들기 위해 허구적인 이야기를 재창조해내는 방식을 취한다. 또한 보다 발전된 형태로서 인기가수나 배우를 주인공으로 하여 독립된 허구적 이야기를 써나가는 모습으로도 나타난다. 이러한 팬픽은 독자층이 작자층으로 등장한다는 점에서 문학의 대중화를 획기적으로 촉진하는 현실적인 동력이 될 것으로 보인다.

이 밖에도 문학으로서의 존재 여부에 대한 논란이 있기는 하지만 게임서사 역시 특이한 플롯 구조를 가지고 사이버 공간상에서 구현되는 이야기 형태로 볼 수 있다. 예컨대 '삼국지' 시리즈와 같은 게임들은 게이머들이 게임을 해가면서 다른 사람들이 경험하지 못한 새로운 서사를 만들어 가는 독특한 구조를 가지고 있다. 즉, 이러한 게임들은 기본적인 서사 규칙만을 바탕으로 게이머들이 인물을 설정하고 사건을 만들어 간다. 게이머들이 어떠한 선택을 하느냐에 따라 사건은 전혀 다른 방향으로 진행되고 게이머는 전혀 다른 서사 체험을 하게 되는 것이다.

게임 서사에서 보듯이 전자책에 기반을 둔 다양한 사이버 소설의 형태들은 다양한 마디와 연결점에 의해 서사가 새롭게 중첩되고, 독자에 의해 새로운 서사 구조가 선택되는 획기적인 전환의 국면을 보여 왔다. 이렇듯 소설 양식의 새로운 변화는 시에서처럼 언어적 자질이나 표현의 창의적이고 새로운 사용을 추구하는 데 그치지 않고 보다 본질적인 문학의 양식적·구조적 변혁을 꾀하는 방향으로 진행되고 있다.

Ⅴ. 사이버 문학의 문화적 의미와 전망

21세기 정보화 시대의 도래 이후 인터넷을 통한 문학 활동이 활성화되고 그 영향력이 사회 전반에 걸쳐 증대되고 있다. 종래와 달리 인터넷 시대에는 소비자가 곧 생산자라는 새로운 형태의 글쓰기 양식이 보편화되고 있다. 독자와 작가, 문학 지망생과 작가가 사이버 상에서 실시간으로 창작에 관한 정보를 주고받는 사이버 문학교실은 뛰어난 접근성으로 인해 빠른 속도로 자리잡아가고 있다. 이러한 변화가 궁극적으로 문학의 저변확대에 크게 기여하고 있다.

인터넷 공간은 현실의 무엇을 단순히 소통시키는 구조 이상이다. 사유의 작동방식, 질서가 생겨나는 방식, 문제 처리방식, 욕망을 투사하는 방식 등 인터넷에서는 이 모든 것들이 현실세계와 다른 모양새로 존재한다. 인터넷은 단지 하나의 필터가 아니라 그 자체로 고유한 생산구조를 가지는 셈이다. 문학 역시 예외는 아닌데, 인터넷이 고유한 생산구조를 가지고 있음을 받아들이면 인터넷이 구축한 문학 환경을 그 자체로 존중하게 된다. 이끌고 개선하기 위한 접근이 아니라 그 자체로 고유한 문학세계임을 존중할 때 그 질서 안에서 문학을 활성화할 수 있는 방안도 나올 수 있고 현실 문학 공간과의 의미 있는 상호 보완책도 도출될 것이다.

최근에 이르러 취미수준으로 모이든, 낙서방 수준으로 활용하든, 문학이라는 이름으로 모이는 정서적 연대가 상당한 정도의 수치를 보이고 있다는 것은 분명 인터넷 공간의 특성이 만들어낸 성과이다. 이들은 과거에는 쉽게 생각할 수 없었던 작가로서의 즐거움을 누리고, 아울러 비평가의 역할도 감당한다. 문학 사이트의 이 대단한 규모는 그 자체만으로 사람을 끌어안는 문학의 역할과 가능성에 기대를 갖게 한다.

이 시대는 진정 아날로그 문학에서 디지털 문학으로, 인쇄 매체에서 전자 매체로, 연필문학에서 컴퓨터 문학으로, 소수점유에서 글로벌 공유로, 특정 가치중심 문학에서 보편적 대중중심 문학으로, 시·소설·희곡 중심에서 일기문학, 수필문학, 판타지문학, 추리문학, 공포문학, SF문학 등 일상의 일과 상상의 가치에 비중을 둔 다양한 장르의 문학으로 빠르게 대체되고 있다. 또한 인터넷 사이트의 게시판에서의 댓글달기, 개인 홈페이지나 블로그를 활용한 개인적인 글쓰기가 보편화됨으로써, 러브 문학, 이메일 문학 등 종전의 편지서한을 대체하는 새로운 글쓰기의 형태들이 문학적 매개로 등장하고 있다.

사이버 문학의 탄생은 이런 의미에서 종래의 제한적이고 특정한 사람들만의 전유물처럼 생각했던 문학이 그 틀을 깨고 나온 새 시대의 이단아이기도 한 것이다. 이 인터넷 매체를 통해 등장한 문학관은 누구에게나 자격이 부여된다. 즉, 종래의 허가제 문학에서 신고제 문학으로 바뀐 것이며, 만인에게 문학창작의 평등한 기회를 열어준 것이다.

사이버 문학의 대중성은 '누구나 쓸 수 있고, 읽을 수 있다'는 말에서 시작된다. 사이버 문학은 대중 필자를 말할 때 빼놓을 수 없다. 인터넷에 재미로 올린 소설이 네티즌들의 인기를 끌면서 종이책으로 출간되는 일은 이제 흔하게 여겨질 정도다. 사이버 소설 붐의 중심에 서 있는 '귀여니'(필명·19)의 경우는 책에 대한 고정관념을 무너뜨린 대표적인 예라 할 수 있다. 10대가 책을 쓰고, 인터넷에 쓴 소설이 종이책으로 만들어져 큰 파장을 일으킬 수 있다는 것은 이전에는 쉽게 생각할 수 없었던 일이다. 그가 쓴 4편의 소설은 100만부 이상 팔렸는데, 이들 작품은 다시 만화책으로 출간되거나, 영화 스크린으로 옮겨져 문화재생산의 효과를 톡톡히 보고 있다. 특히 '그놈은…'의 경우 중국에서 출간돼 80만부가량 팔린 것으로 추정된다. 조만간 일본·대만·태국의 10대들도 그의 소설을 볼 수 있게 된다.

이러한 초유의 현상은 문화의 대중화에 기여함은 물론이고, 문화 소비와 생산의 경계를 허물고 문학의 외연을 확대시키는 동시에 질적 변화를 통해 새로운 가능성의 지평을 활짝 열어놓고 있다. 당장 '제2의 귀여니'를 꿈꾸는 인터넷 소설가들이 잇따르고 있으며, 인터넷 사이트에서는 앞을 다투어 소설 공모전을 개최하여 많은 누리꾼들의 호응을 받고 있다.

21세기의 문학은 커다란 변혁과 혁명의 소용돌이에 직면하고 있다. 그러나 이것은 물론 작가의 창조적 각성의 차원이라기보다는 문학의 소통 공간 차원에서 일어나고 있는 일임도 틀림없다. 인터넷은 문학의 생산과 텍스트의 존재 방식, 그리고 독자의 수용과 현실 반영 등 전방위적으로 새로운 개념의 글쓰기를 요구한다. 새로운 장르의 출현은 물론이고, 다른 문화적 요소의 개입과 더불어 문학의 상업적 가치나 현실적 효용성에 대한 평가와 판단도 이전과는 전혀 다른 차원에서의 사고가 필요하게 되었다.

요컨대 이제 사이버 문학의 가능성에 대해 부정적인 태도로 대하는 것은 현실적인 의미를 가질 수 없게 되었다. 다만 문학의 대중화가 창출해낼 수 있는 현실적 삶의 가치에 대해 공감대를 형성하는 일이 중요할 뿐이다. 그것은 또한 문화의 대중화를 통해 견인되는 문학의 생활화로부터 시작될 수 있다.

〈연구 과제〉

1. 다음 작품을 읽어보고 기존의 문학과 다른 새로운 글쓰기 및 구성방식, 그리고 수용상의 특징적 환경은 어떠한 것인지 살펴보자.

(1) 우리 나라 초기 PC통신문학 작품

- 복거일의 <파란 달 아래>, 한수산의 <먼, 그날 같은 오늘>, 주인석의 <미래를 위하여>, 이순원의 <에덴에 그를 보낸다>, 박상우의 <라몽시>

(2) 흥행한 인터넷 소설

- <엽기적인 그녀>, <동갑내기 과외하기>, <퇴마록>, <내사랑 싸가지>, <늑대의 유혹>, <그넘은 멋있었다>

2. 아래 인용한 인터넷 소설작품에서 나타나는 언어 사용의 실태는 어떤 문제점과 의미를 가지고 있는지 말해 보자.

> .. # 1 여름방학도 끝나고...개학이 다가온다..-_-^ 막판이라고 칭구라는 지지바들은 경포대다 해운대나 정동진이다.. 저 멀리 훌쩍떠나서 남자들은 하나씩 끼고서 낄낄 대고있는데.. 나는 꽃다운 나이 18세에 방구들에 쳐박혀 컴퓨터나 하고있으니.-_-^ 컴퓨터 싸이트도 모조리 다 헤집고 다니는 바람에. 인젠 할것도 없다..ㅜㅜ으옹옹.ㅜㅜ ㅇ ㅏ!다모임! 마지막으루 떠오른 나에 다크호쓰!다모임...^ㅇ^ 여고라 그른지 글두 잘 안올라온다.-ㄷ-... 게시판엔 글이 한개도 업낄래....방명록을 클릭했는데.. ㅇ_ㅇ 어예~! "도일여고학생들 다봐라~"라고 써진 글!그글옆으로 시선이 돌아갔다! "지은성" 나에 감이 맞다면..저 이름 남자다..-_-.으흐흐흐.*ㅇ* 근데..머야..이거..-ㅇ-.. "너네 시내에서 면상좀 들이밀지마라! 알긋냐~~열받냐?그럼 리플달어라~~ㅋㅋㅋ" 귀여니의
>
> <그넘은 멋있었다> 中

3. 다음의 '몽타쥬 시' 작품을 번호 순으로 다시 배열하고 임의로 새로운 작품을 만들어보자.

고운 수의와 함께 그가 탈색당하다, 1
봉분 위로
무게없는 금을 긋고 지나가는 새 2
남은 자들은
지워진 문장의 틈 속으로 들어가
그를 열람하지만
읽는다는 것, 그것이 그를
다시 매장한다는 것을 아무도 알지 못한다. 3

느닷없이 다 풀려버린 실타래를 4
망연자실하던 사람들도
손목 위에서 말라붙는 시간을 털며 5
일어선다, 오늘도 어제완 다르지 않다 6

비상구는 없다 7
사람들이 떠난 곳에서
이 죽음과 전혀 무관한 단 한 사람, 그는 보고 있다 8
추억의 파편들을 무겁게 매어단 채 길을 가야 하는, 9
남아있는 지루함을 견뎌내야 하는, 10
가건물의 세입자들
그들의 주위에 산재한 어둠을 11

그러나 멀리, 다시 물소리가 들린다 12
한 짐을 풀고 또 한 짐을 메는 봉분
그 수의가 다시 나부끼다 13

삶이란 얼마나 수많은 토막들인가? 14

– NINANANA, <죽음에 관하여>

4. 각자 인터넷의 문학동호회에 가입하거나 문학 관련 사이트를 방문하여 문학 활동에 참여해 보자.

〈참고문헌〉

류현주, 하이퍼텍스트문학, 김영사, 2000.
이용욱, 문학, 그 이상의 문학, 역락, 2004.
이용욱, 사이버문학의 도전, 토마토, 2001.
이재인, 매체문학과 시각, 태학사, 1999.
최병우, 다매체 시대의 한국문학 연구, 푸른사상, 2003.
최혜실, 디지털시대의 문화예술, 문학과지성사, 1999.
최혜실, 디지털시대의 문화 읽기, 소명출판, 2001.

제 15 장
문학의 현재와 전망

丘 仁 煥*

Ⅰ. 문학의 힘

문학은 시대의 변천에 따라 위상을 달리 하면서 그 시대의 정신적 지주가 되고 또한 미래에 대한 전망을 모색할 수 있게 해 준다. 즉 문학은 역사현실을 반영함으로써 독자로 하여금 현실을 총체적으로 인식하게 하고, 미래의 새로운 지평을 제시하는 예언자적인 구실을 하는 것이다. 우리 근대문학사상 최초의 근대적인 장편소설인 〈무정〉에서 그러한 예를 확인할 수 있다. 이 작품은 신교육을 통한 구국 차원의 개화와 계몽을 지향하는 시대정신을 반영함은 물론 새로운 시대를 살아갈 삶의 방향까지를 읽어낼 수 있게 해주는 것이다. 브-나로드 운동을 실천하는 인물을 형상화하여 농민소설의 한 전형을 이룬 〈상록수〉에서도 문학의 그러한 기능을 확인하게 된다. 또 70년대의 암울한 한국사회를 제재로 한 조세희의 <난장이가 쏘아올린 작은 공〉 역시 그 시대를 반영하고 보다 나은 미래를 전망하고 있다.

문학의 이러한 두 가지 기능이 나타난 예는 외국의 경우에도 얼마든지 찾아볼 수 있다. 페스트가 창궐하는 극한 상황에 처한 오랑 시에서 극한상황을 극복하는 인물들을 통해 실존적 존재로서 인간의 삶의 지표를 제시한

---

* 서울대학교 명예교수. 문학과 문학교육연구소 소장. 소설가. 주요 저서로 《문학개론》, 《소설론》, 《이광수소설연구》 등과 《일어서는 산》, 《산 밑 사람들》, 《동트는 여명》, 《하늘을 가리는 손》 등의 장편소설이 있다.

까뮈(Albert Camus)의 소설 〈페스트〉는 새로운 철학을 소설화하여 한 시대의 정신적 지주를 이루었다. 또 주인공 데미안이 양가 출신인 소년 싱클레어를 자기 발견의 길로 인도하는 내면적인 과정을 그린 헤르만 헷세(Hermann Hesse)의 〈데미안〉, 상상의 날개를 펼치는 동심을 통해 인간 문제를 다룬 생텍쥐페리(Saint-Exupéry)의 〈어린 왕자〉와 같은 작품이 우리의 삶을 풍요롭게 하고 내일의 지평을 여는 데에 기여를 한다는 점은 다른 설명이 필요 없을 정도이다.

이처럼 문학이 자신이 살고 있는 현실을 올바로 인식하도록 하고 미래에 대한 전망을 세워 나갈 수 있도록 해 주는 것은 문학이 독자와 교감하는 가운데 문학적인 공동체가 형성됨으로써 비로소 가능해진다. 이는 문학이 하나의 양식으로 고정되지 않고 지속적으로 변모하면서 새로운 방향을 찾아 나아가는 역동성을 보여주는 것이기도 하다. 이렇듯 문학의 끊임없이 변화에서 볼 수 있는 바와 같이 문학은 그 시대의 새로운 사상을 반영하고 시대를 새롭게 인식하며 새로운 기법적인 실험을 통하여 규범을 해체하고 변혁을 시도해 왔다.

사람이 있는 곳에는 언제 어디에나 노래와 이야기가 있어 왔다. 오늘날에도 어디를 가나 사람 곁에는 시가 있고 소설이 있으며 또 수필이 있다. 민족과 시대의 차이에 따라 문학의 모습이 달라지기는 하지만 사상과 이념이 변모하는 가운데 양상을 달리하면서 문학은 언제나 오늘과 내일의 의미를 교합해 나간다.

오늘날 문학의 현상을 살피고 내일의 문학을 전망해 보는 것도 문학의 지속과 변혁의 한 리듬을 살피는 일이 될 것이다. 특히 문학을 공부하는 초심자에게는 문학이 전개되어 온 역사를 살피고 앞으로 전개될 방향을 예상해 보는 것이 문학을 자신이 살고 있는 시대와 관련지어 이해하고 또 역사적 맥락에서 파악하는 훌륭한 방법이 되기도 한다.

Ⅱ. 근대문학의 형성

현대문학은 근대문학을 계승하면서 변혁을 통해 다양한 현상으로 나타난다. 제1차 세계대전을 전후하여 심리주의 문학이 대두하여 문학의 영역을 확대하고, 쉬르리알리즘은 인간의 상상세계를 확산한다. 현대문학의 다양한 전개가 시작되는 지점은 이처럼 인간의 탐구와 연관되어 있다. 또 한편으로는 사회주의 리얼리즘과 모더니즘이 새로운 문학적 공간을 형성하고, 실존주의 문학이 대두됨으로써 제2차 세계대전 후의 전후문학은 새로운 면모를 띤 문학으로 변화해 간다.

세계적인 변화 속에서, 한국문학은 1910년을 전후하여 형성된다고 보는 것이 통설이다. 한국의 근대문학은 신체시와 신소설이 주축을 이루는 개화기 문학을 거쳐 1910년대를 전후하여 최남선의 〈해에게서 소년에게〉와 이광수의 〈어린 희생〉 등의 단편소설에서 출발한다. 물론 그것은 한편으로 고전문학을 계승하고 서구문학과 일본문학을 수용함으로써 새로운 문학의 출발점이 마련된 것이다.

1910년대에 출발된 한국의 근대문학은 1920년대에 들어 근대문학적인 면모를 여실히 보이기 시작한다. 이 시기에는 문학의 자율성에 대한 자각이 이루어지기 시작하고 서구사조의 유입으로 문학적 사고의 폭이 한결 넓어진다. 아울러 민족주의와 계급주의의 대립은 문학이 논리로 설명될 수 있는 대상이라는 점을 일깨워 주기도 하였다. 근대문학의 문학적 층위를 넘어 현대문학으로 도약한 것은 1930년대에 와서이다. 이상(李箱)의 실험정신은 문학의 성숙을 이루는 데에 큰 역할을 한다. 그리고 한국전쟁 이후 1950년대에 전쟁 체험을 바탕으로 전후문학이 형성되면서 다양한 양상을 보여준다. 오늘의 현대문학을 성찰하기 위하여 근대문학의 양상을 먼저 살펴보는 것이 편리할 듯하다.

한국의 근대문학은 어느 나라에 비해도 뒤지지 않을 만큼 풍성한 문학유산을 남기고 있다. 주류를 형성한 근대문학의 계보를 살펴보면 한국의 근대문학은 역사의식과 삶의 지표를 추구하는 경향과 기법의 미화와 예술성을 추구하는 두 경향이 그 주류를 이루고 있다. 그리고 거기에 새로운 기법과 현대적인 사조와 정신을 바탕으로 변혁을 시도하는 실험적 경향을 아울러 보여준다.

먼저 역사에 의한 삶의 지표를 제시하는 경향은 이광수의 〈무정〉에서 염상섭의 〈삼대〉, 이기영의 〈고향〉, 채만식의 〈태평천하〉, 한설야의 〈탑〉 등으로 이어진다. 거기에는 일제 식민지 상황이면서도 각기 다른 배경에서 현실을 투시하고 내일을 지향하는 한국적 인간상을 부각하고 있다. 무엇보다 거기에는 투철한 역사의식의 자각이 나타나 있으며, 주어진 상황을 극복하려는 강인한 생활의식이 나타나 있다. 그것은 〈무정〉의 민족의식이기도 하고, 〈삼대〉나 〈태평천하〉와 같이 시각을 달리 하는 사회의식일 수도 있으며, 〈고향〉과 같이 계급의식일 수도 있다. 그것은 작가의 문학적 자세로 나타나는 경우도 있고, 작품으로 형상화하여 삶의 지표를 제시하기도 한다. 이러한 경향은 이무영의 〈농민〉, 김동리의 〈사반의 십자가〉, 안수길의 〈북간도〉, 유주현의 〈조선총독부〉, 김정한의 〈모래톱 이야기〉 최인훈의 〈광장〉 등으로 계승되고 70년대의 리얼리즘의 문학과 그 계보를 같이 한다.

다음으로 기법의 미화와 예술성을 추구하는 경향을 들어야 할 것이다. 이는 소설의 경우 기법의 미화라는 양상을 띤다. 단지 예술의 기법을 추구하는 것이라기보다는 그러한 예술성을 통해 인간의 본질을 해명하려는 경향을 뜻한다. 이광수 문학을 비판하고 예술을 위한 예술을 주장한 김동인의 〈감자〉나 사랑과 질투를 미로 승화시킨 나도향의 〈벙어리 삼룡이〉를 거쳐 생명의 신비를 부감하는 이효석의 〈메밀꽃 필 무렵〉, 순박한 삶의 정한을 그린 김유정의 〈동백꽃〉이나 〈소나기〉, 정통적인 애증을 그린 정비석의 〈성황당〉 등이 기법의 미화와 예술의 승화를 지향하는 경향이다. 이러한 경향은 단편문학의 전형(典型)을 형성하고 소설의 미의식을 확대하며 문학언어의 문체화를 통해 소설미학을 형성하면서 인생의 존재의미를 조명하고 있다. 이러한 경향은 장용학의 〈요한시집〉, 황순원의 〈소나기〉나 〈움직이는 성〉, 오영수의 〈갯마을〉·〈은냇골 이야기〉, 강신재의 〈타부〉, 〈파도〉 등과 구인환의 〈산정의 신화〉, 이청준의 〈매잡이〉·〈이어도〉 김승옥의 〈무진기행〉 등으로 이어진다. 80년대에는 거대서사를 벗어나 문학의 서정성을 추구하는 현상을 보이기도 한다.

끝으로 새로운 기법과 현대의식은 지속적 현상을 부정하고 기법의 혁신으로 문학의 새로운 변혁을 시도하는 경향이다. 이러한 경향은 30년 중반에 이상이나 김기림 등에 의해 실험적 의식으로 시도한 변혁적 양상이다. 이상은 〈날개〉나 〈실화〉·〈종생기〉·〈오감도(烏瞰圖)〉 등으로 의식의 흐름이나 내적 독백, 몽타주 등의 변혁적 기법으로 단절되고 소외된 자의식을 해체하여 고백과 해부로 인간의 내면세계를 그려내고 있다. 김기림은 시의 서정을 부정하고 주지주의적인 시각으로 〈기상도〉과 〈태양의 풍속〉 등을 발표하고, 김광균은 시의 이미지화로 〈와사등〉·〈외인촌〉·〈추일서정〉 등을 발표하여 회화적이며 주지주의적 경향으로 변혁을 시도한다. 이러한 경향은 장용학의 〈요한시집〉, 김성한의 〈개구리〉, 손창섭의 〈비오는 날〉 등의 근대 소설미학을 부정한 변혁적인 작품을 나오게 하였으며, 80년대의 실험적 일탈의 문학으로 이어져 왔다.

Ⅲ. 현대문학의 양상

현대문학은 근대문학을 계승하면서 새로운 변혁을 시도하는 가운데 몇 가지 경향으로 변모 발전한다. 그 경향을 유형화하기는 쉬운 일이 아니지만, 소설의 경우에는 심리주의적 리얼리즘과 실존주의적 상황소설 그리고 전후문학의 저항소설의 세 경향으로 나누어 볼 수 있다. 현대소설은 반자연주의의 세계를 그리고, 리얼리즘을 추구하면서 그 자체를 극복하고자 하는 문학이다.

심리적 리얼리즘은 1915년을 전후하여 등장한 인간의 내면세계와 의식의 흐름을 주로 다루는 소설을 말한다. 베르그송(Henri Louis Bergson)의 시간철학과 프로이트의 정신분석학, 제임스(William James)의 의식의 심리학의 영향을 받아 형성된 것으로, 인간 심리의 내면세계를 의식의 흐름이라든지 내적 독백, 자동기술법 등의 기법으로 인간을 입체적으로 표현하고자 하는 경향을 띠운다. 프루스트(Marcel Proust)가 〈잃어버린 시간을 찾아서〉라는 대작을 쓴 것을 비롯하여, 영국의 리차드슨(Dorothy Richardson)의 〈인생순례〉가 나오고, 아일랜드의 조이스(James Joyce)가 〈젊은 예술가의 초상〉과 〈율리시즈〉를 발표하였다. 울프(Adeline Virginia Woolf)는 〈델러웨이 부인〉과 〈등대〉를 발표하고, 포크너(William Faulkner)가 〈음향과 분노〉를 내 놓아 새로운 심리주의적 리얼리즘에 바탕을 둔 심리주의 소설이 현대문학의 한 주류로 이루게 된다.

이러한 심리주의 리얼리즘은 이상의 〈날개〉와 〈실화〉 등으로 그 기치를 들고, 최명익의 〈장삼이사(張三李四)〉, 허준의 〈잔등〉 등을 지나 전후에 이문희, 손창섭, 송상옥 등에 계승된다.

실존주의적 상황소설은 상황 속에 투영된 인간의 실존적인 조건을 해명한 소설로 사르트르(Jean Paul Sartre)와 까뮈 등에 의해 새로운 소설의 경향으로 나타난다. 인간을 겉으로 봐서 그리는 리얼리즘과는 달리 극한상황이나 한계상황에 투영된 인간을 그린 소설로 탈역사나 탈이데올로기적이라고 비판을 받기도 한다. 실존주의 상황소설은 카프카(Franz Kafka)의 단편 〈변신〉·〈시골 의사〉와 장편 〈심판〉, 〈성(城)〉, 〈아메리카〉로 실존주의 상황소설의 비조를 이루고, 싸르트르의 〈구토〉나 〈벽〉, 장편 〈자유에의 길〉과 까뮈의 〈이방인〉, 〈페스트〉 등에 이르러 그 경향은 현대소설의 한 주류를 이루게 된다. 〈구토〉는 인간의 자기인식이 불러오는 존재의 불안을 현상학적 시각으로 파악하여, 존재가 본질에 앞선다는 실존철학의 기본명제를 통해 인간의 존재조건을 해명하고 있다. 〈이방인〉은 기존질서를 부정하고 소외된 자아의 실존적 투영 속에서의 인간을 조명하여 인간의 존재적 의미를 나타낸다. 〈자유에의 길〉과 〈페스트〉는 그러한 인간이 어떻게 살아야 할 것인가 하는 삶의 지표를 제시하고 있어서 말로(André Malraux)의 〈인간 조건〉과 〈정복자〉, 〈왕성의 길〉 등 행동주의문학에 이어진다. 이러한 현대문학의 경향은 이스라엘의 로스왈드(Roshward)의 〈제 7 지하호〉에 이르게 된다.

한국에서는 장용학의 〈요한시집〉과 〈현대의 야(野)〉, 서기원의 〈암사지도〉, 남정현의 〈부주전상서〉, 구인환의 〈산정의 신화〉 김승옥의 〈무진기행〉 등 소설의 새로운 경향을 이루게 된다.

전후문학의 저항소설은 제2차 세계대전 이후의 전후문학의 특성으로 나타난 경향이다. 기존질서를 거부하고 새로운 것을 모색하는 진통으로 소설의 새로운 경향이 시대를 반영하면서 나타난 양상이다. 케루악(Jack Kerouac)의 〈노상(路上)에서〉와 〈지하가의 사람들〉 등은 미국의 '비트 제너레이션'(beat generation)을 대표하는 작품으로 당시 많은 독자의 호응을 얻었다. 로브 그리에(Robbe-Grillet)의 〈질투〉 등으로 대표되는 프랑스의 앙티 로망(anti-roman), 존 오스본(John Osborne)의 〈성난 얼굴로 돌아 보라〉 등으로 거명되는 영국의 성난 젊은이들(angry youngman) 등이 서구의 전후세대 문학의 양상이다. 일본에서는 石原愼太郎의 〈태양의 계절〉에서 연유하는 일본의 '태양족'이 시대의 흐름을 대변하기도 했고, 한국에서는 최태응의 〈전후파〉라는 소설에서 연유하는 '전후파' 등이 현대문학의 저항적인 경향을 대변하기도 하였다.

이러한 경향 외에도 역사의식에 의한 역사와 현실의 조명이나 이데올로기의 기치를 올리고 반영과 변혁을 시도하는 경향도 크게 부각되며, 소설이 레저화의 대상이 되는 통속소설의 흥행도 현대소설의 한 양상을 이루고 있다.

Ⅳ. 위기시대의 문학

현대사회는 여러 가지 점에서 위기의 시대라 할 만하다. 물신주의에 빠져 자아를 상실한 인간들이 불안에 휩싸여 살아간다. 천박한 욕구에 불타 문학에서 정신적인 가치를 구하기보다는 문학이 레저의 대상으로 전락하였다. 또한 매체의 발달로 인해 정보의 대량유통으로 문학의 위상이 달라졌다. 활자매체로 전달되던 문학은 전자 영상매체로 변화하고 그 결과 문자문화의 총아로 군림하던 문학의 장래를 밝게만 볼 수 없게 하고 있다.

그러나 문학은 늘 그래왔던 것처럼 문학 자체를 메타적인 사고의 대상으로 삼음으로써 존재상승을 꾀하는 것이 사실이다. 물질세계에 함몰하여 정신적 고갈에 빠져 가는 현대인의 향수와 안식을 충족시킬 수 있는 문학이 새로운 면모로 그 장르를 확대 신장해 나가고 있는 것 또한 사실이다. 생텍쥐페리의 〈어린 왕자〉나 〈야간 비행〉, 〈인간의 대지〉가 20세기 중반의 불안과 격동의 시기에 감로수와 같은 새로운 빛을 던져주었던 것처럼, 최근에는 쥐스킨트의 〈좀머씨 이야기〉나 버크의 〈갈매기〉 등이 첨단과학의 발달과 배금주의에 젖어 있는 현대인에게 서정적 본성의 자각을 촉구하고 있다. 이러한 문학은 인간이 동경하는 삶에 새로운 빛을 던져준다. 문학이 인간 삶의 벗이 되고 미래의 지평을 현실화시켜 주리라는 것은 쉽게 짐작할 수 있는 것이다.

근자에는 우주 방송시대에 돌입하였다. 인터넷으로 문학이 배달되고 전파된다. 전달매체가 최첨단화하고 다양화되고 있다. PC 통신의 소설독자가 1만명을 넘어서고 키드넷 운동으로 세계의 그 어느 곳이나 가서 무엇이든지 다 볼 수 있다는 신기루에 가까운 꿈을 실현시켜 나가고 있다. 이제는 먼 데를 출장가지 않더라도 와일드 브라운관 앞에 앉아서 회의를 하고 강의도 할 수 있게 되었다. 더구나 영화를 보기 위해 극장을 가거나 텔레비전의 영화 프로를 찾아 채널을 시간에 맞춰 돌릴 필요가 없게 되었다. 보고 싶은 영화가 있으면 비디오를 빌려다가 언제든지 감상할 수 있다.

통신과 매체의 발달로 쉽게 접할 수 있는 영상물은 통속적인 에로물이나 폭력물이 주가 되기 쉽다. 물론 극장에 가서 와일드 화면으로 영화를 볼 수 있고, 출판된 책으로 쉽게 읽을 수도 있다. 영화 전문관이 생기는 것도 다매체 시대에서 영화가 가장 쉽게 대중이 접할 수 있기 때문이다. 영화 〈서편제〉나 〈쉰들러 리스트〉는 수십만의 관객을 영화관으로 불러들였다. 파트리크 쥐스킨트의 〈좀머씨 이야기〉가 돌풍을 일으킨 것도 다 다매체 시대를 살아가는 현대인의 요구를 적절히 충족시켜 줄 수 있었기 때문이다.

문제는 이러한 방송매체나 영상매체를 중심으로 통속적인 문학이 횡행하여 레저화의 대상으로 전락하고 있는 사실에 있다. 이렇게 다매체에 의한 문학의 확산과 통속으로 레저화의 대상으로 전락하는 데서 문학의 위기가 촉발된다. 중고등학교에서 문학교육이 어려운 이유가 여기에 있다. 활자매체에 전적으로 의존하는 문학, '국어'나 '문학' 그리고 '작문' 등의 이름이 달린 교과서를 통해 전달되는 문학은 매체의 속성 때문에 한계를 지닐 수밖에 없다. 교과서만으로 문학을 교육하기에는 매체환경이 너무나 눈부시게 변화하고 있다. 거기다가 학교라는 제도는 이러한 변화를 적절히 수용하지 못하고 있는 실정이다. 교육여건의 불비함과 아울러 현대 산업사회의 병폐가 동시에 교육환경을 둘러싸고 있는 상황이다.

물론 현대는 문학의 시대요, 그 가운데에서도 서사물의 시대다. 신문광고를 메우고, 서점에서 가장 많이 접할 수 있는 것이 문학서적이다. 문학은 다매체의 확산으로 위기에 처해 있으면서 여전히 서사물이 독서의 매력을 지니고 있다. 베스트셀러 목록에 오르는 소설, 상술의 일환으로 이용되고 있는 소설은 현대인의 관심을 끌고 있는 문학의 핵심이 소설이라는 점을 알 수 있게 한다. 이제는 관심 밖으로 가라앉고 있는 〈무궁화꽃이 피었습니다〉가 3백만부를 돌파하고 있는가 하면 파트리크 쥐스킨트의 〈좀머씨 이야기〉는 30쇄를 넘고 있으니, 가히 소설이 현대인을 온통 사로잡고 있는지도 모른다. 하지만 이것은, 수만 명의 젊은이가 들어찬 야구장의 열광이나 모니터 앞에 앉아 있는 인터넷 이용자의 수와는 비교할 수 없이 미약한 것이다. 야구나 농구처럼 젊은이를 매료하고 있는 스포츠에 비해 문학은 너무도 미약한 존재로 전락하고 말았다. 여기에 더 놀랄 만한 현상은 문학작품이 얼마쯤 읽힌다고 안이하게 바라볼 일이 아니라는 점이다. 현대의 독자들이 읽는 문학작품은 삶의 존재를 해명하고 현실과 역사의 증인이 되며 그 지평을 여는 본격소설이 아니라, 한번 보고 집어던지는 일회용 컵과 같은 것이며, 낚시나 정구와 같은 레저의 대상으로 전락되고 있는 사실이다. 현대사회의 병폐인 물신주의에 빠지고 현생활을 즐기려는 개인주의의 비뚤어진 현상이다.

현대사회는 복잡하고 다양하다. 이데올로기의 대립과 민족과 종교의 분쟁이 끊이지 않으면서 과학과 산업의 발달로 물신주의가 팽배하고 인간소외가 극에 달하여 문화는 스트레스 해소의 수단으로 변질되고 있다. 갈브레이드(John Kenneth Galbraith)가 현대를 불확실한 시대라고 설파한 것은 여전히 유효한 언명이다. 사회심리학자 프롬(Erich Fromm)이 미국문화를 신랄하게 비판하면서 소유가 아니라 삶을 지향해야 한다는 것 또한 같은 맥락에서 이해해야 할 것이다. 현대는 과학과 조직 그리고 배금만능의 시대다. 더구나 산업사회가 극도로 발달되어, 도시화와 이농으로 농촌이 공동화되고 도시의 범죄가 극심하고 뷰로크라시(bureaucracy) 현상으로 인간이 소외되고 기대수준의 향상으로 갈등이 고조화되어 문화의 위축이 그 극에 달하고 있다. 따라서 소설을 비롯한 문학은 레저화 현상의 대상으로 전락되어 문학의 존엄성을 훼손하고 있다. 물론 소설을 비롯한 문학이 일회용 컵과 같이 성적 유희나 신기하고 기발한 것으로 웃게 하는 일회용 레저의 대상으로 전락하고 있으면서도, 한편에서는 창작에 전력을 다하는 제의화 현상이 지속되어 문학의 발흥을 가늠하게 하고 있다. 조세희의 〈난장이가 쏘아올린 작은공〉이나 이청준의 〈이어도〉와 〈서편제〉가 그렇고, 정찬의 〈슬픔의 노래〉나 구효서의 〈카사블랑카여 다시 한번〉 등이 그런 가능성을 보여주고 있다. 문학은 정신문화의 지주이다. 문학의 위상이 흩어질 때 인간은 물신주의의 노예로 전락하여 말라빠진 수수깡이 되고 말 것이다. 자코메티의 조각 작품은 이런 왜소한 현대인을 잘 드러내고 있다.

여기에서 삶의 존재를 응시하고 어떻게 살아야 할 것인가를 조응하고 거울로 삼아 산업사회의 물신주의를 초극하고, 인간구제의 지평을 열기 위한 문학 편의 모색이 있어야 한다. 문학작품을 읽어야 하고 교육해야 할 필요가 절실하게 된다. 문학의 생활화를 추진하는 일이 우선 이루어져야 한다. 야구에 쏟는 정력에는 못미친다고 해도 여가가 있을 때는 물론, 전차 안에서나 잠시 공원의 벤치에 앉아서라도 문학작품을 읽는 독자들이 자리를 잡아야 한다. 일상생활에서는 물론 여가선용을 위해서 문학작품을 손에 들고 또 생활하는 습관이 문학적 문화의 초석이라는 인식이 널리 퍼져야 한다. 일상대화에 문학작품의 언어가 들어와 일상생활과 문학의 경계가 무너지는 지점이 문학의 생장점이라고 할 수 있다.

방송이나 신문 잡지에서 문학을 이용하여 돈벌이를 하려는 의도에서 문학을 전파하기 위한 갖가지 방법을 다 구사하고 있다. 돈이 된다면 저승까지라도 쫓아가는 것이 자본주의의 생리라고는 하지만, 문학을 이용한 돈벌이는 문학 그 자체의 질적인 향상이나 문화적인 보급보다는 반사적인 이익을 추구하기 위한 것이기 때문에 문학은 더욱 훼손되고 그 본체를 잃어 가게 된다. 다매체에서 문학이 여러 가지 양상으로 변용되는 양상을 보면 그 사실은 보다 분명해진다.

첫째 현대의 다매체의 환경에서 이루어지는 문학의 변용양상으로 원작의 다이제스트화를 들 수 있다. 문학작품을 다이제스트화해서 전작품을 읽은 것같이 만드는 것은 문학작품에 대한 관심을 가지게 하는 효과는 있으나 문학적 감흥을 반감시킨다. 다이제스트는 편자의 시각이 첨가될 수밖에 없고, 더구나 편자가 원작을 제대로 읽지 못하는 경우에는 원작과는 거리가 먼 것이 되어 다이제스트가 원작을 얼마나 훼손시키는가를 알 수 있다. 〈걸리버 여행기〉나 〈아라비안 나이트〉 그리고 〈몬테크리스트 백작〉과 같은 학생들이 즐겨 읽을 작품은 편자에 의해 편집 분량에 맞게 다시 꾸며져 원작과는 상당히 멀게 된다. 문학교육이 문학작품을 하나의 살아 있는 작용태로 보아 작품이 지닌 가치가 작가와 독자의 상호작용에 의해 완전히 전달되어야 한다. 학생들은 원작이 지니는 묘미나 그 심오한 세계에 접하는 독서체험을 하지 못하고, 그저 대강의 내용만을 알게 되어 체험이 없는 피상적인 이해에 그치기 쉽다. 다이제스트는 문학작품이 지니는 예술적 묘미와 심오하고 불가사의한 인간생활의 신비와 그 질음을 체험하지 못하고, 수박 겉핥기식의 독서체험을 하게 되어 문학교육의 효과를 반감시킬 우려가 있다.

둘째는 해설에 의한 소통의 간접화가 문제된다. 이것은 신문이나 잡지 또는 방송에서 간단한 해설로 문학작품의 소통이 간접화되는 것을 말한다. 문학작품의 해설은 독자들에게 문학을 소개하여 문학작품에 대한 관심을 일으킨다는 의미가 있으나, 예술적 감동을 일으키지 못하고 메마른 내용만을 알게 되는 데 문제가 있다. 문학작품의 언어와 비평의 언어는 서로 다르다. 문학작품의 언어는 작가가 세계를 언어화한 것으로 대상의 내적 구조와 그 의미를 전달하는 것이요, 비평이나 해설의 언어는 이미 언어화된 작품의 언어를 다시 언어화한 것으로 그것은 2차 언어이다. 독자가 2차 언어를 읽는다는 것은 대상언어인 작품을 읽는 것과는 이질적인 체험이 된다. 작품을 읽는 것은 자신이 직접 인생이나 역사에 접하고 난 새로운 창조인 반면에, 해설이나 비평은 해설자나 비평가의 시각이 개입된 것으로 작품과는 멀어진 2단계의 독서가 된다. 수용이론의 태두인 야우스(Hans Robert Jauss)의 말대로 문학작품은 불확실성을 지닌 존재이지만, 독자에게 늘 이해를 가능케 하고 독자에게 읽힐 때에 예술로 구체화된다. 여기에서 문학교육의 효과를 극대화하기 위하여 해설을 어떻게 원용해야 할까를 연구할 필요가 있다.

셋째는 문학작품의 오락물화 현상이다. 이것은 문학작품이 현대사회에서 일회용 컵과 같이 오락물로 전락하는 것을 말한다. 문학의 중요한 기능의 하나가 고양된 삶을 간접체험함으로써 역사 속에 살아가는 삶을 총체적으로 체험하여 허구적인 상상력을 통한 현실극복의 힘을 기르는 데 있다면, 오락화된 대중문학은 레저의 대상으로 전락하고 마는 것이다. 폭력이나 성적 유희, 그리고 재미있는 스토리 전개의 멜로드라마와 같은 문학작품이 맥주 한 잔을 마시거나 야구 구경을 하면서 즐거워하는 것과 같은 레저의 대상으로 전락되어 학생이나 일반독자를 현실이나 즐기는 무력한 인간을 만들게 된다. 〈무궁화 꽃이 피었습니다〉나 〈인간시장〉이 독자의 저변 확대와 작품을 읽는 즐거움을 더해 주기는 했으나 일회용 컵과 같이 스트레스 해소용으로 이용되었을 뿐 가장 소중한 것을 위하여 전력을 다하는 삶을 체험하게는 못한 것이다.

끝으로 텍스트의 영상적 변용이 문제가 된다. 텔레비전의 명작 시리스나 베스트 작품이니 하여 방영하거나 영화화하는 것 또는 비디오를 만드는 것이 다 문학작품의 영상적 변용이다. 이 문학작품의 영상화는 다이제스트화나 해설보다는 구체적인 삶의 체험을 가져오게 하는 것이기는 하나 연출가나 감독에 의해 재구성되고 창조되었으니 원작과는 상당한 거리가 있다. 흔이 원작의 삼분지일만 반영되면 그 원작에 충실했다고 할 정도이니 영화나 비디오가 얼마나 원작과 거리가 있는가를 알 수 있다. 대개 문학작품을 안 읽고 영화나 비디오를 보면 감명 깊게 감상할 수 있으나 원작을 보고 나서는 영상이 그에 미치지 못하는 경우가 많다. 그것은 감독이나 연출이 개입하여 작중현실을 주로 상업성에 맞게 재구성하기 때문에 영화나 비디오가 문학작품과 같은 감동을 주지 못하고 인생을 체험케 하지 못하는 것이다. 영화나 비디오가 이렇게 원작의 문학성을 훼손시키고 있으니 영화나 비디오를 보더라도 문학작품의 원작을 읽는 것이 중요하다.

Ⅳ. 현대 문학의 전망과 교육

문학의 장래는 낙관만 할 수도 없고 그렇다고 비관적이기만 한 것도 아니다. 문학을 둘러싼 여러 가지 부정적 작용이 있어도, 인간이 존재하는 한 그리고 언어를 통해 세계를 파악하고 장래를 모색하는 한 문학의 미래는 더 넓게 열리리라고 본다. 문학은 정서적으로 인간의 총체성을 이룩할 수 있도록 해 주며 인간애를 고조시켜 유토피아 지향성을 가시화해 나아가기 때문이다. 문학이 문학으로서 자리를 잡기 위해서는 문학교육이 절실하게 된다. 문학교육은 문학비평의 한 유형으로 볼 수 있는데 문학의 자생논리를 확보해 주는 것이기 때문이다.

문학교육은 중고등학교의 제도교육 차원에서만 문제되는 것이 아니다. 대학의 교양과정에서는 물론 일반 사회인에게도 절실한 과제이다. 우리 나라는 미국이나 일본에 비해 독서량이 엄청나게 떨어진다. 요새 일부 기업에서 일주일에 책 한 권 읽기 운동을 전개하고 있는 것은 문학교육과 관련하여 매우 의미깊은 일이다. 더구나 문학작품에는 그 사회와 역사가 반영되어 있고 그 민족의 삶과 정서가 형상차원에서 부각되어 있기 때문에, 그

나라 정신문화의 핵심이 된다. 삶의 간접체험에 의한 나의 삶의 한 거울을 찾아 문학작품을 읽어 그 나라의 삶의 서정과 이상과 현실 그리고 역사를 이해하지 않고는 21세기를 대비할 수 없다. 중고등학교의 문학교육이 강화되어야 하고 문학교육이 우리 사회의 보편적 현상으로 자리잡아야 할 필요성도 여기에 있다.

문학작품을 읽지 않고 간접체험을 통한 세계인식과 삶의 총체상을 인식한다는 것은 기대하기 어려운 일이다. 삶의 체험과 시각을 넓히고 역사적 현실을 이해하고 미래에 대한 자기를 세우기 위해서 문학교육은 강조되어야 한다. 시나 소설, 희곡 등 문학 그 자체가 치열한 삶의 현장이다. 문학교사나 평론가 등 중개자를 통하여 문학의 의미를 이해하고 문학적 소통에 참여하는 독자는 문학의 내적인 질서에 수용된 현실과 치열하게 대결하게 된다. 작품에 형상화된 현실세계를 통해 세계를 인식하고 삶의 총체상을 이해하며 내면화하여 자기화한다. 이 총체적인 인식과 현실에 투영된 자아의 내면화 사이에는 어떤 간극이 있게 마련이다. 골드만(Lucien Goldmann)은 그의 《소설사회학을 위하여》에서 문학의 세계와 현실의 간극이 변증법적으로 상승될 수 있는 가능성에 대해 말하고 있다.

> 이 둘 사이에 위치하고 있는 특히 한편으로는 모든 서사적 형태가 전체로 하는 주인공과 세계간의 기본적인 공동체적 성격을 지니고, 다른 한편으로는 이 둘 사이의 극복될 수 없는 단절의 성격을 지니게 됨으로 소설이란 변증법적인 성격을 갖게 마련이다.

문학교육의 목적은 문학작품의 감상과 이해를 심화시키고 그 체험을 내재화하고 생활화하는 데 있다. 문학작품을 통한 정의적인 감동과 인지적 인식에 의해 문학 텍스트의 수용이 가능하도록 독자를 안내하는 것이 문학교육의 핵심이다. 물론 문학교사나 비평가처럼 매개역을 하는 이들은 수용자의 단계를 넘어 중개자로서 역할을 다할 뿐 아니라 창조자로서 문학적 소통과 창조에 참여할 수 있다. 수용자의 스키마와 층위가 다른 경우에도 그 상사선(相似線)을 기준으로 소통회로를 통해 정의와 인지 두 영역에 걸쳐 삶의 총체상을 이해할 수 있고, 문학적인 상상력의 세련을 가져올 수 있다. 이렇게 되면 문학의 허구적인 세계를 통해 삶의 신장을 위해서 절규하는 부조리한 현실을 이해할 수가 있고, 문학적인 증인을 통해 역사적인 진실을 이해하게 된다. 〈춘향전〉이나 〈양반전〉에서 전통적인 한국인의 사회나 사람의 상호 연관성과 그 삶의 현장을 이해할 수 있는 것은 문학의 전이력 때문이다. 또한 〈햄릿〉이나 〈몬테크리스트 백작〉·〈레미제라블〉을 통해 한 시대를 살아 가는 인간의 운명적이고 역사적으로 전개되는 삶의 양상과 그 절규를 자신의 체험으로 전환할 수도 있다.

인생은 단독자로 태어나 단독자로 생을 마감해야 하는 고독한 여로이다. 이 여로가 그렇게 순탄치 못한 경우도 있으나 크고 작은 흔적을 남기고 가게 된다. 그러한 흔적들이 형상을 부여받았을 때 예술이 되고, 문학이 되는 것이다. 그리고 혼자 가는 길의 한계와 편협성은 문학을 통해 비로소 극복된다. 도스토에프스키는 "인생은 행복 이외에도 그와 꼭 마찬가지로 불행도 필요하다."고 설파한 바 있다. 삶의 복합적 연관성에 대한 통찰이라고 할 수 있다. 까뮈는 "가장 중요한 철학적 문제는 자살이다."라고 하여, 자신의 삶을 의미화하는 일의 중요성을 강조한다. 〈여자의 일생〉의 여주인공인 잔느는 "인생은 그렇게 행복한 것도 아니고 불행한 것도 아니다."라고 삶의 의미를 규정짓고 있다. 그러나 분명한 것은 삶의 여로가 즐겁고 아름다운 것은 형상적 차원에서라야 완결성을 띤다는 점이다. 고갱은 "우리는 어디서 왔으며, 우리는 무엇이며, 우리는 어디로 가고 있는가"라는 그림으로 삶의 의미를 형상화하고 있으나 인생은 쉬지 않고 끊임없이 흘러가며 흘러갈 것이다. 이 흘러가는 삶 속에서 물질의 풍요에 빠지지 않고 정신적인 풍요 속에 윤택 있는 삶을 누린다는 것은 값진 일이다. 그것은 바로 문학의 내면화를 통한 문학적 문화의 고양이며 문학의 생활화다. 산업사회의 발달로 물신주의에 빠지고 뷰로크라시에 의해서 소외되며 기대수준의 향상에서 빚어지는 갈등에서 오는 스트레스와 좌절은 문학작품을 주로 하는 문학적 문화의 고양에 의해 극복될 수 있는 길이 열린다.

또한 텔레비전이나 만화 그리고 인터넷 등 다매체의 홍수 속에서도 소설을 필두로 문학은 훼손은 될지언정 사라지지는 않을 것이다. 〈좀머씨 이야기〉의 신선한 바람이나 〈카사블랑카여 다시 한번〉 〈슬픔의 노래〉와 같은 작품을 누구나 읽고 그 속에서 자아를 발견하고 역사와 현실을 이해하면서, 삶의 이상을 실현하기 위하여 전력을 다해서 살아가는 삶의 거울, 그것이 문학이라면 그것은 인간 삶을 정화할 수 있는 소중한 통로이다. 이것이 바로 소설을 비롯한 문학의 생활화요 문학적 문화의 고양이다.

언제나 책을 벗하는 국민은 흥하고 책을 버리고 놀이에 빠지는 국민은 쇠퇴하게 된다. 문학교육의 생명은 바로 이 삶을 부풀게 하고 문학을 생활화하여 우리의 삶을 풍요하게 하는 데 있다. 여기에 문학교육의 본령이 있고 다매체시대에도 스러지지 않는 문학의 향취가 있으며 그 매력이 있는 것이다.

〈연구 과제〉

1. 한국의 근대문학은 언제 출발하였으며, 출발배경이 여타의 나라들과 다른 점은 무엇인지 알아보자.

2. 우리가 문학을 통하여 역사와 시대를 안다고 하는 것이 어떤 의미인지 구체적인 작품을 통해 설명해 보자.

3. 현대문학이 위기상황에 처하게 되었다면, 그 원인이 무엇인지 과학과 문화의 측면에서 설명해 보자.

4. 문학을 접하고 공부하며 생활화하는 것은 개인과 사회의 차원에서 어떤 의미를 지니는지 설명해 보자.

인 명 색 인

ㅇ

작 품 색 인

ㅅ

ㅇ

사 항 색 인

ㄱ

ㄴ

ㄷ

ㄹ

ㅁ

ㅂ

ㅅ

ㅋ

ㅌ

ㅍ

ㅎ

문학의 이해 [제3판]

1997년 7월 30일 제1판 발행
1999년 1월 10일 제2판 1쇄 발행
2005년 9월 25일 제2판 9쇄 발행
2007년 2월 25일 제3판 1쇄 발행
2020년 2월 13일 제3판 10쇄 발행

편저자 문학과문학교육연구소
발행인 고 성 익
조 판 해 인 기 획

발행처
05027
서울특별시 광진구 아차산로 335 삼영빌딩
圖書出版 三 知 院
등 록 1978년 6월 2일 제2013-22호(윤)
전 화 737-1052·734-8979
FAX 739-2386

정가 17,000 원

ISBN 978-89-7490-001-4-93800